企业财务分析

（第3版）

主　编　魏素艳
副主编　孙利沿　张秀梅

清华大学出版社
北京

21世纪经济管理类创新教材

内 容 简 介

本书系统介绍了企业财务报表分析的基本理论和实用方法,包括财务分析概述、资产负债表分析、利润表分析、现金流量表分析、股东权益变动表分析、企业偿债能力分析、企业营运能力分析、企业盈利能力与发展能力分析、综合财务分析、企业绩效综合评价方法等内容。

本书力求将理论与实践相结合,以财务分析实务为导向,注重学以致用,内容深入浅出,配合上市公司会计报表信息和案例,引导读者循序渐进地掌握财务分析方法和对企业绩效进行评价的方法,提高对财务报表的总体理解和运用能力。

本书既可以作为普通高等院校财经类、管理类专业高年级学生和工商管理硕士(MBA)的学习用书,也可以作为企业财务会计人员后续教育的培训教材和自学参考书。

本书封面贴有清华大学出版社防伪标签,无标签者不得销售。
版权所有,侵权必究。举报:010-62782989,beiqinquan@tup.tsinghua.edu.cn。

图书在版编目(CIP)数据

企业财务分析/魏素艳主编. —3 版. —北京:清华大学出版社,2022.4(2025.1重印)
21 世纪经济管理类创新教材
ISBN 978-7-302-60494-5

Ⅰ. ①企⋯ Ⅱ. ①魏⋯ Ⅲ. ①企业管理—会计分析—教材 Ⅳ. ①F275.2

中国版本图书馆 CIP 数据核字(2022)第 054291 号

责任编辑:杜春杰
封面设计:刘 超
版式设计:文森时代
责任校对:马军令
责任印制:沈 露

出版发行:清华大学出版社
　　　　网　　址:https://www.tup.com.cn,https://www.wqxuetang.com
　　　　地　　址:北京清华大学学研大厦 A 座　　　邮　编:100084
　　　　社 总 机:010-83470000　　　　　　　　　　邮　购:010-62786544
　　　　投稿与读者服务:010-62776969,c-service@tup.tsinghua.edu.cn
　　　　质量反馈:010-62772015,zhiliang@tup.tsinghua.edu.cn
印 装 者:大厂回族自治县彩虹印刷有限公司
经　　销:全国新华书店
开　　本:185mm×260mm　　　　印　张:19.25　　　　字　数:465 千字
版　　次:2011 年 4 月第 1 版　　2022 年 5 月第 3 版　　印　次:2025 年 1 月第 2 次印刷
定　　价:69.80 元

产品编号:094143-02

前言

现代企业的特点是投资主体多元化,企业经营权与所有权分离,且经济业务日趋复杂。无论是企业内部管理者,还是企业外部的投资人、债权人、政府部门,在进行经济决策时,都要依据财务报表数据对企业经营绩效进行分析和评价。因此,掌握财务分析理论与方法,具备熟练的财务分析能力非常重要。

本书自 2011 年出版后,已经连续发行两版,得到读者的认可和厚爱,给了我们极大的鼓励和鞭策,在此深表感谢。近些年,财政部一直在陆续出台新的会计准则,并且不断对原有会计准则进行修订和完善,从而使得会计实务发生相应变化,同时本书所采用的上市公司实际案例也需要及时更新,因此我们对本书再次进行了修订。

考虑到近些年高校普遍压缩了教学课时,本次修订在保持原书体系的基础上对其结构进行了适当调整,目的是使重点更加突出,内容更加精练。具体调整包括:一是将原书第二章"企业经营环境和经营战略分析"和第十三章"财务危机预警分析"的内容作为本书拓展知识,以电子资源形式提供给本书使用者,不再纳入正式出版章节;二是将原书第九章"盈利能力分析"、第十章"投资报酬分析"、第十一章"发展能力分析"的内容合并为一章,即"企业盈利能力与发展能力分析"。调整后,本书内容分为十章:第一章财务分析概述,是对财务报表分析理论和方法的总体介绍,使学生了解财务分析的主体与目的、财务分析的框架、财务分析的信息来源和评价标准以及财务分析的程序和方法;第二章到第五章,结合我国上市公司实际案例,系统介绍了资产负债表、利润表、现金流量表、股东权益变动表的阅读和分析思路;第六章到第八章,主要介绍了评价企业偿债能力、营运能力、盈利能力和发展能力指标的分析方法和分析思路;第九章综合财务分析,主要介绍了如何运用杜邦分析法和综合评分法对企业财务状况进行综合评价;第十章企业绩效综合评价方法,主要介绍了如何运用我国现行企业绩效评价体系、平衡计分卡、经济增加值(EVA)对企业整体绩效进行考评。

本书的主要特点有以下两个。

（1）依据我国最新会计准则，联系上市公司实际案例，根据学以致用原则，注意理论与实际并重。使学生将所学方法更好地运用于实践，缩短书本知识与实际工作的距离。

（2）每章前有本章内容要点，每章后有本章小结、思考题、练习题、案例分析，并为本书使用者提供练习题答案和案例分析思路（见每章后二维码），同时提供拓展知识作为辅助教材（见书后二维码）。

本书由北京理工大学管理与经济学院的魏素艳教授担任主编，负责设计框架结构、拟定编写提纲以及全书总纂和定稿工作。北京理工大学管理与经济学院的孙利沿副教授和张秀梅副教授担任本书的副主编。各章执笔分工如下：魏素艳，第一章、第六章、第七章、第八章第一节至第四节；孙利沿，第二章至第五章；张秀梅，第八章第五节、第九章、第十章。与本书配套的电子资源（二维码）包括两部分内容，分别由魏素艳和张秀梅提供。此外，北京理工大学研究生张子倩、中国财政科学研究院研究生张子信参与了本书部分章节的校对和数字核对工作。

由于作者水平所限，书中可能存在不当和疏漏之处，恳请读者批评指正，以便日后修改和完善。

目 录

第一章	财务分析概述 1
第一节	财务分析的主体与目的 1
	一、财务分析的内容 1
	二、财务分析的主体 2
	三、财务分析的目的 4
第二节	财务分析的框架 5
	一、企业经营活动与财务报表的关系 5
	二、财务分析的基本框架 7
第三节	财务分析的信息来源和评价标准 9
	一、财务分析的信息来源 9
	二、财务分析的评价标准 15
第四节	财务分析的程序和方法 17
	一、财务分析的一般程序 17
	二、财务分析的基本方法 18
	本章小结 24
	思考题 24
	练习题 25
	案例分析 25
第二章	资产负债表分析 26
第一节	资产负债表分析的目的和内容 26
	一、资产负债表分析的目的 26
	二、资产负债表分析的内容 28
第二节	资产负债表质量分析 31
	一、资产质量分析 31
	二、负债质量分析 53
	三、所有者权益质量分析 58
第三节	资产负债表结构分析 60
	一、共同比资产负债表 60
	二、资产结构分析 63
	三、负债结构分析 66

　　　　四、股东权益结构分析 68
　　　　五、资产结构与资本结构的适应程度分析 69
　本章小结 71
　思考题 71
　练习题 72
　案例分析 73

第三章　利润表分析 75
　第一节　利润表分析的目的和内容 75
　　　一、利润表分析的目的 75
　　　二、利润表分析的内容 76
　第二节　利润表质量分析 78
　　　一、营业收入 79
　　　二、营业成本 81
　　　三、税金及附加 82
　　　四、期间费用 83
　　　五、其他收益 87
　　　六、投资收益 88
　　　七、公允价值变动损益 89
　　　八、信用减值损失和资产减值损失 89
　　　九、营业利润 91
　　　十、营业外收入 92
　　　十一、营业外支出 92
　　　十二、利润总额 92
　　　十三、所得税费用 93
　　　十四、净利润 94
　　　十五、每股收益 95
　第三节　利润表结构分析 95
　　　一、共同比利润表 95
　　　二、收入结构分析 97
　　　三、成本费用结构分析 100
　　　四、非经常性损益 102
　本章小结 103
　思考题 103
　练习题 104
　案例分析 104

第四章　现金流量表分析 106
　第一节　现金流量表分析的目的和内容 106

一、现金流量表分析的目的 106
　　二、现金流量表分析的内容 107
　第二节　现金流量表质量分析 112
　　一、经营活动现金流量质量分析 112
　　二、投资活动现金流量质量分析 114
　　三、筹资活动现金流量质量分析 115
　　四、现金流量表补充资料中的现金流量质量分析 117
　第三节　现金流量表结构分析 121
　　一、现金流入结构分析 121
　　二、现金流出结构分析 123
　　三、现金流入与流出比分析 124
　本章小结 126
　思考题 126
　练习题 127
　案例分析 128

第五章　**股东权益变动表分析** 129
　第一节　股东权益变动表分析的目的和内容 129
　　一、股东权益变动表分析的目的 129
　　二、股东权益变动表分析的内容 130
　第二节　股东权益变动表质量分析 135
　　一、综合收益总额 135
　　二、会计政策变更分析 137
　　三、前期差错调整 137
　　四、所有者投入或减少资本 138
　　五、利润分配 138
　　六、股东权益内部结转 139
　　七、股利政策 140
　　八、库存股 141
　　九、股票期权 142
　第三节　股东权益变动表结构分析 144
　　一、股东权益垂直分析表 144
　　二、留存收益比例 145
　本章小结 146
　思考题 146
　练习题 146
　案例分析 147

第六章　企业偿债能力分析 ... 148
第一节　企业偿债能力分析的目的和内容 ... 148
一、企业偿债能力分析的目的 ... 148
二、企业偿债能力分析的内容 ... 149
第二节　企业短期偿债能力分析 ... 151
一、企业短期偿债能力分析概述 ... 151
二、衡量企业短期偿债能力的指标 ... 153
第三节　企业长期偿债能力分析 ... 165
一、企业长期偿债能力分析概述 ... 165
二、衡量企业长期偿债能力的指标 ... 166
本章小结 ... 174
思考题 ... 175
练习题 ... 175
案例分析 ... 177

第七章　企业营运能力分析 ... 179
第一节　企业营运能力分析的目的和内容 ... 179
一、企业营运能力分析的目的 ... 179
二、企业营运能力分析的内容 ... 180
第二节　流动资产营运能力分析 ... 180
一、衡量流动资产主要项目营运能力的指标 ... 181
二、全部流动资产营运能力的综合分析 ... 187
第三节　非流动资产营运能力分析 ... 190
一、衡量固定资产营运能力的指标 ... 190
二、全部非流动资产营运能力的综合分析 ... 193
第四节　总资产营运能力分析 ... 195
一、影响总资产营运能力的因素 ... 195
二、衡量总资产营运能力的指标 ... 196
三、总资产营运能力的综合分析 ... 197
本章小结 ... 199
思考题 ... 199
练习题 ... 199
案例分析 ... 201

第八章　企业盈利能力与发展能力分析 ... 202
第一节　企业盈利能力分析的目的和内容 ... 202
一、企业盈利能力分析的目的 ... 202
二、企业盈利能力分析的内容 ... 202
三、影响企业盈利能力的主要因素 ... 203

第二节　企业生产经营活动盈利能力分析	204
一、以营业收入为基础的盈利能力分析	204
二、以成本费用为基础的盈利能力分析	210
三、影响企业生产经营活动盈利能力的其他因素	211
第三节　企业资产盈利能力分析	212
一、总资产报酬率的计算与分析	213
二、总资产收益率的计算与分析	218
第四节　企业股东投资盈利能力分析	220
一、净资产收益率的计算与分析	220
二、资本保值增值率的计算与分析	225
三、反映上市公司股东投资回报的特殊指标	226
第五节　企业发展能力分析	230
一、发展能力分析的目的	230
二、发展能力分析的内容	231
三、企业发展能力分析的框架和思路	231
四、企业发展能力分析指标	232
五、上市公司发展能力分析实例	237
本章小结	244
思考题	245
练习题	246
案例分析	248

第九章　综合财务分析 254

第一节　综合财务分析的目的和内容 254
　　一、综合财务分析的目的 254
　　二、综合财务分析的内容 254
第二节　杜邦分析法 255
　　一、杜邦分析法的理论 255
　　二、杜邦分析法的运用 257
　　三、杜邦分析法的局限性 259
第三节　综合评分法 259
　　一、综合评分法的理论 259
　　二、综合评分法在我国的运用 261
第四节　上市公司财务分析实例 264
　　一、杜邦分析法实例 264
　　二、综合评分法实例 264
本章小结 266
思考题 267

练习题 267
　　案例分析 267
第十章　企业绩效综合评价方法 268
　第一节　我国国有企业绩效评价体系 268
　　一、国有资本金绩效评价体系的主要内容 268
　　二、国有资本金绩效评价体系的评分标准 272
　　三、国有资本金绩效评价体系的综合计分办法 272
　　四、国有资本金绩效评价体系的评价基础数据调整 274
　　五、国有资本金绩效评价体系的评价工作程序 275
　　六、国有资本金绩效评价体系的评价结果与评价报告 276
　第二节　平衡计分卡 277
　　一、平衡计分卡的产生 277
　　二、平衡计分卡的主要内容 277
　　三、平衡计分卡的构成要素和主要平衡关系 279
　　四、平衡计分卡的设计流程和设计过程中需要注意的问题 280
　　五、平衡计分卡的发展历程 282
　　六、平衡计分卡的适用范围 283
　　七、平衡计分卡的局限性和实施偏差 284
　第三节　基于 EVA 的企业绩效评价体系 285
　　一、EVA 的概念 285
　　二、EVA 的计算 286
　　三、EVA 的优势和局限性 290
　　四、EVA 的应用 291
　第四节　上市公司绩效评价实例 293
　本章小结 294
　思考题 294
　练习题 294
　案例分析 294
参考文献 295
本书扩展阅读 296

第一章 财务分析概述

【本章内容要点】

① 财务分析的主体与目的；
② 财务分析的框架；
③ 财务分析的信息来源和评价标准；
④ 财务分析的程序和方法。

第一节 财务分析的主体与目的

一、财务分析的内容

财务分析是指以会计核算资料、财务会计报告和其他相关资料为依据，采用一系列分析技术和方法，对企业等经济组织的财务状况、经营成果、资金使用效率、总体财务管理水平以及未来发展趋势等进行的分析和评价。在全球化的市场经济环境中，企业之间的竞争十分激烈，企业组织形式和经营领域不断多样化，购并、重组、分立时有发生，因而企业的财务活动变得越来越复杂，财务风险增大。通过对企业的财务数据和经营管理数据进行科学系统的分析，可以为企业投资者、债权人、经营者以及其他关心企业的组织和个人了解企业过去、评价企业现状、预测企业未来提供依据，以便做出正确的经营决策。

财务分析的内容因信息使用者的不同，分为外部财务分析和内部财务分析，此外还可以根据需要进行专题财务分析。

（一）外部财务分析

外部财务分析主要是指企业财务信息的外部使用者，包括投资者、债权人、供应商、政府部门、证券分析师等根据各自需要，对企业财务状况、经营成果以及未来发展趋势等进行的分析。外部财务分析的主要内容有权益投资人的投资分析、债权人的授信分析、供应商的信用分析、政府部门的监管分析等。外部分析者只能依赖企业所提供的财务报告和其他公开披露的信息进行分析。《中华人民共和国证券法》规定，凡是公开发行股票的公司，都应该定期公布财务信息。

（二）内部财务分析

内部财务分析主要是指企业内部经营者对企业财务状况、经营成果及其形成原因进行的分析。由于企业内部经营者掌握的信息较多，因此内部财务分析的范围比较广，除上述外部财务分析的内容外，还包括预算执行情况分析、收入完成情况分析、成本费用分析、财务危机预警分析以及企业绩效综合分析等。内部财务分析主要为企业管理当局制定发展战略、改善经营管理、提高经济效益服务。

(三) 专题财务分析

专题财务分析是指根据分析目的的不同，对企业生产经营活动中某一方面问题进行的比较深入的分析和评价。专题财务分析可以就上述外部财务分析或内部财务分析的某一个方面进行，也可以根据需要进一步拓展，包括资产结构分析、资本结构分析、收入完成情况分析、利润预测分析、宏观经济政策对企业影响分析等。在市场经济和全球经济一体化的条件下，影响企业生产经营活动的因素很多，企业经常会遇到各种新情况和新问题，分析主体可以根据自身需要，针对特定问题，选取相关的资料，有针对性地进行一些专题分析。

二、财务分析的主体

财务分析的主体是指与企业存在一定的现实和潜在的经济利益关系、基于特定目的对企业进行财务分析的单位或个人。企业财务分析的主体包括企业所有者、企业贷款提供者、企业经营管理者、供应商和顾客、政府部门、企业内部职工、竞争对手以及社会公众等。

(一) 企业所有者

根据现代企业理论，股权投资人是企业的所有者，拥有企业净资产的所有权。他们将资金投入企业，要求既保全其投入的资本金，又要获得尽可能多的投资回报。同时，现代企业制度的两权分离，使企业所有者与企业经营者形成委托代理关系。企业所有者作为委托代理关系的委托人，有权要求企业经营者提供财务信息：一方面要据此对企业的财务状况和经营成果进行分析和评价，为投资决策提供依据；另一方面要据此对企业经营者的受托责任进行分析和评价，为选择经营管理者提供依据。企业所有者需要了解企业的盈利能力、投资回报率、股利政策、经营风险以及未来发展前景等，因此，他们是企业财务分析的主体。

(二) 企业贷款提供者

企业贷款提供者包括向企业提供信贷资金的银行、财务公司以及企业债券的持有人等，他们是企业的主要债权人。企业贷款提供者将资金提供给企业使用，一方面要求企业按期偿还贷款本金，另一方面要求企业支付贷款利息。由于企业贷款提供者不能参与企业剩余收益的分配，决定了他们最关心的是信贷资金的风险性和可收回性，他们需要对企业的信用和风险情况以及偿债能力进行分析。因此，企业贷款提供者也是财务分析的主体。

(三) 企业经营管理者

按照现代企业的委托代理关系，企业经营管理者受托代理企业的经营管理工作，对企业所有者投入的资本承担保值和增值的责任。他们负责企业日常的生产经营活动，既要确保股东得到相应的投资回报，又要及时偿还各种债务，并保证资产合理有效的利用和企业持续健康的发展。为满足不同利益主体的需要，协调各方面的利益关系，企业经营管理者必须掌握企业生产经营活动和理财活动的各个方面，包括企业的盈利能力、偿债能力、资产使用效率、未来的发展能力以及面临的经营风险和财务风险等，以便及时发现问题，规划和调整企业的经营战略，为经济效益持续稳定的增长创造条件。因此，企业经营管理者也是财务分析的主体。

（四）供应商和顾客

供应商是企业生产资料的提供者。在现代企业契约关系中，供应商是企业重要的利益关系人。现代企业之间的交易大多采取商业信用方式，赊购业务使企业与供应商形成了商业信用关系。供应商向企业提供了赊销这种商业信用，成为企业的债权人，必然要关心受信企业的信用和风险情况以及偿债能力，需要对企业进行相应的财务分析。因此，供应商也是财务分析的主体。

顾客是企业商品的购买者和消费者。在现代企业契约关系中，顾客也是企业重要的利益关系人。企业将产品或劳务销售给顾客，同时承担着商品质量担保义务和售后服务。顾客关心企业对担保义务的履行能力和售后服务情况，需要对企业的信用和风险情况以及持续经营能力进行分析和评价。因此，顾客也是财务分析的主体。

（五）政府部门

政府部门主要是指国家宏观经济管理部门和监督部门，包括国有资产管理部门、财政部门、税务部门以及政府审计部门等。这些部门以社会管理者的身份关注企业的财务信息，并根据各自的管理需要，对企业进行财务分析。例如，国有资产管理部门关心国有资本保值增值情况以及国有投资的社会效益和经济效益，财政部门关心财政资金的使用情况，税务部门关心企业税金的计算和缴纳情况，政府审计部门关心企业的经营活动是否合理合法，等等。政府部门主要通过财务分析评价和监察企业的经营活动，为制定宏观经济政策提供依据。因此，政府部门也是财务分析的主体。

（六）企业内部职工

企业内部职工的切身利益与企业能否持续健康地发展息息相关，他们希望通过财务分析，了解企业的盈利能力、偿债能力和发展前景，判断未来的薪酬水平、工作岗位的稳定性和个人发展机会，甚至运用财务分析结果进行集体的工资议价。因此，企业内部职工也是财务分析的主体。

（七）竞争对手

俗话说，知己知彼，百战不殆。竞争对手希望通过财务分析，尽可能全面地了解企业的财务状况、经营成果和资产使用效率，评价企业在行业的地位及优势和劣势，为其制定发展战略提供依据。同时竞争对手还可以通过财务分析，寻找可能出现的兼并机会。因此，商场上的竞争对手也是企业财务分析的主体。

（八）社会公众

社会公众包括潜在的投资者和债权人、潜在的消费者、企业所在社区的居民，以及环境保护组织等。潜在的投资者和债权人，出于对未来投资收益和信贷资金安全的考虑，需要关注未来投资对象的财务状况和经营成果，为投资决策提供依据；潜在的消费者在选择购买商品时，需要关注企业售后服务能力，为消费决策提供依据；企业所在社区的居民和环境保护组织关注企业对所在社区带来的福利，以及对环境造成的影响，监督企业对社会责任的履行情况。因此，社会公众也是财务分析的主体。

三、财务分析的目的

财务分析的目的是指财务分析主体通过对企业进行财务分析所要达到的目标。一般来说，财务分析的目的是评价企业过去的经营成果，衡量企业现在的财务状况，预测企业未来的发展趋势，为分析主体进行经济决策提供依据。由于财务信息使用者包括外部使用者和内部使用者，各使用者面临的问题和决策形态不同，因此其分析的目的和重点也有所不同。现就财务分析的一般目的和各个分析主体的特定目的加以说明。

（一）财务分析的一般目的

1. 评估企业过去的经营成果

评估企业过去的经营成果包括了解企业营业收入的来源和营业支出的去向，分析净利润的多少及其构成，评价投资报酬率高低和市场占有率的变化，等等。通过分析企业过去的经营成果，并与同行业相互比较，可以了解企业过去经营活动的成败得失。

2. 衡量企业现在的财务状况

衡量企业现在的财务状况包括了解企业资产、负债、所有者权益的构成，分析企业资产结构和资本结构是否合理，评价企业的财务实力和财务弹性，等等。财务状况反映了企业资产、资本存量以及企业的产权关系，通过分析企业现在的财务状况，并与历史数据和同行业相互比较，可以了解企业财务状况的真实情况，并据此预测企业未来发展的潜力。

3. 预测企业未来的发展趋势

根据企业过去的经营业绩，可以预测企业未来创造收入和利润的能力。根据企业现在的财务状况和未来创造利润的能力，可以预测企业的成长潜力，为制定经济决策提供参考依据。

（二）财务分析的特定目的

财务分析的特定目的因财务分析主体的不同而有所不同。从财务信息使用者和分析主体需求的角度看，财务分析的特定目的主要有以下几个方面。

1. 为投资决策进行财务分析

企业所有者最关注投资的内在风险和资本利得，因此在进行初始投资、追加投资、转让投资时都要对企业的盈利能力、发展能力、资本结构、股利政策等进行分析，据以评价投资收益和投资风险，预测未来的盈利及其可能的变动，作为投资决策的依据。

2. 为信贷决策进行财务分析

企业贷款的提供者最关注信贷本金和利息能否按期收回，因此在选择贷款企业、决定贷款期限和利率时都要对企业的偿债能力、信用和风险情况进行财务分析，评价信贷资金的安全性，以便做出理性的贷款决策。

企业贷款的提供者分为短期债权人和长期债权人，两者关注的重点有所不同。短期债务需要动用企业的流动资产偿付，因此短期债权人最关心企业资产的流动性和周转能力，更重视对企业目前财务状况和资本结构的分析，以评价企业短期偿债能力。长期债务需要企业在几个会计年度内偿付，因此长期债权人更关心企业在较长时间内的偿债能力和付息能力，需要对企业未来的财务状况、资本结构、盈利能力以及现金流量等进行分析，以作为制定长期信贷决策的依据。

3．为赊销决策进行财务分析

供应商也是企业的债权人，在选择赊销企业、决定赊销规模、确定赊销条件和赊销期限时，供应商需要对企业的偿债能力、财务稳健性、信用和风险情况进行分析，作为制定赊销决策的依据。

4．为购买和消费进行财务分析

购买企业产品的单位和个人，在选择供货厂商或选购商品时，需要对企业的持续经营能力和发展能力进行分析，评价企业的信用和风险，以确保所购商品的质量和售后服务。

5．为业绩评价进行财务分析

为业绩评价进行财务分析包括两个方面：一是企业所有者在选聘和考核企业经营者时，需要对企业的经营业绩进行分析，作为任免的依据；二是企业经营管理者可以通过财务分析做自我检查和企业诊断，包括检查内部财务结构是否稳健、检查企业的偿债能力是否充足、衡量企业在同行业的地位、预测企业未来的变化趋势等。同时，企业经营管理者还可以通过财务分析，考核企业各部门的工作效率，评价企业内部的经营管理政策和内部控制制度，为管理决策提供依据。

6．为行政监督进行财务分析

国有资产管理部门进行财务分析，可以监督企业对国家投资的保值、增值情况，防止国有资产流失；税务部门进行财务分析，可以监督企业税金是否及时缴纳，有无计算错误和偷税、漏税情况；国家宏观经济管理部门进行财务分析，可以了解各部门和地区的财务状况和经营成果，为制定宏观经济政策提供依据。

第二节　财务分析的框架

一、企业经营活动与财务报表的关系

在市场经济条件下，企业经营活动直接受经营环境和经营战略的影响。经营环境包括国家产业政策和财政金融政策、企业所处的行业、经济周期、经济发展水平、对外经济交往程度、产品市场、资本市场、劳动力市场等；经营战略包括企业的经营范围、发展方向和竞争策略，它决定了企业未来的发展方向。企业经营活动是按照其经营战略与外部进行的资金、物资、信息的交流活动，企业的经营环境和经营战略直接影响着企业经营活动的过程和结果，因此，进行财务分析不能脱离企业的经营环境和经营战略。

企业经营活动进入会计系统后，经过会计确认、计量、记录，并以财务报表的形式对外报告。企业经营活动与财务报表的关系如图 1-1 所示。

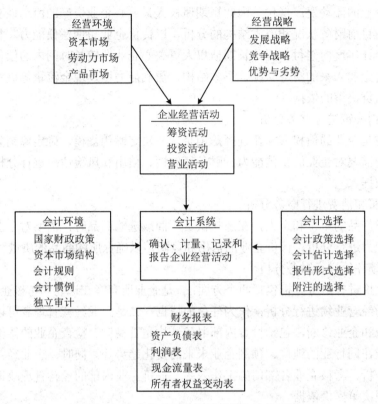

图 1-1　企业经营活动与财务报表的关系图

从图 1-1 中可以看出，企业的经营活动都是在特定经营环境和经营战略下进行的，并受经营环境和经营战略的制约。企业的经营活动进入会计系统加工后，最终形成企业的财务会计报表。会计系统在对经营活动进行确认、计量和报告的过程中，要接受会计环境的制约，企业自身的会计选择也会影响数据的加工结果。也就是说，在企业经营活动转化为财务报表数据的过程中，许多因素会导致财务报表不能真实完整地反映企业的经营活动，主要有以下因素。

（1）虽然会计准则对会计的确认、计量和报告提出了统一的要求，以增强财务报表的可靠性和可比性，但是由于企业面临的经营环境和经济业务的多样性，同时会计准则又赋予企业管理层在现行法规框架下选择会计政策和会计估计的权利，这种选择权在客观上为经理人员操纵财务报表提供了机会，因此无法保证会计信息的完全真实可靠。

（2）权责发生制原则是企业会计核算的基础，设立该原则的本意是希望能够真实客观地反映企业的财务状况和经营成果。但是由于按照权责发生制确认的收入和费用与现金流入和流出量不一致，因此导致在实际应用时具有较强的主观性。企业经理人员受利益的驱动，有可能利用权责发生制操纵财务报表，导致会计信息失真。

（3）会计准则中的某些规定本身就有可能导致会计信息失真。例如货币计量假设，完全不考虑币值变动对财务指标的影响，当物价变动较大时，会导致企业低估成本，高估利润；又如稳健性原则，允许将研究费和广告费直接计入当期损益，直接降低了企业当期的利润，实际上大量的研究费和广告费投入所带来的经济效益具有延滞性，往往在以后期间才能显现出来。

（4）由独立审计机构和人员依照审计准则对财务报表进行的审计，可以在一定程度上提高会计信息质量，降低会计信息的使用风险，但是也有可能强化财务报表本身的内在缺陷。其原因是，它作为独立的第三方认可了长期延续下来的会计规则和惯例，而这些规则和惯例本身存在缺陷。审计准则和审计行为使本身存在缺陷的会计规范和惯例得以更加有效地执行，客观上对会计准则的内在缺陷起到了放大作用。

综上所述，由于会计规范系统并非尽善尽美，因此必然导致企业财务报表存在一定的缺陷和不足，难以真实客观地反映企业的经济活动，进行财务分析时应充分认识这一点，必要时应对报表误差进行估计和调整。

二、财务分析的基本框架

如前所述，企业经济活动受经营环境和经营战略的影响，作为反映企业经济活动载体的财务报表，其信息质量既受企业经营环境和经营战略的影响，也受会计环境和会计选择的影响。进行财务分析时，必须了解企业所面临的经营环境和经营战略，了解企业的会计环境和会计选择，才能把握企业经济活动的本质，对企业的财务状况和经营成果做出合理的解释。据此，企业财务分析的基本框架包括经营环境与经营战略分析、财务报表的会计分析、财务效率分析以及财务分析的扩展，如图1-2所示。

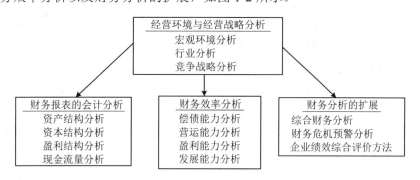

图1-2　财务分析的基本框架

从图1-2中可以看出，进行财务分析时，首先，要了解企业所处的经营环境和企业的经营战略，分析企业的竞争优势和劣势，识别企业的机会和风险，对企业盈利能力和发展能力的可持续性做出判断。其次，进行会计分析，评价企业的资产结构、资本结构、盈利结构和现金流动情况，判断企业的盈利基础和盈利质量。再次，进行财务效率分析，揭示企业的偿债能力、营运能力、盈利能力和发展潜力，评价企业目前的经营业绩以及业绩的可持续性。最后，对企业的经营业绩进行综合分析，判断其未来的发展前景。

（一）经营环境与经营战略分析

企业的经营活动是在一定的经营环境下进行的，并受客观环境的影响和制约，因此财务分析的起点是对经营环境和企业的发展战略进行分析。通过对企业经营环境和发展战略的分析，可以了解企业经营所面临的内外部环境，确定影响企业盈利的主要因素、机会和风险，使财务分析者站在一个较高的层次来评价企业的经营活动。

企业价值取决于企业获取利润的能力，而企业获取利润的能力受国家产业政策和行业特点以及自身发展战略和策略的影响。只有充分了解行业的发展态势、企业的竞争优势和劣势以及企业战略的合理性，把企业的财务状况和经营成果与企业战略结合起来，从更深层次解析企业经营成果，才能对企业的经营业绩的现状和持续性做出合理的判断。

考虑到本书使用对象的特点及课时限制，本部分内容将以电子版形式提供给本书使用者。

（二）财务报表的会计分析

由于会计政策的可选择性，财务报表中的数据难免受企业管理当局主观意愿的影响，甚至有可能包括管理当局有意操纵的信息。进行财务分析时需要了解企业所选择的会计政策、会计估计的恰当性，评估财务报表对企业经济活动反映的真实程度，揭示企业的资产结构、资本结构和财务弹性。一般来说，会计分析主要包括以下内容。

1. 了解企业的会计政策

选用不同的会计政策，会导致会计核算结果有很大区别。进行会计分析时，首先应了解企业所选用的会计政策，评价其是否与企业的行业特征和经营战略相适应。

会计政策中有些可选择性大一些，如固定资产折旧、存货计价、长期股权投资核算、无形资产摊销及资产减值准备的计提等；也有些可选择性小一些，如对研究开发费用的处理、外币折算等。会计政策的可选择性越大，对企业业绩的影响也越大，也越容易成为企业管理者操控财务报表数据的手段，分析者应对此保持足够的谨慎。

2. 评价企业的会计政策是否稳健

当企业管理者拥有较大的会计政策选择权时，他们可以根据自己的需要加以运用，而在不同的会计政策下核算出的企业财务状况和经营成果往往大相径庭。

现行会计准则中，对某一经济事项的会计处理往往有多种备选的会计处理方法，客观上为企业借助于会计方法的选择来实现预期的经济业绩提供了条件。当经营情况较好时，企业可能会选择更为稳健的会计政策；当经营情况欠佳时，企业可能会通过改变会计政策使账面上的经营业绩变得好看一些。进行会计分析时应当充分关注企业对会计政策选择的偏好，判断管理者选择会计政策的意图，了解会计政策选择对企业财务状况和经营成果的影响。

3. 评价企业资源的配置是否合理

资产是企业的经济资源，其配置和使用是否合理直接影响企业的经营业绩。通过分析企业的资产管理制度、资产计价方法、资产结构以及资产结构与资本结构之间的关系等，可以了解企业资产配置是否合理、管理是否科学，判断企业资产的质量，了解企业的财务弹性。

4. 评价企业的经营活动是否正常

根据财务报表各项目之间内在的勾稽关系，可以对企业的经营活动进行细致的考察和分析，判断企业经营活动有无异常以及是否存在财务舞弊行为。例如，存货或应收账款项目异常增加、提取或冲销大额资产减值准备、净利润与经营活动现金净流量差异扩大以及随意改变会计政策等，都应引起财务分析人员的充分关注。

5．评价会计信息披露的质量

企业会计信息披露的载体除财务报表外，还有报表附注、董事会报告、监事会报告以及各种临时公告等。企业会计准则中规定的披露内容，属于强制性信息披露，是对会计信息披露的最低要求。在此基础上，企业管理层可以选择是否进行自愿性信息披露以及自愿披露的内容。一般而言，从自愿性信息披露的深度和广度可以了解企业会计信息披露的质量，进而判断财务报表的可信度。

（三）财务效率分析

财务效率分析是财务分析的核心环节，在这一环节中主要根据报表数据计算大量的财务比率指标，以揭示企业的偿债能力、营运能力、盈利能力和未来发展能力，并对企业整体情况进行综合评价，判断企业的经营业绩优劣及其可持续性。

财务效率分析常用的方法有比率分析法、比较分析法、因素分析法等。通过计算比率指标可以反映企业的经营业绩；通过比较分析可以对企业的经营业绩进行评价和说明；通过因素分析可以确定某一比率指标变动的主要影响因素，并分析每个因素变动对该指标的影响程度，据此找出企业管理中存在的问题，以便提出措施加以改进。财务效率分析方法详见本章第四节。

（四）财务分析的扩展

财务分析的扩展是在财务效率分析的基础上，对企业总体财务状况、企业未来的财务风险以及企业绩效综合评价方法等所做的分析和评价。

企业总体财务状况评价，主要是介绍如何利用沃尔评分法等对企业的各项财务指标打分，并根据打分结果评定企业总体财务状况优劣。企业未来的财务风险分析，也称为财务预警分析，主要是根据企业的历史数据和财务指标，采用数学方法建立财务危机预警模型，对企业是否面临财务危机进行预测，以便企业及时采取措施，规避财务风险。企业绩效综合评价方法，主要介绍如何采用平衡计分卡和经济增加值等方法对企业绩效进行全面评价，以便更加准确、全面、客观地揭示和说明企业的经营业绩。

限于篇幅和课时，财务危机预警分析内容将作为教辅材料以电子资源形式提供给本书使用者，本书只介绍综合财务分析方法和企业绩效综合评价方法两部分内容。

第三节　财务分析的信息来源和评价标准

一、财务分析的信息来源

财务分析的信息来源是指进行财务分析所依据的资料及其取得途径。财务分析的目的和内容不同，应用的信息资料和来源也有所不同。根据财务分析所使用信息资料获得途径的不同，可以将其分为公开信息资料和企业内部信息资料两大类。

（一）公开信息资料

公开信息资料是指企业对外公开发布的信息资料，包括财务报告、董事会报告、企业公开披露的其他信息。

1．财务报告

财务报告是反映企业在会计期末财务状况，以及某一会计期间经营成果和现金流量的书面文件。财务报告提供的信息是对企业经营过程和结果的综合反映，是财务分析最重要的信息来源。我国会计准则规定，企业财务报告包括财务报表和报表附注两部分。

1）财务报表

财务报表主要包括资产负债表、利润表、现金流量表、所有者权益变动表。

资产负债表是反映企业在某一特定日期（月末、季末、年末）财务状况的报表，表中按照一定的分类标准和一定的顺序，列示企业在某一特定日期的资产、负债、所有者权益数额及其相互关系，即企业的财务状况。

利润表是反映企业在某一会计期间内（月份、季度、年度）经营成果的报表，表中按照一定的分类标准和顺序列示企业在某一时期的收入和费用，并通过层层计算，最终确定企业的净利润（或净亏损）。

现金流量表是反映企业在某一会计期间内（通常为一年）现金流入和流出情况的报表。在现金流量表上，将现金流量分为经营活动产生的现金流量、投资活动产生的现金流量、筹资活动产生的现金流量三大类。

所有者权益变动表（在股份制企业中称为股东权益变动表）是全面反映企业在某一会计期间内（通常为一年）所有者权益各组成部分增减变动情况的报表。在所有者权益变动表上，除列示投资者投资和净利润对所有者权益变动的影响外，还列示直接计入所有者权益的利得和损失，因此，所有者权益变动表在一定程度上反映了企业的综合收益，体现了会计的综合收益观。

上述四份报表各自独立，各有各的作用和表达方式，但是彼此之间存在密切的勾稽关系，它们相互联系、相互配合，完整地反映了企业经营活动的过程和结果。其关系可用图1-3表示。

财务报表按编制时间不同，可以分为年度报表（简称"年报"）、半年度报表（简称"年中报"）、季度报表（简称"季报"）和月度报表（简称"月报"），分别在会计年度末、会计半年度末、季度末和月度末编制。半年度报表、季度报表、月度报表或其他任何一种会计年度内的报表，又统称为中期报表。中期报表和年度报表除涵盖的时间不同外，其最大区别是年度报表需要审计和对外公开，而中期报表不一定需要审计和对外公开。

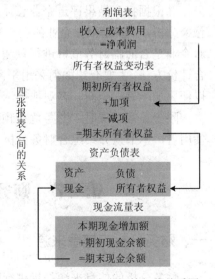

图1-3 财务报表之间的勾稽关系图

对于有控股子公司的母公司和企业集团而言，财务报表还分为个别报表和合并报表。个别报表以母公司或子公司为会计主体，只反映母公司和子公司各自的情况。合并报表则以母公司和子公司组成的企业集团为会计主体，将子公司的财务报表并入母公司，综合反映企业集团的财务状况、经营成果和现金流量情况。

2）报表附注

由于财务报表格式与内容的固定性和规定性，其所提供的会计信息量受到限制，因此企业除编制财务报表外，还需要编制报表附注，提供文字信息。

报表附注是对在资产负债表、利润表、现金流量表、所有者权益变动表等报表中所列项目的文字描述或明细资料，以及对未能在这些报表中列示项目的说明。报表附注是财务报告的重要组成部分，与财务报表具有同等重要的作用。信息使用者通过附注可以获得更全面的财务信息，加深对表内信息的理解，提高会计信息的有用性和可理解性。

我国企业会计准则规定，财务报表附注的内容主要有：企业的基本情况；财务报告的编制基础和遵循企业会计准则的声明；重要会计政策和会计估计的说明；会计政策和会计估计的变更以及差错更正的说明；报表重要项目的说明；或有和承诺事项的说明；资产负债表日后事项的说明；关联方关系及其交易的说明；本期发生的企业重要资产的转让或出售、企业合并或分立事项等重大财务事项；在资产负债表日后、财务报告批准报出日前提议或宣布发放的向投资者分配的利润总额；等等。为了全面分析企业的财务状况、经营成果和现金流量，财务分析者应当认真阅读报表附注，高度关注附注中披露的信息。

2. 董事会报告

董事会报告是上市公司年度报告中应当披露的内容。在董事会报告中，需要重点关注管理层的讨论与分析和公司投资情况两部分内容。

1）管理层的讨论与分析

管理层的讨论与分析在年度报告中占有重要地位，通常列示在董事会报告的首位。管理层的讨论与分析是对外传递公司信息的有效渠道，表明了管理层对企业现状和未来发展前景的基本判断，有助于信息使用者了解企业经营状况、经营风险和不确定性，把握企业未来的发展方向。管理层的讨论与分析是对财务报告的重要补充，提供了财务报告中无法涵盖的经营信息和预测信息，使信息使用者能够从管理者视角透视企业的经营本质。

在管理层的讨论与分析中，要求披露的内容主要有如下两部分。

（1）对报告期内企业经营情况的总结和回顾。它主要包括三个方面的内容：一是企业总体经营情况，主要阐述企业营业收入、营业利润、净利润的变动情况，并说明变动的主要原因；二是主要业务及其经营状况，要求按行业、产品或地区说明企业营业收入、营业成本、营业利润的构成及其增减变动情况；三是现金流量分析，说明企业经营活动、投资活动、筹资活动产生的现金流量及其增减变动情况。

此外，企业还可以根据实际情况对与企业经营活动有关的重要信息进行披露，如企业主要生产设备的变动情况、设备利用情况、高层管理人员及核心技术人员变动情况等。

（2）对企业未来发展前景的展望。它包括企业所处行业的发展趋势及对本企业的影响、企业的应对措施、企业的发展战略和经营计划、资金需求和使用计划等。

管理层的讨论与分析中所披露的信息，有些是法律法规硬性规定披露的，但大多数是企业自愿披露的，且大部分信息属于非财务信息，具有自愿性和前瞻性的特点。其前瞻性主要体现在：通过对企业财务数据进行文字说明，揭示企业经营活动的风险和不确定性；对企业所处行业发展趋势进行分析，并说明企业未来的应对措施、发展战略、经营规划、发展前景等。管理层讨论与分析的内容可以在一定程度上满足信息使用者对前瞻性信息的要求。

2）公司投资情况

在公司投资情况中，要求披露的内容主要有两部分：一是企业在报告期内募集资金的总体使用情况，包括募集资金总额、本年度已使用募集资金总额、累计已使用募集资金总额、尚未使用募集资金总额以及尚未使用募集资金的用途和去向等；二是承诺项目的资金使用情况，要求对公司发行股票时在招股说明书中所承诺的投资项目进度及收益情况进行说明，包括承诺项目名称、募集资金拟投入金额、募集资金实际投入金额、项目进度、预计收益、实际产生收益情况等。如果项目未能按计划进度完成，要求说明原因。

公司投资情况中所披露的信息大都是法律法规规定的，且主要是财务信息。通过这些信息可以了解企业对募集资金的使用情况和对承诺事项的履行情况，分析其能否为企业带来新的利润增长点，评价企业未来的发展前景。

3. 企业公开披露的其他信息

企业公开披露的其他信息，主要是指上市公司公开披露的审计报告、招股说明书、上市公告、临时公告，以及影响企业经营活动的国家产业政策和行业信息等。

1）审计报告

审计报告是注册会计师根据审计准则的规定，在实施审计工作后对被审计单位的财务报表是否符合公认会计准则而发表意见的书面文件。按照格式和内容的不同，审计报告分为标准审计报告和非标准审计报告。按照审计意见种类的不同，审计报告分为无保留意见审计报告、保留意见审计报告、否定意见审计报告和拒绝意见审计报告。标准审计报告是注册会计师出具的不附加强调意见段的无保留意见审计报告，非标准审计报告是注册会计师出具的带有强调意见段的无保留意见审计报告、保留意见审计报告、否定意见审计报告、拒绝意见审计报告。非标准审计报告的强调意见段是指注册会计师在审计意见段之后增加的段落，具有两个作用：一是对重大事项予以强调，以提醒信息使用者关注；二是说明出具此类审计意见的原因。

由于审计报告是注册会计师站在独立的第三方立场，对被审计单位财务报表的合法性、公允性所发表的鉴证意见，因此对于财务分析人员判断报表的可靠性具有重大参考价值。特别是当审计报告为非标准审计报告时，财务分析人员应当给予高度关注。

相关链接

2020年度中国中信集团有限公司由普华永道中天会计师事务所出具的审计报告格式如下所示。该公司收到的是无保留意见审计报告。

审 计 报 告

普华永道中天审字（2021）第 27380 号

中国中信集团有限公司董事会：

一、审计意见

（一）我们审计的内容

我们审计了中国中信集团有限公司（以下简称"中信集团"）的财务报表，包括 2020 年 12 月 31 日的合并及公司资产负债表、2020 年度的合并及公司利润表、合并及公司现金流量表、合并及公司所有者权益变动表以及财务报表附注。

（二）我们的意见

我们认为，后附的财务报表在所有重大方面按照企业会计准则的规定编制，公允反映了中信集团 2020 年 12 月 31 日的合并及公司财务状况以及 2020 年度的合并及公司经营成果和现金流量。

二、形成审计意见的基础

我们按照中国注册会计师审计准则的规定执行了审计工作，审计报告的"注册会计师对财务报表的审计责任"部分进一步阐述了我们在这些准则下的责任。我们相信，我们获取的审计证据是充分、适当的，为发表审计意见提供了基础。

按照中国注册会计师执业道德守则，我们独立于中信集团，并履行了执业道德方面的其他责任。

三、管理层和治理层对财务报表的责任

中信集团管理层负责按照企业会计准则的规定编制财务报表，使其实现公允反映，并设计、执行和维护必要的内部控制，以使财务报表不存在由于舞弊或错误导致的重大错报。

在编制财务报表时，管理层负责评估中信集团的持续经营能力，披露与持续经营相关的事项（如适用），并运用持续经营假设，除非管理层计划清算中信集团、终止运营或其他现实选择。

治理层负责监督中信集团的财务报告过程。

四、注册会计师对财务报表审计的责任

我们的目标是对财务报表整体是否不存在由于舞弊或错误导致的重大错报获取合理保证，并出具包含审计意见的审计报告。合理保证是高水平的保证，但并不能保证按照审计准则执行的审计在某一重大错报存在时总能发现。错报可能由于舞弊或错误导致，如果合理预期错报单独或汇总起来可能影响财务报表使用者依据财务报表所做出的经济决策，则通常认为错报是重大的。

在按照审计准则执行审计工作的过程中，我们运用职业判断，并保持职业怀疑，同时，我们也执行以下工作。

（一）识别和评估由于舞弊或错误导致的财务报表重大错报风险；设计和实施审计程序

以应对这些风险,并获取充分、适当的审计证据,作为发表审计意见的基础。由于舞弊可能涉及串通、伪造、故意遗漏、虚假陈述或凌驾于内部控制之上,未能发现由于舞弊导致的重大错报的风险高于未能发现由于错误导致的重大错报的风险。

(二)了解与审计相关的内部控制,以设计恰当的审计程序,但目的并非对内部控制的有效性发表意见。

(三)评价管理层选用会计政策的恰当性和做出会计估计及相关披露的合理性。

(四)对管理层使用持续经营假设的恰当性得出结论,同时,根据获取的审计证据,就可能对中信集团持续经营能力产生重大疑虑的事项或情况是否存在重大不确定性得出结论。如果我们得出结论认为存在重大不确定性,审计准则要求我们在审计报告中提请报表使用者注意财务报表中的相关披露;如果披露不充分,我们应当发表非无保留意见。我们的结论基于截至审计报告日可获得的信息。然而,未来的事项或情况可能导致中信集团不能持续经营。

(五)评价财务报表的总体列报(包括披露)、结构和内容,并评价财务报表是否公允反映相关交易和事项。

(六)就中信集团中实体或业务活动的财务信息获取充分、适当的审计证据,以对合并财务报表发表审计意见。我们负责指导、监督和执行集团审计,并对审计意见承担全部责任。

我们与治理层就计划的审计范围、时间安排和重大审计发现等事项进行沟通,包括沟通我们在审计中识别出的值得关注的内部控制缺陷。

普华永道中天会计师事务所(特殊普通合伙)   注册会计师:陈静
中国 上海
2021年4月30日   注册会计师:王磊

资料来源:中国中信集团有限公司2020年度财务报告。

2)招股说明书和上市公告

招股说明书是公司申请发行股票时向公众发布的用于公开募集股份的书面文件。上市公司首次发行股票时必须制作招股说明书,招股说明书应详细说明发行人的基本情况、公司治理结构、业务发展目标、募集资金用途、发行定价、股利分配政策等。招股说明书经过中国证券监督管理委员会(以下简称"证监会")批准后具有法律效力,并通过新闻媒体对外公开发布。

上市公告是股票上市交易前,发行人向社会公众披露的与股票上市有关的信息的书面文件,通常在公司股票获准在证券交易所交易后公布。上市公告除包括招股说明书的内容外,还包括股票已发行情况和上市情况,发行人、实际控制人和股东情况,上市保荐人及其意见,等等。

招股说明书和上市公告对企业各方面情况的披露比较充分,是外部分析人员进行财务分析时不可或缺的重要资料。

3)临时公告

临时公告是指上市公司发生法定重大事项时,对有关情况予以披露的书面文件。这里的法定重大事项是指可能对上市公司股票价格产生较大影响的事件,包括公司经营范围的改变、外部经营环境的变化、重大投资项目的实施、重大违约事件、公司高层管理人员的变动等。临时公告的内容具有突发性特点,为了使投资者及时了解这些信息,防止证券市场中的不公平,《中华人民共和国证券法》规定,上市公司在发生重大事项时应当发布临时公告。

4. 产业政策与行业信息

产业政策是政府部门为了合理调配经济资源和实现统筹发展,而对某些产业实施干预的措施。政府通过制定不同的产业政策,可以改变经济资源在不同产业之间的分配。产业政策对企业的生产经营活动和未来发展产生直接影响,并改变企业的财务状况和经营成果。例如,国家对污染行业实行严格的治理政策,会增加企业治理环境污染的成本,对于行业内中小企业来说,挤压了其生存的空间,甚至可能导致其破产;但是对于实力雄厚的大企业来说,则意味着扩大了市场份额。进行财务分析时,关注国家产业政策的变化及其对企业经济活动的影响,有助于对企业的财务情况做出正确判断。

此外,企业的财务指标与企业所处的行业有直接关系。例如,房地产开发企业的资产负债率一般高于其他行业,商品流通企业的存货周转率高于制造业企业,汽车制造企业的固定资产高于服装加工行业的企业,等等。注意收集行业信息,从行业特点、业务流程等方面综合考虑,可以对企业的财务指标进行更客观的诠释。

此外,进行财务分析时还应关注国家的财政、金融、货币、汇率等宏观经济政策和宏观经济环境。宏观经济政策和环境的变化,预示着一个国家或地区经济发展的趋势,对企业未来的发展前景和经营风险会产生较大的影响。

(二)企业内部信息资料

企业内部信息资料是指企业不对外公开的经营活动资料,包括企业日常会计核算资料、生产和销售统计资料、预算资料等。日常会计核算资料主要是指账簿资料和成本费用数据,这些资料可以提供详细信息,说明企业财务状况和经营成果形成的原因;生产和销售统计资料包括生产量、销售量、销售价格的实际完成情况;预算资料包括市场预测、财务预算、生产预算、销售预算等。

企业财务报告数据是对企业经营活动的综合反映,并受企业经营活动的制约。财务报告数据只能概括反映企业的经营活动,如果仅根据财务报告进行分析,只能评价经营活动的结果,而不能说明原因,无法满足企业改善管理的需要。例如,财务报表反映企业的营业成本增加,其原因可能是原材料成本上升,也可能是人工成本或制造费用上升;如果是原材料成本上升,可能是消耗量上升,也可能是单位价格上升。无论何种情况,仅根据财务报告提供的信息,无法解释营业成本变动的原因。由于外部财务分析人员无法取得企业内部信息,因此无法对此做出准确的判断。而企业内部分析人员则可以通过查阅成本账簿做出准确的判断。来自企业内部的资料能够揭示出更详细和具体的信息,能够说明财务报告数据背后的故事,因此对于企业管理者尤其重要。

二、财务分析的评价标准

财务分析标准是指对财务分析对象进行评价的基准。凡事有比较才有鉴别,通过比较才能分出优劣，财务分析也不例外。财务分析的最终目的是对企业的财务情况进行评价，判断其"好"与"坏"，而"好"与"坏"是相对的，仅从企业某一期的财务指标很难得出这种结论，必须将其与所确定的分析标准进行对比。可以说，财务分析的过程就是采用特定方法，计算各种指标并将其进行比较的过程，比较的基准就是财务分析标准。

（一）财务分析标准的种类

在财务分析实践中，常用的分析标准主要有目标指标、历史指标、行业指标。

1. 目标指标

目标指标是指企业预先制定的为之奋斗的定量化目标，它可以是预算指标、计划指标，也可以是国家有关部门下达的指令性指标。将实际指标与目标指标进行对比，可以了解企业预算或计划的完成情况，据此对企业的财务状况、经营成果和经营管理业绩进行评价。目标指标一般用于内部财务分析，在企业进行内部考核时使用较多。

2. 历史指标

历史指标可以是本企业历史的最高水平，也可以是本企业前一期或前几期的历史数据。将实际指标与历史指标进行对比，可以评价经营管理者的业绩，了解企业的发展趋势，判断企业的发展潜力。

企业财务状况和经营成果会受到企业内部和外部各种因素的影响，外部因素大多属于客观因素或不可控制因素，内部因素则属于主观因素或可控制因素。在对企业财务状况和经营成果进行分析的过程中，以本企业历史数据作为比较标准，可以有效剔出一部分外部环境因素对企业的影响，如实反映企业的实际水平和经营管理者的努力程度，更客观地评价和考核企业各部门的经营业绩。

3. 行业指标

行业指标是指同行业其他企业在相同时期的平均水平。行业指标可以根据同行业有关资料测算出来，也可以在相关数据库或统计年鉴中查找。将企业实际指标与行业指标进行对比，可以了解企业在行业中所处的地位，直接判断出企业财务状况和经营成果的优劣。因为行业指标代表的是行业平均水平，如果企业的实际指标优于行业指标，说明该企业财务情况较好；否则，说明其财务情况较差。如果企业已经处于国内同行业领先地位，分析时可以采用国内同行业最高水平或国外同行业平均水平作为比较的基准。

（二）财务分析标准的选择

目标指标、历史指标、行业指标从不同的角度构成了评价财务分析对象的基准，分析者可以根据分析目的和分析对象的实际情况，选择适当的分析标准。如果财务分析的目的是考察企业的预算完成情况，应选用目标指标；如果分析的目的是考察企业的发展趋势，应选用历史指标；如果分析的目的是对企业进行独立评价，应选用行业指标和历史指标。如果行业平均指标难以获得，也可以用同行业主要竞争对手的指标或行业最高水平指标来代替。在实际工作中，对分析标准的选择是灵活多样的，可以只使用一种标准，但更多的是综合使用多种标准进行多角度比较，以达到对企业财务状况和经营成果进行全方位考察的目的。

应该注意的是，财务分析标准必须与分析对象的实际指标具有可比性。也就是说，不论是目标指标还是历史指标或行业指标，必须与财务分析对象在经营范围、生产规模、会计期间、会计政策和会计估计等方面尽量一致，如果遇到影响财务结果的重大非经常性事项，还应将其对财务状况和经营成果的影响予以剔除。

第四节 财务分析的程序和方法

一、财务分析的一般程序

财务分析程序是指进行财务分析的行为路径。建立合理规范的财务分析程序，对于保证财务分析工作顺利进行、提高财务分析质量具有重要意义。财务分析工作一般应按照以下程序进行。

（一）确定分析目标

如前所述，财务分析主体不同，财务分析目标也不同。在进行财务分析时，首先要明确界定分析目标，然后才能确定收集哪些资料，并依次完成财务分析的所有步骤。例如，股权投资人的分析目的是进行投资决策，因此其分析的重点是企业的盈利能力、成长能力和股利政策；债权人的分析目的是进行授信决策，因此其分析的重点是企业的偿债能力和资本结构等。

（二）明确分析范围

明确了分析目标之后，分析者还要根据分析工作量和分析难易程度，制订分析方案，明确分析范围，确定是进行全面分析还是有重点的分析。基于成本效益的考虑，并不是每个分析者都要对企业的财务状况和经营成果进行全面分析，更多情况下是仅对企业的某一个方面进行分析，或者在全面分析的同时有重点地对某一方面进行分析。因此，要求分析者在确定分析目标之后，应明确分析范围，制订分析方案，节约收集资料和分析计算等环节的成本，在满足财务分析主体需要的前提下，提高工作效率。

（三）收集整理资料

分析范围确定之后，分析者要根据分析目标和分析范围收集整理相关的信息资料。通常，企业的财务报表和报表附注是任何财务分析都需要的，除此以外，还需要非财务资料，如重大事项公告、公司董事会决议、企业生产经营战略、供产销情况以及国家宏观经济政策和行业内其他企业经营状况等。资料收集的渠道有直接向企业索取、向证券交易所索取、查阅各类报纸杂志、通过互联网上网搜寻等。

在资料收集过程中，还需要对所收集的资料进行整理核实，以确保其真实性和可靠性。首先，要对财务报表进行全面审阅，如果发现有不正确之处，应予以剔除或修正，甚至舍弃不用。同时还应关注会计政策和会计估计变更对企业财务状况和经营成果的影响，考虑会计信息的可比性。如果财务报告已经通过注册会计师审计，应认真阅读注册会计师出具的审计报告，特别要关注保留意见、否定意见和拒绝意见的审计报告。其次，反映企业整体情况的财务报表有时并不适合特定目的的分析，分析者要根据自己的需要做一些加工，如编制比较财务报表或共同比财务报表等。

（四）确定分析标准

财务分析的对象是某一个特定企业，为了得出明确的分析结论，必须将反映该企业财务状况和经营成果的实际指标与分析标准进行对比，因此分析者还需要选择与确定分析标准。如前所述，财务分析标准有目标指标、历史指标、行业指标等，分析者可以根据自己的分析目的选择一种或多种作为分析标准。

（五）选择分析方法

财务分析的目的和内容不同，所采用的分析方法也有所不同。常用的分析方法有比较分析法、比率分析法、结构分析法、因素分析法等，这些方法各有特点，在进行财务分析时可以结合使用。例如，首先计算反映企业财务状况和经营成果的比率指标；然后将实际比率与分析标准进行比较，找出差异；最后采用结构分析法或因素分析法分析差异产生的原因，找出影响企业财务状况和经营成果的主要因素。

（六）撰写分析报告

分析报告是对财务分析过程和结果的解释与说明，撰写分析报告是财务分析的最后一步。财务分析报告的内容包括分析目的、分析内容、分析标准、分析方法、分析结论，以及分析人员针对分析中发现的问题所提出的改进措施或建议。在财务分析报告中，应将分析比较后所得到的结果进行解释，并评价数字背后所隐含的意义。解释分析结果是一项既困难又重要的工作，分析者必须具备足够的专业知识和职业判断能力，才能对分析比较的结果做出正确的解读。如果分析报告能够对企业今后的发展趋势和发展方向提出预测性意见，则对使用者进行决策的作用更大。

二、财务分析的基本方法

财务分析是一项技术性很强的工作，应该根据分析目标采用不同的分析方法。常用的分析方法有比较分析法、比率分析法、结构分析法、因素分析法，有时还会使用回归分析法、层次分析法等数理统计方法。本节主要介绍前四种方法。

（一）比较分析法

比较分析法是指将实际数据与分析标准相比较，确定其数量差异，作为分析和判断企业财务状况和经营成果的一种方法。通过比较分析，可以揭示财务活动中的数量关系，发现差异并寻找差异产生的原因。人们常说，有比较才有鉴别，比较是认识客观事物的基本方法之一，比较分析法不仅在财务分析中运用最为广泛，而且其他分析方法也是建立在比较分析法基础之上的。

根据比较对象的不同，比较分析法可以分为绝对数比较分析和相对数比较分析。

1. 绝对数比较分析

绝对数比较分析是指将财务报表某个项目的金额与评价标准进行对比，以揭示其数量差异。例如，企业上年净利润为1000万元，今年净利润为1200万元，则今年比上年增加了200万元。绝对数比较一般通过编制比较财务报表进行，包括比较资产负债表、比较利润表、比较现金流量表等。比较资产负债表是将两期或两期以上的资产负债表项目并行排列，以直接观察资产、负债、所有者权益各项目增减变化的数额；比较利润表是将两期或两期以上的利润表项目并行排列，以直接观察收入、费用各项目增减变化的数额；比较现金流量表是将两期或两期以上的现金流量表项目并行排列，以直接观察现金流入、流出各项目增减变化的数额。比较财务报表的信息对会计信息使用者十分有用，通过各年度会计报表的相互比较，不仅可以看出企业财务状况与经营成果的消长和发展趋势，而且可以了解影响其变动的主要因素。我国企业会计准则规定，企业的资产负债表、利润表、现金流量表、所有者权益变动表均采用两期对照的方式编制，同时列示本期数和上年同期数，从中也可以看出比较财务报表的重要性。

2. 相对数比较分析

相对数比较分析是指利用财务报表中有相关关系的数据的相对数进行对比，如将绝对数转换成百分比、结构比重、比率等进行比较，以揭示相对数之间的差异。一般而言，进行绝对数比较只能说明差异金额，不能说明差异变动的程度，而相对数比较则可以说明差异变动的程度。例如，有两家企业，本年净利润均比上年增加100万元，其中一家企业上年净利润为500万元，另一家企业上年净利润为5000万元。如果仅从净利润增长数额看，两家企业没有差别，但实际上前者比上年增长20%，后者只增长2%。而通过计算销售利润率等指标并进行比较，可以揭示这两家企业的盈利能力和经营效率。如果第一家企业销售利润率为18%，第二家企业的销售利润率为13%，两者相比，前者比后者的销售利润率高出5个百分点，从这个结果可以非常直观地看出前一家企业的盈利能力更强。

在实际工作中，绝对数比较分析和相对数比较分析经常同时使用，以便通过比较做出更客观的判断和评价。经常使用的比较标准有：与预算比较、与上年同期或若干期历史数据比较、与本企业历史最高水平比较、与国内外同行业平均水平或先进水平比较等。

运用比较分析法时应注意指标是否具有可比性，具体来说，应注意四个方面：一是指标内容和计算方法要一致；二是会计政策和会计估计应基本一致，如果不一致应进行调整，使之具备可以比较的基础；三是指标的时间长度和时间单位要一致，特别是进行企业不同时期比较或不同企业之间的比较时，所选择的时间长度和年份必须具有可比性；四是企业经营范围和经营规模应大体一致，这样在进行不同企业之间的比较时，数据才有可比性，比较的结果才有实际意义。

（二）比率分析法

比率分析法是利用指标之间的相互关系，通过计算财务比率来考察和评价企业财务状况和经营成果的一种方法。比率分析法是财务分析中最重要的方法，也是应用最为普遍的方法之一。比率是一种相对数，以百分比或比例分数表示，反映各会计要素之间的相互关系和内在联系，揭示企业在某一方面的状态或能力。例如，流动资产与流动负债的比值被称为流动比率，反映流动资产和流动负债的数量关系，代表企业短期偿债能力；销售收入与资产总额的比值被称为资产周转率，反映每占用一元资产可以带来多少收入，代表企业对资产的营运能力。

在比率分析法中应用的财务比率很多，为了有效应用，应该对财务比率进行科学分类，但是目前尚无公认的分类标准。各国和各地区对财务比率的分类各不相同，实际上却是大同小异。在英国ACCA（特许公认会计师公会）培训教材中，将财务比率分为获利能力比率、清偿能力比率、财务杠杆比率和投资比率四类。我国财政部在国有企业指标考核体系中，将财务比率分为盈利能力比率、偿债能力比率、营运能力比率、发展能力比率四类。本书采用我国的分类标准。

比率分析法的优点是计算简便，计算结果便于理解和判断，而且排除了生产经营规模的影响，将一些不可比指标变为可比指标，扩大了分析对象的可比性，可广泛用于预算比较、历史比较和同行业比较。但是比率分析法也存在局限性：一是使用比率指标分析财务报表时，容易将观察重点放在两个项目之间的关系上，而忽略全表各项目的相互关系；二是比率只是一个抽象的数字，并非财务报表上的实际金额，有时较难解释比率与实际金额的关系。

应该注意的是，虽然比率的计算只涉及简单的算术演算，但是比率的运用却比较复杂。使用比率分析时，必须符合两个条件：一是比率必须具有财务上的含义，如流动资产与流动负债的比率，可以代表企业短期偿债能力；二是比率的分子与分母在逻辑上必须相互配合，如存货周转率等于销售成本除以平均存货，由于分子是企业在某一年度的销售成本，分母则应采用年度内存货的平均占用额。

（三）结构分析法

结构分析法也称为结构百分比法，是指通过计算某项经济指标各个组成部分占总体的比重，分析其构成内容的变化，揭示出部分与总体的关系，说明经济活动变化的特点和趋势。

结构分析法常用于对财务报表数额变动原因和趋势的分析。采用结构分析法进行财务报表分析时，需要编制共同比财务报表。

进行资产负债表的结构分析，需要编制共同比资产负债表。在共同比资产负债表中以资产总额（也是负债加所有者权益总额）作为共同基数，以100%列示，分别计算资产、负债、所有者权益类别中的每一个项目占资产总额的百分比。共同比资产负债表分析的重点是企业的资产结构和资本结构，包括流动资产、长期资产占总资产的比重，流动负债、长期负债及负债总额占总资产的比重，以及所有者权益占总资产的比重，等等，以了解资产结构和资本结构是否合理。将资产结构与资本结构结合起来考察，还可以了解企业资金用途与资金来源的期间配置是否适当，评价企业的财务风险。

进行利润表的结构分析，需要编制共同比利润表。共同比利润表以营业收入作为共同基数，以100%列示，分别计算利润表中各项目占营业收入的百分比。共同比利润表分析的重点是企业的盈利结构，包括营业毛利、营业利润、利润总额、净利润占营业收入的比重等，以了解企业成本与利润的结构和影响利润变动的主要因素。

共同比财务报表既可用于同一企业同一期间的结构分析，以揭示资产结构、资本结构、成本费用结构和利润结构的情况，也可用于同一企业不同时期的比较，而且若干年度的共同比财务报表比单一年度的共同比财务报表更有价值。此外，共同比财务报表还可用于同行业内的比较或与竞争对手的比较分析。

应该说明的是,由于共同比财务报表不能反映企业的实际规模,因此在解释共同比变动趋势时,必须同时关注计算百分比所依据的报表数据,以免产生误解。例如,上年企业流动资产占总资产的比重为 50%,本年为 33%,似乎企业本年的流动资产比上年减少了 17%。实际上企业近两年的流动资产均为 100 万元,只是资产总额从上年的 200 万元增加到了本年的 300 万元,也就是说,流动资产金额并没有改变,而是由于资产总额增加使流动资产占总资产的比重下降了。

【例 1-1】以中国中信集团有限公司为例,说明共同比财务报表的格式和结构分析法,如表 1-1 所示。

表 1-1 中国中信集团有限公司的共同比利润表

项 目	2020 年		2019 年	
	金额/千元	百分比/%	金额/千元	百分比/%
一、营业总收入	515 356 742	100	518 931 137	100
减:营业总成本	445 907 574	86.52	449 226 282	86.57
其中:营业成本	260 711 842	50.59	258 243 640	49.76
税金及附加	3 800 930	0.74	3 626 964	0.70
销售费用	10 743 189	2.08	20 038 968	3.86
管理费用	65 973 975	12.80	68 620 713	13.22
研发费用	3 845 313	0.75	4 072 797	0.79
财务费用	7 717 075	1.50	8 805 857	1.70
信用减值损失	88 733 490	17.22	79 411 715	15.30
资产减值损失	4 381 760	0.85	6 405 628	1.23
加:公允价值变动收益	-246 498	-0.05	-16 611	0
投资收益	12 814 001	2.49	12 544 959	2.42
资产处置收益	444 085	0.09	4 337	0
其他收益	823 553	0.16	823 859	0.16
二、营业利润	83 284 309	16.16	83 061 399	16.01
加:营业外收入	3 504 392	0.68	2 895 733	0.56
减:营业外支出	920 789	0.18	1 027 117	0.20
三、利润总额	85 867 912	16.66	84 930 015	16.37
减:所得税	16 937 476	3.29	18 455 841	3.56
四、净利润	68 930 436	13.38	66 474 174	12.81

资料来源:根据中国中信集团有限公司 2020 年度利润表整理。

从表 1-1 中可以看出,与 2019 年相比,2020 年中国中信集团有限公司的营业利润、利润总额、净利润均略有提高,主要原因是 2020 年销售费用占营业收入比重下降了 1.78 个百分点,同时管理费用和财务费用均有所下降,但下降幅度较小。此外,该公司信用减值损失上升了 1.92 个百分点,对公司盈利能力有较大影响,应当结合公司的经营环境和内部管理等进行分析,找出具体原因,以加强对贷款业务的控制。利润表中其他项目变动幅度均比较小,可不作为分析重点。综合上述各种原因,使得中国中信集团有限公司 2020 年营业利润和利润总额占营业收入的比重均有所提高，又由于所得税费用降低，使净利润占营业收入的比重有所上升，企业最终的经济效益提高。总的来看，与2019年相比，该公司2020年利润水平变化不大，属于稳定发展的企业。

（四）因素分析法

因素分析法也称为连环替代法，是根据财务指标与其影响因素之间的关系，按照一定的程序和方法，确定各因素对指标差异影响程度的一种分析方法。因素分析法主要用来测定几个相互联系的因素对某一综合经济指标或报表项目的影响程度，寻找指标差异产生的原因，以期发现企业管理中存在的问题，为解决问题提供信息，或为企业内部考核提供依据。因素分析法主要适用于对由多种因素构成的综合性指标进行分析，如销售收入、利润、总资产报酬率、总资产周转率等。

因素分析法通常分为五个步骤。第一步，确定分析对象，将指标实际数与分析标准进行比较，求出实际与标准的差异，即为分析对象。第二步，根据财务指标的计算过程，确定影响该指标变动的主要因素，并按照主要因素在前、次要因素在后的原则确定因素排序，建立因素关系式。第三步，以标准指标为基础，按照因素的排列顺序，依次用实际数替换标准指标中的因素变量，并计算每个因素变动后对总指标的影响。第四步，在计算各个因素对总指标的影响程度时，假设其他因素不变，并且通过每次替换后的计算结果与前次替换后的结果进行比较，即环比，来确定各个因素变动的影响程度。第五步，将各个因素变动对总指标的影响程度相加，即为实际指标与标准指标的总差异。

上述因素分析法的分析步骤可以用公式表述如下。

假设指标 N 受 A、B、C 三个因素的影响。

第一步，确定分析对象。

假设标准指标为 N_0，实际指标为 N_1，分析对象为实际指标减去标准指标后的差异，即：$N_1 - N_0 = n$

第二步，确定影响指标变动的主要因素，并根据每个因素的重要程度建立因素关系式：

标准指标为

$$A_0 \times B_0 \times C_0 = N_0$$

实际指标为

$$A_1 \times B_1 \times C_1 = N_1$$

分析对象为实际指标减去标准指标后的差异，即：$N_1 - N_0 = n$

第三步，按照因素的排列顺序，依次用实际数替换标准指标中的因素变量，并计算每个因素变动后对总指标的影响。第一次是以标准指标为基础，替换第一个因素 A，并计算 A 因素变动对分析对象的影响。第二次是在前次替换的基础上，替换第二个因素 B，确定 B 因素变动对分析对象的影响。第三次是在第二次替换的基础上，替换第三个因素 C，确定 C 因素变动对分析对象的影响。

第一次替换后为

$$A_1 \times B_0 \times C_0 = N_2$$

$N_2 - N_0$ 的差异是因素 A 变动对差异的影响。

第二次替换后为
$$A_1 \times B_1 \times C_0 = N_3$$
N_3-N_2 的差异是因素 B 变动对差异的影响。

第三次替换后为
$$A_1 \times B_1 \times C_1 = N_1$$
N_1-N_3 的差异是因素 C 变动的结果。

第四步，将各个因素变动对总差异的影响结果相加，如果等于总差异，说明分析结果正确，即
$$(N_2-N_0)+(N_3-N_2)+(N_1-N_3)=N_1-N_0 = n$$

【例 1-2】ABC 公司近两年的商品销售情况比较如表 1-2 所示。

表 1-2 ABC 公司近两年的商品销售情况比较

项　　目	本　　年	上　　年	差　　异
商品销售收入/万元	2 760	2 500	260
销售数量/台	120	100	20
销售单价/万元	23	25	-2

要求：用因素分析法分析各因素变动对商品销售收入的影响。

本例中，分析对象为本年销售收入与上年销售收入的差异，即：2 760-2 500=260（万元）
商品销售收入的因素关系式为
$$商品销售收入=销售数量\times 销售单价$$
上年销售收入=100 × 25 = 2 500（万元）
本年销售收入=120 × 23 = 2 760（万元）
差异额= 2 760-2 500 = 260（万元）

（1）分析销售数量变动的影响。
$$(120-100) \times 25 = 500（万元）$$
即由于销售数量增加，使销售收入增加 500 万元。

（2）分析销售单价变动对销售收入的影响。
$$120 \times (23-25)= -240（万元）$$
即由于销售单价变动，使销售收入减少 240 万元。
$$500-240 = 260（万元）$$
两因素共同作用，使本年销售收入比上年增加 260 万元。

在上述计算的基础上，公司还应结合市场情况和自身的销售策略等，进一步分析销售数量上升和销售单价下降的原因。

运用因素分析法时应注意：一是要按照因果关系来确定影响综合性经济指标变动的因素，并根据各个影响因素的依存关系确定计算公式；二是在分步计算各因素的影响时，要假设前面因素已经变动而后面因素尚未发生变动；三是确定合理的替代顺序，一般来说，基本因素和主要因素排在前面，从属因素和次要因素排在后面，并且每次分析时都要按照相同的替代顺序进行测算，以保证分析结果的可比性。

本章小结

财务分析是指以会计核算资料、财务会计报告和其他相关资料为依据,采用一系列分析技术和方法,对企业等经济组织的财务状况、经营成果、资金使用效率、总体财务管理水平以及未来发展趋势的分析和评价。

企业财务分析的主体包括企业所有者、企业贷款提供者、企业经营管理者、供应商和顾客、政府部门、企业内部职工、竞争对手以及社会公众等。财务分析的一般目的是评价企业过去的经营成果,衡量企业现在的财务状况,预测企业未来的发展趋势,为分析主体进行经济决策提供依据。财务分析的特定目的因财务分析主体的不同而有所不同。从财务信息使用者和分析主体需求的角度看,财务分析的特定目的包括为投资决策进行财务分析、为信贷决策进行财务分析、为赊销决策进行财务分析、为购买和消费进行财务分析、为业绩评价进行财务分析、为行政监督进行财务分析等。

企业经济活动受经营环境和经营战略的影响,作为反映企业经济活动载体的财务报表,其信息质量既受企业经营环境和经营战略的影响,也受会计环境和会计选择的影响。企业财务分析的基本框架包括:经营环境与经营战略分析、财务报表的会计分析、财务效率分析,以及财务分析的扩展。

财务分析的信息来源是指进行财务分析所依据的资料及取得途径,分为公开信息资料和企业内部信息资料两大类。公开信息资料是指企业对外公开发布的信息资料,包括财务报告、董事会报告、企业公开披露的其他信息。企业内部信息资料是指企业不对外公开的经营活动资料,包括企业日常会计核算资料、生产和销售统计资料、预算资料等。财务分析标准是指对财务分析对象进行评价的基准,常用的分析标准主要有目标指标、历史指标、行业指标。

财务分析程序是指进行财务分析的行为路径。财务分析程序一般包括六个方面,即确定分析目标、明确分析范围、收集整理资料、确定分析标准、选择分析方法、撰写分析报告。财务分析是一项技术性很强的工作,应该根据分析目标采用不同的分析方法。常用的分析方法有比较分析法、比率分析法、结构分析法、因素分析法。

思考题

1. 什么是财务分析?财务分析包括哪些内容?
2. 企业财务分析的主体有哪些?财务分析的目的是什么?
3. 企业财务分析的框架是什么?怎样表述?
4. 财务分析所使用的信息有哪些?来自哪些方面?
5. 企业财务分析的标准是什么?
6. 企业财务分析的程序是什么?
7. 什么是比较分析法?比较的方式有哪些?分析时应注意哪些问题?
8. 什么是比率分析法?比率分析法的优缺点是什么?分析时应注意哪些问题?
9. 什么是结构分析法?共同比会计报表在财务分析中的作用是什么?
10. 什么是因素分析法?分析时应注意哪些问题?

练习题

（一）目的：练习比较分析法和结构分析法。

（二）资料：中大公司最近两年的比较利润表如表 1-3 所示。

表 1-3　中大公司最近两年的比较利润表　　　　　　　　　　　万元

项　　目	第　一　年	第　二　年
一、营业收入	40 900	48 200
减：营业成本	26 800	32 000
税金及附加	164	260
销售费用	1 350	1 500
管理费用	2 850	4 700
财务费用	1 600	1 850
资产减值损失	20	50
加：公允价值变动收益	-200	15
投资收益	900	1 050
二、营业利润	8 816	8 905
加：营业外收入	320	340
减：营业外支出	56	32
三、利润总额	9 080	9 213
减：所得税	2 130	2 080
四、净利润	6 950	7 133

（三）要求：

1. 根据比较利润表，评价第二年盈利高于第一年盈利的原因。
2. 将该公司的比较利润表改编为共同比利润表。
3. 根据共同比利润表，对该公司近两年的盈利状况进行评价。

案例分析

从巨潮资讯、和讯、证交所等网站或任何一家上市公司网站，收集一家上市公司最近三年的财务报表，分别编制比较资产负债表、比较利润表和比较现金流量表，并对报表指标的变动趋势和变动原因进行分析。

网址：

（1）http://www.cninfo.com.cn。
（2）http://www.hexun.com。
（3）http://www.csrc.gov.cn。

本章习题
答案参考

第二章 资产负债表分析

【本章内容要点】

① 资产负债表分析的目的和内容；
② 资产负债表质量分析；
③ 资产负债表结构分析。

第一节 资产负债表分析的目的和内容

一、资产负债表分析的目的

资产负债表是反映企业在某一特定时点资产、负债和所有者权益状况的报表，又称为财务状况表。资产负债表是一幅企业财务状况的静态图画，是报表编制日（如××××年12月31日）企业财务状况的"快照"。而在这天之前或之后的资产负债表均可能与其不同。资产负债表以"资产=负债+所有者权益"这一平衡公式为基础进行设计，会计的这种平衡来源于经济活动。企业经营必须要有一定的物质基础，也就是我们所说的资产，企业的任何资产都有特定的来源。任何一个企业的资产只可能有两种来源：一是向债权人借入，二是所有者投入，在会计上就表现为负债和所有者权益。因此，企业的资产不是从负债中形成的，就是从所有者那里形成的，这样，资产总是等于负债与所有者权益之和。资产组合反映了企业的投资决策，负债加上所有者权益的组合则反映了企业的融资决策。企业所有资本活动及结果都会通过资产负债表系统、综合地反映出来。资产负债表所表达的这些信息仅仅是资产和权益的绝对金额，而且是一个个孤立的数字，但借助于资产负债表分析可得出许多有用的信息，进而满足报表使用者进行决策的需要。

资产负债表分析的目的在于了解企业会计对企业财务状况的反映程度，以及所提供会计信息的质量，并据此对企业的偿债能力和财务弹性做出恰当的评价，具体包括如下几个方面。

1. 评价企业的短期偿债能力

短期偿债能力是指企业偿还短期债务的能力。短期偿债能力主要表现为企业资产和负债的流动性。资产的流动性是指资产的变现能力，即资产转化为现金的能力，包括流动资产、固定资产及其他资产。企业的流动资产除货币资金可随时偿还负债外，其余流动资产变现越快，其流动性就越强，偿债能力也越强。负债的流动性是指债务到期时间的长短。企业是否有足够的资产及时转化为现金，以清偿到期债务，对于债权人至关重要。资产负债表中有关流动资产和流动负债的信息，有助于报表使用者分析和评价企业的短期偿债能力。

2. 了解企业的资本结构，评价企业的长期偿债能力

长期偿债能力是指企业偿还全部债务本金和利息的能力。企业资产越多，负债越少，其长期偿债能力越强。反之，若资不抵债，则企业缺乏长期偿债能力，甚至将企业拖入破产困境。资不抵债往往是由企业长期亏损、侵蚀资产引起，也可能是由举债过多所致。长期偿债能力取决于企业的资本结构和盈利能力。资本结构是指企业权益总额中负债与所有者权益的相对比例。负债的相对比例越大，企业的偿债压力越大，长期偿债能力也就越弱。资产负债表可以为分析和评价企业的资本结构和长期偿债能力提供信息。

3. 评价企业的财务弹性

财务弹性是指企业迎接各种环境挑战、抓住经营机遇的适应能力，包括进攻性适应能力和防御性适应能力。所谓进攻性适应能力，是指企业能够有财力抓住经营中所出现的稍纵即逝的获利机会及时进行投资的能力。所谓防御性适应能力，是指企业能在客观环境极为不利或因某一决策失误使其陷入困境时转危为安的生存能力。财务弹性大的企业具有较强的调剂资金能力，当企业遇到有利的投资机会时，可以随时筹集到资金，使企业抓住机会，得到充分的发展；当企业急需资金偿还债务时，可以随时筹集到资金，使企业渡过财务难关，摆脱财务困境；当企业进入使用资金淡季时，还可以及时将存量资金调出，以减少资金积压，降低资金成本。

4. 评价企业的会计政策

企业的会计核算必须在企业会计准则指导下进行，企业在不同会计期间应当采用前后一致的会计处理程序和方法，但企业会计政策和会计处理方法的选择却具有相当的灵活性，如存货计价方法、固定资产折旧政策等。不同的会计政策和会计处理方法，将对资产负债表的结果产生较大影响。某种会计选择的背后往往代表着企业的会计政策和会计目的。通过分析资产负债表及相关项目的变动，可以了解企业会计政策选择的动机，揭示企业的财务倾向，减少会计报表外部使用者对企业会计信息的疑惑。

5. 了解企业财务状况的变动情况

企业在经营过程中，其资产规模及资产项目不断发生变动，与之相关联的资金来源也会发生相应变动，资产负债表中的数字有"年初数"和"期末数"两栏，其中，年初数是上一年年末（12月31日）的数据，期末数是编制资产负债表当期期末的数据。如果是月度报表，就是该月月末的数据；如果是年报，就是该年年末的数据。这样的好处是便于比较，了解变动情况。通过对比分析可以了解企业的资产、负债及所有者权益在经过一段时间后发生了怎样的变动，变动的原因是什么，并在此基础上对企业财务状况的变动及变动原因做出合理的解释和评价。财务报告使用者不但需要掌握企业目前的财务状况，也需要预测未来的发展趋势，为决策提供依据。通过资产负债表分析，可以分析其变动情况，掌握变动规律，研究变动趋势（中国证券监督管理委员会关于年度报告的准则要求对变动幅度在30%以上的报表项目要进行说明，这个变动幅度就是通过资产负债表项目的年初数和期末数对比计算而来的）。

资产负债表是进行财务分析的重要基础资料，但其提供的信息也有局限性：不能反映各项资产、负债的现实价值；许多重要信息也没有纳入资产负债表内，如企业的人力资源价值、企业的产品竞争力、企业的品牌价值等，这些信息对企业来说也很重要，对于会计

信息使用者来说也有着重大意义。

二、资产负债表分析的内容

资产负债表就组成内容而言,包括表头、基本内容和补充资料等。其中,表头部分包括报表名称、编报企业名称、报表所反映的日期、金额单位及币种等信息;基本内容部分包括资产、负债和所有者权益等信息;补充资料则列示或反映了一些在基本内容中无法提供的重要信息或未能充分说明的信息,一般在报表附注中进行列示。

(一)资产负债表的基本内容

我国资产负债表的排列及各项目的含义受企业会计准则的制约。资产负债表采用账户式格式,即左边列示资产项目,右边列示负债和所有者权益项目,左右两边的合计数保持平衡。

1. 资产

资产是指企业过去的交易或事项形成的、由企业拥有或控制的、预期会给企业带来经济利益的资源。根据资产的定义,资产具有以下几个方面的特征。① 资产预期会给企业带来经济利益。这是指资产直接或间接导致现金及现金等价物流入企业的潜力。② 资产应为企业拥有或者控制的资源。这是指企业享有某项资源的所有权,或者虽然不享有某项资源的所有权,但该资源能被企业所控制。③ 资产是由企业过去的交易或事项形成的。过去的交易或事项包括购买、生产、建造行为或者其他交易或事项。将一项资源确认为资产,需要符合资产的定义,同时还要满足以下两个条件:第一,与该资源有关的经济利益很可能流入企业;第二,该资源的成本或者价值能够可靠地计量。

现行会计准则按照流动性将资产分为两类:流动资产与非流动资产。资产的流动性是指资产的变现能力。流动资产是指在一年内或者超过一年的一个营业周期内变现或者耗用的资产,包括货币资金、交易性金融资产、应收票据、应收账款、预付款项、合同资产、存货等;非流动资产是指在一年以上或者一个营业周期以上变现或者耗用的资产,包括长期股权投资、固定资产、无形资产等。

2. 负债

负债是指企业过去的交易或事项形成的、预期会导致经济利益流出企业的现时义务。根据负债的定义,负债具有以下几个方面的特征。① 负债是企业承担的现时义务。现时义务是指企业在现行条件下已承担的义务。未来发生的交易或者事项形成的义务不属于现时义务,不应当确认为负债。② 负债预期会导致经济利益流出企业。导致经济利益流出企业的形式多种多样,如用现金偿还或以实物资产形式偿还、以提供劳务形式偿还、将负债转为资本等。③ 负债是由企业过去的交易或事项形成的。只有过去的交易或事项才能形成负债,企业将在未来发生的承诺、签订的合同等交易或事项不形成负债。将一项现时义务确认为负债,需要符合负债的定义,同时还要满足以下两个条件:第一,与该义务有关的经济利益很可能流出企业;第二,未来流出的经济利益的金额能够可靠地计量。

现行会计准则按照流动性将负债分为两类:流动负债与非流动负债。负债的流动性是指负债偿还期限的远近。流动负债是指将在一年内或者超过一年的一个营业周期内偿还的债务，包括短期借款、应付票据、应付账款、预收款项、合同负债、应付职工薪酬、应交税费等；非流动负债是指偿还期在一年以上或者超过一年的一个营业周期以上的债务，包括长期借款、长期应付款等。

3．所有者权益

所有者权益是指企业资产扣除负债后由所有者享有的剩余权益，反映企业在某一特定日期所有者拥有的净资产的总额。所有者权益来源于所有者投入的资本、直接计入所有者权益的利得和损失、留存收益等。资产负债表中的所有者权益类一般按照净资产的不同来源和特定用途进行分类，包括实收资本（或股本）、资本公积、盈余公积、未分配利润等内容。

（二）资产负债表分析的主要内容

1．资产负债表质量分析

资产负债表质量分析就是在资产负债表全面分析的基础上，对企业资产、负债和所有者权益的主要项目进行深入分析，评价资产质量与权益质量，从而分析与揭示企业生产经营活动、经营管理水平、会计政策及会计变更对筹资与投资的影响，为企业的健康发展提供依据。

2．资产负债表结构分析

资产负债表结构分析就是通过资产负债表中各项目与总资产或总权益进行对比，分析企业的资产构成、负债构成和所有者权益构成，揭示企业资产结构和资本结构的合理程度，研究企业资产结构优化、资本结构优化以及资产结构与资本结构适应程度优化等问题。

根据现行企业会计准则要求，一般企业资产负债表的格式如表 2-1 所示。

表 2-1 资产负债表

编制单位：美的集团股份有限公司　　　　　2020 年 12 月 31 日　　　　　　　　千元

项　目	2020 年 12 月 31 日 合并	2019 年 12 月 31 日 合并	2020 年 12 月 31 日 母公司	2019 年 12 月 31 日 母公司
资　产				
流动资产：				
货币资金	81 210 482	70 916 841	49 240 180	52 291 056
交易性金融资产	28 239 601	1 087 351	16 614 658	
衍生金融资产	420 494	197 412		
应收票据	5 304 510	4 768 520		
应收账款	22 978 363	18 663 819		
应收款项融资	13 901 856	7 565 776		
预付款项	2 763 710	2 246 177	45 306	36 877
合同资产	3 236 848			
发放贷款和垫款	16 469 069	10 869 396		

续表

项 目	2020年12月31日 合并	2019年12月31日 合并	2020年12月31日 母公司	2019年12月31日 母公司
其他应收款	2 973 945	2 712 974	28 318 670	18 369 865
存货	31 076 529	32 443 399		
其他流动资产	33 079 918	65 011 027	20 533 745	42 665 884
流动资产合计	**241 655 325**	**216 482 692**	**114 752 559**	**113 363 682**
非流动资产:				
其他债权投资	21 456 155		20 064 155	
长期应收款	981 623	1 208 079		
发放贷款和垫款	1 113 501	790 101		
长期股权投资	2 901 337	2 790 806	54 991 161	52 605 859
其他权益工具投资	46 651			
其他非流动金融资产	3 360 849	1 750 107	80 937	487 564
投资性房地产	405 559	399 335	476 839	518 828
固定资产	22 239 214	21 664 682	749 835	878 239
在建工程	1 477 302	1 194 650	204 304	155 681
无形资产	15 422 393	15 484 179	684 997	700 836
商誉	29 557 218	28 207 065		
长期待摊费用	1 300 962	1 267 127	97 078	123 548
递延所得税资产	7 208 635	5 768 993	287 360	189 888
其他非流动资产	11 255 879	4 947 603	10 141 031	4 359 507
非流动资产合计	**118 727 278**	**85 472 727**	**87 777 697**	**60 019 950**
资产总计	**360 382 603**	**301 955 419**	**202 530 256**	**173 383 632**
负债和股东权益				
流动负债:				
短期借款	9 943 929	5 701 838	799 314	4 550 064
吸收存款及同业存放	87 535	62 477		
衍生金融负债	161 225	27 100		
应付票据	28 249 939	23 891 600		
应付账款	53 930 261	42 535 777		
预收款项		16 231 854		
合同负债	18 400 922			
应付职工薪酬	6 954 822	6 436 109	562 954	566 861
应交税费	5 758 058	5 096 267	1 326 219	1 059 246
其他应付款	4 501 391	3 800 568	123 120 354	103 624 998
一年内到期的非流动负债	6 310 181	1 460 117	4 000 000	
其他流动负债	49 852 239	39 074 777	3 048 794	19 539
流动负债合计	**184 150 502**	**144 318 484**	**132 857 635**	**109 820 708**
非流动负债:				
长期借款	42 827 287	41 298 377	5 800 000	4 000 000

续表

项　　目	2020年 12月31日 合并	2019年 12月31日 合并	2020年 12月31日 母公司	2019年 12月31日 母公司
长期应付款	13 260	33 646		
预计负债	298 110	353 269		
递延收益	779 729	617 155		
长期应付职工薪酬	2 159 675	2 418 563		
递延所得税负债	5 223 954	4 556 002	67 792	59 032
其他非流动负债	692 986	863 826		
非流动负债合计	**51 995 001**	**50 140 838**	**5 867 792**	**4 059 032**
负债合计	**236 145 503**	**194 459 322**	**138 725 427**	**113 879 740**
股东权益：				
股本	7 029 976	6 971 900	7 029 976	6 971 900
资本公积	22 488 105	19 640 313	29 123 547	26 592 959
减：库存股	(6 094 347)	(3 759 732)	(6 094 347)	(3 759 732)
其他综合收益	(1 549 003)	(711 554)	(16 009)	1 735
一般风险准备	587 984	366 947		
专项储备	12 730			
盈余公积	7 966 362	6 447 658	7 966 362	6 447 658
未分配利润	87 074 453	72 713 631	25 795 300	23 249 372
归属于母公司股东权益合计	117 516 260	101 669 163	63 804 829	59 503 892
少数股东权益	6 720 840	5 826 934		
股东权益合计	**124 237 100**	**107 496 097**	**63 804 829**	**59 503 892**
负债和股东权益总计	**360 382 603**	**301 955 419**	**202 530 256**	**173 383 632**

注：1. 美的集团股份有限公司及其子公司的主要业务包括家用空调、中央空调、供暖及通风系统、厨房家电、冰箱、洗衣机、各类小家电、机器人及自动化系统业务；其他业务包括智能供应链、家电原材料销售、批发及加工业务，以及吸收存款、同业拆借、消费信贷、买方信贷及融资租赁等金融业务。

2. 本书报表来源于上市公司公开披露的报表，表中负值统一用"（）"表示。

第二节　资产负债表质量分析

一、资产质量分析

资产的质量是指资产的变现能力或被企业在未来进一步利用的价值。资产质量的好坏主要表现在资产的账面价值与其变现价值量或被进一步利用的潜在价值量（可以用资产的可变现净值或公允价值来计量）之间的差异上。

资产按照其质量分类，可以分为以下几类。

（1）按照账面价值等额实现的资产，主要是指企业的货币资金。作为一般等价物，企业的货币资金会自动地与任一时点的货币购买力相等。因此，企业任一时点的货币资产均会按照账面价值等额实现其价值。

（2）按照低于账面价值的金额贬值实现的资产，是指那些账面价值量较高，但其变现价值量或被进一步利用的潜在价值量（可以用资产的公允价值来计量）较低的资产。这类资产主要包括应收票据、应收账款、其他应收款、部分存货、部分投资、部分固定资产等。

（3）按照高于账面价值的金额增值实现的资产，是指那些账面价值量较低，但其变现价值量或被进一步利用的潜在价值量（可以用资产的公允价值来计量）较高的资产。这类资产主要包括部分存货、部分投资、部分固定资产、已提足折旧继续使用的固定资产、已经作为低值易耗品一次摊销到费用中而在资产负债表上未体现价值的资产，以及纳入资产负债表的土地使用权等无形资产。

本章以美的集团股份有限公司（以下简称美的集团）为例，对其资产负债表制造业常用项目进行分析（美的集团有从事金融业务的子公司，合并报表中涉及金融业子公司报表项目，本章以制造业报表项目解读为主，金融业报表项目不做具体分析）。

（一）货币资金

在资产负债表中，"货币资金"列第一项，流动性最强。货币资金的核算范围包括库存现金（出纳保险柜里的现钞）、银行里的存款和其他货币资金。其中，其他货币资金包括外埠存款、银行汇票存款、银行本票存款、信用证存款和在途货币资金。货币资金是企业各种收支业务的集中点，也是资金循环控制的关键环节。货币资金是满足企业正常经营必不可少，但又是几乎不产生收益的资产，货币资金存量过多或过少，对企业生产经营都会产生不利影响。

货币资金质量分析的要点如下。

1. 分析企业货币资金目标持有量

企业货币资金目标持有量是指既能满足企业正常经营需要，又能避免现金闲置的合理存量。企业应根据其目标持有量，控制货币资金存量规模及比重。一般情况下，企业货币资金存量规模过低，将严重影响企业的正常经营活动、制约企业发展并影响企业的信誉；反之，如果货币资金存量规模过大，则在浪费投资机会的同时，还会增加企业筹资成本。因此，企业日常持有的货币资金规模是否适当，是分析企业货币资金运用质量的重点。

2. 分析企业资产规模与行业特点

一般而言，企业的资产规模越大，相应的货币资金规模就越大；业务收支越频繁，处于货币形态的资产也就会越多。在相同的资产规模下，不同行业（如制造业、商品流通企业、金融业企业、饮食服务业）的企业货币资金的规模也不同。过高的货币资金规模，可能意味着企业正在丧失潜在的投资机会，也可能表明企业的管理者思想保守、生财无道。

3. 分析企业筹资能力

如果企业有良好的信誉，融资渠道通畅，在资本市场上容易筹集资金，向金融机构借款也比较方便，就可以降低货币资金的存量与比重。反之，企业信誉不好，筹资能力有限，就必须持有较多的货币资金来应付各种可能发生的突发性现金需求。

美的集团资产负债表（见表 2-1）显示：2020 年年末货币资金为 812.10 亿元，相比 2019

年年末的货币资金 709.17 亿元，增加了 102.93 亿元，同比增长了 14.51%，主要是公司报告期内银行存款及存放同业款项增加所致。

（二）交易性金融资产

交易性金融资产是指企业为了近期内出售而持有的金融资产，如企业以赚取差价为目的从二级市场购入的股票、债券、基金等。在新会计准则中，交易性金融资产一般对应以公允价值计量且其变动计入当期损益的金融资产。交易性金融资产按照编表日的公允价值计价，公允价值与账面价值的差额作为当期损益计入利润表中的"公允价值变动损益"项目。应当注意的是，公允价值变动所产生的损益是未实现的损益，即对当期现金流量没有影响的损益项目。

交易性金融资产质量分析的要点如下。

1. 关注交易性金融资产的报表金额

交易性金融资产具有持有时间短、易变现、盈利与亏损难以把握等特点。体现在报表上，其金额经常波动，公允价值变动损益也经常变化。若报表中金额跨年度长期不变且较为整齐，则有可能是企业故意将长期投资的一部分人为地划分为交易性金融资产，以粉饰流动比率。

2. 关注交易性金融资产的计量

交易性金融资产是以公允价值计量。公允价值是指市场参与者在计量日发生的有序交易中，出售一项资产所能收到或者转移一项负债所需支付的价格。因此，分析交易性金融资产必须与金融市场相结合来反映该类金融资产相关市场变量变化对其价值的影响，进而分析对企业财务状况和经营成果的影响。

3. 关注交易性金融资产对当期损益的影响

资产负债表日，企业应将交易性金融资产以公允价值计量且将其变动计入公允价值变动损益。处置交易性金融资产时，其公允价值与初始入账金额之间的差额应确认为投资收益，同时调整公允价值变动损益。可见，公允价值变动损益是未实现的损益，风险较大。

美的集团资产负债表（见表 2-1）显示：2020 年年末交易性金融资产为 282.40 亿元，相比 2019 年年末的交易性金融资产 10.87 亿元，增加了 271.53 亿元，同比大幅增长了 2497.98%。查阅报表附注可知，美的集团交易性金融资产包括结构性存款和交易性权益工具投资两类。其中，结构性存款是指以公允价值计量且其变动计入当期损益的一年内到期、存放于金融机构的存款；交易性权益工具投资是指以公允价值计量且其变动计入当期损益的对上市公司的投资。2020 年年末，美的集团结构性存款为 256.27 亿元，占比为 90.75%，因此交易性金融资产大幅度上涨，其中主要是公司报告期内结构性存款大幅增加所致，风险较低。

（三）应收票据

应收票据是指其他企业因为欠款而签发的在未来某一时间兑付的商业汇票，包括商业承兑汇票和银行承兑汇票两种。应收票据与应收账款一样，都是其他企业因购买材料、商品而形成的欠款，但票据的法律效力更强。其中，银行承兑汇票由于银行是最终的承兑人，可靠性很高。在我国，企业采用商业汇票结算时，通常采用的都是银行承兑汇票结算方式。

应收票据是一种流动性相对较强的资产。应收票据在未到期之前可以向银行贴现，也就是把应收票据扣除一定利息后换成现金。在资产负债表上，应收票据反映的是企业未到收款期也未向银行贴现的应收票据的面值。企业管理者应在了解应收票据的特点和分类的基础上，重点加强对应收票据贴现和转让的管理，以降低应收票据的风险。

美的集团资产负债表（见表2-1）显示：2020年年末应收票据为53.05亿元，相比2019年年末的47.69亿元，增加了5.36亿元，同比增长了11.24%，主要是公司报告期内银行承兑汇票增加所致（银行承兑汇票为50.87亿元）。由于银行承兑汇票坏账的可能性极小，因此一般将其视为货币资金对待。

（四）应收账款

应收账款是企业因赊销产品或提供劳务而向客户收取的款项，是企业拥有的一项很常见且非常重要的资产。采用赊销办法销售产品，可以扩大销售额，出售商品而不立即收取货款，相当于向购货方提供了无息贷款，对双方都较为有利，但遇到信誉不好的企业或者购货企业倒闭，款项则很难收回。因此，企业若将应收账款的全部金额列示到资产负债表中，这个数字就不够谨慎。

应收账款分析的要点如下。

1. 分析应收账款的规模

应收账款的规模受诸多因素影响，应结合企业的行业特点、经营方式、信用政策来分析。例如，制造业企业常常采用赊销，商品流通（零售业）企业大部分采用现金销售，广告业往往采用预收款销售，等等。企业的信用政策对应收账款的规模有着直接的影响：放松信用政策，将会刺激销售，增大应收账款的规模；反之，紧缩信用政策，将会制约销售，减少应收账款的规模。在分析应收账款的规模是否合理时，可将目标企业与同类企业进行对比加以判断。

分析时，要注意不正常的应收账款增长，特别是会计期末突发性产生的与营业收入相对应的应收账款。如果一个企业在平时的营业收入和应收账款比较均衡，而唯独第四季度，特别是12月份营业收入猛增，而且与此相关的应收账款也直线上升，就有理由怀疑企业可能通过虚增营业收入或提前确认收入进行利润操纵。报表使用者在排除季节性因素影响后，要对这种异常波动的原因进行追查。

同时，还要关注应收账款中关联方应收账款的金额与比例。如果一个企业应收账款中关联方应收账款的金额异常增长或所占比例过大，则有可能是企业利用关联方交易进行利润调节。若一个企业巨额冲销应收账款，尤其是关联方应收账款，通常是不正常的，极有可能是为以后进行盈余管理扫清障碍。

2. 分析应收账款账龄

应收账款账龄分析是分析应收账款质量最传统的一种方法。具体做法是将各项应收账款按照形成债权的时间长短进行分类，进而对不同账龄的债权分别判断质量。一般而言，未过信用期或已过信用期但拖欠期较短的债权出现坏账的可能性，比已过信用期较长时间的债权发生坏账的可能性小。通过分类，一方面可以了解企业应收账款的结构是否合理；

另一方面为企业组织催收工作并估计坏账损失提供依据。与其他企业进行比较时，还应参考其他企业的计算口径及确定标准。

3．分析坏账准备

企业采用赊销方式销售商品是有一定风险的。若对方财务状况良好，到时能够收回货款；若对方发生债务困难、倒闭或遭受不可抗力事件（如地震、洪水、干旱等自然灾害），则就不能全额收回货款。为如实反映企业的应收款项，会计中一般预先估计一部分可能收不回来的款项作为"坏账准备"，即预先提取坏账准备作为当年的信用减值损失，这种方法称为"备抵法"。

分析时，应注意坏账准备的提取方法、提取比例的合理性。这是分析坏账准备的关键。一些企业出于某种动机，随意改变坏账的提取方法、提取比例，从而达到调整企业应收账款净额和利润的目的。

美的集团资产负债表（见表 2-1）显示：2020 年年末应收账款为 229.78 亿元，相比 2019 年年末的 186.64 亿元，增加了 43.14 亿元，同比增长了 23.11%，主要是公司销售规模扩大所致。通过账龄分析表可以发现，美的集团应收账款账龄分布呈现上大下小的锥式结构，应收账款中 96.48% 的账龄均在 1 年以内，账龄结构合理，逾期账款数量和风险都很小。美的集团坏账准备及账龄分析如表 2-2 和表 2-3 所示。

表 2-2　美的集团应收账款及坏账准备分析表　　　　　千元

项　　目	2020 年 12 月 31 日	2019 年 12 月 31 日
应收账款	23 854 936	19 631 644
减：坏账准备	876 573	967 825
合计	22 978 363	18 663 819

表 2-3　美的集团应收账款账龄分析表　　　　　千元

账　　龄	2020 年 12 月 31 日	2019 年 12 月 31 日
1 年以内	23 015 280	19 168 694
1～2 年	580 644	301 554
2～3 年	159 427	101 643
3～5 年	87 938	42 106
5 年以上	11 647	17 647
合计	23 854 936	19 631 644

（五）应收款项融资

应收款项融资是指以公允价值计量且其变动计入其他综合收益的应收票据和应收账款等。"应收款项融资"项目为新增列报项目，适用于应用新金融工具准则的企业。在日常资金管理中，若企业将部分银行承兑汇票贴现、背书，或者对特定客户的特定应收账款通过无追索权保理进行出售，且此类贴现、背书、出售等又满足金融资产转移终止确认的条件，企业针对此类应收票据和应收账款，既可以收取合同现金流量，又以出售金融资产为目标，按照会计准则即分类为以公允价值计量且其变动计入其他综合收益的金融资产。在财务报告列报时将其划分为"应收款项融资"项目。应当注意的是,"应收款项融资"仍然是应收票据和应收账款,只不过这些应收票据和应收账款是未来有可能被用于融资的部分。

分析时,若企业应收款项融资的规模较大,说明企业管理层可能将其出售的应收票据和应收账款的数额较大。将来在出售时,增加货币资金,减少应收款项融资,可以改善企业的现金流量。在实践中,应收款项融资数额较大,则意味着企业在市场中处于强势地位,企业可利用银行承兑汇票出售或者信用等级高的应收账款出售解决企业的融资需求问题。

美的集团资产负债表(见表2-1)显示:2020年年末应收款项融资金额为139.02亿元,相比2019年年末的75.66亿元,增加了63.36亿元,同比大幅增长了83.74%,主要是美的集团根据日常资金管理需要,预计通过转让、贴现或背书回款并终止确认的应收账款和银行承兑汇票增加所致。

(六)预付账款

预付账款是企业按照购货合同的规定,预先以货币资金或货币等价物支付供应单位的款项。

预付账款质量分析的要点如下。

1. 分析预付账款的规模

一般而言,企业预付账款不会构成流动资产的主体部分。对企业来说,预付账款越少越好,预付账款较多,可能是企业向有关单位提供贷款的信号。若企业生产所需要的材料、设备及销售的商品均处于买方市场,预付账款过多也反映出企业在理财或管理方面存在问题,也可能存在利用预付账款操纵利润的问题,例如,业务已经完成,为减少期间费用,虚增利润,不及时入账;或者由于对方倒闭或其他原因等,预付账款实际上已经形成坏账,为逃避责任,长期挂账。

2. 分析预付账款变动的合理性

要关注预付账款的变动情况,分析其增加或减少是否合理和正常。若一个企业的预付账款增长率超过营业成本、流动资产等项目的增长率,就可以初步判断其预付账款存在不合理增长的倾向。

美的集团资产负债表(见表2-1)显示:2020年年末预付账款为27.64亿元,相比2019年年末的22.46亿元,增加了5.18亿元,同比增长了23.06%,主要是尚未结清的预付原材料款增加所致。通过查阅报表附注可知,预付账款中92.73%的账龄在1年以内,风险较低。

(七)合同资产

《企业会计准则第14号——收入》(2017年7月修订,以下简称"新收入准则")对原收入准则进行了重大修订,引入了合同资产与合同负债概念。

合同资产是指企业已向客户转让商品而有权收取对价的权利,且该权利取决于时间流逝之外的其他因素。一般情况下,当企业履行了向客户转让商品或提供劳务的履约义务并向客户开具发票时,便获得了无条件收取对价的权利。例如企业向客户销售两项可明确区分的商品,企业因已交付其中一项商品而有权收取款项,但收取该款项还取决于企业交付另一项商品的,企业应当将该收款权利作为合同资产。企业拥有的、无条件(即仅取决于时间流逝）向客户收取对价的权利，应当作为应收款项单独列示。

合同资产与应收账款的主要区别表现在以下几个方面。① 性质不同。合同资产是指企业已向客户转让商品而有权收取对价的权利；应收账款是指企业在正常的经营过程中因销售商品、产品、提供劳务等业务而向客户收取的款项。② 特点不同。合同资产是该权利取决于时间流逝之外的其他因素；应收账款是伴随企业的销售行为发生而形成的一项债权。③ 风险不同。合同资产除信用风险外，还要承担其他的风险，如履约风险等；应收账款仅仅随着时间流逝即可收款，即应收账款只承担信用风险。

合同资产质量分析的要点如下。

1. 分析合同资产的规模

以客户合同为基础、采用资产负债观是新收入准则的两个重要特点。新收入准则要求企业收入的确认要以与客户缔结的合同为基础，确认收入的方式应当反映向客户转移商品控制权和提供劳务的模式，确认收入的金额应当反映因履行交付指定商品或提供相关劳务的义务而有权获得的金额。这实际上是将客户合同作为收入确认的载体，以客户合同中产生的资产或负债以及合同存续期内该资产或负债的变动作为收入确认的依据。由于企业（销售方）要依据合同条款取得从购买方收取现金或其他非现金资产的权利，来确认合同资产，因此要关注合同资产的大规模上涨，以及合同资产中关联方合同资产的金额与比例。

2. 分析合同资产的账龄及坏账准备

从风险角度来讲，合同资产和应收账款均面临信用风险，即两者均面临随时间流逝而无法收回款项的可能，所以，两者均需要对未来可能无法收回的款项计提减值损失，以反映企业资产在未来期间可收回的实际价值。但合同资产除面临信用风险外，还面临履约风险，即企业作为销货方必须在履行合同中的其他相关履约义务后，才能达到无条件收款的条件收取相应合同对价。报表使用者可以利用报表附注分析合同资产的账龄及坏账准备计提的合理性。

美的集团资产负债表（见表2-1）显示：2020年年末合同资产为32.37亿元，2019年年末的合同资产金额为0，主要是2020年美的集团实行新收入准则确认合同资产所致。通过报表附注可以发现，美的集团计提合同资产减值准备为0.52亿元，至2020年12月31日，合同资产均未逾期。

（八）其他应收款

其他应收款是企业除销货款以外的其他各种应当收回的款项，通常是企业未来一年内将变成费用或者可以收回的借款。其主要包括：一是各项借支款项，如职工预借的差旅费、购买零星办公用品预先借支的款项等；二是企业对外单位的临时性小额借款；三是一些不经常发生的除应收账款以外的款项，如应收的押金、应收的罚款等。

其他应收款质量分析的要点如下。

1. 分析其他应收款的规模

其他应收款被视为费用的"垃圾箱"或"调节器"，若企业生产经营活动正常，其他应收款的数额不应接近或大于应收账款。若其他应收款数额过大，属于不正常现象，容易产生一些不明原因的占用。分析其他应收款时，最主要的是观察其他应收款的增减变动趋势，若发现企业的其他应收款余额过大甚至超过应收账款，就应注意分析是否存在操纵利润的情况。

2. 分析其他应收款的内容

分析时，要通过报表附注分析其构成、内容和发生时间，特别是其中金额较大、时间较长的款项，要警惕企业把一些本应计入当期费用的支出放在其他应收款里，利用该项目粉饰利润或者转移销售收入偷逃税款。若发现企业其他应收款中有过多的私人借款，就要怀疑企业的内部控制是否存在漏洞，该企业是否存在挪用公款等问题。

美的集团资产负债表（见表 2-1）显示：2020 年年末其他应收款为 29.74 亿元，相比 2019 年年末的 27.13 亿元，增加了 2.61 亿元，同比增长了 9.62%，其中 89.49% 的其他应收款账龄在 1 年以内。报表附注披露，其他应收款主要包括质押保证金、期权行权款、往来款及员工借款等。美的集团其他应收款的坏账准备和账龄分析如表 2-4 和表 2-5 所示。

表 2-4 美的集团其他应收款及坏账准备分析表　　　　　　　　千元

项　　目	2020 年 12 月 31 日	2019 年 12 月 31 日
其他应收款	3 026 970	2 766 098
减：坏账准备	（53 025）	（53 124）
合计	2 973 945	2 712 974

表 2-5 美的集团其他应收款账龄分析表　　　　　　　　千元

账　　龄	2020 年 12 月 31 日	2019 年 12 月 31 日
1 年以内	2 708 730	2 643 584
1~2 年	222 785	69 490
2~3 年	50 457	16 555
3~5 年	30 867	25 773
5 年以上	14 131	10 696
合计	3 026 970	2 766 098

需要注意的是，由于美的集团内存在内部交易，合并报表数字有时比母公司个别报表数字要小。从美的集团资产负债表（见表 2-1）可以看出，2020 年年末，美的集团其他应收款总额为 29.74 亿元，但母公司个别报表高达 273.72 亿元，合并报表与母公司个别报表数字差额高达 243.98 亿元。通过表 2-6 可以看出，美的母公司按欠款方归集的余额前五名其他应收款占比高达 96.65%。由于是集团内部往来款项，在编制合并报表时进行抵消处理，故合并后数值较小。美的母公司按欠款方归集的余额前五名其他应收款的分析表如表 2-6 所示。

表 2-6 美的母公司按欠款方归集的余额前五名其他应收款分析表

欠 款 方	性　　质	余额/千元	账　　龄	占其他应收款余额总额比例/%	坏 账 比 例
公司 A	往来款	23 260 000	1 年以内	82.14	—
公司 B	往来款	2 141 890	1 年以内	7.56	—
公司 C	往来款	952 572	1 年以内	3.36	—

续表

欠 款 方	性 质	余额/千元	账 龄	占其他应收款余额总额比例/%	坏账比例
公司 D	往来款	787 000	1 年以内	2.78	—
公司 E	往来款	230 309	1 年以内	0.81	—
合计		27 371 771		96.65	—

（九）存货

存货是指企业在正常生产经营过程中持有以备出售的产品或商品，处在生产过程中的在产品，在生产过程或提供劳务过程中耗用的材料、物料等。企业的存货通常包括原材料、在产品、半成品、产成品、商品、周转材料等。存货在同时满足以下两个条件时，才能加以确认：一是该存货包含的经济利益很可能流入企业；二是该存货的成本能够可靠地计量。

存货是企业最重要的流动资产之一，在工商企业中占流动资产的 50%以上。由于各种原因，企业采购、生产、销售的各个部门很难同步进行，因此每个企业都有必要适当储备一些存货，以免出现停工待料现象，对于生产不均衡或商品供求波动的企业尤其如此。

企业本期所销售的存货是企业收入和利润的主要来源，已出售存货的成本构成当期的销售成本，已消耗存货的成本构成当期产品的生产成本，期末存货成本构成期末资产的成本。也就是说，存货核算的正确与否，不仅直接影响销售成本、生产成本以及期末资产价值计算的正确性，而且直接影响利润计算的正确性。因此，存货核算在企业会计核算中占有重要地位。企业应当加强对存货的管理，正确组织存货核算，既要保持适量的存货储备，以满足企业生产和销售的需要，同时又要防止存货超储积压，保证资金的正常周转。

存货成本流转对企业资产和利润的影响如图 2-1 所示。

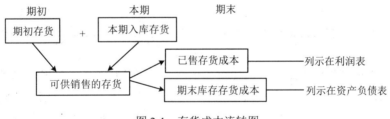

图 2-1 存货成本流转图

从图 2-1 中可以看出，本期已销售的存货成本（流量）构成本期的销售成本，列入利润表中，期末库存存货的成本（存量）是企业资产的组成部分，列入资产负债表中，也就是说，存货的核算结果会影响两张会计报表。如果高估已售存货的成本，必然会减少当期利润，低估期末资产价值；如果低估已售存货的成本，又会使当期利润偏高，同时期末资产价值也偏高。由于本期期末存货是下一期的期初存货，因此存货核算的差错还会影响下一期的利润表和资产负债表。

存货核算的准确性对资产负债表和利润表均有较大影响，因此应特别重视对存货的质量分析。

存货质量分析的要点如下。

1. 存货的确认

确认问题涉及何时将存货记录在本企业的账面上。一般标准是存货所有权的转移，即凡是所有权转入本企业的，不论存放在何处，均属于本企业的存货；反之，若所有权未发生转移，即使存放在本企业的，也不属于本企业的存货。在资产负债表中的存货均为本企业的存货。

分析时，应依据存货资产总值变动评价其对生产经营活动的影响。以制造业为例，材料存货和在产品存货是保证生产经营活动连续进行必不可少的条件。一般来说，随着企业生产规模的扩大，材料存货和在产品存货相应增加是正常的，但增加幅度不宜过高，否则有超储积压的现象。而产成品存货不是为了保证生产经营活动正常进行的必需存货，应尽可能压缩到最低水平。分析时，可对比产成品存货的增长率与营业收入的增长率，若产成品存货增长率低于营业收入增长率，则表明公司产品销路顺畅，市场认可度较好。

2. 存货的计价

存货的计价包括存货的取得成本、存货的发出成本、存货的期末计量三个方面。

1）存货的取得成本

取得存货的方式很多，常见的有外购和自制两种。取得方式不同，成本也有所区别。以制造业为例，自制存货成本包括直接材料、直接人工和制造费用。制造费用是企业生产车间管理部门发生的工资及福利费用、折旧费用、水电费用、办公费用、劳保费用、修理费用等。制造费用是一种间接费用，是为几种产品生产而发生的共同费用，因此，应当按照一定比例在各种产品之间摊销。外购的存货成本包括买价（不包括增值税）、运杂费、运输途中的合理损耗、挑选整理费等。

2）存货的发出成本

存货发出的计价方法有先进先出法、后进先出法、加权平均法和个别认定法等。现行会计准则不允许采用后进先出法确定发出存货的成本。当价格发生变动时，不同的计价方法对资产负债表和利润表会造成不同的影响，尤其是在发生通货膨胀导致存货价格大幅度波动的时候。

（1）对期末资产价值的影响。在先进先出法下，存货成本的流转顺序与其实物流转的顺序基本一致，资产负债表上列示的是近期入库的存货成本，与现时成本比较接近，存货资产的价值比较真实。在后进先出法下，期末存货按较早入库存货的单位成本计算，与现时成本差异较大，使资产负债表上的存货资产价值低于实际，不能如实反映会计期末的资产状况。而加权平均法用的是平均成本，对资产负债表影响不大。

（2）对本期损益的影响。在先进先出法下，由于本期耗用或销售存货成本低于现时物价水平，使成本虚减，会造成成本补偿不足，难以维持同质等量存货的再投入。同时虚增利润，误使企业把一部分成本作为利润进行分配，影响企业再生产的顺利进行。在后进先出法下，本期耗用或销售存货的成本是近期的入库成本，比较接近实际，能够使成本得到比较完全的补偿，维持企业的持续经营能力，同时有助于正确计算当期利润，使利润表能够如实反映企业当期的经营成果。而加权平均法用的是平均成本，结果比较合理，对利润表的影响也不大。

（3）对本期所得税的影响。由于不同的存货计价方法所计算出的当期损益不同，因此企业当期应缴纳的所得税税额也有所不同。当物价持续上涨时，采用后进先出法计算的当期利润最低，因而应缴纳的所得税也最低，可以使企业达到节税的目的，因此大多数企业愿意选用后进先出法，这也符合会计的谨慎原则。当物价下跌时，则结果正好相反，此时采用先进先出法计算的利润和所得税最低。如果物价比较稳定，则上述三种方法计算的结果基本相同。

物价持续上涨时，不同存货计价方法对资产负债表和利润表的影响如表 2-7 所示。

表 2-7　存货计价方法对资产负债表和利润表的影响

计价方法	对资产负债表的影响	对利润表的影响
先进先出法	基本反映存货当前价值	利润有可能被高估
后进先出法	低估存货当前价值	基本反映当前利润水平
加权平均法	介于两者之间	介于两者之间

由于不同的存货计价方法对报表会产生重大差异，因此一些企业在实务中就将存货的计价方法作为操纵利润的手段。分析时应结合企业的具体情况、行业特征和价格变化情况，评价其存货会计政策选择的合理性，同时结合财务报表附注对存货会计政策变更的说明，判断其变更的合理性。

目前，我国制造业普遍采用的是计划成本核算方法。这种方法计算出来的存货成本相当于按加权平均法计算出来的存货成本。其意图是，通过比较计划成本与实际成本的差异，控制原材料成本，考核有关责任人的经营业绩。但由于企业外部环境变化很快，加之一些企业并没有重视计划成本核算的功能，没有及时调整计划成本，使计划成本仅仅成为简化核算手续的一种方法而已。计划成本核算要特别关注计划成本差异的摊销。按照惯例，成本差异的摊销应当采用系统而合理的方法，不能在各有关成本项目之间随意调整，达到调节利润的目的。

3）存货的期末计量

我国会计准则规定，企业期末存货采用成本与市价孰低法进行计量。这里的成本指的是存货购入或生产时的实际成本，即存货的账面价值。与成本相比较的市价并不是一般意义上的市场销售价格，一般多采用重置成本和可变现净值。其中，重置成本是指在现有条件下重新购买相同存货而应支付的全部费用，可变现净值是指在企业日常的生产经营活动中，以存货估计售价减去至完工时估计将要发生的成本、估计的销售费用以及相关税费后的金额。

根据会计的谨慎原则，对于未实现的潜在损失可以事先确认，而对于未实现的潜在利得则不能事先确认。也就是说，当存货市价高于成本时，按照存货成本在资产负债表上列示；当存货市价低于其成本时，按照存货市价在资产负债表上列示，同时确认存货的跌价损失，计提存货跌价准备，减少当期利润。到了下一期，如果存货市价回升，高于其账面价值，企业应将原计提的跌价准备转回，但转回的数额不得超过原来的跌价准备数。在资产负债表中，存货项目是按照存货成本扣除存货跌价准备后的净额来进行填列。存货跌价准备反映了企业存货的质量。如果存货跌价准备占存货的比例过高，可以判定企业存货质量较低、存货发生市价持续下跌、产品更新换代、消费者偏好发生改变等。

3. 存货的盘存制度

存货数量变动是影响资产负债表存货项目的基本因素。确定企业存货数量的方法主要有两种：一是永续盘存制；二是实地盘存制。采用永续盘存制时，资产负债表中反映的是企业存货的账面数量；而采用实地盘存制时，资产负债表上存货项目反映的是存货的实际数量。

在永续盘存制下，为了确定期末存货的准确性，也需要定期对存货进行实地盘点，核对账面数与仓库的实际数量。一些企业对存货的收、发、领等基础工作不够重视，盘点不认真，致使存货账面数与实物数长期不符，丢失严重。存货管理制度不严，也是造成"小金库"和"账外账"等现象存在的重要原因。建立并执行严格的规章制度，加强企业会计基础工作是有效保障资产安全的重要条件。

美的集团资产负债表（见表 2-1）显示：2020 年年末存货为 310.77 亿元，相比 2019 年年末的 324.43 亿元，减少了 13.66 亿元，同比下降了 4.21%，2020 年年末存货占全部流动资产的比重为 12.86%。分类列示如表 2-8 所示。

表 2-8　美的集团 2020 年年末存货分析表　　　　　　　　　　千元

存货类别	账面余额	存货跌价准备	账面价值
库存商品	21 718 749	372 474	21 346 275
原材料	7 402 034	70 221	7 331 813
在产品	1 875 881		1 875 881
委托加工材料	522 560		522 560
合计	31 519 224	442 695	31 076 529

美的集团 2020 年报表附注披露：存货在取得时，按成本进行初始计量；存货的发出按照先进先出法计价；资产负债表日，存货按照成本与可变现净值孰低计量；存货盘存制度为永续盘存制。

（十）其他流动资产

其他流动资产是指除上述流动资产之外的其他资产。主要包括结构性存款、货币性投资产品、待抵扣增值税进项税、待摊费用等。

美的集团资产负债表（见表 2-1）显示：2020 年年末其他流动资产为 330.80 亿元，相比 2019 年年末的 650.11 亿元，减少了 319.31 亿元，下降了 49.12%。从报表附注可知，美的集团 2020 年年末结构性存款为 0，2019 年年末结构性存款为 600.39 亿元；2020 年年末货币性投资产品为 255.43 亿元，2019 年年末货币性投资产品为 0。其他流动资产主要由这两项影响所致。

（十一）其他债权投资

其他债权投资是指以公允价值计量且变动计入其他综合收益的金融资产。按金融资产的类别和品种，分别设置"成本""利息调整""公允价值变动"等科目进行明细核算。例如，企业购买债券，如果既希望在持有期间收取合同现金流，又希望在资金紧张时将其出售，则划分为以公允价值计量且其变动计入其他综合收益的金融资产，会计科目为"其他债权投资"。企业进行其他债权投资是双目标，既关心合同现金流，提供摊余成本信息，同时又可能将其出售，还要提供公允价值信息。

其他债权投资质量分析的要点如下。

1. 关注其他债权投资的确认和计量

其他债权投资初始确认按照公允价值计量，相关交易费用计入初始确认金额；后续计量时，持有期间所产生的利得或损失，除减值损失和汇兑损益外，均应当计入其他综合收益，直至该金融资产终止确认或被重分类。需要强调的是，后续计量不仅要按照公允价值核算，还要按照摊余成本计量，但是采用实际利率法计算的该金融资产的利息应当计入当期损益。

2. 关注其他债权投资减值因素

按照现行会计准则，"其他综合收益"科目要按照两个明细科目"其他债权投资公允价值变动"和"信用减值准备"进行明细核算。前者核算因其他原因（主要是投资者偏好）导致的公允价值变动，后者核算与信用资产减值有关的公允价值变动。其他债权投资计提信用减值时，借记"资产减值损失"，贷记"其他综合收益——信用减值准备"。这样处理的结果是，一方面借记资产减值损失会导致企业利润减少，另一方面贷记其他综合收益会导致计入所有者权益的利得增加，虽然对财务报表列报有影响，但不会影响企业所有者权益总额。即：所谓的减值，只不过是把实际资产的损失分类到净利润和其他综合收益两部分来体现而已。

美的集团资产负债表（见表2-1）显示：2020年年末其他债权投资为214.56亿元，2019年年末其他债权投资为0。从报表附注可知，美的集团其他债权投资是以公允价值计量且其变动计入其他综合收益的可转让大额存单，于2020年12月31日，美的集团可转让大额存单成本与公允价值无重大差异；于2020年12月31日，美的集团预期该项可转让大额存单的信用风险自初始确认后未显著增加，按照未来12个月内预期信用损失计量损失准备，集团认为该项可转让大额存单不存在重大信用风险，不会因银行违约而产生重大损失。

（十二）长期应收款

长期应收款是指超过一年的应收款项。主要包括应收融资租赁款抵消未实现的融资收益净额等。

美的集团资产负债表（见表2-1）显示：2020年年末长期应收款为9.82亿元，相比2019年年末的12.08亿元，减少了2.26亿元，下降了18.71%，主要是应收融资租赁款抵消未实现的融资收益净额减少所致。

（十三）长期股权投资

长期股权投资是指投资方对被投资单位实施控制、重大影响的权益性投资，以及对其合营企业的权益性投资。在合并报表中，长期股权投资形成的权益性投资，由于合并报表抵消的原因，对子公司的投资不会出现在合并报表中。即母公司资产负债表中的"长期股权投资"包含了对联营企业的投资和对合营企业的投资。

长期股权投资质量分析要点如下。

1. 关注子公司、联营企业、合营企业的界定

子公司是指投资企业因为其投资而能够控制的被投资企业。按照会计准则要求,"控制"不能简单依据投资企业所拥有的股权比例,而应当具体分析和判断投资企业是否实质上取得了控制权。例如,投资企业拥有被投资企业 50%以上的股权,通常就可以认定为被投资企业是投资企业的子公司。

联营企业是指投资方能够对被投资单位施加重大影响的被投资企业。重大影响是指投资方对被投资单位的财务和经营政策有参与决策的权力,但并不能够控制或者与其他方一起共同控制这些政策的制定。

合营企业是指投资方与其他合营方对被投资单位实施共同控制且对被投资方净资产享有权利的权益性投资,被投资方为合营企业。

2. 关注长期股权投资的初始确认和计量

对于长期股权投资的初始确认和计量,要区分企业合并取得和其他方式取得两种类型。

(1) 企业合并中取得的长期股权投资（对子公司的投资）的入账成本取决于是否属于同一控制下的企业合并。如果是同一控制下的企业合并形成的长期股权投资,初始成本为被投资企业相应的账面净资产,若投资企业支付的对价与投资成本不等,差额增加或减少投资企业的资本公积。如果是非同一控制下的企业合并所形成的长期股权投资,投资成本则是投资企业支付的对价的公允价值,如非现金资产的公允价值、发行股票的市场价格等。

(2) 企业合并以外取得的长期股权投资（对联营企业、合营企业投资）,一般以支付对价的公允价值作为长期股权投资的初始投资成本。

3. 长期股权投资的后续计量

取得长期股权投资后,长期股权投资账面价值的调整取决于是成本法还是权益法,或者长期股权投资是否发生了减值。

在成本法下,长期股权投资始终保持原投资金额,实际收到被投资企业分配的红利时,作为投资收益。按照会计准则要求,成本法适用于对子公司的投资。

在权益法下,长期股权投资随着被投资企业盈利或亏损而增加或减少,实际收到被投资企业分配的红利时,再冲减长期股权投资,这样,投资企业的长期股权投资始终保持在被投资企业的投资比例内。按照现行会计准则要求,权益法适用于对联营企业和合营企业的投资。

美的集团 2020 年年末长期股权投资为 29.01 亿元,占总资产的比例为 0.81%;2019 年年末长期股权投资为 27.91 亿元,占总资产的比例为 0.92%。查阅附注可知,均为美的集团对联营企业的投资（广东顺德农村商业银行股份有限公司及合肥荣事达电机有限公司等公司）。而母公司报表显示,2020 年年末长期股权投资为 549.91 亿元,2019 年年末长期股权投资为 526.06 亿元。美的集团及母公司长期股权投资如表 2-9 和表 2-10 所示。

表 2-9 美的集团及母公司长期股权投资分析　　　　　　千元

	合并报表数据	母公司数据	差异
长期股权投资 2020 年年末	2 901 337	54 991 161	(52 089 824)
长期股权投资 2019 年年末	2 790 806	52 605 859	(49 815 053)

表 2-10　美的母公司长期股权投资分析　　　　　　　　　　　　千元

	2020年12月31日	占比/%	2019年12月31日	占比/%
子公司	53 320 578	96.96	51 025 905	97.00
联营企业	1 670 583	3.04	1 579 954	3.00
合计	54 991 161		52 605 859	

从表 2-9 和表 2-10 可以看出，美的集团 2020 年度的长期股权投资主要是对子公司的投资，其中，2020 年度对子公司的投资占比高达 96.96%。在编制合并报表时，将 533.21 亿元全部抵消，只剩下 16.71 亿元是对联营企业的投资，故合并报表数值较小。

（十四）投资性房地产

投资性房地产是指为赚取租金或资本增值或两者兼有而持有的房地产，如出租的办公楼、商场、停车场、酒店等。投资性房地产应当单独计量和出售。

投资性房地产质量分析要点如下。

1. 关注投资性房地产的范围

投资性房地产包括已出租的土地使用权、持有并准备增值后转让的土地使用权、已出租的建筑物。企业自用房地产，如企业拥有并自行经营的旅馆、饭店，其目的是通过提供服务赚取服务收入，则该旅馆、饭店就不能确认为投资性房地产。作为存货以备出售的房地产也不属于投资性房地产范围。

2. 关注计量模式

投资性房地产的计量模式有成本模式和公允价值模式两种，因此期末计价方式也有所不同。

在成本计量模式下，按照通常的固定资产方式核算，入账时按照实际发生的成本作为账面价值，通过折旧分摊成本。在会计期末按照成本与可收回金额孰低计价。如果可收回金额低于账面价值，应确认减值损失，计提投资性房地产减值准备。

在公允价值计量模式下，不对投资性房地产计提折旧，在会计期末，以资产负债表日投资性房地产的公允价值为基础，调整其账面价值。公允价值与原账面价值之间的差额，计入当期损益（公允价值变动损益）。由于是按公允价值对其期末的账面价值进行调整，因此在公允价值模式下，投资性房地产不存在计提减值准备的问题。投资性房地产取得的租金收入，确认为其他业务收入。

两种计量模式对净利润往往产生不同的影响。应当注意的是，若企业选择公允价值计量模式，则不能转为成本计量模式；而企业选择成本计量模式，可以转为公允价值计量模式。这属于会计政策变更，需要进行追溯调整。

美的集团资产负债表（见表 2-1）显示：2020 年年末投资性房地产为 4.06 亿元，相比 2019 年年末的 3.99 亿元，增加了 0.07 亿元。查阅报表附注可知，美的集团投资性房地产的范围包括已出租的土地使用权和以出租为目的的建筑物，以及正在建造或开发过程中将用于出租的建筑物，以成本进行初始计量；后续计量采用成本计量模式，按其预计使用寿命及净残值率对建筑物和土地使用权计提折旧或摊销。

（十五）固定资产

按照我国企业会计准则的规定，固定资产是一种有形资产，但同时具备下列两个特征：一是为生产商品、提供劳务、出租或经营管理而持有；二是使用寿命超过一个会计年度。这两个特征仅仅意味着企业持有固定资产的目的不是短期出售，而是长期持有。因此，不能认为只要具备上述两个特征就可以在账面上确认固定资产，会计上确认固定资产还必须同时满足下列条件：第一，与该固定资产有关的经济利益很可能流入企业；第二，该固定资产的成本能够可靠地计量。在资产负债表中，固定资产反映的是企业各种固定资产原价减去累计折旧和累计减值准备后的净额。

企业固定资产长期拥有并在生产经营中发挥重要作用，其投资数额大、风险高，反映着企业生产的技术水平和工艺水平，对企业的经济效益和财务状况影响巨大，而且变现能力较差，因此，应该加强对固定资产的质量分析。

固定资产的质量分析要点如下。

1. 关注固定资产原值

固定资产原值是表示固定资产占有量的指标，如果剔除物价变动的影响，也可以说固定资产原值是以价值形式表示的固定资产实物量的指标。固定资产原值反映了企业固定资产的规模。固定资产规模应和企业经营的总体规模、产品的市场前景及企业的发展阶段相适应，也应和流动资产的规模保持合理的比例关系。如果企业盲目添置固定资产，不但占用资金巨大，而且极易导致资产闲置和快速贬值，对企业的财务状况与经营业绩均会产生较大的负面影响。

固定资产按使用情况和经济用途，可以分为生产用固定资产、非生产用固定资产、租出固定资产、未使用和不需用固定资产、租入固定资产等。固定资产结构反映了企业固定资产的配置情况。在各类固定资产中，生产用固定资产，尤其是生产设备，与企业生产经营直接相关，在全部固定资产中应占较大比重。非生产用固定资产主要指职工宿舍、食堂、俱乐部等非生产单位使用的房屋和设备，应在发展生产的基础上，根据实际需要适当增加，但增长速度一般低于生产用固定资产的增长速度。而对于未使用和不需用固定资产，企业则应查明原因，采取措施，积极处理，将其压缩到最低程度。因此，可分析企业固定资产的利用率或闲置率，评价企业固定资产的使用效率。此外，还要考察企业固定资产的更新情况。通常情况下，更新改造程度越高，意味着企业固定资产的质量和性能越好，企业的发展潜力越强。

值得注意的是，固定资产应按照取得时的历史成本入账并一直保持不变，除非发生固定资产减值。但是，根据我国企业会计准则和有关法规，并不是所有固定资产都严格保持历史成本。例如：股份制改造后，所有资产按照评估确认的价格计价；清产核资后，固定资产按国家规定的方法重新调整账面价值；非同一控制下的企业合并需要按照公允价值调整固定资产等。

2. 关注固定资产折旧

会计准则允许企业使用的折旧方法有两类：一是直线法；二是加速折旧法。直线法是按固定资产的使用年限平均计提折旧。加速折旧法是在固定资产使用年限内，前几年多提折旧，后几年少提折旧，可以使固定资产成本在估计使用寿命内加快得到补偿。我国会计准则规定的加速折旧法主要有年数总和法和双倍余额递减法。由于加速折旧可以在前几年多提折旧，若税法允许，税前扣除的金额会更高，可以少缴所得税，但若是前面多提折旧，则后几年的折旧就会减少，应缴纳的所得税又会增加，这实际上等于推迟纳税，为企业提供了一笔无息贷款。

固定资产折旧分析应注意以下两个方面。

（1）分析折旧方法的合理性和连续性。企业应根据科技发展、环境及其他因素，合理选择固定资产的折旧方法，要注意甄别企业是否利用固定资产折旧方法来调整固定资产净值和利润。企业固定资产折旧方法一经确定，一般不得随意变更。企业若变更固定资产折旧方法，可能隐藏着一些不可告人的目的，应分析其变更理由，同时确定折旧政策变更的影响。

（2）分析固定资产预计使用年限和预计净残值确定的合理性。企业固定资产预计使用年限和预计净残值确定应符合国家有关规定，并符合企业实际情况。实际中，一些企业在固定资产没有减少的情况下，通过延长固定资产使用年限，使折旧费用大幅减少，达到扭亏增盈的目的。对于这种会计信息失真现象，应该予以揭示，并加以修正。

3．关注固定资产减值

固定资产减值是因为有形损耗或无形损耗造成的，如技术进步已不能使用或已遭毁损不再具有使用价值和转让价值等，虽然固定资产的实物数量并没有减少，但其价值量和企业的实际生产能力都会相应变动。

固定资产减值分析主要从以下几个方面进行。

（1）固定资产减值准备变动对固定资产的影响。

（2）固定资产可收回金额的确定。这是确定固定资产减值准备提取数的关键。

（3）固定资产减值对生产经营的影响。

固定资产减值使固定资产价值发生变化，既不同于折旧引起的固定资产价值变化，也不同于其他资产因减值而发生的价值变化。在分析时应关注企业在固定资产实质上已经减值却不提或少提减值准备的情况，这会虚增资产、虚增利润，造成会计信息失真，企业潜亏严重，同时也虚夸了企业的生产能力。

美的集团2020年资产负债表（见表2-1）显示：2020年年末固定资产为222.39亿元，相比2019年年末的216.65亿元，增加了5.74亿元，同比增长了2.65%。美的集团固定资产明细项目及增减变动情况如表2-11所示。

表2-11 美的集团固定资产明细项目及增减变动情况　　　　　　　　千元

明 细 项 目	2019年12月31日	本年增加额	本年减少额	2020年12月31日
一、固定资产原价合计	44 117 665	4 491 503	1 494 488	47 114 680
1．房屋及建筑物	17 900 603	1 273 901	162 242	19 012 262
2．机器设备	19 702 128	2 100 630	910 916	20 891 842
3．运输工具	707 703	179 223	74 175	812 751
4．电子设备及其他	4 510 738	827 799	335 151	5 003 386
5．境外土地	1 296 493	109 950	12 004	1 394 439

续表

明 细 项 目	2019年12月31日	本年增加额	本年减少额	2020年12月31日
二、累计折旧合计	22 413 496	3 425 027	1 051 830	24 786 693
1. 房屋及建筑物	7 362 635	925 085	108 639	8 179 081
2. 机器设备	11 405 514	1 640 339	583 488	12 462 365
3. 运输工具	509 473	104 194	53 533	560 134
4. 电子设备及其他	3 135 874	755 409	306 170	3 585 113
5. 境外土地				
三、固定资产减值准备合计	39 487	54 010	4 724	88 773
1. 房屋及建筑物	6 746	620	35	7 331
2. 机器设备	17 713	20 425	4 537	33 601
3. 运输工具	210	32 965	4	33 171
4. 电子设备及其他	8 911		133	8 778
5. 境外土地	5 907		15	5 892
四、固定资产净额合计	21 664 682	1 012 466	437 934	22 239 214
1. 房屋及建筑物	10 531 222	348 196	53 568	10 825 850
2. 机器设备	8 278 901	439 866	322 891	8 395 876
3. 运输工具	198 020	42 064	20 638	219 446
4. 电子设备及其他	1 365 953	72 390	28 848	1 409 495
5. 境外土地	1 290 586	109 950	11 989	1 388 547

美的集团2020年报表附注披露，美的集团对所有固定资产均计提折旧。折旧方法采用年限平均法，美的集团固定资产类别和年折旧率信息如表2-12所示。

表2-12 美的集团固定资产类别和年折旧率信息

资 产 类 别	折旧年限/年	预计净残值率/%	年折旧率/%
房屋及建筑物	15～50	0～10.00	1.80～6.70
机器设备	2～25	0～10.00	3.60～50.00
运输工具	2～20	0～10.00	4.50～50.00
电子设备及其他	2～20	0～10.00	4.50～50.00
境外土地	永久	不适用	不适用

（十六）在建工程

在建工程是指企业资产的新建、改建、扩建，或技术改造、设备更新和大修理工程等尚未完工的工程支出。自营在建工程是指企业自行购买工程用料、自行施工并进行管理的工程；出包在建工程是指企业通过签订合同，由其他工程队或单位承包建造的工程。从某种意义上说，企业在建工程和固定资产规模代表了企业战略版图和扩张速度，是企业产能的体现。在建工程和固定资产一个最主要的区别是，固定资产需要按月计提折旧，而在建工程则不需要计提折旧。对于制造业企业，折旧金额对企业财务状况和经营成果影响较大，因此，在建工程何时转入固定资产并开始计提折旧便成为一个关键问题。

在建工程的质量分析要点如下。

1．关注在建工程初始计量

自行建造固定资产的初始成本，由建造该项资产达到预定可使用状态前所发生的必要支出构成，包括工程物资成本、人工成本、缴纳的相关税费、应予资本化的借款费用以及应分摊的间接费用等。无论采用何种方式，所建造工程都应该按照实际发生的支出确定其工程成本并单独进行核算。

2．关注在建工程转入固定资产的条件

根据企业会计准则规定，在建工程转入固定资产时点是在建工程达到预定可使用状态的时候，而不是开始被使用的时候。在建工程达到以下条件时，就应该转入固定资产。

（1）符合资本化条件的资产的实体建造（包括安装）或者生产工作已经全部完成或者实质上已经完成。

（2）所购建或者生产的符合资本化条件的资产与设计要求、合同规定或者生产要求基本相符，即使有极个别与设计、合同或者生产要求不相符的地方，也不影响其正常使用或销售。

（3）继续发生在所购建或生产的符合资本化条件的资产上支出的金额很少或者几乎不再发生。

分析时要注意，企业本期转入固定资产金额需要与固定资产科目中的本期增加金额中的在建工程转入金额相一致。在建工程本期减少金额与固定资产增加金额如有差额，应分析产生差异的原因，判断会计处理是否合理；若发生减值现象，在建工程也需要计提减值准备。

美的集团资产负债表（见表 2-1）显示：2020 年年末在建工程账面价值为 14.77 亿元，相比 2019 年年末的 11.95 亿元，增加了 2.82 亿元，增长了 23.60%。其在建工程包括印度科技园、美的总部 A04 地块项目和其他工程。通过查阅报表附注可知，于 2020 年度，美的集团借款费用资本化金额约为 155 000 元，本年资本化率约为 6.08%；于 2020 年 12 月 31 日，美的集团在建工程支出与预算金额匹配，工程正在按进度开展。美的集团在建工程及重大在建工程项目变动如表 2-13 和表 2-14 所示。

表 2-13　美的集团在建工程及减值准备分析表　　　　千元

	2020 年 12 月 31 日			2019 年 12 月 31 日		
	账面余额	减值准备	账面价值	账面余额	减值准备	账面价值
印度科技园	364 554		364 554	274 429		274 429
美的总部 A04 地块项目	197 540		197 540	85 493		85 493
其他工程	964 524	(49 316)	915 208	834 728		834 728
合计	1 526 618	(49 316)	1 477 302	1 194 650		1 194 650

表 2-14　美的集团重大在建工程项目变动表　　　　千元

	2019 年 12 月 31 日账面余额	本年增加	本年转入固定资产	其他减少	外币报表折算差额	2020 年 12 月 31 日账面余额	资金来源
印度科技园	274 429	263 096	(142 977)		(29 994)	364 554	自筹

续表

	2019年12月31日账面余额	本年增加	本年转入固定资产	其他减少	外币报表折算差额	2020年12月31日账面余额	资金来源
美的总部A04地块项目	85 493	112 047				197 540	自筹
其他工程	834 728	703 597	(487 730)	(79 856)	(6 215)	964 524	贷款/自筹
合计	1 194 650	1 078 740	(630 707)	(79 856)	(36 209)	1 526 618	

（十七）无形资产

无形资产是指企业所拥有的没有实物形态的长期资产，包括专利权、商标权、著作权、非专利技术、专营权、土地使用权等。要注意的是，不能认为企业拥有这些东西就拥有了无形资产，会计上确认无形资产有一个先决条件，就是要给企业带来经济利益。有些专利，即使是尖端技术，若不能给企业带来经济利益，也不能作为无形资产入账；企业内部产生的品牌、人力资源、报刊名等，由于不能可靠计量，不应确认为无形资产。石油、天然气等开采权归国家所有，且开采具有特殊性，也不包括在无形资产中。

根据惯例，企业入账的无形资产大多是外购的，而企业自己创造的无形资产一般不入账。自己开发的无形资产所发生的费用大多作当期费用处理（开发支出符合资本化条件时可以资本化）。因此，资产负债表中的无形资产大多是从其他单位购入的。目前，我国企业账面上的无形资产主要是土地使用权。企业取得土地使用权主要有两种方式：一是交纳土地出让金取得；二是国家无偿划拨取得。对于很多上市公司而言，其土地使用权可能是国家作为股本投入的。

若发生减值现象，无形资产也需要计提减值准备。

美的集团资产负债表（见表2-1）显示：2020年年末无形资产为154.22亿元，相比2019年年末的154.84亿元，减少了0.62亿元。无形资产主要包括土地使用权、专利权及非专利技术、商标权等，以成本计量，并按照一定年限平均摊销。

（十八）商誉

根据《企业会计准则第20号——企业合并》的规定，在非同一控制下的企业合并中，购买方对合并成本大于合并中取得的被购买方可辨认净资产公允价值份额的差额，应当确认为商誉。理解商誉概念要注意：一是商誉产生的根源是收购兼并活动产生的"并购差价"；二是商誉要站在"合并报表"的角度来理解。商誉从本质上来讲，仅仅是一项"差价"，而不是一项资产。

商誉的质量分析要点如下。

1. 关注商誉的规模

公司商誉账面价值占总资产、净资产的比重越高，说明商誉减值风险也越大，可能对公司实际经营成果产生重大影响。

2. 关注商誉的初始计量

商誉的初始计量依赖于两个数据：一个是并购成本；另一个是被并购标的可辨认净资产的公允价值。公允价值的确定依赖于资产评估，而一旦牵涉"评估"，就可能存在操纵空间，特别是在目前我国资产评估市场还不太健全的情况下，评估有时沦为了"走过场"，公允价值难以"公允"。所以，商誉从初始计量就存在较大的操纵风险。

3. 关注商誉的后续计量

现行会计准则对商誉的确认和后续计量做出新的规定。商誉确认之后，规定商誉不再进行系统摊销，改为减值测试。减值测试有两个核心要素：企业未来的现金流量、折现率。这两大核心要素均有较强的主观色彩。未来现金流的测算会受到太多不可预测的内外部因素的制约，如宏观经济形势、行业发展趋势、行业环境、竞争对手、公司管理层的经营能力、技术（产品）开发进度、市场开拓进展等。折现率也有多种选择，折现率的调整也存在较强的人为假设，需要管理层运用重大会计估计和判断，有着较大的操纵空间。由此，在实务中，某些上市公司的商誉要么不减值，要么一次性全额计提减值，使得商誉成为"黑天鹅"的代名词。

4. 关注被并购标的的持续盈利能力

若发现被并购标的的盈利能力不佳或者开始恶化，意味着相关商誉可能要"爆雷"。一般而言，商誉的减值发生在期末，所以关注半年报是一个比较好的方法，能提前感知相关风险。另外，也可以关注被并购标的所处的行业环境、产品价格、竞争对手动向、管理层动向等相关信息的变化，提前预防商誉"爆雷"。

美的集团资产负债表（见表 2-1）显示：2020 年年末商誉为 295.57 亿元，相比 2019 年年末的 282.07 亿元，增加了 13.5 亿元，增长了 4.79%；2020 年年末商誉占全部资产的比重为 8.20%，占净资产的比重为 23.79%。美的集团商誉及减值分析如表 2-15 所示。

表 2-15 美的集团商誉及减值分析　　　　　　　　千元

明　细　项　目	2020 年 12 月 31 日	2019 年 12 月 31 日
商誉——KUKA 集团	22 836 294	22 240 132
商誉——TLSC 集团	2 944 486	2 984 110
商誉——小天鹅	1 361 306	1 361 306
商誉——其他	2 931 654	2 173 765
小计	30 073 740	28 759 313
减：减值准备	（516 522）	（552 248）
合计	29 557 218	28 207 065

美的集团收购库卡集团及 TLSC 业务产生的商誉合计人民币 25 780 780 千元的减值测试，因为涉及商誉的金额重大，而且商誉的减值测试涉及重大的会计估计与判断，美的集团的会计师事务所普华永道中天会计师事务所（特殊普通合伙）将商誉减值测试确定为关键审计事项。报表附注披露，美的集团于 2020 年 12 月 31 日，管理层以持续使用为基础，以预计未来现金流量的现值来确定商誉的资产组和资产组组合的可收回金额，在商誉减值测试中，采用预计收入增长率、税息折旧及摊销前利润盈利率、永续年增长率及折现率等

作为关键假设。管理层根据该假设分析各资产组和资产组组合的可收回金额，认为商誉无须进一步计提减值准备。

（十九）长期待摊费用

长期待摊费用包括经营租入固定资产改良及其他已经发生但应由本期和以后各期负担的、分摊期限在一年以上的各项费用，按预计受益期间分期平均摊销，并以实际支出减去累计摊销后的净额列示。

美的集团资产负债表（见表2-1）显示：2020年年末长期待摊费用为13.01亿元，相比2019年年末的12.67亿元，减少了0.34亿元。美的集团长期待摊费用主要为待摊的软件以及工程改造支出。

（二十）递延所得税资产

递延所得税资产是指可以用以后产生额抵扣的多缴纳的企业所得税，该项多缴的企业所得税是企业的一项资产。该资产对于可抵扣暂时性差异，以未来期间很可能取得用来抵扣暂时性差异的应纳税所得额为限确认。企业对于能够结转以后年度的可抵扣亏损和税款抵减，应以很可能获得用来抵扣可抵减亏损和税款抵减的未来应纳税所得额为限，确认相应的递延所得税资产。

可抵扣暂时性差异一般产生于以下两个方面。① 资产的账面价值小于计税基础。例如企业选择的固定资产折旧年限比税法规定长，少计提折旧，多缴纳了企业所得税。以后的会计期间可以调整，多提折旧少缴企业所得税。该项可得到抵扣的企业所得税即为递延所得税资产。② 负债的账面价值大于计税基础。例如企业发生的产品保修费用在销售当期确认为预计负债，税法规定有关费用只有在实际发生时才能扣除，由于企业确认预计负债的当期相关费用不允许税前扣除，只能在以后期间有关费用发生时再扣除，这使得未来期间的应纳税所得额和应交所得税减少，产生可抵扣差异。

美的集团资产负债表（见表2-1）显示：2020年年末递延所得税资产为72.09亿元，相比2019年年末的57.69亿元，增加了14.40亿元，增长了24.96%。美的集团递延所得税资产主要为资产减值准备、可抵扣亏损等影响所致。

（二十一）其他非流动资产

其他非流动资产是指除上述非流动资产之外的其他资产，主要包括结构性存款、货币性投资产品等。

美的集团资产负债表（见表2-1）显示：2020年年末其他非流动资产为112.56亿元，相比2019年年末的49.48亿元，增加了63.08亿元，增长了127.49%。查阅报表附注可知，美的集团2020年年末货币性投资产品为101.28亿元，2019年年末该项目为0；结构性存款2020年年末为0，2019年年末为43.56亿元。其他非流动资产主要由上述项目影响所致。

除上述项目外，美的集团资产项目还有"衍生金融资产""发放贷款和垫款""其他权益工具投资""其他非流动金融资产"，这些项目属于金融子公司业务，在此不再赘述。

二、负债质量分析

负债是指由过去的交易或事项形成的现时义务，履行该义务预期会导致经济利益流出企业。负债按照流动性分为流动负债和非流动负债两大类。

流动负债是指将在一年内或超过一年的一个营业周期内偿还的债务。其特点是，偿还期限短，偿还数量及金额比较固定，债权人明确。流动负债主要包括短期借款、应付票据、应付账款、应付职工薪酬、应交税费等。

非流动负债是指偿还期在一年以上或超过一年的一个营业周期以上的债务。其特点是，偿还期限长，偿还数量及金额比较大，资金成本高。非流动负债主要包括长期借款、应付债券等。

（一）短期借款

短期借款是企业在未来一年内要偿还的借款，债权人一般都是银行或其他金融机构。短期借款数量的多少，往往取决于企业生产经营和业务活动对流动资金的需要量、现有流动资产的沉淀和短缺情况，特别是临时性或季节性需要等。在我国国有企业，这一项目在流动负债中占的比例非常大。企业增加短期借款，就可以相对减少对非流动负债的需求，使企业负债结构发生变化。相对于非流动负债而言，短期借款具有风险大、利率低的特点。短期借款可以随借随还，有利于企业对资金存量进行调整。短期借款适度与否，可以根据流动负债的总量、当前的现金流量状况和对未来会计期间现金流量的预期来确定。

美的集团资产负债表（见表2-1）显示：美的集团2020年年末短期借款为99.44亿元，比2019年年末的57.02亿元增加了42.42亿元，年末余额较年初余额增加了74.39%，主要是增加了借款规模所致。

（二）应付票据

应付票据是指企业为了抵付货款等而签发、承兑的尚未到期的票据，包括商业承兑汇票和银行承兑汇票。应付票据是一种商业信用，相比短期借款，其付款时间更具有约束力（在我国一般不超过6个月）。若到期不能支付，不仅会影响企业的信誉和以后的筹资活动，而且会受到银行的处罚。应付票据是因商业信用产生的一种无资金成本或资金成本极低的资金来源，企业在遵守财务制度、维护企业信誉的条件下充分加以利用，可以减少其他筹资方式的筹资数量，节约利息支出。

美的集团资产负债表（见表2-1）显示：美的集团2020年年末应付票据为282.50亿元，比2019年年末的238.92亿元，增加了43.58亿元，增长了18.24%，主要是银行承兑汇票规模增加所致，具体如表2-16所示。

表2-16 美的集团应付票据类别及金额　　　　　　　　千元

类　别	2020年12月31日	2019年12月31日
银行承兑汇票	28 233 818	23 891 600
商业承兑汇票	16 121	
合计	28 249 939	23 891 600

(三) 应付账款

应付账款是企业因购买材料、商品和接受劳务等而应付给供应单位的款项。应付账款是一种商业信用，与应付票据相比，要求以企业的商业信用做保证。在市场经济条件下，企业之间相互提供商业信用是正常的。利用应付款项进行资金融通，基本上是无资金成本或资金成本很低的融资方式，但企业应注意合理使用，以避免造成企业信誉损失。

分析应付账款时，应联系存货进行分析。在供应商赊销政策一定的条件下，企业应付账款规模和企业采购规模会有一定的对应关系。若企业产销平稳，应付账款还与营业收入保持一定的对应关系。通常，企业应付账款平均付款期会较为稳定。如果企业购销状况无太大变化，同时供货商没有放宽赊销的信用政策，而企业应付账款的规模不正常增加、平均付款期不正常延长，就表明企业的支付能力恶化。

美的集团资产负债表（见表2-1）显示：美的集团2020年年末应付账款为539.30亿元，相比2019年年末的425.36亿元，增加了113.94亿元，增长了26.79%，主要是本年度应付材料款增加所致。

(四) 预收款项和合同负债

我国实行的新收入准则引入了合同资产、合同负债的概念。其中，合同负债是在新收入准则下对原预收账款科目做出的进一步增补。预收账款和合同负债的共同之处在于都是一项依据合同规定、有商业实质、与收入相关的负债，在未来都能转为收入。

预收账款是指企业向购货方预收的订金或部分货款。预收账款是以买卖双方协议或合同为依据，由购货方预先支付一部分（或全部）货款给供应方而发生的一项负债，这项负债要用以后的商品或劳务来偿付。企业预收的货款待实际出售商品、产品或者提供劳务时再行冲减。

合同负债是指企业已收或应收客户对价而应向客户转让商品的义务，如企业在转让承诺的商品之前已收取的款项。

预收账款和合同负债的不同之处主要在于以下两个方面。① 合同是否成立。预收账款不强调合同是否成立。合同成立前已经收到的对价是预收账款，不能划分为合同负债；合同成立后再从预收账款转入合同负债。② 前提不同。预收账款以收到款项为前提，合同负债以履约义务为前提，也就是说，合同负债不一定收到钱，而预收账款一定会收到钱。如果预收的款项与合同规定的履约义务无关，也就是说，收取的款项不构成交付商品或提供劳务的履约义务，则属于预收账款；反之，则属于合同负债。

美的集团资产负债表（见表2-1）显示：2020年年末预收款项金额为0，2019年年末预收款项金额为162.32亿元；2020年年末合同负债金额为184.01亿元，2019年年末合同负债金额为0。这主要是美的集团2020年实行新收入准则，将预收款项转入合同负债所致。

(五) 应付职工薪酬

职工薪酬是为获得职工提供的服务或解除劳动关系而给予的各种形式的报酬或补偿，包括短期薪酬、离职后福利、辞退福利和其他长期职工福利等。企业提供给职工配偶、子女、受赡养人、已故员工遗属及其他受益人等的福利，也属于职工薪酬。

这里所说的职工,既包括与企业订立正式劳动合同的所有人员,含全职、兼职和临时职工,也包括未与企业订立正式劳动合同但由企业正式任命的人员,如董事会成员、监事会成员,以及通过企业与劳务中介公司签订用工合同而向企业提供劳务的人员。

应当注意的是,并不是所有职工薪酬全部作为当期损益而计入利润表。生产工人的薪酬费用先计入存货,若存货没有出售,则作为存货成本保留在资产负债表中。而计入利润表的职工薪酬费用,分散在营业成本、销售费用、管理费用和研发项目等项目中,这主要取决于职工所从事工作的性质。在分析应付职工薪酬时,要关注应付职工薪酬是否为企业真正的负债,注意企业是否存在通过应付职工薪酬调节利润的情况。

以股票结算的职工薪酬与现金流量无关,即使实施了股权激励计划,向职工授予了股票期权,也不能作为负债反映。股票期权作为一种报酬形式,需要确认为费用(详见第五章股东权益变动表分析)。

美的集团资产负债表(见表2-1)显示:美的集团2020年年末应付职工薪酬为69.55亿元,相比2019年年末的64.36亿元,增加了5.19亿元,增长了8.06%。美的集团2020年财务报表附注披露,2020年年末美的集团母公司在职员工人数为1729人,主要子公司在职员工人数为147 510人(不包括库卡集团约1.4万人),在职员工人数合计为149 239人(2019年年末在职员工人数合计为134 897人)。当期领取薪酬员工总人数为149 239人。美的集团职工薪酬信息如表2-17和表2-18所示。

表2-17 美的集团应付职工薪酬构成情况　　　　　　　　　　　　　　千元

	2020年12月31日	2019年12月31日
短期薪酬	6 666 830	6 118 722
其他	287 992	317 387
合计	6 954 822	6 436 109

表2-18 美的集团短期薪酬构成及增减变动　　　　　　　　　　　　　千元

	2019年12月31日	本年增加	本年减少	2020年12月31日
工资、奖金、津贴和补贴	5 714 684	23 936 384	23 469 332	6 181 736
职工福利费	255 901	1 118 803	1 032 894	341 810
社会保险费	89 603	2 037 550	2 053 335	73 818
其中:医疗保险费	87 173	1 958 163	1 973 697	71 639
工伤保险费	1 303	14 743	14 990	1 056
生育保险费	1 127	64 644	64 648	1 123
住房公积金	28 445	463 190	468 098	23 537
工会经费和职工教育经费	20 361	107 501	110 349	17 513
其他	9 728	509 454	490 766	28 416
合计	6 118 722	28 172 882	27 624 774	6 666 830

(六)应交税费

应交税费是企业按照税法规定在未来一年内向税务机关缴纳的各种税金,包括所得税、增值税、消费税、城市维护建设税、车船税、资源税、房产税、土地使用税、土地增值税等。企业所缴纳的税金不需要预计应交数的，如印花税，不在本项目列示。

分析时，可将不同税种按照一定的标准进行归类，按其性质和作用大致分为五类：① 流转税，包括增值税、消费税和关税；② 所得税，包括企业所得税、个人所得税；③ 资源税，包括资源税、土地使用税；④ 特定目的税，包括城市维护建设税、土地增值税、车辆购置税、耕地占用税等；⑤ 财产和行为税，包括房产税、印花税、契税、车船税等。

由于应交税费涉及较多税种，在分析应交税费时，应当了解应交税费的具体内容，有针对性地分析该项负债的形成原因。应交税金是每个企业应尽的法定义务，企业应按有关规定及时、足额缴纳。应交税费的变动与企业营业收入、利润的变动有关，分析时应注意查明企业是否有拖欠国家税款的现象。若该项目为负数，则表明企业多交而财税机关应当退回企业或由企业以后期间抵交的税款。

美的集团资产负债表（见表2-1）显示：2020年年末应交税费为57.58亿元，相比2019年年末的50.96亿元，增加了6.62亿元，增长了12.99%。查阅报表附注可知，2020年美的集团主要税项为企业所得税、增值税、城市维护建设税、教育费附加、地方教育费附加、房产税。美的集团应交税费明细表如表2-19所示。

表2-19 美的集团应交税费明细表　　　　　　　　　　千元

	2020年12月31日	2019年12月31日
应交企业所得税	3 121 236	2 985 670
未交增值税	1 013 378	900 204
其他	1 623 444	1 210 393
合计	5 758 058	5 096 267

（七）其他应付款

其他应付款是指企业在商品交易业务以外发生的应付和暂收款项。它是企业除应付票据、应付账款、应付职工薪酬等以外的应付、暂收其他单位或个人的款项。

美的集团资产负债表（见表2-1）显示：美的集团2020年年末其他应付款为45.01亿元，相比2019年年末的38.01亿元，增加了7.03亿元，增长了18.50%，美的集团其他应付款主要包括限制性股票回购款、押金保证金、代垫物流费、工程设备款等。

（八）一年内到期的非流动负债

一年内到期的非流动负债是指企业的非流动负债中将要在一年内到期的部分。其主要包括一年内到期的长期借款、一年内到期的长期应付款、一年内到期的应付债券。

美的集团资产负债表（见表2-1）显示：美的集团2020年年末一年内到期的非流动负债为63.10亿元，相比2019年年末的14.60亿元，增加了48.50亿元，增长了332.19%，主要是一年内到期的长期借款和一年内到期的长期应付款影响所致。

（九）其他流动负债

其他流动负债是指除了上述分类之外的流动负债，包括预提销售返利、应付短期融资券等。

美的集团资产负债表（见表2-1）显示：美的集团2020年年末其他流动负债为498.52亿元，相比2019年年末的390.75亿元，增加了107.77亿元，增长了27.58%，主要是预提销售返利及应付短期融资券增加所致。

（十）长期借款

长期借款是企业向银行或其他金融机构借入的期限在一年以上的借款，此外，还包括长期借款中没有支付的利息。长期借款一般用于固定资产的购建、固定资产改扩建工程、固定资产大修理等。长期借款是银行信用，具有很强的偿还约束性，企业要严格按照借款协议规定用途、进度等使用借款。

在分析长期借款的质量时，应关注企业长期借款的数额、增减变动及其对企业财务状况的影响，要注意是否与企业固定资产、无形资产的规模相适应，是否与企业的当期收益相适应，还要注意长期借款费用处理的合规性与合理性问题。

美的集团资产负债表（见表2-1）显示：美的集团2020年年末长期借款为428.27亿元，相比2019年年末的412.98亿元，增加了15.29亿元，增长了3.70%，主要是抵押借款和信用借款增加所致。

（十一）应付债券

应付债券是指企业为筹集（长期）资金而发行的债券。企业债券发行价格的高低一般取决于债券票面金额、债券票面利率、发行当时的市场利率以及债券期限的长短等因素。债券发行有面值发行、溢价发行和折价发行三种情况。

美的集团资产负债表（见表2-1）显示：美的集团2020年年末应付债券为0。

（十二）长期应付款

长期应付款是在较长时间内应付的款项，主要有应付补偿贸易引进设备款和应付融资租入固定资产租赁费等。

美的集团资产负债表（见表2-1）显示：美的集团2020年年末长期应付款为0.13亿元。

（十三）预计负债

预计负债是根据或有事项等相关准则确认的各项估计的负债，包括对外提供担保、未决诉讼、产品质量担保、重组义务以及固定资产和矿区权益弃置义务等产生的各项负债。

预计负债和或有负债都属于或有事项，都是过去的交易或事项形成，其结果都由未来不确定事件的发生或不发生加以证实。但预计负债和或有负债仍然有很大区别。预计负债是企业承担的现时义务，或有负债是企业承担的潜在义务或者不符合确认条件的现时义务；预计负债导致经济利益流出企业的可能性是"很可能""基本确定"且金额能够可靠计量，或有负债导致经济利益流出企业的可能性是"可能""极小可能"，或者金额不能可靠计量。

美的集团资产负债表（见表2-1）显示：美的集团2020年年末预计负债为2.98亿元，相比2019年年末的3.53亿元，减少了0.55亿元，下降了15.58%。

（十四）递延收益

递延收益是暂时未确认的收益，为权责发生制在收益确认上的运用。递延收益分为两种，一种是与资产相关的政府补助，另一种是与收益相关的政府补助。递延收益属于过渡性科目，进行会计处理时，是在相关资产使用寿命内按照合理、系统的方法分期计入损益。

美的集团资产负债表（见表2-1）显示：美的集团2020年年末递延收益为7.80亿元，相比2019年年末的6.17亿元，增加了1.63亿元，增长了26.42%。

（十五）长期应付职工薪酬

长期应付职工薪酬是指长期的，一年以上应付给员工的薪酬和福利，主要包括退休员工的福利、裁员福利、其他长期福利等。

美的集团资产负债表（见表2-1）显示：美的集团2020年年末长期应付职工薪酬为21.60亿元，相比2019年年末的24.19亿元，减少了2.59亿元，下降了10.71%。美的集团长期应付职工薪酬主要是集团于资产负债表日的补充退休福利义务，是根据预期累积福利单位法进行计算的，并经外部独立精算师机构进行了审阅确认。

（十六）递延所得税负债

递延所得税负债产生于应纳税暂时性差异，因应纳税暂时性差异在转回期间将增加企业的应纳税所得额和应交所得税，导致企业经济利益的流出，在其发生当期，构成企业应支付税金的义务（即该交的税还未交，还欠着税务局的钱），应作为负债确认。

应纳税暂时性差异一般产生于以下两个方面。① 资产的账面价值大于计税基础。如企业持有一项交易性金融资产，成本为1000万元，期末公允价值为1200万元，如计税基础仍维持1000万元不变，该计税基础与账面价值之间的差额200万元即为暂时性差异，会计处理时确认为递延所得税负债。② 负债的账面价值小于计税基础。

美的集团资产负债表（见表2-1）显示：2020年年末递延所得税负债为52.24亿元，相比2019年年末的45.56亿元，增加了6.68亿元，增长了14.66%。美的集团递延所得税负债主要为公允价值变动等影响所致。

（十七）其他非流动负债

其他非流动负债是指除了上述那些分类之外的非流动负债，包括应付股权收购款、可换股的债券、缓征进口设备增值税、股东借给上市公司的款项、应付保理费用等。

美的集团资产负债表（见表2-1）显示：2020年年末其他非流动负债为6.93亿元，相比2019年年末的8.64亿元，减少了1.71亿元，下降了19.79%。美的集团的其他非流动负债主要为应付股权收购款。

除上述项目外，美的集团负债项目还有"吸收存款及同业存放""衍生金融负债"，这些项目属于金融子公司业务，在此不再赘述。

三、所有者权益质量分析

所有者权益是指企业资产扣除负债后由所有者享有的剩余权益。公司的所有者权益又称为股东权益。所有者权益包括所有者投入的资产、直接计入所有者权益的利得和损失、留存收益等。所有者权益分为实收资本（股本）、资本公积、盈余公积和未分配利润等。其中，盈余公积和未分配利润统称为留存收益。

（一）实收资本（股本）

实收资本是企业实际收到的投资者投入的资本。在上市公司中，实收资本又称为股本。除非企业出现增资、减资等情况，实收资本在企业正常经营期间一般不发生变动，即资产负债表中这个数字是固定的。实收资本是企业永久性的资金来源，它是保证企业持续经营和偿还债务的最基本的物质基础。

按照我国法律的要求，实收资本和注册资本通常情况下在数额上是相等的。分析时，要关注实收资本（股本）的增减变化情况。如果是实行注册资本认缴制的公司，要注意公司在登记机关备案的公司章程上约定的股东出资期限是否到期。若章程上约定的出资期限尚未全部到期，那么，只要股东们已将到期的出资缴付到位且未抽逃，则公司实收资本与登记的注册资本不一致就是正常现象；若章程约定的出资期限已全部到期，而相关股东未按承诺缴付出资或者抽走已缴付的出资，由此导致该公司实收资本与登记的注册资本不相符的，就会损害该公司的偿债能力和资信情况，要查明其注册资本是否可靠。

（二）资本公积

资本公积是指企业收到投资者出资超出其在注册资本或股本中所占份额以及直接计入所有者权益的利得和损失。资本公积是由投资者或他人投入，所有权归属于投资者，但不构成实收资本的那部分资本，主要有股本溢价和其他资本公积。分析时，要注意资本公积的构成及增减变化情况。

（三）盈余公积

盈余公积是指企业按照规定从净利润中提取的累积资金。盈余公积分为两种：第一种是法定盈余公积，公司制企业必须按照税后利润的10%提取，累积到达注册资本的50%后可以不再提取；第二种是任意盈余公积，按照企业股东大会规定，由企业自行决定提取比例。它和未分配利润共同构成了所有者权益里的留存收益。分析时，要关注盈余公积的构成及变化情况。

（四）未分配利润

未分配利润是企业留待以后年度进行分配的结存利润，也是留存于企业的收益，可以由企业任意支配使用。分析时，要注意未分配利润的构成及变化情况。

美的集团资产负债表（见表2-1）显示：2020年年末股本为70.30亿元，比2019年年末的69.72亿元增加了0.58亿元；2020年年末资本公积为224.88亿元，比2019年年末的196.40亿元增加了28.48亿元（其中，股本溢价的增加为股票期权行权产生的股本溢价及限制性股票解锁产生的股本溢价；其他资本公积的增加主要是集团购买子公司Clivet及安得物流等少数股东持有的股权引起）；2020年年末盈余公积为79.66亿元，比2019年年末的64.48亿元增加了15.18亿元；2020年年末未分配利润为870.74亿元，比2019年年末的

727.14 亿元增加了 143.60 亿元。美的集团 2020 年盈余公积、未分配利润构成及其增减变化情况如表 2-20 和表 2-21 所示。

表 2-20　美的集团盈余公积构成及变化情况　　　　　　　　　　千元

	2019 年 12 月 31 日	本年增加额	本年减少额	年末账面余额
法定盈余公积	6 447 658	1 518 704		7 966 362
合计	6 447 658	1 518 704		7 966 362

美的集团本期盈余公积增加，是根据母公司本期净利润的 10%提取的法定盈余公积增加所致（美的集团母公司利润表显示，2020 年度母公司实现净利润为 15 187 038 千元）。

表 2-21　美的集团未分配利润构成及变化　　　　　　　　　千元

	2020 年度	2019 年度
年初未分配利润	72 713 631	58 424 868
加：本年归属于母公司股东的净利润	27 222 969	24 211 222
减：应付普通股股利	（11 122 406）	（8 553 897）
提取一般风险准备	（221 037）	
提取法定盈余公积	（1 518 704）	（1 368 562）
期末未分配利润	87 074 453	72 713 631

除上述主要项目外，所有者权益中的"库存股""其他综合收益"项目解读详见第五章第二节。"一般风险准备"是美的集团之部分子公司根据银保监会《关于加强商业保理企业监督管理的通知》及财政部《金融企业准备金计提管理办法》提取的一般风险准备。"专项储备"是国家为加强企业安全生产工作，按照《企业安全生产费用提取和使用管理办法》提取及使用的安全费。

第三节　资产负债表结构分析

一、共同比资产负债表

资产负债表结构反映出资产负债表各项目的相互关系及各项目所占的比重。资产负债表结构分析是通过计算资产负债表中各项目占总资产或权益总额的比重，分析评价企业资产结构和权益结构变动的合理程度。资产负债表结构分析可通过编制共同比资产负债表来进行。以美的集团公司为例编制共同比资产负债表如表 2-22 所示。

表 2-22　美的集团共同比资产负债表

项　目	2020 年年末/千元	2019 年年末/千元	2020 年年末/%	2019 年年末/%	差异/%
资产					
流动资产：					
货币资金	81 210 482	70 916 841	22.53	23.49	（0.96）

续表

项　　目	2020年年末/千元	2019年年末/千元	2020年年末/%	2019年年末/%	差异/%
交易性金融资产	28 239 601	1 087 351	7.84	0.36	7.48
衍生金融资产	420 494	197 412	0.12	0.07	0.05
应收票据	5 304 510	4 768 520	1.47	1.58	(0.11)
应收账款	22 978 363	18 663 819	6.38	6.18	0.20
应收款项融资	13 901 856	7 565 776	3.86	2.51	1.35
预付款项	2 763 710	2 246 177	0.77	0.74	0.03
合同资产	3 236 848		0.90		0.90
发放贷款和垫款	16 469 069	10 869 396	4.57	3.60	0.97
其他应收款	2 973 945	2 712 974	0.83	0.90	(0.07)
存货	31 076 529	32 443 399	8.62	10.74	(2.12)
其他流动资产	33 079 918	65 011 027	9.18	21.53	(12.35)
流动资产合计	241 655 325	216 482 692	67.06	71.69	(4.63)
非流动资产：					
其他债权投资	21 456 155		5.95		5.95
长期应收款	981 623	1 208 079	0.27	0.40	(0.13)
发放贷款和垫款	1 113 501	790 101	0.31	0.26	0.05
长期股权投资	2 901 337	2 790 806	0.81	0.92	(0.11)
其他权益工具投资	46 651		0.01		0.01
其他非流动金融资产	3 360 849	1 750 107	0.93	0.58	0.35
投资性房地产	405 559	399 335	0.11	0.13	(0.02)
固定资产	22 239 214	21 664 682	6.17	7.17	(1.00)
在建工程	1 477 302	1 194 650	0.41	0.40	0.01
无形资产	15 422 393	15 484 179	4.28	5.13	(0.85)
商誉	29 557 218	28 207 065	8.20	9.34	(1.14)
长期待摊费用	1 300 962	1 267 127	0.36	0.42	(0.06)
递延所得税资产	7 208 635	5 768 993	2.00	1.91	0.09
其他非流动资产	11 255 879	4 947 603	3.12	1.64	1.48
非流动资产合计	118 727 278	85 472 727	32.94	28.31	4.63
资产总计	360 382 603	301 955 419	100.00	100.00	0.00
负债和股东权益					
流动负债：					
短期借款	9 943 929	5 701 838	2.76	1.89	0.87
吸收存款及同业存放	87 535	62 477	0.02	0.02	0.00
衍生金融负债	161 225	27 100	0.04	0.01	0.03
应付票据	28 249 939	23 891 600	7.84	7.91	(0.07)
应付账款	53 930 261	42 535 777	14.96	14.09	0.87
预收款项		16 231 854		5.38	(5.38)
合同负债	18 400 922		5.11		5.11
应付职工薪酬	6 954 822	6 436 109	1.93	2.13	(0.20)

续表

项目	2020年年末/千元	2019年年末/千元	2020年年末/%	2019年年末/%	差异/%
应交税费	5 758 058	5 096 267	1.60	1.69	(0.09)
其他应付款	4 501 391	3 800 568	1.25	1.26	(0.01)
一年内到期的非流动负债	6 310 181	1 460 117	1.75	0.48	1.27
其他流动负债	49 852 239	39 074 777	13.83	12.94	0.89
流动负债合计	184 150 502	144 318 484	51.10	47.79	3.31
非流动负债:					
长期借款	42 827 287	41 298 377	11.88	13.68	(1.80)
长期应付款	13 260	33 646	0.00	0.01	(0.01)
预计负债	298 110	353 269	0.08	0.12	(0.04)
递延收益	779 729	617 155	0.22	0.20	0.02
长期应付职工薪酬	2 159 675	2 418 563	0.60	0.80	(0.20)
递延所得税负债	5 223 954	4 556 002	1.45	1.51	(0.06)
其他非流动负债	692 986	863 826	0.19	0.29	(0.10)
非流动负债合计	51 995 001	50 140 838	14.43	16.61	(2.18)
负债合计	236 145 503	194 459 322	65.53	64.40	1.13
股东权益:					
股本	7 029 976	6 971 900	1.95	2.31	(0.36)
资本公积	22 488 105	19 640 313	6.24	6.50	(0.26)
减：库存股	(6 094 347)	(3 759 732)	(1.69)	(1.25)	(0.44)
其他综合收益	(1 549 003)	(711 554)	(0.43)	(0.24)	(0.19)
一般风险准备	587 984	366 947	0.16	0.12	0.04
专项储备	12 730		0.00		0.00
盈余公积	7 966 362	6 447 658	2.21	2.14	0.07
未分配利润	87 074 453	72 713 631	24.16	24.08	0.08
归属于母公司股东权益合计	117 516 260	101 669 163	32.61	33.67	(1.06)
少数股东权益	6 720 840	5 826 934	1.86	1.93	(0.07)
股东权益合计	124 237 100	107 496 097	34.47	35.60	(1.13)
负债和股东权益总计	360 382 603	301 955 419	100.00	100.00	

就共同比资产负债表而言，通过分析可以清楚了解企业资金的来源和资源分配情况，以及各项目所占比重的变化情况。

从表2-22中可以看出，美的集团2020年年末全部资产中流动资产占比为67.06%，非流动资产占比为32.94%，其中，以下几项资产占比合计高达57.23%。

（1）货币资金。在流动资产中，2020年年末货币资金占比为22.53%，与2019年年末的23.49%相比，略微下降0.96%，现金仍比较充裕，资产质量较高。

（2）存货。在流动资产中，2020年年末存货占比为8.62%，与2019年年末的10.74%

相比，下降了 2.12 个百分点，说明美的集团的存货占比下降，销售收入增加。

（3）应收票据、应收账款、应收款项融资。在流动资产中，这三项流动资产均与企业赊销有关，2020 年年末三项资产占比为 11.71%，与 2019 年年末的 10.27% 相比，增加了 1.44 个百分点，从营业收入增长 2.16% 来看，应收票据、应收账款、应收款项融资三项资产累计增长小于营业收入上涨，说明美的集团信用政策未发生重大变化。

（4）固定资产。在非流动资产中，2020 年年末固定资产占比为 6.17%，与 2019 年年末的 7.17% 相比，下降了 1 个百分点，说明美的集团固定资产规模未大幅增加。结合本章第二节分析，可以看出美的集团的折旧方法、折旧年限、预计净残值均未发生变化，说明该公司资产负债表列示的固定资产折旧比较可靠。

（5）商誉。在非流动资产中，2020 年年末商誉占比为 8.20%，与 2019 年年末的 9.34% 相比，下降了 1.14 个百分点。结合本章第二节分析，可以看出美的集团合并资产负债表中的商誉金额为人民币 29 557 218 千元，其中包括收购库卡集团及其子公司业务产生的商誉人民币 22 836 294 千元以及收购 TLSC 业务产生的商誉人民币 2 944 486 千元。管理层根据相关会计政策对上述商誉进行减值测试，以持续使用为基础的预计未来现金流量的现值来确定包含商誉的资产组和资产组组合的可收回金额，认为无须对商誉计提减值准备。普华永道中天会计师事务所将美的集团商誉减值作为关键审计事项，在审计报告中进行了解释及说明，说明美的集团资产负债表列示的商誉金额比较可靠。

二、资产结构分析

资产结构是指企业在某一时点上资产的各个组成项目的排列和搭配关系。资产结构反映资产的组成情况。在资产负债表中，资产各项目是按照流动性大小依次排列的。资产结构主要反映了流动资产与非流动资产之间的比例关系及流动资产的内部结构。

资产结构分析的要点如下。

1. 流动资产率

流动资产率是资产结构分析的一个重要指标。其计算公式为

$$流动资产率 = \frac{流动资产总额}{资产总额} \times 100\%$$

一般而言，流动资产越大，说明流动资产占总资产的比重越大。对股东来说，企业流动资产所占比重大，表明企业资产的变现能力较强，其资产风险较小，企业的财务安全性较高；而非流动资产所占比重大，表明企业资产弹性较差，不利于企业灵活调度资金，风险较大。对债权人来说，通过分析资产结构的各个类别，尤其是流动资产和非流动资产的比例与债务的偿还期结构匹配情况，有助于债权人判断其债权的物质保障程度和安全性，以对企业信用进行评价。

应该注意的是，企业的流动资产率与行业特点和经营性质有密切联系。例如，制造业固定资产的比重一般要大于商品流通企业；机械业的企业存货比重一般要高于食品业企业；等等。除此之外，产品的生命周期也会影响企业资产结构。例如，处于成长期的企业，会大量添置固定资产，为占领更多市场而采用宽松的信用政策，应收账款较多，而现金等货

币资产相对短缺。一旦产品进入衰退期，企业会大规模回笼资金，存货等资产比重就会减少。

从表 2-22 中可以看出，美的集团 2020 年年末流动资产率为 67.06%，相比 2019 年年末的 71.69%，下降了 4.63 个百分点。这表明美的集团资产流动性相对减弱。

2．流动资产的内部结构

流动资产的内部结构是指组成流动资产的各个项目占流动资产的比重。分析流动资产的结构，可以了解流动资产的分布、配置情况和资产的流动性及支付能力。

根据美的集团资产负债表提供的资料，编制流动资产结构分析表，如表 2-23 所示。

表 2-23 美的集团流动资产结构分析表

	2020 年年末/千元	2019 年年末/千元	2020 年年末/%	2019 年年末/%	差异/%
货币资金	81 210 482	70 916 841	33.61	32.76	0.85
应收账款	22 978 363	18 663 819	9.51	8.62	0.89
存货	31 076 529	32 443 399	12.86	14.99	（2.13）
其他流动资产	106 389 951	94 458 633	44.03	43.63	0.40
流动资产合计	241 655 325	216 482 692	100.00	100.00	

从表 2-23 中可以看出，美的集团 2020 年年末货币资金、应收账款、存货等三项流动资产占比与 2019 年年末相比，未发生重大变化。其中，货币资金占全部流动资产的比例为 33.61%，说明美的集团资产流动性较强，资产质量较高。

当然，企业流动资产的内部结构是怎样比较合理，不能一概而论。企业应首先选择一个标准，然后将流动资产结构与标准进行比较，以反映流动资产结构变动的合理性。一般来说，选择同行业的平均水平或财务计划中确定的目标是比较合理的。因为同行业的平均水平是该部门目前已经达到的平均水平，具有代表性，应当认为是合理的。企业财务计划关于标准的选定是根据企业整体经营目标确定的，也可作为评价标准。

3．固定资产对总资产比率

固定资产占总资产比率反映企业资金总额中占用在固定资产上的资金比例。其计算公式为

$$固定资产占总资产比率 = \frac{固定资产}{资产总额} \times 100\%$$

固定资产占总资产比率高，说明固定资产占总资产的比重大；反之，说明固定资产占总资产比重小。运用该指标衡量企业的资产结构，也必须结合企业的行业特点。资本密集型制造企业通常将较多的资金投放在固定资产上，因此其固定资产占总资产比率较高。但是在商品流通企业中，该指标不宜过高。该指标过高，表示企业变现能力较差的资产占用资金过多，从而降低了企业的偿债能力。

从表 2-22 中可以看出，美的集团 2020 年年末固定资产占总资产比率为 6.17%，相比 2019 年年末的 7.17%，下降了 1 个百分点。美的集团作为家电行业龙头企业，其固定资产占总资产比重仅为 6.17%，表明其资产的变现能力较强，偿债能力较好。

4．固定比率

固定比率是指固定资产与所有者权益之间的比值，反映企业用自有资金购置固定资产的能力，是分析企业资产与来源的配置是否适当的指标。其计算公式为

$$固定比率 = \frac{固定资产}{所有者权益} \times 100\%$$

如果固定比率大于1，即固定资产高于所有者权益，表示企业的自有资金不能满足购置固定资产的需要，必须依靠其他来源的资金；如果固定比率等于1，即固定资产等于所有者权益，表示企业的自有资金恰好可以满足购置固定资产的需要；如果固定比率小于1，即固定资产低于所有者权益，表示企业的自有资金比较充裕，除满足购置固定资产的需要外，还可以用在企业经营的其他方面，而这种资产结构可以提高企业的偿债能力。

固定比率指标在轻工业企业和商品零售企业中应用较为广泛。这类企业的固定资产比重较小，金额较低，因此对长期资金来源的要求不高，企业的自有资金应该可以满足购置固定资产的需要，不必动用长期负债或其他资金来源。美的集团固定比率分析如表2-24所示。

表2-24 美的集团固定比率分析

	2020年年末	2019年年末	差　　异
固定资产（原价）/千元	47 114 680	44 117 665	2 997 015
所有者权益/千元	124 237 100	107 496 097	16 741 003
固定比率/%	37.92	41.04	（3.12）

从表2-24中可以看出，美的集团2020年年末固定比率为37.92%，相比2019年年末的41.04%，下降了3.12个百分点，说明自有资金完全可以满足购置固定资产的需要，自有资金比率保障程度较高。

5．固定资产适合率

固定资产适合率是指固定资产与长期资本（包括长期负债和所有者权益）之间的比值，用于衡量企业固定资产是否投资过大，以及固定资产的资金来源是否合理。该指标可作为固定比率的补充指标，以分析企业资产与来源的配置是否合理。其计算公式为

$$固定资产适合率 = \frac{固定资产}{长期资本} \times 100\%$$
$$= \frac{固定资产}{（长期负债+所有者权益）} \times 100\%$$

如果固定资产适合率大于1，即固定资产高于长期资本，表示企业的长期资金来源不能满足购置固定资产的资金需要，必须依靠部分流动负债；如果固定资产适合率等于1，即固定资产等于长期资金来源，表示企业的长期资本恰好可以满足购置固定资产的需要；如果固定资产适合率小于1，即固定资产低于长期资本，表示企业的长期资本比较充裕，除满足购置固定资产的需要外，还可以用在企业经营的其他方面。

固定资产适合率在重工业和资本密集型企业中应用比较广泛。这类企业的固定资产规模大，所需资金较多，自有资金不能完全满足购置固定资产的需要，不足部分必须依靠长期负债解决。一般而言，固定资产适合率不宜超过1，也就是说，不宜以短期负债来补充购

置固定资产所需要的资金。如果这样做，企业的偿债压力较大。美的集团固定资产适合率分析如表 2-25 所示。

表 2-25 美的集团固定资产适合率分析

	2020 年年末	2019 年年末	差 异
固定资产（原价）/千元	47 114 680	44 117 665	2 997 015
长期负债/千元	51 995 001	50 140 838	1 854 163
所有者权益/千元	124 237 100	107 496 097	16 741 003
固定资产适合率/%	26.73	27.99	（1.25）

从表 2-25 中可以看出，美的集团 2020 年年末固定资产适合率为 26.73%，相比 2019 年年末的 27.99%，小幅下降了 1.25 个百分点。固定资产适合率连续两年均未超过 1，说明其长期资金完全可以满足购置固定资产的需要。

6．长期资产适合率

长期资产适合率是指企业的固定资产和长期投资与长期负债和所有者权益之间的比值。其计算公式为

$$长期资产适合率 = \frac{固定资产 + 长期投资}{长期负债 + 所有者权益} \times 100\%$$

长期资产适合率与固定比率和固定资产适合率类似，只是涵盖的范围不同。该指标从企业长期资产与长期资本之间的平衡性和协调性的角度，反映企业财务结构的稳健程度和财务风险大小，以及企业资金使用的合理程度。通过该指标可以分析企业是否存在盲目投资的情况，是否存在长期资产挤占短期资金的情况。

从维护企业财务结构稳定性的角度看，长期资产适合率不宜超过 1。如果该指标超过 1，说明企业使用了一部分短期资金进行长期投资，这对企业的短期偿债能力是极为不利的。但是如果该指标过低，则会导致企业的融资成本增加。美的集团长期资产适合率分析如表 2-26 所示。

表 2-26 美的集团长期资产适合率分析

	2020 年年末	2019 年年末	差 异
固定资产（原价）/千元	47 114 680	44 117 665	2 997 015
长期投资/千元	2 901 337	2 790 806	110 531
长期负债/千元	51 995 001	50 140 838	1 854 163
所有者权益/千元	124 237 100	107 496 097	15 847 097
长期资产适合率/%	28.28	29.76	（1.38）

从表 2-26 中可以看出，美的集团 2020 年年末长期资产适合率为 28.38%，相比 2019 年年末的 29.76%，小幅下降了 1.38 个百分点，长期资产适合率连续两年均未超过 1，说明其长期资金来源充足，完全可以满足购置固定资产和对外投资的需要。

三、负债结构分析

负债结构是由于企业采用不同负债筹资方式所形成的，是负债筹资的结果。负债结构

分析可从以下几个方面进行。

1. 负债期限结构分析

负债按期限长短分为流动负债和非流动负债，负债的期限结构可以说明企业的负债筹资政策。美的集团负债期限结构分析如表 2-27 所示。

表 2-27　美的集团负债期限结构分析

	2020 年年末/千元	2019 年年末/千元	2020 年年末/%	2019 年年末/%	差异/%
流动负债	184 150 502	144 318 484	77.98	74.22	3.76
非流动负债	51 995 001	50 140 838	22.02	25.78	(3.76)
合计	236 145 503	194 459 322	100.00	100.00	

从表 2-27 中可以看出，美的集团在 2020 年度和 2019 年度保持了较为稳定的负债期限结构，2020 年年末流动负债占比为 77.98%，比 2019 年年末的 74.22%，增长了 3.76 个百分点，表明美的集团在使用资金时，以短期资金为主，负债成本较低。由于流动负债需要在一年内偿付，对资产流动性要求较高，因此，应结合流动比率等指标做进一步分析。

2. 负债取得方式结构分析

负债按取得方式可以分为银行信用、商业信用、应交款项、其他负债。其中，银行信用主要包括短期借款、长期借款等；商业信用主要包括应付票据、应付账款、预收款项、合同负债等；应交款项主要包括应付职工薪酬、应交税费、其他应付款等。负债按取得方式进行结构分析，可以看出企业的筹资偏好及变化情况。

美的集团负债取得方式结构分析如表 2-28 所示。

表 2-28　美的集团负债取得方式结构分析

	2020 年年末/千元	2019 年年末/千元	2020 年年末/%	2019 年年末/%	差异/%
银行信用	52 771 216	47 000 215	22.35	24.17	（1.82）
商业信用	100 581 122	82 659 231	42.59	42.51	0.08
应交款项	17 214 271	15 332 944	7.29	7.88	(0.59)
其他负债	65 578 894	49 466 932	27.77	25.44	2.33
合计	236 145 503	194 459 322	100.00	100.00	

从表 2-28 中可以看出，美的集团债务结构比较稳定。2020 年年末银行信用占比为 22.35%，相比 2019 年年末的 24.17%，下降了 1.82 个百分点；2020 年年末商业信用占比 42.59%，相比 2019 年年末的 42.51%基本持平，商业信用占比最高，说明商业信用已经成为美的集团最主要的筹资方式；2020 年年末应交款项占比为 7.29%，相比 2019 年年末的 7.88%，略微下降了 0.59 个百分点；2020 年年末其他负债占比为 27.77%，相比 2019 年年末的 25.44%，增长了 2.33 个百分点。总体而言，美的集团主要利用商业信用进行融资，负债成本及偿还债务压力较小。

3. 负债成本结构分析

企业的各种负债由于来源渠道和取得方式不同，成本也有很大差异。有些负债，如应付账款等，基本属于无成本负债；有些负债，如短期借款等，属于低成本负债；而有些负债，如长期借款、应付债券，则属于高成本负债。

美的集团负债成本结构分析如表2-29所示。

表2-29　美的集团负债成本结构分析

	2020年年末/千元	2019年年末/千元	2020年年末/%	2019年年末/%	差异/%
无成本负债	183 374 287	147 459 107	77.65	75.83	1.82
低成本负债	9 943 929	5 701 838	4.21	2.93	1.28
高成本负债	42 827 287	41 298 377	18.14	21.24	(3.10)
合计	236 145 503	194 459 322	100.00	100.00	

从表2-29中可以看出，美的集团负债主要以无成本负债为主，2020年年末应付账款等无成本负债占比为77.65%，相比2019年年末的75.83%，增长了1.82个百分点；2020年年末长期借款等高成本负债占比为18.14%，相比2019年年末的21.24%，下降了3.10个百分点；2020年年末低成本负债占比为4.21%，相比2019年年末的2.93%，增长了1.28个百分点，美的集团低成本负债占比最小。总体来看，美的集团负债以无成本负债为主，利息负担较轻，风险不大。

四、股东权益结构分析

股东权益又称为自有资本、权益资金，是企业资金来源中最重要的组成部分，是其他资金来源的前提和基础。权益资金在企业生产经营期间不需要返还，是可供企业使用的永久性资金，且无利息负担。因此，权益资金越多，表明企业的实力越雄厚，财务风险越小。若企业所有的资金全部是权益资金，则没有任何财务风险。应该注意的是，企业筹资不仅与成本有关，而且还受到外界经济环境的影响。若银行信贷政策及资金市场的资金供求状况宽松，利息较低，企业可通过举借外债筹集资金，这样既可降低整个企业的资金成本，又不分散控制权；反之，若银行信贷政策及资金市场的资金供求状况紧张，企业则可利用权益资本筹集资金，以保持企业权益结构的稳定性。

对股东权益结构进行分析时，可将股东权益分为投入资本和留存收益两部分。由于投资人的投入资本一般不经常变动，因此，股东权益的多少主要取决于留存收益的数额。若企业奉行高分红方案，就会把大部分利润分配给投资者，留存收益的数额就小；反之，生产活动形成的积累就大。

美的集团股东权益结构分析如表2-30所示。

表2-30　美的集团股东权益结构分析

	2020年年末/千元	2019年年末/千元	2020年年末/%	2019年年末/%	差异/%
股本	7 029 976	6 971 900	5.98	6.86	(0.88)
资本公积	22 488 105	19 640 313	19.14	19.32	(0.18)
减：库存股	(6 094 347)	(3 759 732)	(5.19)	(3.70)	(1.49)

续表

	2020年年末/千元	2019年年末/千元	2020年年末/%	2019年年末/%	差异/%
投入资本合计	23 423 734	22 852 481	19.93	22.48	(2.55)
盈余公积	7 966 362	6 447 658	6.78	6.34	0.44
未分配利润	87 074 453	72 713 631	74.10	71.52	2.58
其他综合收益	(1 549 003)	(711 554)	(1.32)	(0.70)	(0.62)
一般风险准备	587 984	366 947	0.50	0.36	0.14
专项储备	12 730		0.01	0.00	0.01
留存收益合计	94 092 526	78 816 682	80.07	77.52	2.55
归属于母公司股东权益合计	117 516 260	101 669 163	100.00	100.00	

从表 2-30 中可以看出，美的集团 2020 年投入资本与留存收益的比例为 19.93%：80.07%，该比例在 2019 年为 22.48%：77.52%，说明美的集团的股东权益主要来自于留存收益。具体来看，2020 年与 2019 年相比，投入资本下降了 2.55 个百分点，留存收益增长了 2.55 个百分点，留存收益占比增长较快，2020 年年末已达到股东权益总额的 80.07%。股东权益总额中占比最高的为未分配利润，2020 年年末占比为 74.10%，与 2019 年年末的 71.52% 相比，增长了 2.58 个百分点，说明 2020 年美的集团股东权益结构的变化主要是由于未分配利润增加引起的，集团整体盈利能力较好，股东再投资意愿强烈。

五、资产结构与资本结构的适应程度分析

尽管企业的总资产与总资本在总额上一定相等，但不同的投资方式产生的资产结构与不同筹资方式产生的资本结构却不完全相同。可以说，资产结构与资本结构的适应形式千差万别，但归纳起来主要有保守结构、稳健结构、平衡结构和风险结构四种类型。

1. 保守结构

在保守结构形式下，资产负债表左方的资产全部来源于企业的长期资金，即企业无流动负债。其形式如表 2-31 所示。

表 2-31 保守结构资产负债表

流动资产	非流动负债
非流动资产	所有者权益

从表 2-31 中可以看出，保守结构的主要标志是企业全部资产的资金来源依靠长期资金来满足，即依靠长期借款等非流动负债和股本等所有者权益来筹资。其特点包括以下几个方面。① 风险较低。一般而言，非流动负债的风险要低于流动负债，这是因为企业使用非流动负债筹资，在既定的负债期内，因利率一般不会发生变动，其利息费用相对固定，尤

其是在通货膨胀条件下，企业可能因长期借款利率较低而使利息费用大幅减少；同时由于非流动负债偿还期较长，使企业有充裕的时间为偿还债务积累资金，风险相对较小。② 资金成本较高。相对于其他形式，这一形式的资金成本最高。③ 筹资结构弹性较差。一旦企业进入用资淡季，对资金存量不易做出调整。

在实务中，这种形式很少被企业采用。

2．稳健结构

在稳健结构形式下，资产负债表左方的长期资产来源于企业的长期资金，短期资产则使用长期资金和短期资金共同筹资。其形式如表 2-32 所示。

表 2-32 稳健结构资产负债表

流动资产	流动负债
	非流动负债
非流动资产	所有者权益

从表 2-32 中可以看出，稳健结构的主要标志是企业流动资产的资金来源一部分需要流动负债来满足，另一部分需要非流动负债来满足。其特点包括以下几个方面。① 风险较小。企业可以通过流动资产的变现来偿还流动负债，风险相对较小。② 资金成本较低。企业可以通过调整流动负债与非流动负债的比例使负债成本达到企业目标标准，并具有可调性。③ 筹资结构弹性较好。当企业临时性或季节性资产需要降低或消失时，可以通过偿还流动负债加以调整，一旦临时性资产需要再产生时，又可以通过重新举借短期债务来满足所需。

在实务中，这种形式被企业普遍采用。

3．平衡结构

在平衡结构形式下，资产负债表左方的短期资产来源于企业的短期资金，长期资产则使用长期资金筹资。其形式如表 2-33 所示。

表 2-33 平衡结构资产负债表

流动资产	流动负债
非流动资产	非流动负债
	所有者权益

从表 2-33 中可以看出，平衡结构的主要标志是企业流动资产的资金来源全部需要流动负债来满足。其特点包括以下几个方面。① 风险均衡。同样高的资产风险与筹资风险中和，从而使企业风险相对均衡。② 资产结构制约负债成本。负债政策要依据资产结构来调整，表面看似是负债结构制约负债成本，其实是资产结构制约负债成本。③ 存在潜在风险。平衡结构形式要求流动资产变现的时间和数量与流动负债的偿债时间和数量相一致，一旦两者出现时间或数量差异，如存货未能及时售出变现、应收账款未能及时收回等，就会使企业产生资金周转困难，并可能陷入财务危机。

在实务中，这种形式适用于经营状况良好、具有较好成长性的企业，但要注意这一结构形式非稳定性的特点。

4．风险结构

在风险结构形式下，流动负债不仅用于满足流动资产的需要，而且用于满足部分长期资产的资金需要。其形式如表2-34所示。

表2-34 风险结构资产负债表

流 动 资 产	流 动 负 债
非流动资产	非流动负债
	所有者权益

从表2-34中可以看出，风险结构的主要标志是以短期资金来满足部分长期资产的需要。其特点包括以下几个方面。① 财务风险较大。流动负债和长期资产在流动性上并不对称，若通过长期资产的变现来偿还短期债务，必然会给企业带来很大的偿债压力，从而要求企业必须极大地提高资产的流动性。② 负债成本最低。相对于其他形式，其负债成本最低。③ 存在潜在风险。由于企业时刻面临偿债压力，一旦市场出现变化或意外事件发生，就可能引发企业经营风险，使企业陷入财务困境。

在实务中，这种形式只适用于处于发展壮大时期的企业，而且只能在短期内采用。

本章小结

资产负债表是反映企业在某一特定时点资产、负债和所有者权益状况的报表。资产负债表分析的目的在于了解企业会计对企业财务状况的反映程度，以及所提供会计信息的质量，据此对企业的偿债能力和财务弹性做出恰当的评价。

资产负债表分析主要包括资产负债表质量分析和资产负债表结构分析。

资产负债表质量分析就是在资产负债表全面分析的基础上，对企业资产、负债和所有者权益三个会计要素进行质量分析。资产的质量是指资产的变现能力或被企业在未来进一步利用的质量。资产质量的好坏主要表现在资产的账面价值与其变现价值量或被进一步利用的潜在价值量（可以用资产的可变现净值或公允价值来计量）之间的差异上。负债是指由过去的交易或事项形成的现时义务，履行该义务预期会导致经济利益流出企业。负债质量分析包括流动负债和非流动负债分析。所有者权益是指企业资产扣除负债后由所有者享有的剩余权益。公司的所有者权益又称为股东权益。所有者权益分为实收资本（股本）、资本公积、盈余公积和未分配利润。其中，盈余公积和未分配利润统称为留存收益。

资产负债表结构分析通常采用共同比资产负债表分析，包括资产结构分析、负债结构分析、股东权益结构分析、资产结构与资本结构的适应程度分析。

1．什么是资产负债表？资产负债表的作用如何？

2. 如何理解资产质量的概念？资产按照质量可以分为几类？
3. 如何对货币资金进行质量分析？
4. 如何对应收款项进行质量分析？
5. 如何对存货进行质量分析？
6. 如何对固定资产进行质量分析？
7. 如何对无形资产进行质量分析？
8. 流动负债与非流动负债的主要区别是什么？如何对负债进行质量分析？
9. 如何对股东权益进行质量分析？
10. 说明共同比资产负债表的编制方法及作用。
11. 如何对资产负债表进行结构分析？

练习题

习题一

（一）目的：对企业的应收账款进行质量分析。

（二）资料：A 公司在杭州市经营百货、餐饮服务、旅游等产业。A 公司 2020 年度实现主营业务收入 92 847.95 万元，实现利润 7 256.3 万元。坏账准备按应收款项（包括应收账款和其他应收款）余额的 5%计提。2020 年年末应收账款总额为 33 591 670 元，根据报表附注，应收账款的账龄构成如表 2-35 所示。

表 2-35　A 公司 2020 年年报附注中披露的应收账款账龄构成

账　龄	期　末　数			期　初　数		
	金额/元	比例/%	坏账准备/元	金额/元	比例/%	坏账准备/元
1 年以内	2 966 263	8.83	148 313	3 041 010	7.97	152 051
1~2 年	95 403	0.28	4 770	1 039 597	2.73	51 979
2~3 年	30 530 004	90.89	1 526 500	17 577 619	46.09	878 881
3 年以上				16 481 421	43.21	824 071
合计	33 591 670	100.00	1 679 583	38 139 647	100	1 906 982

（三）要求：从应收账款期初数和期末数的对比中，分析应收账款的质量状况，评价坏账损失核算方法是否合理，重点分析高龄应收账款对企业财务报表的影响。

习题二

（一）目的：分析企业采用不同存货计价方法对会计报表的影响。

（二）资料：某公司为零售类企业，聘请你为财务顾问，协助公司编制会计报表，进行纳税申报。该公司从 2020 年 2 月起正式营业，全年销售收入为 4 500 000 元，销售费用为 180 000 元，管理费用为 140 000 元。本年销售存货为 16 000 件，期末存货为 4 000 件，本年购入存货如表 2-36 所示。

表 2-36　某公司 2020 年度购入存货表

购入存货日期	购入存货数量/件	单位成本/元	总成本/元
2 月 1 日	3 000	100	300 000
5 月 12 日	4 000	110	440 000
8 月 10 日	4 000	120	480 000
10 月 15 日	6 000	130	780 000
11 月 20 日	3 000	140	420 000

假设该公司存货采用实地盘存制确定发出存货和期末结存存货数量。

（三）要求：

1．分别采用先进先出法、后进先出法、加权平均法计算本期销售成本，并编制利润表。

2．该公司所得税税率为 25%，出于报税目的，简述你建议该公司采用何种存货计价方法，并说明理由。如果该公司正处于免税期，简述你建议该公司采用何种存货计价方法，并说明理由。

3．说明存货采用不同盘存制度对发出存货和结存存货的影响。

习题三

（一）目的：分析采用不同固定资产折旧政策对会计报表及决策的影响。

（二）资料：甲、乙两家公司为规模相同的机械加工企业，且均于 3 年前开业。两家公司的实收资本均为 500 万元，每家公司的固定资产都由使用年限为 40 年的厂房与使用年限为 10 年的机器设备组成。其中，厂房的原始成本为 80 万元，机器设备的原始成本为 25 万元。在固定资产折旧政策方面，甲公司采用双倍余额递减法计提折旧，乙公司采用直线法计提折旧。除折旧方法不同外，两家公司其他会计政策基本相同。假设除正常应付账款外，两家公司均无任何负债。由于转产等原因，两家公司均有意出售，卖价基本相同。已知甲公司的现金多于乙公司。

经审计，两家公司连续 3 年的利润如表 2-37 所示。

表 2-37　两家公司连续 3 年的利润　　　　　　　　　　　人民币元

年　　度	甲　公　司	乙　公　司
第 1 年	150 000	195 000
第 2 年	180 000	210 000
第 3 年	210 000	230 000

（三）要求：如果某公司想购买其中一家企业，向你咨询，试分析甲、乙两家公司哪一家更值得购买，并说明理由（要求用具体数据）。

案例分析

下载珠海格力电器股份有限公司（股票代码 000651）最近 3 年的年度财务报告（www.cninfo.com.cn），对其资产负债表的质量和结构进行分析，并使用具体数据进行说明。

要求：

（1）分析资产负债表各项目的具体含义，并对其质量进行评价。

（2）编制格力电器连续 3 年的共同比资产负债表，分别进行资产结构分析、负债结构分析和股东权益结构分析。

（3）以格力电器最近 3 年的年度数据为例，按照资产结构与资本结构的适应程度，说明其所属类型并做出动态评价。

（4）与美的集团相比，分析格力电器资产负债表在质量和结构方面存在的优势及不足。

本章习题
答案参考

第三章　利润表分析

【本章内容要点】

① 利润表分析的目的和内容；
② 利润表质量分析；
③ 利润表结构分析。

第一节　利润表分析的目的和内容

一、利润表分析的目的

利润是指企业在一定会计期间的收入减去费用后的净额以及直接计入当期的利得和损失，也称为财务成果或经营成果。利润表是反映企业在一定会计期间经营成果的会计报表。利润表是动态报表，表中的数据是时期累计数，反映了企业在某一时期内的累计经营成果。利润表是根据"收入-费用=利润"的会计等式进行设计的，其内容可以分为收入和费用两大类。利润表既反映了企业净利润的形成过程，也体现了利润的计算过程，所以也称为损益计算书。

在市场经济条件下，企业以企业价值最大化或股东权益最大化为根本目标，而无论是企业价值最大化，还是股东权益最大化，其基础都是利润。利润是现代企业经营与发展的基础，企业各项工作的开展最终都与利润的多少有关，如供、产、销各环节以及人、财、物等各因素的变动均影响着利润的增减变动。企业各个环节和各个因素的状况较好，利润就高；反之，某一环节或因素出现问题，就会影响利润的增长。

利润表分析的目的在于了解企业经营业绩的主要来源和构成，及时发现企业在经营管理中出现的问题，帮助信息使用者判断利润的质量及其风险，有助于使用者预测企业利润的连续性，从而做出正确决策。其具体包括以下几个方面。

1. 通过利润表分析，可以评价企业的经营成果和盈利能力

企业的经营成果和盈利能力都与利润高低有直接关系。经营成果是指企业通过生产经营活动所增加的财富，直接表现为在一定时期的净利润。盈利能力是指企业利用现有资源获取经营成果的能力，主要通过销售利润率、总资产报酬率、净资产收益率、成本费用利润率等指标来表示。从利润表中可以了解当期的经营成果，将利润表与资产负债表等会计资料联系起来，可以评价企业的盈利能力。

2. 通过利润表分析，可以分析、预测、评价企业的偿债能力

偿债能力是企业以资产清偿债务的能力。企业的偿债能力一方面取决于资产的流动性

和资本结构,另一方面取决于企业的盈利能力。如果企业在较长时间内盈利能力不足,甚至亏损,就会使资产的流动性和资本结构逐步恶化,最终影响偿债能力,使企业陷入资不抵债的境地。因此,通过利润表还可以预测和评价企业的偿债能力。这种分析对于企业长期债权人尤其重要,如长期债权人可以据此决定维持、扩大或收缩现有信贷规模,并提出相应的信贷条件等。

3. 通过利润表分析,可以分析、预测、评价企业未来的现金流量

报表使用者主要关注各种预期的现金来源、金额、时间及不确定性。利润是企业从内部获取现金净流入量的主要来源,企业未来的现金流量与盈利水平具有密切的联系。利润表揭示了企业过去的经营业绩和利润的来源、盈利水平,通过利润表各部分可以评价一个企业的产品收入、成本、费用变化对利润的影响。报表使用者可根据过去和现有的利润水平,预测企业未来的现金流量状况。

4. 通过利润表分析,可以考评管理当局的经营业绩

投资者开办企业的初衷是追求利润最大化,考评企业经营者是否成功的重要标准也是能否获取更高的利润。通过对不同时期利润表中各种收入、费用和利润进行比较,并分析其变动的原因,可以评价企业管理者的经营业绩,评判各管理部门的功过得失,及时做出生产、人事、销售等方面的调整,提出奖惩建议,并为是否聘用经营者提供参考依据。

5. 通过利润表分析,为利润分配提供依据

现代企业通常是由若干个利益集团出资组建的经济实体,出资者的目的是为了充分分享企业的经营成果。企业有了利润,首先要向国家缴纳所得税,剩余部分按照规定进行分配。利润额的高低直接影响着国家税收和各方利益集团的分享额,如股东股利、经营者年薪、职工薪酬等,而这些项目的计算都是以利润表为依据。

二、利润表分析的内容

我国企业会计准则要求企业利润表采用多步式结构。多步式利润表是将收入和费用按照类别加以归集,从营业收入开始到净利润为止,经过多步中间阶段的计算而成,分步反映净利润的形成过程。我国将计算过程分解为营业利润、利润总额和净利润三个步骤,多步式利润表将各种利润分别列示,通过收入和费用的分段加减,提供丰富的中间信息,展示企业的经营成果和影响因素。多步式利润表主次清晰,有利于分析利润形成过程,便于在不同企业之间进行比较,对企业的经营成果做出判断,并有助于预测未来的盈利能力。

利润表分析主要包括以下内容。

1. 利润表质量分析

利润表质量分析就是在利润表全面分析的基础上,对利润形成过程进行质量分析,从而分析与揭示企业经营活动与收益结构的关系。同时,还可以了解企业的市场营销战略、发展战略和技术创新等是否合理,为其持续健康发展提供依据。

2. 利润表结构分析

利润表结构分析就是通过对利润表中相关收入、费用和利润项目金额与相应的合计金额或特定的项目金额进行对比,以查看这些项目的结构,从而分析企业的盈利能力。

根据现行企业会计准则要求，一般企业利润表的格式如表 3-1 所示。

表 3-1 利润表

编制单位：美的集团股份有限公司　　　　　2020 年度　　　　　　　　　　千元

项　目	2020 年度 合　并	2019 年度 合　并	2020 年度 母 公 司	2019 年度 母 公 司
一、营业总收入	285 709 729	279 380 506	1 852 312	1 767 902
其中：营业收入	284 221 249	278 216 017	1 852 312	1 767 902
利息收入	1 488 211	1 163 180		
手续费及佣金收入	269	1 309		
减：营业成本	212 839 592	197 913 928	51 350	45 823
利息支出	105 168	122 618		
手续费及佣金支出	6 972	11 633		
税金及附加	1 533 646	1 720 616	32 546	37 481
销售费用	27 522 276	34 611 231		
管理费用	9 264 148	9 531 361	701 711	579 072
研发费用	10 118 667	9 638 137		
财务费用	(2 638 032)	(2 231 636)	(1 421 019)	(1 974 379)
其中：利息费用	1 305 591	880 703	1 903 866	1 402 376
利息收入	3 663 028	3 807 136	3 352 633	3 363 003
加：其他收益	1 424 090	1 194 665	369 889	464 034
投资收益	2 362 462	164 132	12 578 455	10 384 466
其中：对联营企业的投资收益	402 528	506 225	216 318	272 089
以摊余成本计量的金融资产终止确认损益		(709)		
公允价值变动收益	1 762 950	1 361 163	108 605	162 565
减：信用减值损失	247 605	96 446	6 340	418
资产减值损失	705 209	871 909		
资产处置（损失）/收益	60 523	131 131	(146)	1 040
二、营业利润	31 493 457	29 683 092	15 538 479	14 089 512
加：营业外收入	384 986	613 310	102 429	39 832
减：营业外支出	214 904	367 288	116 120	22 741
三、利润总额	31 663 539	29 929 114	15 524 788	14 106 603
减：所得税费用	4 156 997	4 651 970	337 750	420 984
四、净利润	27 506 542	25 277 144	15 187 038	13 685 619
（一）按经营持续性分类				
持续经营净利润	27 506 542	25 277 144	15 187 038	13 685 619
终止经营净利润				

续表

项　目	2020年度 合　并	2019年度 合　并	2020年度 母公司	2019年度 母公司
（二）按所有权归属分类				
归属于母公司股东的净利润	27 222 969	24 211 222	15 187 038	13 685 619
少数股东损益	283 573	1 065 922		
五、其他综合收益的税后净额	（1 177 809）	348 040	（17 744）	（4 285）
归属于母公司股东的其他综合收益的税后净额	（837 449）	283 152	（17 744）	（4 285）
（一）不能重分类进损益的其他综合收益	112 388	（142 753）		
1. 重新计量设定受益计划变动额	111 895	（142 753）		
2. 其他权益工具投资公允价值变动	493			
（二）将重分类进损益的其他综合收益	（949 837）	425 905	（17 744）	（4 285）
1. 权益法下可转损益的其他综合收益	（20 445）	（6 590）	（17 744）	（4 285）
2. 现金流量套期损益的有效部分	298 721	113 890		
3. 外币财务报表折算差额	（1 228 113）	318 605		
归属于少数股东的其他综合收益的税后净额	（340 360）	64 888		
六、综合收益总额	26 328 733	25 625 184	15 169 294	13 681 334
归属于母公司股东的综合收益总额	26 385 520	24 494 374	15 169 294	13 681 334
归属于少数股东的综合收益总额	（56 787）	1 130 810		
七、每股收益				
基本每股收益（人民币元）	3.93	3.60	不适用	不适用
稀释每股收益（人民币元）	3.90	3.58	不适用	不适用

第二节　利润表质量分析

利润表的质量分析，实质上是对利润形成过程进行分析。由多步式利润表的结构特点可知，利润的形成过程反映了企业经营从"核心业务"到"非核心业务"的扩展过程。它主要由营业利润、营业外收支、利润总额、净利润等项目进行搭配、排列，从而形成了多种层次的收益结构。

利润表质量分析的要点如下。

一、营业收入

收入是指企业在日常活动中形成的、会导致所有者权益增加的、与所有者投入资本无关的经济利益的总流入。其中，日常活动是指企业为完成其经营目标所从事的经常性活动及与之有关的其他活动。工业企业制造并销售产品、商品流通企业销售商品、咨询公司提供咨询服务、软件公司为客户开发软件、安装公司提供安装服务、建筑企业提供建造服务等，均属于企业的日常活动。这里所指的收入通常就是营业收入。营业收入是企业从事主要经营业务所取得的收入总额，是企业利润的主要来源，营业收入的高低可以反映企业的经营规模和市场地位。通过分析企业连续几年的营业收入的增减变化，可以了解其成长性和发展趋势。如果营业收入逐年增加，说明发展态势良好，企业盈利机会可能增加；相反，如果营业收入逐年下降，则说明企业盈利水平可能也随之减少。

营业收入有不同的分类。按照企业从事日常活动的重要性，可将营业收入分为主营业务收入和其他业务收入；按照企业从事日常活动的性质，可将营业收入分为销售商品收入、提供劳务收入和让渡资产使用权收入。收入的分类对分析经营成果非常有益，如果企业的收入主要来自营业收入，营业收入又主要是主营业务收入，则说明企业的经营是稳定的；如果企业的利润大多来自非营业收入，即使当年利润再高，企业的经营都可能不稳定，也可能存在较大风险。

收入是财务报告使用者评估企业业绩、财务状况，预测企业未来发展趋势并做出相关投资决策的重要指标。收入数据是否真实、收入产生的现金流量是否准确，对报表阅读及企业监管都至关重要。为了适应社会主义市场经济发展需要，规范收入的会计处理，提高会计信息质量，根据《企业会计准则——基本准则》，我国财政部于2017年7月对《企业会计准则第14号——收入》（以下简称"新收入准则"）进行了修订。在境内外同时上市的企业以及在境外上市并采用国际财务报告准则或企业会计准则编制财务报表的企业，自2018年1月1日起施行；其他境内上市企业，自2020年1月1日起施行；执行企业会计准则的非上市企业，自2021年1月1日起施行。同时，允许企业提前执行。

新收入准则的主要内容归纳如下：① 将旧收入准则和建造合同两项准则纳入统一的收入确认模型；② 引入了五步法收入确认模型；③ 以控制权转移替代风险报酬转移作为收入确认时点的判断标准；④ 对于包含多重交易安排的合同的会计处理提供更明确的指引；⑤ 对于某些特定交易（或事项）的收入确认和计量给出了明确规定。

营业收入的质量分析要点如下。

1. 营业收入的五步法模型

新收入准则对于收入的确认和计量准则引入了五步法模型：第一步，识别与客户订立的合同；第二步，识别合同中的单项履约义务；第三步，确定交易价格；第四步，将交易价格分摊至各单项履约义务；第五步，履行各单项履约义务时确认收入。其中，第一步、第二步和第五步主要与收入的确认有关，第三步和第四步主要与收入的计量有关。

2．收入的确认原则

企业应当在履行了合同中的履约义务，即在客户取得相关商品控制权时确认收入。取得相关商品控制权，是指能够主导该商品的使用并从中获得几乎全部的经济利益，也包括有能力阻止其他方主导该商品的使用并从中获得经济利益。取得商品控制权包括以下三个要素。① 能力。即客户必须拥有现时权利，能够主导该商品的使用并从中获得几乎全部经济利益。② 主导该商品的使用。客户有能力主导该商品的使用，是指客户有权使用该商品，或者能够允许或阻止其他方使用该商品。③ 能够获得几乎全部的经济利益。商品的经济利益是指该商品的潜在现金流量，既包括现金流入的增加，也包括现金流出的减少。客户可以通过很多方式直接或间接地获得商品的经济利益，如使用、消耗、出售等。

3．区分时段法与时点法确认收入

在新收入准则下，不再以风险报酬模型作为收入确认的时点，而是要求在企业履行了合同中的履约义务，即客户取得相关商品的控制权时确认收入。商品的控制权转移给客户，该转移可能是在一段时间内发生，也可能是在一个时点发生。对于前者，相关收入应当在履约义务的整个期间内确认，在实务中称为时段法；对于后者，相关收入只能在客户取得相关商品控制权的时点确认，在实务中称为时点法。这两种方法虽然不影响企业确认收入的总额，但是会影响企业确认收入的时间，通常时段法比时点法会更早确认部分收入。

4．区分主要责任人和代理人

企业在销售商品时，应当根据其在向客户转让商品前是否拥有对该商品的控制权，进而判断其从事交易时的身份是主要责任人还是代理人。主要责任人和代理人判断的要点是，特定商品在转让给客户之前，企业是否仍然控制该商品。控制该商品的为主要责任人，用总额法确认收入；不控制该商品的为代理人，用净额法确认收入。这是准则所规定的判断原则。

总额法和净额法两种方法确认收入对利润基本不会产生大的影响，但是对企业的收入规模影响很大。主要责任人、代理人的区分对于零售业、寄售业等行业非常常见，只有区分清楚是主要责任人还是代理人，才能正确确认收入。

美的集团2020年度利润表（见表3-1）显示：美的集团2020年度的营业总收入为2 857.10亿元，相比2019年度的2 793.81亿元，增加了63.29亿元，增长了2.27%。营业总收入包括营业收入、利息收入和手续费及佣金收入，营业收入占比达到99.48%。美的集团的营业收入及其构成如表3-2所示。

表3-2　美的集团的营业收入及其构成　　　　　　　　　　　　　　千元

项　目	2020年度	2019年度
营业收入	284 221 249	278 216 017
其中：主营业务收入	261 474 699	257 059 725
其他业务收入	22 746 550	21 156 292
营业成本	212 839 592	197 913 928
其中：主营业务成本	192 791 358	179 314 385
其他业务成本	20 048 234	18 599 543

从表 3-2 中可以看出，美的集团营业收入绝大部分来自主营业务收入。2020 年度主营业务收入占比为 92.00%，其他业务收入仅占比 8.00%，说明企业的经营比较稳定，企业所依赖的业务具有较好的市场发展前景。于 2020 年度，集团超过 90% 以上的主营业务收入采用时点法确认收入；机器人及自动化系统业务分部的主营业务收入采用时段法确认收入；集团其他业务收入主要采用时点法确认收入。

二、营业成本

营业成本是指与营业收入相关的，已经确定了归属期和归属对象的成本。在不同类型的企业里，营业成本又有不同的表现形式。在制造业企业，营业成本表现为已销售产品的生产成本；在商品流通企业，营业成本表现为已销商品成本。

制造业企业的产品成本通常包括直接材料、直接人工和制造费用三项内容。直接材料是指企业在生产产品中所耗费的直接用于产品生产并构成实体的原材料、辅助材料、燃料、动力等；直接人工是指直接从事产品生产的工人工资以及其他各种形式的职工薪酬；制造费用是指企业各生产单位（如车间、分厂）为组织和管理生产而发生的各项费用，包括生产车间管理人员的工资等职工薪酬、折旧费、办公费、水电费、物料消耗、季节性停工损失以及其他制造费用等。

与利润表中的营业成本直接相联系的资产负债表项目是存货，没有出售的产品反映在资产负债表存货项目中，而已经出售的产品成本则反映在利润表营业成本项目中。

营业成本的质量分析要点如下。

1. 分析影响营业成本高低的因素

影响营业成本高低的因素既有企业不可控的因素，如受市场因素的影响而引起的价格波动，也有企业可以控制的因素，如制造业企业的产品成本由直接材料、直接人工和制造费用三项内容组成，在分析成本升降的基础上，应进一步分析单位成本组成项目的增减变动，查明变动原因，了解成本管理中存在的主要问题，以便挖掘潜力，为进一步降低成本提供依据。

2. 分析营业成本与营业收入的配比

从企业利润的形成来看，企业的营业收入减去营业成本后的余额为毛利。毛利是企业利润的源泉，企业必须先有毛利，才有可能形成营业利润。毛利率在很大程度上体现了存货的可增值性。毛利率的高低既与行业有关，也与企业内部的运作效率有关。如果市场相对稳定，毛利率应当维持在一个合理的水平上。毛利率发生巨大波动，意味着市场风险大或企业产品成本不正常。毛利率下降，或者意味着企业产品在市场上的竞争力下降，或者意味着企业的产品生命周期出现了转折，或者意味着企业生产的产品面临着激烈竞争，或者意味着企业所从事的产品生产和经营活动的进入壁垒较低。在毛利率下降的情况下，企业要想获得营业利润的稳定增长，就必须在扩大市场份额上下功夫，或者进行产品的更新换代。低毛利率的产品需要通过高周转率来弥补。不同行业会产生不同的毛利率，如餐饮企业的毛利率一般高于制造业企业。分析者应基于行业分析企业的毛利率是否合理。

美的集团 2020 年度利润表（见表 3-1）显示：美的集团 2020 年度的营业成本为 2 128.40

亿元，相比 2019 年度的 1 979.14 亿元，增加了 149.26 亿元，增长了 7.54%。查阅报表附注可知，2020 年度主营产品综合毛利率为 26.27%，相比 2019 年度的 30.24%，下降了 3.97 个百分点。其中，暖通空调毛利率为 24.16%，下降了 7.59 个百分点；消费电器为 30.54%，下降了 0.95 个百分点；机器人及自动化系统为 19.88%，下降了 0.91 个百分点；其他产品为 6.79%，增长了 4.86 个百分点。整体来看，美的集团占比最高的暖通空调产品毛利率下降较大，导致集团综合毛利率下降，说明 2020 年度暖通空调产品成本上升，行业竞争加剧。美的集团不同产品的主营业务收入与主营业务成本、其他业务收入与其他业务成本如表 3-3 和表 3-4 所示。

表 3-3　美的集团主营业务收入与主营业务成本分析表

种　类	2020 年度			2019 年度		
	主营业务收入/千元	主营业务成本/千元	毛利率/%	主营业务收入/千元	主营业务成本/千元	毛利率/%
暖通空调	121 215 043	91 925 363	24.16	119 607 379	81 626 941	31.75
消费电器	113 890 764	79 112 626	30.54	109 486 791	75 014 044	31.49
机器人及自动化系统	21 588 782	17 297 837	19.88	25 191 964	19 953 437	20.79
其他	4 780 110	4 455 532	6.79	2 773 591	2 719 963	1.93
合计	261 474 699	192 791 358	26.27	257 059 725	179 314 385	30.24

查阅报表附注可知，2020 年度美的集团主营业务成本主要为材料成本及人工成本，占主营业务成本总额超过 80%。

表 3-4　美的集团其他业务收入与其他业务成本分析表

种　类	2020 年度			2019 年度		
	其他业务收入/千元	其他业务成本/千元	毛利率/%	其他业务收入/千元	其他业务成本/千元	毛利率/%
材料销售收入	20 190 867	19 378 005	4.03	18 933 525	17 997 520	4.94
其他	2 555 683	670 229	73.77	2 222 767	602 023	72.92
合计	22 746 550	20 048 234	11.86	21 156 292	18 599 543	12.09

查阅报表附注可知，2020 年度美的集团其他业务成本主要为材料成本，占其他业务成本总额超过 80%。

三、税金及附加

税金及附加是企业进行日常活动应负担的各种税金及附加，包括消费税、城市维护建设税、资源税、环境保护税、房产税、车船税、土地使用税、印花税、教育费附加等相关税费。应该注意的是，税金及附加中不包括增值税，增值税是价外税，不影响损益，所以企业所缴纳的增值税在利润表中是反映不出来的。

分析税金及附加时，应注意与营业收入进行配比，若两者之间不配比，则可能存在偷漏税之嫌。美的集团 2020 年度税金及附加构成如表 3-5 所示。

表 3-5　美的集团 2020 年度税金及附加构成　　　　　　　　　　　　　千元

种　类	2020 年度	2019 年度
城市维护建设税	642 902	699 256
教育费附加	470 229	508 523
其他	420 515	512 837
合计	1 533 646	1 720 616

从表 3-5 中可以看出，美的集团 2020 年度税金及附加金额为 15.34 亿元，相比 2019 年度的 17.21 亿元，减少了 1.87 亿元，下降了 10.87%，主要是由于城市维护建设税、教育费附加及其他税项下降的结果。

四、期间费用

期间费用是指本期发生的、不能直接或间接归入某种产品成本的、直接计入损益的各项费用，包括销售费用、管理费用、研发费用和财务费用。

（一）销售费用

销售费用是指企业在销售商品和材料、提供劳务过程中发生的各项费用，包括保险费、包装费、展览费和广告费、商品维修费、预计产品质量保证损失、运输费、装卸费等，以及为销售本企业商品而专设的销售机构（含销售网点、售后服务网点等）的职工薪酬、业务费、折旧费等经营费用。销售费用是一项期间费用，在报告期末，要全部结转以计算本期损益。

销售费用的高低与企业的经营规模和销售方式有关。销售费用对于生产企业来说，只是可控成本的一部分，因此需要强化管理销售费用，甚至要强化到业务单位和个人身上。在企业业务发展的条件下，企业若为开拓市场、扩大品牌的知名度而加大销售费用开支，此时销售费用不一定降低。片面追求在一定时期的销售费用降低，有可能对企业的长期发展不利。其中，销售费用中的广告费用一般是作为期间费用处理的，有的企业基于业绩的考虑，往往把广告费用列为长期待摊费用核算，这实际上是对期间费用予以资本化处理。

（二）管理费用

管理费用是指企业为组织和管理企业生产经营所发生的各种费用，包括企业在筹建期间发生的开办费、董事会和行政管理部门在企业的经营管理中发生的或者应由企业统一负担的公司经费（包括行政管理部门职工工资及福利费、物料消耗、低值易耗品摊销、办公费和差旅费等）、工会经费、董事会费（包括董事会成员津贴、会议费和差旅费等）、聘请中介机构费、咨询费（含顾问费）、诉讼费、业务招待费、技术转让费、矿产资源补偿费、排污费以及企业生产车间（部门）和行政管理部门等发生的固定资产修理费用等。管理费用是一项期间费用，在报告期末，要全部结转以计算本期损益。

管理费用还是衡量企业经营管理水平的一项重要指标。在其他因素不变的情况下，管理费用的高低与利润总额呈反比关系。分析时，要注意企业是否存在分不清性质的资金耗费都一律计入管理费用账户的现象，这样就会扭曲了管理费用固有的本意，势必会影响企业财务报告的真实性。

企业应按照内部控制规范的要求，设置管理费用的关键岗位，明确职责进行费用管控。企业可根据战略目标制定年度综合预算及管理费用预算，并对管理费用预算执行情况及其结果进行动态分析。分析时可以根据管理费用的性质或者用途把管理费用分为四类：单纯的行政管理费用、维持经营能力的费用、促进企业发展的费用和承担社会责任的费用。管控时，要将管理费用进行区分，不能盲目追求管理费用总额的下降，如有些是促进企业发展的费用，盲目降低会影响企业的长远发展。

管理费用属于固定费用，在一定时期内为维持一定的生产规模，一般不会受企业经营业务量的影响。如果上、下年度之间的管理费用数额差别不大，说明企业的运转情况正常；如果上、下年度之间的数额差别较大，或超支或节约，则应作为重点进行分析。企业只有通过分析查明原因，才能采取积极的措施，切实解决费用管理中存在的问题，促进企业健康有序地发展。

（三）研发费用

研发活动是指企业为获得科学与技术新知识，创造性地运用科学技术新知识，或实质性改进技术、产品（服务）、工艺而持续进行的具有明确目标的系统性活动。研发费用是指研究与开发某项目所支付的费用，包含研究阶段发生的费用及无法区分研究阶段研发支出和开发阶段研发的支出。研发费用的具体范围包括以下几个方面。

1. 人员人工费用

人员人工费用是指直接从事研发活动人员的工资薪金、基本养老保险费、基本医疗保险费、失业保险费、工伤保险费、生育保险费和住房公积金等，以及外聘研发人员的劳务费用。

2. 直接投入费用

（1）研发活动直接消耗的材料、燃料和动力费用。

（2）用于中间试验和产品试制的模具、工艺装备开发及制造费，不构成固定资产的样品、样机及一般测试手段购置费，试制产品的检验费。

（3）用于研发活动的仪器、设备的运行维护、调整、检验、维修等费用，以及通过租赁方式租入的用于研发活动的仪器、设备租赁费。

3．固定资产折旧费用等

固定资产折旧费用等是指用于研发活动的仪器、设备的折旧费。

4．无形资产摊销

无形资产摊销是指用于研发活动的软件、专利权、非专利技术（包括许可证、专有技术、设计和计算方法等）的摊销费用。

5．用于研发活动的新产品设计费、新工艺规程制定费、新药研制的临床试验费、勘探开发技术的现场试验费等

6．其他费用

其他费用是指与研发活动直接相关的其他费用，包括技术图书资料费、资料翻译费、

会议费、差旅费、办公费、外事费、研发人员培训费、培养费、专家咨询费、高新科技研发保险费用等。

分析时要注意，研发费用占比直接关系高新技术企业的认定和加计扣除税收，所以，要关注与研发费用归集的三个口径：一是会计核算口径；二是高新技术企业认定口径；三是加计扣除政策口径。三个研发费用归集口径相比较，存在一定的差异，形成差异的主要原因如下。

一是会计核算口径的研发费用，其主要目的是为了准确核算研发活动支出，而企业研发活动是企业根据自身生产经营情况自行判断的，除该项活动应属于研发活动外，并无过多限制条件。

二是高新技术企业认定口径的研发费用，其主要目的是为了判断企业研发投入强度、科技实力是否达到高新技术企业标准，对人员费用、其他费用等方面有一定的限制。

三是加计扣除政策口径的研发费用，其主要目的是为了细化哪些研发费用可以享受加计扣除政策，引导企业加大核心研发投入，因此政策口径最小。

（四）财务费用

财务费用是指除金融业务以外产生的、企业为筹集生产经营所需资金等而发生的筹资费用，包括利息费用（减利息收入）、汇兑损益以及相关的手续费、企业发生的现金折扣或收到的现金折扣等。由于财务费用项目所反映的是利息收入、利息费用以及汇兑损益的净额，因而其数额可能是正数，也可能是负数。如果是正数，表明为利息净支出；如果为负数，则表明为利息净收入。财务费用的高低与企业的筹资方式有关。财务费用也是一项期间费用，在报告期末，要全部结转以计算本期损益。

分析本项目时应注意三个问题：一是企业的筹资渠道很多，其中股权的筹资成本不计入财务费用，如股票发行费用通常从股票溢价中扣除，支付的现金股利属于对净利润的分配；二是并非所有的利息费用都计入财务费用，企业为购建固定资产而发生的利息费用，在该工程达到预定可使用状态前计入在建工程成本，其后发生的利息费用才计入财务费用；三是如果企业财务费用与前期相比变动幅度较大，应考虑金融市场利率和汇率是否发生变动，这种变动属于企业不能控制的因素，但会直接影响企业利润。

具体分析时，财务费用主要包括下列两项。

1. 利息费用减利息收入

利息费用是指企业借款所发生的筹资费用，利息收入是企业存款所带来的收入。利息费用减利息收入的差额若为正数，表明企业利息费用大于利息收入；若为负数，表明企业利息收入大于利息费用。根据权责发生制原则，这个利息费用不一定都是已经支付的，没有支付的但属于本期的利息费用也包括在内。应该注意的是，不是所有贷款利息都包括在财务费用中。若为购建固定资产而借入资金，则利息应予资本化处理，即反映在固定资产项目中。

2. 汇兑损失

汇兑损失是指由于汇率变动，将外币项目折算为人民币项目而产生的汇兑损失。汇率变动既可能产生损失，也可能产生收益，统称为汇兑损益。利润表上列示的汇兑损失是汇兑损失减去汇兑收益后的差额。

应当注意的是，利润表列示的财务费用金额不是利息费用减利息收入的差额，还包括汇兑损益及付给金融机构的手续费等。

(五) 期间费用的分析要点

1. 分析期间费用与营业收入的配比

若要了解企业销售部门、管理部门、研发部门的工作效率及企业融资业务的合理性，就要关注企业期间费用的绝对额在年度间的走向以及各项费用与营业收入相对比的百分比走势。通过分析，可将企业各项费用发生的不正常因素加以揭示。若营业收入以高于期间费用的速度增长，营业利润大量增加，则表明企业经营业务呈上升趋势，产品市场需求较大；若营业收入与期间费用基本同比例增长，导致利润增加，说明企业主营业务处于一种稳定成熟的状态，利润有一定保障；若期间费用以高于营业收入的速度增长，营业利润大幅减少，则表明企业费用控制不力，应进一步分析费用上涨的原因。

2. 分析销售费用的构成比例

从销售费用的构成来看，有的与企业业务活动有关（如运输费、销售佣金、广告费等），有的与企业销售人员待遇有关（如营销人员的工资和福利费），也有的与企业未来发展、开拓市场、扩大品牌的知名度有关。从企业管理层对上述各项费用的有效控制来看，尽管对诸如广告费、销售人员工资和福利费等可以采取控制或降低其规模等措施，但是这种控制或降低或者对企业的长期发展不利，或者影响有关人员的积极性。因此，一般来说，在企业业务发展或者竞争激烈的情况下，企业销售费用的绝对额难以下降。

3. 分析管理费用的构成比例

与销售费用不同，管理费用与企业经营业务量的多少通常没有直接关系，它更趋向于固定费用性质，也就是其通常不应随业务量的变动而成比例变动。管理费用中的业务招待费、技术开发费、职工教育经费、涉外费、咨询费、审计费、诉讼费、管理人员工资及福利费等，可以采用适当控制或降低其占营业收入的比重，而不是一味强调其总额的绝对下降。否则，这种控制与降低可能对企业的长期发展不利，或者影响有关人员的积极性。另外，管理费用中的折旧费、摊销费是企业以前各个会计期间已经支出的费用，不存在控制其规模的问题。对这类费用的处理更多受到企业会计政策的影响。

4. 分析研发费用中的构成比例

企业开展研发活动可以激励企业创新，促进产业升级。会计口径中的研发费用包括人员人工费用、直接投入费用、固定资产折旧费用、无形资产摊销、新产品设计费、新工艺规程制定费、新药研制的临床试验费、勘探开发技术的现场试验费、其他费用等。一般情况下，只要用于研发活动的费用，会计均处理为研发费用。分析时要注意研发费用的各项构成及占比，以及所属行业及对标企业的比较分析。

近年来，研发费用加计扣除的税收优惠政策力度在不断加大，2021年制造业研发费用加计扣除比例从 75%提高到 100%。税法规定的可加计范围主要针对企业核心研发投入，包括研发直接投入和相关性较高的费用，对其他费用则有一定的比例限制。应注意的是，允许扣除的研发费用范围采取的是正列举方式，即政策规定中没列举的加计扣除项目，不可以享受加计扣除优惠。

5. 分析财务费用中的利息支出金额

财务费用的主体是经营期间发生的利息支出，其金额主要取决于三个因素，即贷款规模、贷款利率和贷款期限。若企业财务费用下降，可能是企业贷款规模下降引起，或者是利率降低引起，亦或是企业的利息收入增加而引起。从总体上看，若因贷款规模而导致财务费用下降，企业将会改善盈利能力，但要警惕企业可能因贷款规模降低而影响其发展；而利率变化是根据国家宏观经济环境而做的调整，应被视为企业以外的客观原因，分析时应尽可能剔除其对财务费用的影响；若由于缩短贷款期限而使财务费用下降，则要关注企业面临的财务风险问题。

美的集团 2020 年度利润表（见表 3-1）显示：2020 年度期间费用合计为 442.67 亿元，相比 2019 年度的 515.49 亿元，减少了 72.82 亿元，下降了 14.13%。其中，2020 年度销售费用为 275.22 亿元，相比 2019 年度 346.11 亿元，减少了 70.89 亿元，下降了 20.48%，销售费用降幅较大；2020 年度管理费用为 92.64 亿元，相比 2019 年度的 95.31 亿元，减少了 2.67 亿元，下降了 2.80%，主要是各项管理费用减少所致；2020 年度研发费用为 101.19 亿元，相比 2019 年度的 96.38 亿元，增加了 4.81 亿元，增长了 4.99%，主要是各项研发费用增加所致（研发费用主要为职工薪酬费用、折旧与摊销费用及试制产品与材料投入，占研发费用总额超过 80%）；2020 年度财务收入为 26.38 亿元，与 2019 年度的 22.32 亿元相比，增加了 4.06 亿元，增长了 18.19%。

五、其他收益

其他收益是指总额法下与日常活动相关的政府补助以及其他与日常活动相关且应直接计入本科目的项目。其他收益是根据《财政部关于修订印发 2019 年度一般企业财务报表格式的通知》（财会〔2019〕6 号）新增的利润表项目。其他收益既是会计科目，又是报表项目，它属于营业利润的组成部分，在利润表上位列财务费用项目之后，投资收益项目之前。其他收益主要包括下列内容。

（1）部分政府补助：总额法下与企业日常活动相关的政府补助，应当按照经济业务实质，计入"其他收益"科目。

（2）个税扣缴手续费：企业作为个人所得税的扣缴义务人，根据《中华人民共和国个人所得税法》规定，收到的扣缴税款手续费应作为其他与日常活动相关的收益计入"其他收益"科目。

（3）特定纳税人加计抵减税额：加计抵减是一项税收优惠，但并不属于直接减免，而是按当期允许抵扣进项税额的 10%（或其他比例）抵减应纳税额，这部分相当于政府买单，属于企业取得的政府给予的一部分财政性资金，计入"其他收益"科目。

（4）债务人以非金融资产偿债的债务重组收益：债务人以单项或多项非金融资产（如固定资产、日常活动产出的商品或服务等）清偿债务，或者以包括金融资产和非金融资产在内的多项资产清偿债务的，不需要区分资产处置损益和债务重组损益，也不需要区分不同资产的处置损益，而应将所清偿债务账面价值与转让资产账面价值之间的差额计入"其他收益——债务重组收益"科目；

（5）企业招用退役士兵和重点群体扣减的增值税税额；企业超比例安排残疾人就业或者为安排残疾人就业做出显著成绩，按规定收到的奖励，计入"其他收益"科目。

（6）对于当期直接减免的增值税，企业应当根据《增值税会计处理规定》（财会〔2016〕22号）的相关规定进行会计处理，借记"应交税费——应交增值税（减免税款）"科目，贷记"其他收益"科目。

分析时，要注意其他收益占营业利润及利润总额的比例。虽然其他收益属于企业营业利润的一部分，但它属于一种间接获得的收益。其他收益主要核算总额法下与日常活动相关的政府补助，若企业营业利润不是来自核心利润，而是主要来自政府补助，说明企业主业缺乏市场竞争力。

分析时，还应关注企业的营业利润与其他收益之间是否出现了互补性变化趋势。虽然营业利润与其他收益之间出现互补性变化并不一定就是利润操纵的结果，但是报表分析者有充分理由对营业利润中的其他收益较高增长保持警惕。企业本年度其他收益的大幅增加不代表未来企业仍会保持高位收益。

美的集团2020年度利润表（见表3-1）显示：2020年度其他收益为14.24亿元，相比2019年度的11.95亿元，增加了2.29亿元，增长了19.16%，2020年度其他收益占营业利润的比重为4.5%，占比较小。查阅报表附注可知，美的集团的其他收益主要是政府专项补助，说明美的集团的营业利润主要来自于核心业务，主业实力强大。

六、投资收益

投资收益是指企业对外投资确认的投资收益或投资损失。投资收益包括：长期股权投资采用成本法核算时，被投资单位宣告发放的现金股利或利润中属于本企业的部分；长期股权投资采用权益法核算时，资产负债表日根据被投资单位实现的净利润或经调整的净利润计算的本企业应享有的份额；出售长期股权投资时，实际收到的金额与其账面余额的差额；出售采用权益法核算的长期股权投资时，按处置长期股权投资的投资成本比例结转的原计入"资本公积——其他资本公积"项目的金额；企业持有交易性金融资产、理财产品取得的投资收益；处置交易性金融资产、衍生金融资产实现的损益；等等。

分析时，要注意投资收益占利润总额的比例和上市公司的资本运作情况。虽然投资收益属于企业营业利润的一部分，但它属于一种间接获得的收益。投资是通过让渡企业部分资产而换取的另一项资产，即通过其他单位使用投资人投入的资产所创造的效益后分配的所得，旨在通过投资改善贸易关系，达到获取利益的目的。正是由于对外投资这种间接获取收益的特点，投资收益的高低及真实性不易控制。

要关注企业的营业利润与投资收益之间是否出现了互补性变化趋势。营业利润与投资收益之间出现互补性变化并不一定就是利润操纵的结果。但是，报表分析者有充分理由对营业利润中的投资收益较高增长保持警惕。企业本年度投资收益的大幅增加不代表未来企业仍会保持高位收益。

美的集团2020年度利润表（见表3-1）显示：2020年度投资收益为23.62亿元，相比

2019年度的1.64亿元，增加了21.98亿元，大幅增长了1340.24%，主要是美的集团2020年度交易性金融资产持有期间取得投资收益大幅增加所致。2020年度投资收益占营业利润的比重为7.5%，营业利润中的投资收益占比较低，说明营业利润以直接利润为主。美的集团投资收益按来源分析如表3-6所示。

表3-6　美的集团投资收益按来源分析　　　　　　　　　　　　　　千元

来源	2020年度	2019年度
理财产品的投资收益		91 359
交易性金融资产持有期间取得的投资收益	1 598 107	
处置交易性金融资产取得的投资收益	295 802	
处置衍生金融资产及负债产生的投资收益/（亏损）	122 576	（357 265）
对联营企业的投资收益	402 528	506 225
以摊余成本计量的金融资产终止确认损益		（709）
其他	（56 551）	（75 478）
合计	2 362 462	164 132

七、公允价值变动损益

公允价值变动损益是指企业在初始确认时划分为以公允价值计量且其变动计入当期损益的金融资产或金融负债以及采用公允价值模式计量的投资性房地产、生物资产等公允价值变动产生的收益或损失。应该注意的是，公允价值变动损益主要反映的是企业未实现的投资收益。

美的集团按照公允价值计量的资产项目包括两类：衍生金融资产及负债和其他金融资产。美的集团2020年度利润表（见表3-1）显示：2020年度公允价值变动收益为17.63亿元，相比2019年度的13.61亿元，增加了4.02亿元，增长了29.54%。美的集团公允价值变动收益分析如表3-7所示。

表3-7　美的集团公允价值变动收益分析　　　　　　　　　　　　　　千元

种类	2020年度	2019年度
衍生金融资产及负债	86 950	707 527
其他金融资产	1 676 000	653 636
合计	1 762 950	1 361 163

八、信用减值损失和资产减值损失

信用减值损失和资产减值损失都属于损益类科目。基于会计谨慎性原则的要求，企业要对资产的可收回金额小于其账面价值的差额计提减值准备，以防止出现高估资产、账面价值不能反映企业资产真实价值的情形。

信用减值损失主要是计量应收账款、其他应收款等预计无法完全收回而计提的预计损失。应收账款、其他应收款是与本企业发生业务往来的其他企业或个人进行赊销形成的，对这些科目计提坏账准备，对应的损失计入信用减值损失科目，可以看出信用减值损失核算的是应收款项预计无法全额收回的损失。而其他资产发生减值，均计入资产减值损失科目，如固定资产、无形资产、投资性房地产（成本模式核算）、长期股权投资（权益法核算）、商誉等。

研究表明，信用减值损失和资产减值损失具有明显的操纵利润的特征，利润高时，计提的减值损失较多；而利润低时，计提的减值损失较少甚至不提，计提减值损失的时间和金额也不符合客观性要求。为减少上述行为的发生，我国现行企业会计准则对资产减值计提做了规范要求。信用减值准备和资产减值准备计提的方法和计提比例一经确定，不得随意变更。除应收款项、存货等流动资产计提的信用减值及资产减值可以转回以外，其他非流动资产计提的减值准备，如长期股权投资减值准备、固定资产减值准备、在建工程减值准备、无形资产减值准备等在以后会计期间均不得转回。

美的集团 2020 年度利润表（见表 3-1）显示：美的集团 2020 年度信用减值损失为 2.48 亿元，相比 2019 年度的 0.96 亿元，增加了 1.52 亿元，大幅增长了 158.33%。美的集团信用减值损失明细分析如表 3-8 所示。

表 3-8　美的集团信用减值损失明细分析　　　　　　　　　　千元

明　细　项　目	2020 年度	2019 年度
应收账款坏账损失	87 259	69 912
其他应收款坏账损失	4 278	10 795
应收票据坏账损失	347	
发放贷款和垫款减值损失	155 721	15 739
合计	247 605	96 446

美的集团 2020 年度利润表（见表 3-1）显示：美的集团 2020 年度资产减值损失为 7.05 亿元，相比 2019 年度的 8.72 亿元，减少了 1.67 亿元，下降了 19.15%。美的集团存货、合同资产、固定资产、无形资产、在建工程均发生了不同程度的资产减值，但由于占比最高的商誉未发生减值，故 2020 年度全部资产减值损失有所降低。美的集团资产减值损失明细分析如表 3-9 所示。

表 3-9　美的集团资产减值损失明细分析　　　　　　　　　　千元

明　细　项　目	2020 年度	2019 年度
存货跌价损失	355 695	311 195
合同资产减值损失	52 153	
固定资产减值损失	54 010	8 466
无形资产减值损失	197 376	
在建工程减值损失	45 975	
商誉减值损失		552 248
合计	705 209	871 909

九、营业利润

营业利润是企业正常经营活动所产生的税前利润，正数为营业利润，负数为营业亏损。营业利润或营业亏损代表着企业的经营成果，是预测企业未来盈利能力的重要信息。营业利润占主营业务收入的比重称为营业利润率，是衡量企业经营业务盈利能力的一个重要指标。其计算公式为

营业利润=营业收入-营业成本-税金及附加-销售费用-管理费用-研发费用-
财务费用+其他收益±投资收益±公允价值变动损益-
信用减值损失-资产减值损失±资产处置损益

企业营业利润的多少，代表了企业的总体经营管理水平和效果。通常营业利润越大的企业，效益越好。营业利润是一个很重要的项目，但应该注意的是，营业利润中包括了一些特殊项目，如其他收益、投资收益、公允价值变动收益、信用减值损失、资产减值损失、资产处置损益等。其他收益反映与企业日常活动相关的但不在营业收入项目核算的经济利益流入，如政府补助等；投资收益包括有价证券买卖损益和企业的长期股权投资的损益；公允价值变动损益则属于企业的未实现收益，具有很大的波动性；信用减值损失和资产减值损失一般在会计期末进行计提，具有一次性特点；资产处置损益是指企业出售划分为持有待售的非流动资产（金融工具、长期股权投资和投资性房地产除外）或处置组（子公司和业务除外）时确认的处置利得或损失，以及处置未划分为持有待售的固定资产、在建工程、生产性生物资产以及无形资产而产生的处置利得或损失。分析时，应当根据具体情况分析营业利润各项的占比，从而评判营业利润质量。

企业出售、转让和置换资产（固定资产、无形资产等）是企业优化资产结构、实施战略重组的重要手段。但若作价不符合市场运作规则，就极有可能作为资产处置收益成为调整企业利润的最简单、最直接和最有效的方法。与此类似，其他收益、投资收益也会给企业带来营业利润。这些收益具有临时性、一次性特点，要根据其交易的客观性加以判断。

区分利润来源项目是为了评价利润质量的需要。在分析利润质量时，可以把其他收益以上的项目称为"线上项目"，其他收益以下的项目称为"线下项目"。显然，利润总额的质量高低取决于线上项目的结果，即核心利润的多少。若某些企业的核心利润为负，正的利润完全来自线下项目，则表明其前景可能不妙。

美的集团2020年度利润表（见表3-1）显示：2020年度营业利润为314.93亿元，与2019年度的296.83亿元相比，增加了18.10亿元，增长了6.10%。具体来看，2020年度企业毛利为713.82亿元，与2019年度的803.02亿元相比，减少了89.20亿元，下降了11.11%；2020年度企业核心利润（线上项目）为255.81亿元，与2019年度的270.32亿元相比，减少了14.51亿元，下降了5.37%；2020年度核心利润率为9.00%，与2019年度的9.72%相比，下降了0.72个百分点。美的集团核心利润分析如表3-10所示。

表 3-10　美的集团核心利润分析

项　　目	2020 年度/千元	2019 年度/千元	差异/千元	同比上涨/%
营业收入	284 221 249	278 216 017	6 005 232	2.16
减：营业成本	212 839 592	197 913 928	14 925 664	7.54
毛利	71 381 657	80 302 089	(8 920 432)	(11.11)
减：税金及附加	1 533 646	1 720 616	(186 970)	(10.87)
销售费用	27 522 276	34 611 231	(7 088 955)	(20.48)
管理费用	9 264 148	9 531 361	(267 213)	(2.8)
研发费用	10 118 667	9 638 137	480 530	4.99
加：财务收入	2 638 032	2 231 636	406 396	18.21
核心利润	25 580 952	27 032 380	(1 451 428)	(5.37)

十、营业外收入

营业外收入是指企业发生的与其日常活动无直接关系的各项利得。它主要包括政府补助利得、确实无法支付而按规定程序经批准后转作营业外收入的应付款项、捐赠利得、盘盈利得等。和营业收入与营业成本需要配比不同，营业外收入与营业外支出一般不存在直接的对应关系和配比关系。

营业外收入是一种利得，通常从偶发的经济业务中取得，属于不经过经营过程就能取得或不曾期望获得的收益。营业外收入项目的金额通常较小，但因其属于非正常经营的产物，因此必须与正常的损益区别开，在利润表中单独列示。报表阅读时若发现其数额较大，则需要具体分析。

美的集团 2020 年度利润表（见表 3-1）显示：2020 年度营业外收入为 3.85 亿元，与 2019 年度的 6.13 亿元相比，减少了 2.28 亿元，下降了 37.19%。

十一、营业外支出

营业外支出是指企业发生的与日常活动无直接关系的各项损失。它主要包括罚没支出、捐赠支出、非常损失等。由于营业外支出直接减少利润总额，因此，会计准则中明确规定了应计入营业外支出项目的具体内容，并在利润表中单独列示，以便与正常的经营性支出区别开来。

营业外支出与费用的区别主要在于，费用是日常活动产生的，是经常性损益；而营业外支出是由非日常活动产生的，属于企业的非经常性损益。

美的集团 2020 年度利润表（见表 3-1）显示：2020 年度营业外支出为 2.15 亿元，与 2019 年度的 3.67 亿元相比，减少了 1.52 亿元，下降了 41.42%。

十二、利润总额

利润总额也称为税前利润，是指企业在营业活动、投资活动以及其他企业活动中所实现的利润，等于营业利润加上营业外收入，减去营业外支出。该项目涵盖了企业全部活动的收入和支出，可用于衡量企业的综合效益。利润总额代表企业当期综合盈利能力，直接关系各利益相关者的利益分配问题。其计算公式为

$$利润总额=营业利润+营业外收入-营业外支出$$

利润总额所包含的损益项目最全，是一定时期企业利润额的完整表现，但因其包含了非正常经营业务活动的利润，该利润额并非全部来源于销售收入，在计算企业的销售利润率时，若用利润总额进行计算，则会导致与分母（销售收入）不匹配，因此，最适合于销售利润率计算的利润应该是营业利润。它既扣减了与企业经营业务活动相关的所有成本、费用项目，是真正意义上的利润，同时它又是正常经营业务活动的利润，与销售收入具有正常的逻辑关系。

美的集团 2020 年度利润表（见表 3-1）显示：2020 年度利润总额为 316.64 亿元，比 2019 年度的 299.29 亿元，增加了 17.35 亿元，增长了 5.80%。这表明美的集团当期综合盈利能力较强，管理效率较好。

十三、所得税费用

所得税费用反映企业已确认的应当从当期利润总额中扣除的金额，是企业根据税法的要求确认的本期所得税，包括本期已经缴纳和应缴纳的所得税以及递延的所得税。所得税是根据企业应纳税所得额的一定比例上缴的一种税金。所得税作为企业取得可供分配的净收益（即税后利润）所必须花费的代价，目前，会计上将其作为一项费用处理。这一方面说明所得税具有的强制性和无偿性，只要企业有收益，都要依法缴纳所得税；另一方面也符合收入与费用的配比原则。

所得税费用的计算比较复杂，主要有以下原因。

（1）利润表上的"利润总额"，即税前利润，并不是税务当局征收企业所得税的依据。税务当局是按照税法规定确定一个"应纳税所得额"，然后再乘以企业适用的税率计算企业应纳所得税额。

企业的应纳税所得额是在企业税前会计利润（利润总额）的基础上调整确定的。其计算公式为

$$应纳税所得额=税前会计利润+纳税调整增加数-纳税调整减少数$$

纳税调整增加数主要包括税法规定允许扣除项目中，企业已经计入当期费用但超过税法规定扣除标准的金额（如超过税法规定标准的业务招待费等），以及企业已经计入当期损失但税法规定不允许扣除项目的金额（如税收滞纳金、罚款等）。

纳税调整减少数主要包括按税法规定允许弥补的亏损和准予免税的项目，如 5 年内未弥补完的亏损和国债利息收入等。

（2）我国税法规定的税前利润补亏也会造成利润表中"所得税费用"并不总是等于企业当期应缴的所得税额。税法规定，纳税人发生年度亏损的，可以用下一纳税年度的所得弥补；下一纳税年度的所得不足弥补的，可以逐年延续弥补，但是延续弥补期最长不得超过 5 年。由此，当企业利润总额大于零时，未必缴纳所得税；而利润总额小于零时，也可能缴纳所得税。

企业当期所得税的计算公式为

当期所得税费用=应纳税所得额×所得税税率

企业在计算确定当期所得税以及递延所得税费用（或收益）的基础上，应将两者之和确认为利润表中的所得税费用（或收益）。其计算公式为

所得税费用（或收益）=当期所得税费用+递延所得税费用（-递延所得税收益）

美的集团2020年度利润表（见表3-1）显示：2020年度所得税费用为41.57亿元，与2019年度的46.52亿元相比，减少了4.95亿元，下降了10.64%。美的集团2019—2020年度所得税费用计算如表3-11和表3-12所示。

表3-11 美的集团所得税费用分析   千元

	2020年度	2019年度
按税法及相关规定计算的当期所得税	4 928 687	5 865 722
递延所得税	（771 690）	（1 213 752）
合计	4 156 997	4 651 970

表3-12 美的集团会计利润与所得税费用调整过程   千元

	2020年度	2019年度
利润总额	31 663 539	29 929 114
按25%税率计算的所得税	7 915 885	7 482 279
子公司适用不同税率的影响	（3 314 153）	（2 418 377）
以前期间所得税汇算清缴的影响	（241 941）	（132 198）
非应纳税收入	（163 339）	（225 015）
不得扣除的成本、费用和损失	459 501	435 334
使用前期未确认递延所得税资产的暂时性差异或可抵扣亏损	（33 534）	（52 064）
其他	（465 422）	（437 989）
所得税费用	4 156 997	4 651 970

十四、净利润

净利润是指企业当期利润总额（税前利润）减去所得税费用后的金额，即企业的税后利润。它是企业最终的财务成果，属于企业全体股东所有，会导致所有者权益总额增加。如果是净亏损，则会导致所有者权益减少。其计算公式为

净利润=利润总额-所得税费用

净利润属于所有者权益，构成利润分配的对象。在其他条件不变的情况下，净利润越大，企业盈利能力越强，绩效越好。从表面上看，它是收入与费用的差额，但实际上它还反映了企业产品产量及质量、品种结构、营销等方面的问题，因此，一定程度上反映了企业的经营管理水平。

将净利润与营业收入比较，可以从企业经营角度评价企业的盈利能力；将净利润与所有者权益比较，可以从股东角度评价企业的盈利能力；将不同时期的净利润进行比较，观察其变动情况，可以评价企业的发展趋势；分析净利润的构成，了解营业利润对净利润的

影响，可以评价企业净利润的质量和持续性。

将净利润作为盈利能力的评价指标，应注意其局限性：① 它是一个总量绝对指标，不能反映企业的经营效率，缺乏企业之间的可比性；② 将其作为评价指标，容易使企业追求短期利益，不利于企业的长远发展。

美的集团 2020 年度利润表（见表 3-1）显示：2020 年度净利润为 275.07 亿元，与 2019 年度的 252.77 亿元相比，增加了 22.30 亿元，增长了 8.82%。其中，2020 年度实现归属于母公司股东的净利润为 272.23 亿元，与 2019 年度的 242.11 亿元相比，增加了 30.12 亿元，增长了 12.44%，说明美的集团净利润的持续性和质量较好。

十五、每股收益

每股收益是企业净利润与发行在外普通股股数的比率，它从基本股权份额角度进一步评价股东权益投资报酬。每股收益是评价上市公司投资报酬的基本和核心指标，具有引导投资、增加市场评价功能、简化财务指标体系的作用。

（1）每股收益指标具有连接资产负债表和利润表的功能，是两张报表之间的"桥梁"。每股收益是企业的多种因素综合作用结果形成的一种表现形式，可以大大简化企业的财务评价。

（2）每股收益较好反映了股东的投资报酬，决定了股东的收益数量。每股收益越高，股东的投资收益能力越强，股东的投资报酬就越好，每一股份所得的利润也越多；反之，则越差。

（3）每股收益是确定企业股票价格的重要指标。在其他因素不变的情况下，每股收益越高，该种股票的市价上升空间则越大；反之，企业股票的市价也会降低。

美的集团 2020 年度利润表（见表 3-1）显示：2020 年度基本每股收益为 3.93 元，与 2019 年度的 3.60 元相比，增加了 0.33 元，增长了 9.17%，说明美的集团股东的投资报酬有所提高，股票的市价上升空间较大。

第三节　利润表结构分析

一、共同比利润表

利润表结构分析就是将相关收入、费用和利润项目金额与相应的合计金额或特定的项目金额进行对比，以查看这些项目的结构，从而了解企业盈利能力的一种分析方法。利润表结构分析可通过编制共同比利润表来进行，其具体方法是将利润表中所有项目用营业收入的百分比来表示。共同比利润表避免了企业规模对指标的影响，为不同规模企业利润评价提供可比指标，具有很强的解释能力。美的集团共同比利润表如表 3-13 所示（该共同比利润表剔除了美的集团从事金融业务产生的"利息收入""利息支出""手续费及佣金收入""手续费及佣金支出"，故与表 3-1 略有差异）。

表 3-13 美的集团共同比利润表

项　目	2020 年度/千元	2019 年度/千元	2020年度/%	2019年度/%	差异/%
一、营业收入	284 221 249	278 216 017	100.00	100.00	
减：营业成本	212 839 592	197 913 928	74.89	71.14	3.75
二、毛利	71 381 657	80 302 089	25.11	28.86	(3.75)
减：税金及附加	1 533 646	1 720 616	0.54	0.62	(0.08)
销售费用	27 522 276	34 611 231	9.68	12.44	(2.76)
管理费用	9 264 148	9 531 361	3.26	3.43	(0.17)
研发费用	10 118 667	9 638 137	3.56	3.46	0.10
加：财务收入	2 638 032	2 231 636	0.93	0.80	0.13
三、核心利润	25 580 952	27 032 380	9.00	9.72	(0.72)
加：其他收益	1 424 090	1 194 665	0.50	0.43	0.07
投资收益	2 362 462	164 132	0.83	0.06	0.77
公允价值变动收益	1 762 950	1 361 163	0.62	0.49	0.13
减：信用减值损失	247 605	96 446	0.09	0.03	0.06
资产减值损失	705 209	871 909	0.25	0.31	(0.06)
资产处置收益	60 523	131 131	0.02	0.05	(0.03)
四、修正营业利润	30 117 117	28 652 854	10.60	10.30	0.30
加：营业外收入	384 986	613 310	0.14	0.22	(0.08)
减：营业外支出	214 904	367 288	0.08	0.13	(0.06)
五、修正利润总额	30 287 199	28 898 876	10.66	10.39	0.27
减：所得税费用	4 156 997	4 651 970	1.46	1.67	(0.21)
六、修正净利润	26 130 202	24 246 906	9.19	8.72	(0.48)

资料来源：根据美的集团股份有限公司 2020 年度报告整理。

从表 3-13 中可以看出，美的集团利润结构有以下特点。

（1）营业成本比重较高，2020 年和 2019 年分别为 74.89%和 71.14%，平均毛利率水平有所降低。2020 年的毛利率与 2019 年相比大约降低了 3.75 个百分点，说明家电行业竞争激烈，美的集团未来应提高产品独特性，加大高毛利率产品的研发，尤其是提高市场份额占比较大的暖通空调的毛利率水平。

（2）销售费用所占比例较高，2020 年和 2019 年分别为 9.68%和 12.44%，通过与行业其他公司对比，其维修费、宣传促销费、职工薪酬费、租赁费及运输及仓储费占比超过 70%，2020 年与 2019 年相比，下降了 2.76 个百分点。与毛利率出现了此消彼长的态势，基本抵消了毛利率下降产生的不利影响。

（3）核心利润率较高，2020 年和 2019 年核心利润率分别为 9.00%和 9.72%。核心利润在利润总额和净利润中占有重要地位。结合美的集团近几年的表现，利润率表现非常稳健。

（4）营业利润、利润总额、净利润三大指标在 2020 年分别为 10.60%、10.66%、9.19%，而在 2019 年分别为 10.30%、10.39%、8.72%。三大指标变动同步，说明美的集团保持了持续的盈利能力，在行业内市场占有率比较稳定，反映出较好的管理效率和管理水平。

二、收入结构分析

（一）不同性质收入结构分析

收入结构是不同性质的收入与总收入的比重。对收入结构的分析可通过收入项目结构、现销收入与赊销收入结构进行。

1. 收入项目结构分析

利润表中的收入包括营业收入、投资收益、营业外收入等。营业收入是企业从事主要经营业务所取得的收入总额，是企业利润的主要来源，营业收入的高低可以反映企业的经营规模和市场地位。

美的集团收入结构分析表如表 3-14 所示。

表 3-14　美的集团收入结构分析表

项　　目	2020 年度/千元	2019 年度/千元	2020 年度/%	2019 年度/%	差异/%
营业收入	284 221 249	278 216 017	96.58	97.64	(1.06)
利息收入	1 488 211	1 163 180	0.51	0.41	0.10
手续费及佣金收入	269	1 309	0.00	0.00	0.00
财务收入	2 638 032	2 231 636	0.90	0.78	0.12
其他收益	1 424 090	1 194 665	0.48	0.42	0.06
投资收益	2 362 462	164 132	0.80	0.06	0.74
公允价值变动收益	1 762 950	1 361 163	0.60	0.48	0.12
营业外收入	384 986	613 310	0.13	0.22	(0.09)
合计	294 282 249	284 945 412	100.00	100.00	

从表 3-14 中可以看出，美的集团 2020 年度和 2019 年度营业收入占总收入的比重高达 96.58%和 97.64%，其余收入占 3.42%和 2.36%，说明美的集团主业发展潜力和发展前景良好。据此可判断美的集团的经营方针、方向及效果，进而分析预测其持续的发展能力。

2. 现销收入与赊销收入结构分析

现销收入与赊销收入构成受企业产品的适销程度、企业竞争战略等多个因素的影响。通过对两者结构及其变动情况的分析，可了解与掌握企业产品销售情况及战略选择，分析判断其合理性。当然，在市场经济条件下，赊销作为商业秘密并不要求企业对外披露，因此，这种分析只适用于企业内部。

（二）营业收入增长分析

营业收入增长情况分析可通过编制营业收入增长情况表来进行。营业收入是企业利润的主要来源，不断扩大营业收入是企业生存和发展的基础。因此，营业收入增长分析是反映企业成长能力的重要指标，也是衡量企业经营状况和市场占有能力、预测企业经营业务发展趋势的主要标准。美的集团营业收入增长情况表如表 3-15 所示。

表 3-15　美的集团营业收入增长情况表

年度	营业收入/千元	定基增长/%	环比增长/%
2017	240 712 301		
2018	259 664 820	7.87	7.87
2019	278 216 017	15.58	7.14
2020	284 221 249	18.08	2.16

以 2017 年度为基期，从表 3-15 可以看出，美的集团从 2017 年到 2020 年营业收入保持了良好的增长态势。与 2017 年度相比，定基增长速度分别为 7.87%、15.58%、18.08%，环比增长分别为 7.87%、7.14%、2.16%，说明其扩张速度较快，市场占有率稳步提高。

（三）主营业务收入结构分析

1. 主营业务收入品种构成及变动情况

由于其他业务收入在整个企业收入中的比重一般不大，因此，在进行收入分析时，应重点把握主营业务收入的构成情况。在当今和未来经济社会中，多元化经营、多样化产品是一种越来越普遍的趋势。而在经营多种产品的企业中，不同的品种通常具有不同的收入和不同的成本水平，因此在不同品种结构下企业具有不同的获利水平。另外，企业资源有限，如何利用有限资源谋取更大的获利能力，成为企业管理者必须研究的重要问题之一。对主营业务收入情况的分析，可以从主营业务收入的构成及其变动以及主营业务收入的增长情况来进行。美的集团主营业务收入结构分析表如表 3-16 所示。

表 3-16　美的集团主营业务收入结构分析表

项　目	2020 年度		2019 年度	
	金额/千元	比重/%	金额/千元	比重/%
暖通空调	121 215 043	46.36	119 607 379	46.53
消费电器	113 890 764	43.56	109 486 791	42.59
机器人及自动化系统	21 588 782	8.26	25 191 964	9.80
其他	4 780 110	1.83	2 773 591	1.08
合计	261 474 699	100.00	257 059 725	100.00

从表 3-16 中可以看出，美的集团的主营业务由四大业务构成：暖通空调、消费电器、机器人及自动化系统和其他业务。其中，暖通空调和消费电器业务对美的集团主营业务收入的贡献最大，2020 年度分别达到了 46.36% 和 43.56%。对比 2019 年度，美的集团暖通空调和消费电器业务占比保持稳定。而机器人及自动化系统业务 2020 年度的贡献为 8.26%，相比 2019 年的 9.80%，有所下降。相比格力集团，美的集团属于多元化战略。美的集团通过及时调整产品结构，扩大销售，从而抢占了更多的市场份额，其后续主营业务及其市场份额预期向好。

2. 主营业务收入的地区构成分析

通过对企业主营业务收入的地区构成分析，可了解企业的销售市场布局、顾客分布及变动情况，从消费者的心理与行为表现来看，不同地区消费者有不同的习俗和消费习惯，对不同品牌产品具有不同的偏好。不同地区的市场潜力则在很大程度上影响着企业的未来发展。

在企业营销决策中，销售区域布局决策是重中之重。面对不同的市场周期，企业将根据不同地区的现有销售状况，调整企业的营销策略，确定企业的重点营销区域。为此，首先要分地区收集收入信息，并对其进行比较。企业内部管理者还应分析各个区域的收入趋势及比重。假设 A 公司分地区的营业收入趋势分析报告显示，其国内各个地区的销售占比分别为华东占 25%、华北占 13%、华南占 21%、西南占 17%、西北占 13%、东北占 11%。可见，华东和华南是该企业目前的销售重点地区，企业应巩固这些地区的销售，而其他地区应注意保护并进一步拓展，从而扩大集团在全国范围内的销售收入总量。美的集团财报披露，2020 年度占公司主营业务收入或主营业务利润 10% 以上的产品，其地区构成分析如表 3-17 所示。

表 3-17　美的集团 2020 年度主营业务收入分地区分析表

分地区	营业收入/千元	营业成本/千元	毛利率/%	营业收入比2019年同期增减/%	营业成本比2019年同期增减/%	毛利率比2019年同期增减/%
国内	163 139 841	122 571 889	24.87	1.06	10.56	(6.46)
国外	121 081 408	90 267 703	25.45	3.68	3.70	(0.01)

美的集团在中国、欧洲、美国、亚洲、南美洲及非洲开展制造、销售及投融资等业务。从表 3-17 可以看出，美的集团占公司主营业务收入或主营业务利润 10% 以上的产品，国内市场占比 57.40%，国外市场占比 42.60%。国内外市场营业收入比 2019 年同期分别增加 1.06% 和 3.68%。整体看，美的集团国外市场份额稳定，并呈现上升态势。其产品毛利率基本稳定在 25% 左右，说明美的集团产品在国外市场也有较好的品牌认可，国外市场潜力较大。

3. 市场份额分析

市场份额即市场占有率，它是企业某种或某类商品或业务的营业收入占市场同种或同类商品或业务的营业收入总量的百分比。市场份额决定着企业销售在市场上的占用程度，从而也就决定着企业的最大市场允许销售总量。对于企业而言，无论是求生存还是求发展，均需要注重从市场份额的角度进行营业收入分析。

由于市场需求日新月异，营业收入增长和市场总量增长可能并不同步，这就导致市场占有率发生变化。因此，孤立分析企业营业收入的增减存在一定的局限性。若从市场占有率角度进行分析，查明企业营业收入增长与市场需求总量之间的适应程度，既可以更客观地评价企业的市场地位，也能更客观地评价企业的营业收入状况。

假设 A 企业生产并销售的甲种商品市场份额情况如表 3-18 所示。

表 3-18　A 企业甲种商品市场份额统计

	2020 年/万元	2019 年/万元	增长额/万元	增长率/%
营业收入	5 100	3 400	1 700	50.00
市场销售总量	75 000	42 500	32 500	76.47
市场占有率/%	6.8	8		(1.2)

从表 3-18 中可以看出，A 企业甲种商品的营业收入 2020 年虽然比 2019 年有了很大程度的增长，增长率高达 50%，但是整个市场却有了更大的发展，增长率高达 76.47%。因此，该企业甲种商品的市场占有率不升反降。从整个市场角度分析，A 企业甲种商品还存在较大潜力。若不是企业业务板块之间战略调整所需，管理当局应密切关注这种市场份额的变动状况，否则，长此以往，企业会陷入不利的市场境地。

三、成本费用结构分析

（一）不同性质成本费用结构分析

成本费用结构是不同性质的成本费用与总成本费用的比重。从各项利润分析可以看出，成本费用对利润有着十分重要的影响，降低成本费用是增加利润的关键和重要途径。因此，应在揭示利润完成情况的基础上，进一步对影响利润的基本要素——成本费用进行分析，以找出影响成本升降的原因，为降低成本费用、提升利润指明方向。对成本费用结构的分析可通过编制费用类项目结构分析表来进行。美的集团费用结构分析表如表 3-19 所示。

表 3-19 美的集团费用结构分析表

项目	2020 年度/千元	2019 年度/千元	2020 年度/%	2019 年度/%	差异/%
营业成本	212 839 592	197 913 928	79.78	76.22	3.56
利息支出	105 168	122 618	0.04	0.05	(0.01)
手续费及佣金支出	6 972	11 633	0.00	0.00	0.00
税金及附加	1 533 646	1 720 616	0.57	0.66	(0.09)
销售费用	27 522 276	34 611 231	10.32	13.33	(3.01)
管理费用	9 264 148	9 531 361	3.47	3.67	(0.20)
研发费用	10 118 667	9 638 137	3.79	3.71	0.08
信用减值损失	247 605	96 446	0.09	0.04	0.06
资产减值损失	705 209	871 909	0.26	0.34	(0.07)
资产处置损失	60 523	131 131	0.02	0.05	(0.03)
营业外支出	214 904	367 288	0.08	0.14	(0.06)
所得税费用	4 156 997	4 651 970	1.56	1.79	(0.23)
合计	266 775 707	259 668 268	100.00	100.00	

分析时，可重点关注占比较高的成本费用。从表 3-19 中可以看出，美的集团 2020 年度和 2019 年度营业成本、销售费用、管理费用、研发费用总计占总成本费用比重高达 97.36%和 96.93%。其中，2020 年度和 2019 年度营业成本占比分别为 79.78%和 76.22%，说明美的集团产品生产成本有所上升；销售费用分别占比为 10.32%和 13.33%，下降了 3.02 个百分点，抵消了产品生产成本上涨的压力。对比行业数据，可分析销售费用的高低。2020 年度和 2019 年度管理费用和研发费用占比分别为 7.26%和 7.38%，说明美的集团管理效率及研发方面稳步推进。整体看，美的集团成本费用结构比较稳定，对主业支撑较好。

（二）主营业务成本分析

主营业务成本是企业已销售产品和提供劳务的实际成本。对企业来说，营业成本的高低直接关系到企业利润的多少。在主营业务收入不变的条件下，主营业务利润的高低直接取决于主营业务成本的高低。在制造业企业，主营业务成本是企业产品销售量与已销产品单位成本的乘积。在产品销售量既定的情况下，主营业务成本的多少取决于已销产品的单位成本，而已销产品的单位成本又取决于产品的单位生产成本。

应该注意的是，企业营业收入的增加自然会导致企业营业成本的增加，这并不能看作成本浪费。同理，由于企业业务量减少而导致的成本减少也并非成本节约，当业务量下降时，成本理应呈下降趋势。只有当成本的降低幅度超过业务量降低幅度，或是成本的上升幅度小于业务量上升幅度时，才是真正的成本节约，也才有利于销售利润的增长。成本管理的目的就是为了降低成本。在制造业企业中，其编制的生产成本报表和期间费用报表是企业的内部报表，不对外披露。企业管理者应该关注企业生产成本和期间费用报表的信息，以找到成本上涨的项目及其因素，分析原因，为企业的后续市场竞争打下坚实基础。

1. 产品生产成本总额

产品生产成本总额分析是根据产品生产、销售成本表的资料，对企业全部产品成本的本年实际完成情况与上年实际情况进行对比分析，从产品类别角度找出各类产品或各主要产品成本升降的幅度，以及对全部成本的影响程度。

分析时，可与企业的上年成本和计划成本总额进行对比。为了加强成本控制，企业一般都编制成本计划，其中都对各产品，尤其是主要产品规定相应的成本降低任务。分析时，可将本年度与上年度以及计划进行对比，分析全部产品及主要产品的成本升降情况，了解总成本增减变动原因，为加强成本管理指明方向。

2. 产品单位成本

制造业企业降低成本的关键在于降低产品的单位成本。分析时，应首先分析各种产品实际的单位成本比计划、比上年的升降情况，然后进一步按成本项目分析其成本变动情况，查明单位成本变动的原因。在市场经济条件下，产品单位成本是企业的商业秘密，无须对外披露，因此，这种分析只适用于企业内部。假设 A 产品单位成本分析表如表 3-20 所示。

表 3-20 A 产品单位成本分析表

成本项目	上年实际/元	本年实际/元	增减变动情况		项目变动对单位成本的影响/%
			金额/元	比例/%	
直接材料	300	330	+30	+10	+6.67
直接人工	50	60	+10	+20	+2.22
制造费用	100	110	+10	+10	+2.22
合计	450	500	+50	+11.11	+11.11

通过分析可以看出，企业产品的单位成本由直接材料、直接人工和制造费用三部分组成。企业只有狠抓内功，降低直接材料、直接人工和制造费用的消耗，才能降低成本，提高产品竞争力。本例中产品单位成本由上年的 450 元提高到本年的 500 元，主要是直接材料、制造费用提高了 10%，而直接人工提高了 20%，企业还应进一步分析各单项成本项目的上涨原因，以便找到相应的对策，降低成本。

3. 成本项目分析

产品的生产成本由直接材料、直接人工和制造费用组成，相应产品的单位成本也由这三个项目组成。在分析单位成本升降的基础上，应进一步了解单位成本组成项目的增减变动，从而查明单位成本变动的原因，了解成本管理中存在的问题，挖掘潜力，为进一步降低成本提供依据。

（三）期间费用分析

期间费用是企业当期发生的费用中的重要组成部分，是指本期发生的、与生产产品或提供劳务没有直接关系的、应该直接计入当期损益的各项费用。由于期间费用容易确定发生的期间，而难以判别其所应归属的产品，因而在发生当期便从当期损益中扣除。期间费用主要包括销售费用、管理费用、研发费用和财务费用。

分析时，应关注期间费用的计划执行情况，通过本期实际与上期实际或计划指标进行对比，了解期间费用的动态发展趋势，找出差距，肯定成绩。企业内部管理者还应对各期间费用的明细项目进行分析，以便有的放矢，采取对策，以期控制和降低费用，提高企业的利润水平。

美的集团2020年度和2019年度共同比利润表（见表3-13）显示：2020年度期间费用占比为15.57%，与2019年度的18.53%相比，下降了2.96%。对比2020年与2019年的毛利率25.11%和28.86%可以看出，美的集团期间费用下降的幅度与产品综合毛利率下降的幅度基本一致，期间费用降低为集团持续盈利打下了良好基础。

四、非经常性损益

对于投资者和其他企业利益相关者的报表使用者来说，区别经常性损益和非经常性损益非常重要。经常性损益是正常的、有目的的经营活动的产物，与企业经营管理的水平密切相关，可以反映企业的获利能力。而非经常性损益是非正常的损益或者并非原定目的的损益，与经营管理水平不密切相关，不能代表企业的获利能力。濒临破产企业的一个特征就是经营利润逐年减少，而非经常性损益所占比例逐步增加。获利能力下降的企业，总是本能地利用其他途径粉饰报表，如债务重组、资产置换等非经营活动"制造"利润。由于非经常性损益不具有可持续性，并非企业的经营目的，因此，在预期企业未来的盈利水平时，应当扣除这些非经常性项目的影响。

非经常性损益是指与公司主营业务和其他经营业务无直接关系，以及虽与主营业务和其他经营业务相关，但由于该交易或事项性质、金额和发生频率的特殊性，影响了反映公司正常经营、盈利能力的各项交易、事项产生的损益。按照中国证监会的要求，上市公司应在招股说明书、定期报告以及申请发行新股材料中对非经常性损益项目予以充分披露；同时要求注册会计师对其所披露的经审计或审核财务报告期间的非经常性损益的真实性、准确性与完整性进行核实。非经常性损益主要包括非流动资产处置损益、计入当期损益的政府补助、非货币性资产交换损益、债务重组损益、自然灾害发生的损失等。

美的集团2020年度非经常性损益金额为26.08亿元，占营业总收入的比例为0.91%，占利润总额的比例为 8.24%，说明美的集团利润主要来自经常性损益。美的集团非经常性损益明细分析表如表 3-21 所示。

表 3-21 美的集团非经常性损益明细分析表　　　　　　　　　　　　　　千元

项　　目	2020 年度	2019 年度
非流动资产处置损益	（52 424）	（131 131）
除同公司正常经营业务相关的有效套期保值业务外，持有交易性金融资产、衍生金融资产、交易性金融负债、衍生金融负债、其他非流动金融资产产生的公允价值变动损益，以及处置交易性金融资产、衍生金融资产、交易性金融负债、衍生金融负债、其他非流动金融资产取得的投资收益	2 204 165	676 430
其他（主要包括政府补助、索赔收入、罚款收入等其他营业外收入和支出）	1 378 105	1 347 788
减：所得税影响额	（765 871）	（394 095）
少数股东权益影响额（税后）	（155 659）	（12 162）
合计	2 608 316	1 486 830

本章小结

利润表分析的目的在于了解企业经营业绩的主要来源和构成，及时发现企业在经营管理中出现的问题，帮助信息使用者判断利润的质量及其风险，有助于使用者预测企业利润的连续性，从而做出正确决策。

利润表分析主要包括利润表质量分析和利润表结构分析。

利润表的质量分析，实质上是对利润形成过程进行分析。由多步式利润表的结构特点可知，利润的形成过程反映了企业经营从"核心业务"到"非核心业务"的扩展过程。它主要由营业利润、营业外收支、利润总额、净利润等项目进行搭配、排列，从而形成了多种层次的收益结构。本章利润表质量分析就是按照利润表的层次体系对利润表的多个具体项目进行了深入剖析。

利润表结构分析就是将相关收入、费用和利润项目金额与相应的合计金额或特定的项目金额进行对比，以查看这些项目的结构，从而了解企业盈利能力的一种分析方法。通常采用共同比利润表分析，包括收入结构分析、成本费用结构分析等。

1. 什么是利润表？利润表的作用如何？
2. 如何理解利润质量的概念？
3. 如何对营业收入进行质量分析？
4. 如何对营业成本进行质量分析？

5．如何对税金及附加进行质量分析？
6．如何对销售费用进行质量分析？
7．如何对管理费用进行质量分析？
8．如何对研发费用进行质量分析？
9．如何对财务费用进行质量分析？
10．说明共同比利润表的编制方法及作用。
11．如何对利润表进行结构分析？
12．什么是非经常性损益项目？主要包括哪些内容？
13．成本与期间费用有何区别？

练习题

（一）目的：对利润表进行质量分析。

（二）资料：A 企业比较利润表如表 3-22 所示。

表 3-22　A 企业比较利润表　　　　　　　　　　　万元

项目	2021 年	2020 年
营业收入	22 249	21 520
营业成本	7 377	7 958
税金及附加	1 224	1 184
销售费用	7 179	5 942
管理费用	2 838	1 741
研发费用	778	861
财务费用	104	155
营业利润	2 749	3 679
营业外收入	45	47
营业外支出	37	4
利润总额	2 757	3 722
所得税费用	689	930
净利润	2 068	2 792

（三）要求：分析并说明 A 企业利润表各项目的具体含义，评价其质量。

案例分析

下载珠海格力电器股份有限公司（股票代码 000651）最近 3 年的年度财务报告（www.cninfo.com.cn），对其利润表质量和结构进行分析，要使用具体数据进行说明。

要求：

(1) 分析利润表各项目的具体含义，并对其质量进行评价。

(2) 编制格力电器连续 3 年的共同比利润表，分别进行收入结构分析、费用结构分析和利润结构分析。

(3) 与美的集团相比，分析格力电器利润表在质量和结构方面存在的优势及不足。

本章习题
答案参考

第四章 现金流量表分析

【本章内容要点】

① 现金流量表分析的目的和内容；
② 现金流量表质量分析；
③ 现金流量表结构分析。

第一节 现金流量表分析的目的和内容

一、现金流量表分析的目的

现金流量表是以收付实现制为基础编制的、反映企业在某一会计期间内现金流入和流出情况的会计报表。现金流量表可以按月编制，也可以按年编制。在实际工作中，大部分企业均按月份编制现金流量表，以便及时了解企业的现金收支情况。

现金流量表中的"现金"是广义的概念，包括现金和现金等价物。现金是指企业的库存现金、可随时用于支付的银行存款和其他货币资金，银行存款和其他货币资金中不能随时支用的部分，如定期存款或受限制的境外存款，则不包括在内。现金等价物是指企业持有的期限短、流动性强、易于转换为已知金额的现金和价值变动风险很小的投资，通常指自购买日起三个月内到期的短期债券投资。一般的权益性投资，如企业作为交易性金融资产而购入的可流通的股票，尽管期限短，变现能力强，但由于其变现的金额并不确定，其价值变动的风险较大，因而不属于现金等价物。

现金流量是指一定时期内企业现金和现金等价物收入和支出的金额。企业从银行提取现金，将现金存入银行，或用银行存款购入三个月内到期的短期债券等，均属于现金内部组成项目之间的转换，不会使现金总流量发生增减变动。因此，在编制现金流量表时，将这类业务排除在外。

在现金流量表上，将现金流量分为经营活动产生的现金流量、投资活动产生的现金流量、筹资活动产生的现金流量三大类。

通过现金流量表分析，可以达到以下目的。

（一）预测企业未来的现金流量，判断企业的偿债能力和支付能力

现金是直接的支付手段，判断企业是否具有偿还债务和支付股利的能力，最有效的方法便是分析其有无足够的现金净流入量。通过现金流量表，可以了解企业现金的收支情况。通过对现金流量表各部分进行分析，可以了解现金净流量变化的原因，预测企业未来的现金流量，评价企业的偿债能力和支付能力。

（二）反映企业现金盈缺的原因，以便加强现金管理

公司资金的充裕程度是安全性保障的重要基础，现金流充足反映了企业经营状况的优良程度，现金流不足会致使企业延误发展机遇，对后续企业发展经营的扩大造成负面影响，同时，现金管理也在一定程度上体现了管理层人员的风险管理理念以及对于市场预警的的预估和判断。从现金流量表中经营活动、投资活动、筹资活动所引起的现金流量数额，可以了解不同性质的经济业务对企业现金流量的影响，分析企业现金的来源和去向，揭示现金盈余或不足的原因，以便合理调度资金，加强资金管理，并为编制现金收支预算提供依据。

（三）将经营活动现金净流量与净利润进行对比，可以评价净利润的质量

从长期看，营业净利润应当等于经营活动现金净流量。但由于利润计算的基础是权责发生制，而现金流量的计算基础是收付实现制，因此从短期看，营业净利润不一定等于经营现金净流量。通常认为，有现金流量支持的净利润是高质量的，反之则是没有质量的净利润。通过现金流量表，可以揭示两者不一致的原因，评价净利润的质量和可靠性。

（四）有助于提高会计信息的可比性和真实性

从报表勾稽关系上来说，现金流量表是对资产负债表中货币资金以及现金等价物变动的一种详细描述。现金流量表中的数据不受会计处理方法的影响，信息的可比性和可靠性较高，在不同企业和同一企业不同时期之间进行对比分析也非常方便。

由于上述原因，现金流量表受到报表使用者的重视和欢迎，成为继资产负债表和利润表之后的第三张报表。中国证监会要求上市公司在定期报告中除了披露每股收益，还需要披露每股现金流量。

二、现金流量表分析的内容

（一）现金流量表的内容

根据企业业务活动的性质和现金流量的来源，现金流量表在结构上将企业一定期间产生的现金流量分为三类，即经营活动产生的现金流量、投资活动产生的现金流量和筹资活动产生的现金流量。每类活动又分为各具体项目，这些项目从不同角度反映企业各类业务活动的现金流入与流出，弥补了资产负债表和利润表提供信息不足的缺陷。

1. 经营活动产生的现金流量

经营活动是指企业投资和筹资活动以外的所有交易和事项，包括生产产品、销售商品、提供劳务、购买存货、接受劳务、支付职工薪酬、缴纳税费等。经营活动是企业最主要的营业活动，也是影响企业现金流量变动的主要原因。从经营活动中取得的现金，是企业现金的内部来源。据此可判断企业在不依靠外部筹资的情况下，通过自身经营活动产生的现金流量是否能够维持正常的生产经营活动，并满足偿还债务、支付股利和对外投资的需要。

根据企业经营活动现金流量的历史数据，并结合其他资料，可以预测其未来经营活动的现金流量。

经营活动的现金流入包括销售商品和提供劳务收到的现金、收到的税费返还、保险赔款、实际收到的政府补助等；经营活动的现金流出包括购买商品和接受劳务支付的现金、支付给职工以及为职工支付的现金、支付的经营性租赁费用、缴纳的税费、其他非投资活动和筹资活动所产生的现金流出，如支付的差旅费、业务招待费、保险费等（此项目具有不稳定性，数额不应过多）。

通过经营活动产生的现金流量，报表使用者可以了解企业在投资和筹资活动以外的经济活动中现金的收支情况。将经营活动现金净流量与净利润比较，可以评价企业净利润的质量。

2. 投资活动产生的现金流量

投资活动是指企业购建非流动资产和不包括在现金等价物范围内的对外投资事项。这里的投资是广义的概念，包括对内和对外两部分。对内投资是指购入或处置企业在生产经营过程中所使用的固定资产、无形资产以及科研开发支出等。对外投资是指向企业外部投入或收回除现金等价物以外的各种投资。

投资活动的现金流入包括取得的债券利息收入，分得的股利、利润，收回的投资，处置固定资产、无形资产和其他非流动资产以及处置子公司等所收到的现金；投资活动的现金流出包括进行权益性投资、债权性投资或购并子公司等所支付的现金，以及购建固定资产、无形资产和其他长期资产等所支付的现金。由于三个月内到期的短期债券视同现金，因此投资活动产生的现金流量不包括这类债券投资产生的现金流量。

通过投资活动产生的现金流量，报表使用者可以了解企业与投资业务相关的现金收支情况，以及投资活动产生的现金流量对企业现金流量净额的影响程度。

3. 筹资活动产生的现金流量

筹资活动是指导致企业资本、债务的规模和结构发生变动的交易和事项。筹资活动是企业开展经营活动的基础和前提，有效的筹资活动应当能够及时为企业提供可靠和低成本的资金，增强企业的财务应变能力，降低财务风险。因此，筹资活动所产生的现金流量应当单独反映。

筹资活动的现金流入包括吸收权益性投资、发行债券和借款所收到的现金；筹资活动的现金流出包括偿还债务或减少注册资本所支出的现金，以及分配股利、利润或偿付利息所支出的现金等。

通过筹资活动产生的现金流量，可以分析企业的筹资能力、企业对外部筹资的依赖程度，以及筹资活动产生的现金流量对企业现金流量净额的影响程度。

（二）现金流量表分析的内容

现金流量表分析主要包括以下内容。

1. 现金流量表质量分析

现金流量质量是指企业的现金流量能够按照企业的预期目标进行顺畅运转的质量。根据现金流量的来源划分，现金流量表质量分析包括经营活动现金流量质量分析、投资活动现金流量质量分析和筹资活动现金流量质量分析。

2．现金流量表结构分析

现金流量表结构分析就是在现金流量有关数据的基础上，对不同项目进行的比较与分析，以揭示各数据在企业现金流量中的相对意义，进一步明确现金流入的构成、现金流出的构成以及现金余额的形成情况。通过结构分析，可以了解企业现金流入的主要来源和现金流出的主要去向，帮助企业对各类现金流量在一定时期内的余额增减做出判断，分析企业现金流量是否存在异常情况及其产生的原因，以便抓住重点，采取有效措施，实现现金的最佳配置和使用。

我国的现金流量表采用垂直报告式结构，包括经营活动产生的现金流量、投资活动产生的现金流量、筹资活动产生的现金流量、汇率变动对现金及现金等价物的影响、现金及现金等价物净增加额、年末现金及现金等价物余额六部分内容。

现金流量表中的主要内容是前三部分，即经营活动、投资活动、筹资活动产生的现金流量，其中经营活动产生的现金流量有两种表达方式，即直接法和间接法，这两种方法得到的结果是相同的，只是格式和计算过程不同。直接法的优点是可以详细反映来自经营活动的现金流入量和流出量，揭示现金净流量与企业经营活动的内在联系，便于报表使用者全面了解企业经营活动的现金收支情况，有助于评价企业的偿债能力和支付能力，预测企业未来经营活动中的现金流量。而投资活动和筹资活动产生的现金流量，其表达方式只采用直接法一种方式。相对于间接法而言，直接法更能体现编制现金流量表的目的。间接法的优点是能够反映当期净利润与经营活动现金流量净额之间的差异及其形成原因，从而将现金流量表与利润表和资产负债表有机结合起来，有助于报表使用者分析和评价企业净利润的质量，同时这种方法易于理解，便于掌握，但是间接法不能反映经营活动的现金流入量和流出量，因而不便于预测企业未来的现金流量。

由于直接法反映的结果更直观、全面，也更符合现金流量表的本来含义，即"现金从哪里来，又到哪里去"，因此国际会计准则和美国会计准则都鼓励采用直接法，但同时也允许采用间接法。我国会计准则规定，现金流量表主表采用直接法列示经营活动现金流量，现金流量表补充资料采用间接法列示经营活动现金流量。

根据现行企业会计准则的要求，一般企业现金流量表的格式如表4-1～表4-3所示。

表4-1 现金流量表

编制单位：美的集团股份有限公司　　　　　2020年度　　　　　　　　　千元

项　目	2020年度 合并	2019年度 合并	2020年度 母公司	2019年度 母公司
一、经营活动产生的现金流量				
销售商品、提供劳务收到的现金	240 052 501	238 815 589		
吸收存款和同业存放款项净增加额	25 058	18 091		
存放中央银行款项净减少额		693 023		
收取利息、手续费及佣金的现金	1 381 851	1 315 921		
收到的税费返还	6 574 762	6 271 733		

续表

项　目	2020 年度 合并	2019 年度 合并	2020 年度 母公司	2019 年度 母公司
收到其他与经营活动有关的现金	4 950 874	5 008 821	21 491 325	30 809 036
经营活动现金流入小计	**252 985 046**	**252 123 178**	**21 491 325**	**30 809 036**
购买商品、接受劳务支付的现金	139 660 744	130 099 497		
发放贷款及垫款净增加额	6 078 053	318 859		
向中央银行借款净减少额		99 754		
存放中央银行款项净增加额	1 274 496			
支付利息、手续费及佣金的现金	113 517	134 251		
支付给职工以及为职工支付的现金	28 460 318	26 851 139	72 404	52 269
支付的各项税费	13 407 607	14 897 513	342 190	133 421
支付其他与经营活动有关的现金	34 433 194	41 131 761	10 178 648	6 818 472
经营活动现金流出小计	**223 427 929**	**213 532 774**	**10 593 242**	**7 004 162**
经营活动产生的现金流量净额	**29 557 117**	**38 590 404**	**10 898 083**	**23 804 874**
二、投资活动（使用）/产生的现金流量				
收回投资收到的现金	141 821 724	84 852 601	103 460 300	56 920 222
取得投资收益所收到的现金	4 874 990	4 026 590	15 565 104	12 812 869
处置固定资产、无形资产和其他长期资产收回的现金净额	273 544	125 419	255	1 040
处置子公司及其他营业单位收到的现金净额	42 398		13 000	
投资活动现金流入小计	**147 012 656**	**89 004 610**	**119 038 659**	**69 734 131**
购建固定资产、无形资产和其他长期资产支付的现金	4 656 582	3 451 856	187 723	183 326
投资支付的现金	176 621 347	108 457 398	117 386 281	88 883 737
取得子公司及其他营业单位支付的现金净额	1 045 390	203 057		
投资活动现金流出小计	**182 323 319**	**112 112 311**	**117 574 004**	**89 067 063**
投资活动（使用）/产生的现金流量净额	**(35 310 663)**	**(23 107 701)**	**1 464 655**	**(19 332 932)**
三、筹资活动使用的现金流量				
吸收投资收到的现金	2 657 489	2 897 917	2 542 556	2 777 490
其中：子公司吸收少数股东投资收到的现金	114 933	120 427		
取得借款收到的现金	18 070 961	17 117 677	6 599 314	11 059 564
发行短期融资券收到的现金	33 998 238		33 998 238	
收到其他与筹资活动有关的现金	22 725			
筹资活动现金流入小计	54 749 413	20 015 594	43 140 108	13 837 054
偿还债务支付的现金	8 354 338	8 643 875	4 550 064	3 084 500
兑付短期融资券支付的现金	31 000 000		31 000 000	
分配股利、利润或偿付利息支付的现金	12 822 636	11 055 769	12 831 949	9 740 298

续表

项　目	2020 年度 合并	2019 年度 合并	2020 年度 母公司	2019 年度 母公司
其中：子公司支付给少数股东的股利、利润	425 461	1 651 504		
支付其他与筹资活动有关的现金	3 328 734	3 589 551	2 934 420	3 257 482
筹资活动现金流出小计	55 505 708	23 289 195	51 316 433	16 082 280
筹资活动使用的现金流量净额	(756 295)	(3 273 601)	(8 176 325)	(2 245 226)
四、汇率变动对现金及现金等价物的影响	(383 411)	280 376		
五、现金及现金等价物净（减少）/增加额	(6 893 252)	12 489 478	4 186 413	2 226 716
加：年初现金及现金等价物余额	30 441 760	17 952 282	12 408 650	10 181 934
六、年末现金及现金等价物余额	23 548 508	30 441 760	16 595 063	12 408 650

表 4-2　现金流量表补充资料

编制单位：美的集团股份有限公司　　　　2020 年度　　　　千元

项　目	2020 年度	2019 年度
1. 将净利润调节为经营活动现金流量：		
净利润	27 506 542	25 277 144
加：资产减值损失	705 209	871 909
信用减值损失	247 605	96 446
折旧和摊销	5 020 256	5 168 262
资产处置损失	60 523	131 131
公允价值变动收益	(1 762 950)	(1 361 163)
财务收入	(1 714 530)	(2 847 411)
投资收益	(2 362 462)	(164 132)
递延所得税资产的增加	(1 424 584)	(1 347 604)
递延所得税负债的增加	625 273	149 942
存货的增加	(1 803 072)	(2 670 712)
经营性应收项目的增加	(16 538 695)	(1 445 679)
经营性应付项目的增加	19 916 109	15 916 673
股份支付及其他	1 081 893	815 598
经营活动产生的现金流量净额	29 557 117	38 590 404
2. 现金及现金等价物净变动情况：		
现金及现金等价物的年末余额	23 548 508	30 441 760
减：现金及现金等价物的年初余额	30 441 760	17 952 282
现金及现金等价物净（减少）/增加额	(6 893 252)	12 489 478

表 4-3　现金及现金等价物的构成　　　　　　　　　　千元

项　目	2020 年 12 月 31 日	2019 年 12 月 31 日
库存现金	2 538	3 128
可随时用于支付的银行存款	14 185 834	9 521 001

续表

项　　目	2020 年 12 月 31 日	2019 年 12 月 31 日
可随时用于支付的存放中央银行款项	344 860	355 471
可随时用于支付的存放同业款项	9 015 276	20 562 160
年末现金及现金等价物余额	23 548 508	30 441 760

第二节　现金流量表质量分析

现金流量的质量是指企业的现金流入和流出能否按照预期的经营目标顺畅运转。具有良好质量的现金流量应该具有以下特征。

（1）企业现金流量的结构与状态体现了企业发展战略的要求。

（2）在稳定发展阶段，企业经营活动的现金流量应当与企业经营活动形成的利润有一定的对应关系，并能为企业扩张提供现金流量的支持。

（3）筹资活动现金流量能够适应经营活动、投资活动对现金流量的需求，且无不当融资行为。

对现金流量的质量分析主要是从各种活动引起的现金流量的变化进行分析。

一、经营活动现金流量质量分析

我们知道，无论采用直接法还是间接法编制现金流量表，都要确定当期期末与期初的现金流量净变化量，即"经营活动产生的现金流量净额"。对于任何企业来说，结果无外乎以下三种情况。

（一）经营活动产生的现金流量净额大于零

1. 经营活动产生的现金流量净额大于零，并在补偿当期的非现金消耗性成本后仍有剩余

这意味着企业通过正常的经营活动所带来的现金流入量，不但能够支付因经营活动而引起的现金流出、补偿全部当期的非现金消耗性成本（如固定资产折旧、无形资产摊销等），而且还有余力为企业的扩张提供支持，即在稳定发展的条件下，良性发展的企业经营活动产生的现金流量应该远远大于零。

在这种情况下，企业经营活动产生的现金流量已经处于良好的运转状态。如果这种状态一直持续，则企业经营活动产生的现金流量将对企业经营活动的稳定与发展、企业投资规模的扩大起到重要作用。

2. 经营活动产生的现金流量净额大于零，并恰能补偿当期的非现金消耗性成本

这意味着企业通过正常的经营活动所带来的现金流入量，不但能够支付因经营活动而引起的现金流出，而且正好补偿当期全部的非现金消耗性成本。

在这种情况下，企业在经营活动方面的现金流量的压力已经解除。如果这种状态持续，从长期来看，企业经营活动产生的现金流量正好能够维持企业经营活动的货币"简

单再生产"。

从总体上看，维持这种简单再生产的状态，仍然不能为企业扩大投资等发展提供货币支持。企业的经营活动为企业扩大投资等发展提供货币支持，只能依赖于企业经营活动产生的现金流量的规模不断加大。

3. 经营活动产生的现金流量净额大于零，但不足以补偿当期的非现金消耗性成本

这意味着企业通过正常的经营活动所带来的现金流入量，不但能够支付因经营活动而引起的现金流出，而且还有余力补偿一部分当期的非现金消耗性成本。

如果这种状态持续，从长期来看，企业经营活动产生的现金流量将不可能维持企业经营活动的货币"简单再生产"。因此，企业在正常生产经营期间若持续出现这种状态，则对企业经营活动的现金流量的质量不能给予较高评价。

美的集团现金流量表（见表4-1）显示：2020年度经营活动产生的现金流量净额为295.57亿元，相比2019年的385.90亿元，减少了90.33亿元，下降了23.41%。其中，购买商品、接受劳务支付的现金，2020年度比2019年度增加了95.61亿元，基本与年度经营活动减少的现金流量净额相当；2020年度投资活动产生的现金净流量为-353.11亿元，相比2019年的-231.08亿元，净流出增加了122.03亿元，增长了52.81%；2020年度筹资活动增加的现金净流量为-7.56亿元，相比2019年的-32.74亿元，净流出减少了25.17亿元，下降了76.90%；2020年度汇率变动对现金及现金等价物的影响为-6.64亿元；2020年度现金及现金等价物净增加为-68.93亿元，相比2019年的124.89亿元，减少了193.83亿元。从整体上看，美的集团经营活动产生的现金流量增长乏力，尤其是购买商品、接受劳务支付的现金增长较快，经营活动现金流不能满足企业投资和筹资的需要，现金比较紧张，持续改善现金意愿增强。

（二）经营活动产生的现金流量净额小于零

这意味着企业通过正常的经营活动所带来的现金流入量不足以支付因经营活动而引起的现金流出。此时，企业正常经营活动所需要的现金支付，只能通过以下几种方式得到解决。

（1）消耗企业现存的货币积累。

（2）挤占本来用于投资活动的现金，推迟投资活动的进行。

（3）在不能挤占用于投资活动的现金时，可进行额外贷款融资，以支持经营活动的现金需要。

（4）在没有贷款融资渠道时，只能采用拖延债务支付或加大经营活动引起的负债规模来解决。

从企业的成长过程进行分析，在企业开始从事经营活动的初期，由于产品还没有被市场广泛接受，而且生产经营活动还没有步入正轨，设备、人力资源的利用率相对较低，材料的消耗量相对较高，因而导致企业的成本消耗较高。同时，为了尽快扩展市场，企业有可能投入大量资金，采用各种手段促销产品，可能导致企业在这一时期经营活动产生的现金流量为入不敷出的状态。

如果是上述原因导致企业经营活动产生的现金流量为负，则可以认为是企业在发展过

程中不可避免的正常状态。但是，如果企业在正常生产期间仍然出现这种情况，那就此可以判断企业经营活动现金流量的质量不高。

（三）经营活动产生的现金流量净额等于零

这意味着企业通过正常的经营活动所带来的现金流入量，正好能够支付因经营活动而引起的现金流出。

若企业经营活动产生的现金流量净额等于零，则说明企业经营活动现金流量正好处于收支平衡的状态。企业正常经营活动不需要额外补充流动资金，企业的经营活动也不能为企业的投资活动以及融资活动贡献现金。

应该注意的是，当经营活动产生的现金流量净额等于零时，企业经营活动产生的现金流量是不可能为企业的非现金消耗性成本的资源消耗提供货币补充的，因此，从长远来看，经营活动现金流量等于零的状态，根本不可能维持企业经营活动的货币"简单再生产"。如果企业在正常生产期间持续出现这种状况，那就此可以判断企业经营活动现金流量的质量较差。

此外，经营活动现金流量分析还包括汇率变动对现金及现金等价物的影响。对于制造业企业，一般该项目金额较小，美的集团金额为-6.63亿元，考虑重要性原则，对现金净流量影响不大，在此不再赘述。

二、投资活动现金流量质量分析

对投资活动产生的现金流量的分析，主要应关注投资活动的现金流出量与企业发展战略之间的吻合程度及其效益性。

（一）投资活动产生的现金流量净额大于零

这意味着企业在收回投资、分得股利或利润、取得债券利息收入以及处置固定资产、无形资产和其他长期资产而收回的现金之和大于在购建固定资产、无形资产和其他长期资产以及权益性投资、债权性投资等方面所支付的现金之和。

一般而言，企业有正的投资活动现金流量，几乎可以排除企业处于创业阶段的可能，而且从正的投资活动现金流量中也可以看出，企业并非正在寻找新的业务领域。正的投资活动现金流量可能来自已经成熟的新业务，也可能来自对旧业务的经营资产的处置。在第一种情况下，企业实际上已经成功实现了转型，这样的企业一般都有比较光明的前景。如果投资活动的现金流量主要来自投资收益，特别是实业项目的投资收益，则说明公司有一定的多元化经营，而且已经取得了较好的效果。对于第二种情况，这样的企业还远远没有为自己的未来找到一条出路，其前景反而具有相当大的不确定性。

（二）投资活动产生的现金流量净额小于零

这意味着企业在购建固定资产、无形资产和其他长期资产以及权益性投资、债权性投资等方面所支付的现金之和大于收回投资、分得股利或利润、取得债券利息收入以及处置固定资产、无形资产和其他长期资产而收回的现金之和。企业投资活动的现金流量处于入不敷出的状态。

企业投资活动需要资金的缺口，可以通过以下几种方式解决。

（1）消耗企业现存的货币资金。

（2）挤占本来可用于经营活动的现金、消减经营活动的现金消耗。

（3）利用经营活动积累的现金进行补充。

（4）在不能挤占可用于经营活动的现金时，进行额外贷款融资，以支持经营活动的现金需要。

（5）在没有贷款融资渠道的条件下，只能采用拖延债务支付或加大投资活动引起的负债规模来解决。

应当注意的是，投资活动现金流量中的关于企业当期取得或处置子公司及其他营业单位的有关信息，实际上也反映了企业在年度（或会计期间）内对控制性投资的变动以及所消耗资源的情况，这些信息非常重要。企业规模的变化可能意味着企业的投资与经营战略在发生变化，企业可能通过对子公司的增减调整来改变企业的投资和经营方向，从而在很大程度上改变企业未来的盈利模式。

一般来说，投资活动现金流出量大于流入量，表明企业处于扩张时期。这种企业往往有良好的主营业务，企业为适当扩大规模，增强在原有产业上的竞争力，可能会集中各方面的资金进行投资活动。因此，投资的方向和前景就会成为投资者需要格外关注的问题。研究表明，一个原本经营状况良好的企业，可能会因为一个错误的投资决策而陷入困境，甚至走向死亡。因此，投资决策对于企业的长期盈利能力乃至生存都至关重要。

具体分析时，可以密切跟踪其投资方向和前景。

（1）为企业正常生产经营活动奠定基础，如购建固定资产、无形资产和其他长期资产。

（2）为企业对外扩张和其他发展性目的进行权益性投资和债权性投资。

（3）利用企业暂时闲置的货币资金进行短期投资，以求得较好的投资收益。

美的集团 2020 年现金流量表（见表 4-1）显示：2020 年度投资活动现金流量净额为 -353.11 亿元，其中，投资活动现金流入为 1 470.13 亿元，现金流出为 1 823.23 亿元，投资活动现金流量整体呈现净流出状态。进一步分析发现，美的集团 2020 年度现金流入中，收回投资收到的现金为 1 418.22 亿元，取得投资收益所收到的现金为 48.75 亿元，处置固定资产和无形资产等收回的现金为 2.74 亿元，处置子公司及其他营业单位收到的现金净额为 0.42 亿元；现金流出中，用于购建固定资产、无形资产等非流动资产的支出为 46.57 亿元，投资支付的现金为 1 766.21 亿元，取得子公司及其他营业单位支付的现金净额为 10.45 亿元。与 2019 年度投资活动现金流入 890.05 亿元相比，2020 年投资活动现金流入增加了 580.08 亿元，大幅增长了 65.17%；与 2019 年投资活动现金流出 1 121.12 亿元相比，2020 年投资活动现金流出增加了 702.11 亿元，大幅增长了 62.63%。上述数据表明，美的集团的投资活动现金净流量的变化主要是收回投资收到的现金增加及投资支付的现金增加所致，以理财性投资活动为主，战略性投资稳定，产能未出现重大变化。

三、筹资活动现金流量质量分析

对筹资活动产生的现金流量的质量进行分析，主要应关注筹资活动现金流量与经营活动、投资活动现金流量之和的适应程度等。

（一）筹资活动产生的现金流量净额大于零

这意味着企业在吸收权益性投资、发行债券以及借款等方面所收到的现金之和大于企业在偿还债务、支付筹资费用、分配股利或利润、偿付利息以及减少注册资本等方面所支付的现金之和。

在企业处于发展的起步阶段，往往需要投入大量资金，在企业经营活动的现金流量小于零的条件下，企业对现金流量的需求主要通过筹资活动来解决。因此，分析企业筹资产生的现金流量大于零是否正常，关键要看企业的筹资活动是否已经纳入企业的发展规划，是企业管理层以扩大投资和经营活动为目标的主动行为，还是企业因投资活动和经营活动现金流出失控不得已而为之的被动行为。有的企业并不是因为有了明确的投资计划而去融资，而仅仅是因为有融资条件就去融资，在我国这样一个患有"资金饥渴症"的环境下，这样的企业不在少数。分析时要注意，如果资金进来之后没有确定用途，就会造成资金闲置，从而影响企业的资源利用效率，稀释企业目前的盈利。表面上看，企业具有良好的融资能力，但实际上由于任何资金都是有成本的，所以盲目的融资行为必然对企业未来的盈利能力造成不利影响。

（二）筹资活动产生的现金流量净额小于零

这意味着企业在吸收权益性投资、发行债券以及借款等方面所收到的现金之和小于企业在偿还债务、支付筹资费用、分配股利或利润、偿付利息以及减少注册资本等方面所支付的现金之和。

出现这种情况，或者是因为企业在本会计期间集中发生偿还债务、支付筹资费用、分配股利或利润、偿付利息、融资租赁等业务，或者是因为企业经营活动与投资活动在现金流量方面运转较好，有能力完成上述各项支付。在企业发展到成熟阶段，对资金的需求下降之后偿还银行借款，有助于帮助企业适当控制经营风险，而且可能还有助于提高企业的资产周转率。如果是向股东支付红利，则说明企业当期找不到更好的投资项目，与其把资金投入效益不好的项目上去，还不如把钱还给股东，让他们自己去寻找更好的投资机会。因此，这样做对于股东来说是有意义的。从这个角度说，这种现金流模式是大多数成熟阶段企业的理想模式。

当然，企业筹资活动产生的现金流量净额小于零，也可能是企业在投资和企业扩张方面没有更多作为的一种表现。若企业经营活动现金流为正数，足以应付企业偿还债务的需要，而且该企业已经在为企业的未来的发展寻找新的盈利模式，这说明企业面对市场的变化具有比较好的应变能力，前景光明。但一旦企业经营环境发生意外改变，是否能够在短期内得到必要的资金支持，帮助企业渡过难关，就可能成为决定企业生死存亡的一件大事。因为对于企业来说，最终解决问题的不是靠融资继续维持经营，而是要从根本上扭转企业的主营业务情况，要让主营业务能够为企业带来充足的现金流量。

美的集团2020年现金流量表（见表4-1）显示：2020年度筹资活动产生的现金流量净额为-7.56亿元，其中，现金流入为547.49亿元，现金流出为555.06亿元。筹资流量整体呈现净流出状态。进一步分析发现，美的集团 2020 年度借款流入额为 180.71 亿元，发行短期融资券收到的现金为 339.98 亿元，这两部分成为美的集团 2020 年度筹资活动现金流入的主要来源。从整体上看，美的集团筹资方式主要依靠借款及发行短期融资券取得。同年度现金流出中，兑付短期融资券支付的现金为 310 亿元，分配股利、利润或偿付利息支付的现金为 128.23 亿元，偿还债务支付的现金为 83.54 亿元。与 2019 年度筹资活动现金净流量-32.74 亿元相比，美的集团 2020 年度筹资活动现金流入增加 347.34 亿元，筹资活动现金流出增加了 322.17 亿元。筹资活动现金流入与流出相差 25.17 亿元。上述数据表明，虽然美的集团经营活动现金流量为正数，但相比 2019 年度却下降了 90.33 亿元，年度内投资及筹资活动现金流量均为负数。大量筹资及投资必然对企业未来的盈利能力及经营活动现金流量提出了更高要求。美的集团应该加大研发，进一步增强主营业务及市场占有率，并利用商业信用减少购买商品支付的现金，持续改善现金流量。

四、现金流量表补充资料中的现金流量质量分析

我国现金流量表补充资料包括以下三部分内容。

（一）将净利润调节为经营活动现金流量

企业的净利润是采用权责发生制为基础编制的，这就使得企业的盈余与现金流量不等，这是正常商业行为的结果。高质量的盈余是有现金流量支持的。如果盈余不能持续地保持一定的现金含量，盈余质量就会受到影响。

将净利润调节为经营活动现金流量，揭示的是采用间接法列示经营活动产生的现金流量净额，即通过加减不影响现金流量的经济业务将净利润调整为现金流量。具体计算时，需要考虑两大类项目：一是不影响现金的损益项目，如折旧和摊销费用、资产减值损失、权益法确认的投资收益等，这些项目是利润表中的内容，但并没有支付或收到现金；二是营运资金的增减变化，如应收账款和存货等流动资产的增加会占用现金，应付账款等流动负债的增加相当于增加现金流入。因此，采用间接法调整时，还需要加减营运资金的增减变化。

在分析盈余的现金质量时，需要具体分析净利润与经营活动现金净流量的差异，而不能简单地比较两个结果。可以从以下现金流量角度分析企业的盈余质量。

1. 分析净利润与经营活动现金净流量存在差异的原因

（1）企业净利润与经营活动现金流量的差距有多少？是否能够明确这些差距的原因？什么会计政策促成了这种差距？是否是一次性的事件促成了这些差距？

（2）一定时期现金流量与净利润的关系是否发生了变化？是经营条件的变化，还是企业会计政策和预算的变化？

（3）收入和费用的确认与现金收支之间为什么有时间性递延？相互之间需要解决哪些不确定因素？

（4）应收账款、存货和应付账款的变化是否正常？

由于净利润与现金流量的差异主要体现在非现金性损益和营运资金占有量各方面，因此，具体分析时可通过非现金性损益的具体项目和应收应付项目的构成以及稳定性来进行。

美的集团现金流量表补充资料（见表 4-2）显示：2020 年度净利润为 275.07 亿元，经营活动产生的现金流量净额为 295.57 亿元，两者相差 20.50 亿元。其中，导致经营现金流增加的项目主要有，折旧和摊销为 50.20 亿元，经营性应付项目增加 199.16 亿元；导致经营现金流减少的项目主要有，经营性应收项目增加 165.39 亿元，存货增加 18.03 亿元，财务收入增加 17.15 亿元，投资收益增加 23.62 亿元，递延所得税资产增加 14.25 亿元。前述几个项目对企业经营活动产生的现金流量影响较大。

其中占比最大的三个项目是：经营性应收项目导致经营现金减少 165.39 亿元，经营性应付项目导致经营现金增加 199.16 亿元，折旧和摊销需调增经营性现金 50.20 亿元。由此可见，美的集团现金流入的主要途径是占用供应商资金及折旧、摊销的调整。

2. 分析盈余现金保障倍数

盈余现金保障倍数（盈利现金比率）指标反映本期经营活动产生的现金净流量与净利润之间的比率关系，即净利润由多少经营活动产生的现金流量作为保障。如果企业本期的经营活动现金流量和净利润都大于 0，则该指标越大，企业盈利质量越高。如果企业本期的经营现金流量大于 0，而净利润小于 0，即本期企业发生了亏损，则该指标越小越好。如果本期经营现金流量为负数而净利润大于 0，表明企业虽然账上反映了盈利，但现金流量却减少了，企业盈利没有质量保障，已经发生现金短缺现象，严重时会导致现金流断裂，引发企业破产。在盈利质量分析时，仅仅靠一年的数据不能说明问题，需要对连续多年的盈余现金保障倍数进行比较。其计算公式为

$$盈余现金保障倍数 = \frac{经营现金净流量}{净利润} \times 100\%$$

盈余现金保障倍数是衡量企业盈利质量的主要指标，反映经营现金净流量与当期净利润的差异程度，即当期实现的净利润有多少是有现金流量保证的。如前所述，利润表的"净利润"以权责发生制为基础，而现金流量表的"现金流量"以收付实现制为基础。这就使得净利润与现金流量不完全一致。

为了防止一方面净利润较多，而另一方面现金流量严重短缺，就必须利用经营现金净流量与净利润之间关系的比率，即盈余现金保障倍数，评价净利润的质量及影响质量高低的原因。

盈余现金保障倍数指标对于防止企业，尤其是上市公司操纵利润具有重要意义。企业操作利润，通常难以拥有相应的现金流。盈余现金保障倍数过低，就有"虚盈实亏"的可能性。分析时要进一步分析企业的会计政策、会计估计和会计差错变更的影响以及应收账款及存货的变现能力。

美的集团 2015—2020 年盈余现金保障倍数分析表如表 4-4 所示。

表 4-4 美的集团 2015—2020 年盈余现金保障倍数分析表

项　　目	2015 年	2016 年	2017 年	2018 年	2019 年	2020 年
净利润/亿元	136.25	158.62	186.11	216.50	252.77	275.07
经营现金净流量/亿元	267.64	266.95	244.43	278.61	385.90	295.57
盈余现金保障倍数	1.96	1.68	1.31	1.29	1.53	1.07

从表 4-4 可以看出，在 2015—2020 年，美的集团净利润和经营现金净流量均为正数，盈余现金保障倍数大于 1，经营现金流对盈利提供了较好保障。具体来看，美的集团在 2015—2020 年间，净利润持续增加，从 2015 年度的 136.25 亿元，上涨到 2020 年度的 275.07 亿元，盈利持续向好；与之对应的经营现金流，除 2019 年外，其余年度却未呈现持续增长；盈余现金保障倍数从 2015 年的 1.96 减少到 2020 年的 1.07，呈现持续下降状态，说明其盈利质量持续走低。尤其是 2020 年度，盈余现金保障倍数仅为 1.07，与 2019 年的 1.53 相比，同比下降了 30.07%，说明美的集团 2020 年度的盈利质量较差，后续改善经营现金流的意愿强烈。

3. 分析自由现金流

自由现金流是指企业产生的、在满足了再投资需要之后剩余的现金流量，这部分现金流量是在不影响公司持续发展的前提下可供分配给企业资本供应者的最大现金额。分析自由现金流可以看出：一是企业的投资资金主要来自哪里；二是股东分红的钱主要来自哪里；三是企业是否存在自由现金流充裕，却不断扩大负债规模的现象。一家企业可能有很高的息税前利润（EBIT），但很有可能这些利润都被用于支付利息和税款、投入公司的营运资本、用于购买设备和厂房的资本支出，由此资本投资者（债权持有人和股权持有人）所得到的现金就非常有限。自由现金流体现的就是企业再投资后剩余的现金量。其常用的计算公式为

$$自由现金流=息前税后利润（即 EBIT-EBIT×所得税税率）+折旧和摊销-净营运资本增加-资本开支$$

式中：

(1) EBIT——息税前利润，代表盈利和盈利成长的结果。
(2) 所得税税率——企业履行社会责任程度。
(3) 折旧和摊销——影响盈利，但不影响经营现金流。
(4) 净营运资本的变化——维持日常经营和维护上下游的稳定性。
(5) 资本开支——维持未来的成长性和竞争力。

在分析时，为了方便取数，自由现金流一般采用简易计算方式，其计算公式为

$$自由现金流=经营活动产生的现金流量净额-购建固定资产、无形资产和其他长期资产支付的现金$$

应该注意的是，只有企业经营活动产生的现金流才是保证企业可持续发展的源泉，所以自由现金流主要来源于经营活动产生的现金流量净额，而通过向股东增发新股、向银行等债权人发新债所获得的资金，向股东派发股利或采取股票回购的形式以及偿还债务本金利息等筹资活动产生的现金流，是不计入自由现金流的。同样，企业要维持竞争力，需要购买固定资产、无形资产等，这些现金支出反映在企业的投资活动中，计算自由现金流时也需要进行扣除。

在实务中，自由现金流主要有两大用途。一是用来为企业估值。用自由现金流折现来为企业估值，通常被市场当成自由现金流的最主要用途。二是用来检验企业品质。理论上讲，一家健康的企业，相应的净利润应该带来相应的自由现金流。净利润带来经营性现金流，经营性现金流减去企业为维持经营所必须支付的资本开支，剩下的就是自由现金流。

和经营性现金流一样，自由现金流对净利润的占比越高，则意味着企业产生现金的能力越强，企业的品质越高。美的集团2015—2020年自由现金流分析表如表4-5所示。

表4-5　美的集团2015—2020年自由现金流分析表　　　　　　　　　千元

项　目	2015年	2016年	2017年	2018年	2019年	2020年	合　计
经营现金流	26 764 254	26 695 009	24 442 623	27 861 080	38 590 404	29 557 117	173 910 487
购建固定资产、无形资产和其他长期资产支付的现金	3 130 932	2 323 430	3 218 402	5 611 851	3 451 856	4 656 582	22 393 053
自由现金流	23 633 322	24 371 579	21 224 221	22 249 229	35 138 548	24 900 535	151 517 434

从表4-5可以看出，在2015—2020年，美的集团自由现金流均为正数，连续6年自由现金流分别为236.33亿元、243.72亿元、212.24亿元、222.49亿元、351.39亿元、249.01亿元，6年累计为1515.17亿元，说明美的再投资后剩余现金比较充裕，未来可持续发展能力较强。具体来看，2020年自由现金流为249.01亿元，相比2019年的351.39亿元，减少了102.38亿元，下降了29.14%，主要是2020年度经营净现金流大幅减少所致。后续美的集团应持续改善经营现金流，为可持续发展打下良好基础。

（二）不涉及现金收支的重大投资和筹资活动

不涉及现金收支的重大投资和筹资活动，反映企业一定期间内影响资产或负债，但不形成该期现金支出的所有投资和筹资活动的信息。这些投资和筹资活动虽然不涉及现金收支，但对以后各期的现金流量均有重大影响。例如，企业融资租入设备，将形成的负债计入长期应付款中，当期并不支付设备款及租金，但以后各期必须支付现金，从而在一定期间内形成了一项固定的现金支出。

企业应当在附注中披露不涉及现金收支，但影响企业财务状况或在未来可能影响企业现金流量的重大投资和筹资活动，主要包括：① 债务转为资本，反映企业本期转为资本的债务金额；② 一年内到期的可转换公司债券，反映企业一年内到期的可转换公司债券的本息；③ 租入固定资产，反映企业本期租入的固定资产。

分析时要注意，企业发生的上述非现金投资活动可能在一定程度上反映企业利用非现金资产进行投资活动的努力。例如，企业用固定资产、无形资产、存货等对外投资，或者反映了企业盘活本企业不良资产，或者是企业充分利用现有资源，提升其利用价值的努力。

（三）现金及现金等价物净变动情况

现金及现金等价物净变动情况反映了企业现金资产的结构变化。显然，具有不同活力的现金资产，其用于周转的质量会有明显差异。应当注意，企业持有现金及现金等价物，并不意味着这些现金可全部由母公司或集团内子公司正常使用。企业持有现金及现金等价物但不能被集团使用的情形多种多样。例如，国外经营的子公司，由于受当地外汇管制或其他立法的限制，其持有的现金及现金等价物就不能由母公司或其他子公司正常使用。

美的集团现金及现金等价物的构成（见表 4-3）显示：2020 年年末现金及现金等价物余额为 235.49 亿元，与 2019 年年末的 304.42 亿元相比，减少了 68.93 亿元，下降了 22.64%。其中可随时用于支付的存放同业款项，2020 年年末为 205.62 亿元，相比 2019 年年末的 90.15 亿元，减少了 115.47 亿元，说明美的集团 2020 年年末现金及现金等价物的变化主要是由于可随时用于支付的存放同业款项减少所致。

第三节　现金流量表结构分析

现金流量表结构分析是指将现金流量表中某一项目的数字作为基数（100%），再计算出该项目各个组成部分占总体的百分比，以分析各项目的具体构成，使各个组成部分的相对重要性明显地表现出来，从而揭示现金流量表中各个项目的相对地位和总体结构关系，用以分析现金流量的增减变动情况和发展趋势。现金流量表结构分析通常是对使用直接法编制的现金流量表进行分析。为了掌握现金流量结构的变动情况，也可将不同时期的现金流量结构进行对比分析。

一、现金流入结构分析

现金流入结构分析又具体分为总收入结构和三项活动（经营活动、投资活动、筹资活动）收入的内部结构分析。总流入结构是反映企业经营活动的现金流入量、投资活动的现金流入量和筹资活动的现金流入量分别占现金总流入量的比重。内部流入结构反映的是经营活动、投资活动和筹资活动等各项业务活动现金流入中具体项目的构成情况。现金流入结构可明确企业的现金来自何方、增加现金流入应在哪些方面采取措施等。美的集团 2020 年度现金流入结构分析表如表 4-6 所示。

表 4-6　美的集团 2020 年度现金流入结构分析表

项目	2020 年度/千元	总体结构/%	分项结构/%	2019 年度/千元	总体结构/%	分项结构/%
一、经营活动产生的现金流量						
销售商品、提供劳务收到的现金	240 052 501		94.89	238 815 589		94.72
吸收存款和同业存放款项净增加额	25 058		0.01	18 091		0.01
存放中央银行款项净减少额				693 023		0.27

续表

项 目	2020年度/千元	总体结构/%	分项结构/%	2019年度/千元	总体结构/%	分项结构/%
收取利息、手续费及佣金的现金	1 381 851		0.55	1 315 921		0.52
收到的税费返还	6 574 762		2.60	6 271 733		2.49
收到其他与经营活动有关的现金	4 950 874		1.96	5 008 821		1.99
经营活动现金流入小计	252 985 046	55.63	100.00	252 123 178	69.81	100.00
二、投资活动（使用）/产生的现金流量						
收回投资收到的现金	141 821 724		96.47	84 852 601		95.34
取得投资收益所收到的现金	4 874 990		3.32	4 026 590		4.52
处置固定资产、无形资产和其他长期资产收回的现金净额	273 544		0.19	125 419		0.14
处置子公司及其他营业单位收到的现金净额	42 398		0.03			
投资活动现金流入小计	147 012 656	32.33	100.00	89 004 610	24.65	100.00
三、筹资活动使用的现金流量						
吸收投资收到的现金	2 657 489		4.85	2 897 917		14.48
取得借款收到的现金	18 070 961		33.01	17 117 677		85.52
发行短期融资券收到的现金	33 998 238		62.10			
收到其他与筹资活动有关的现金	22 725		0.04			
筹资活动现金流入小计	54 749 413	12.04	100.00	20 015 594	5.54	100.00
现金流入合计	454 747 115	100.00		361 143 382	100.00	

从表 4-6 中可以看出，美的集团 2020 年现金流入中，经营活动现金流入占比为 55.63%，投资活动占比为 32.33%，筹资活动占比为 12.04%，可见美的集团的现金流入量主要由经营活动产生，其次是投资活动。经营活动和投资活动现金流量是企业"造血"功能的体现，说明美的集团经营状况良好，收现能力较强，现金流入结构较为合理。具体看各项收入内部结构分析，经营活动现金流入中"销售商品、提供劳务收到的现金"所占比重高达 94.89%，说明企业主营业务比较正常；投资活动现金流入中"收回投资收到的现金"占比为 96.47%，说明美的集团投资活动比较活跃，收回投资贡献了最大的投资活动现金流；筹资活动现金流入中"发行短期融资券收到的现金"占比为 62.10%，其次是"取得借款收到的现金"占比为 33.01%，说明 2020 年度美的集团筹资主要以间接融资为主，相对来说，企业融资成本较高。

二、现金流出结构分析

现金流出结构分为总流出结构和内部流出结构。现金总流出结构是反映企业经营活动的现金流出量、投资活动的现金流出量和筹资活动的现金流出量分别在全部现金流出量中所占的比重。现金内部流出结构反映的是企业经营活动、投资活动、筹资活动等各项业务活动现金流出中具体项目的构成情况。现金流出结构可以表明企业的现金究竟流向何方、要节约开支应从哪方面入手等。美的集团 2020 年度现金流出结构分析表如表 4-7 所示。

表 4-7 美的集团 2020 年度现金流出结构分析表

项 目	2020 年度/千元	总体结构/%	分项结构/%	2019 年度/千元	总体结构/%	分项结构/%
一、经营活动产生的现金流量						
购买商品、接受劳务支付的现金	139 660 744		62.51	130 099 497		60.93
发放贷款及垫款净增加额	6 078 053		2.72	318 859		0.15
向中央银行借款净减少额				99 754		0.05
存放中央银行款项净增加额	1 274 496		0.57			
支付利息、手续费及佣金的现金	113 517		0.05	134 251		0.06
支付给职工以及为职工支付的现金	28 460 318		12.74	26 851 139		12.57
支付的各项税费	13 407 607		6.00	14 897 513		6.98
支付其他与经营活动有关的现金	34 433 194		15.41	41 131 761		19.26
经营活动现金流出小计	223 427 929	48.44	100.00	213 532 774	61.20	100.00
二、投资活动（使用）/产生的现金流量						
购建固定资产、无形资产和其他长期资产支付的现金	4 656 582		2.55	3 451 856		3.08
投资支付的现金	176 621 347		96.87	108 457 398		96.74
取得子公司及其他营业单位支付的现金净额	1 045 390		0.57	203 057		0.18
投资活动现金流出小计	182 323 319	39.53	100.00	112 112 311	32.13	100.00
三、筹资活动使用的现金流量						
偿还债务支付的现金	8 354 338		15.05	8 643 875		37.12
兑付短期融资券支付的现金	31 000 000		55.85			0.00
分配股利、利润或偿付利息支付的现金	12 822 636		23.10	11 055 769		47.47
支付其他与筹资活动有关的现金	3 328 734		6.00	3 589 551		15.41

续表

项 目	2020年度/千元	总体结构/%	分项结构/%	2019年度/千元	总体结构/%	分项结构/%
筹资活动现金流出小计	55 505 708	12.03	100.00	23 289 195	6.67	100.00
现金流出合计	461 256 956	100.00		348 934 280	100.00	

从表4-7中可以看出,美的集团2020年现金流出中,经营活动现金流出占比为48.44%,投资活动占比为39.53%,筹资活动占比为12.03%,可见其现金流出量主要由经营活动和投资活动产生,说明美的集团生产经营状况正常,企业仍然处于花钱扩张阶段,现金支出结构较为合理。具体看各项流出内部结构分析,经营活动现金流出中"购买商品、接受劳务支付的现金"占比为62.51%,相比2019年度的60.93%,增长了1.58个百分点,"支付给职工以及为职工支付的现金"占比为12.74%,相比2019年度的12.57%,增长了0.17个百分点,说明美的经营活动流出以购买材料和支付人工成本为主;投资活动现金流出中"投资支付的现金"占比很大,为96.87%,而"购建固定资产、无形资产和其他长期资产支付的现金"仅占2.55%,说明美的集团没有大比例扩展产能,投资活动以资本运作为主;筹资活动现金流出中"兑付短期融资券支付的现金"占比为55.85%,"分配股利、利润或偿付利息支付的现金"占比为23.10%,说明美的集团筹资活动以债务筹资活动为主。从整体上看,美的集团现金流出中,购买商品、接受劳务支付的现金占到较大比重,符合企业现金流支出以经营活动(主业)为主的逻辑,投资活动以投资支付的现金占比大,说明美的集团战略相对稳健,2020年度没有大规模产能扩张及战略重组;筹资活动的现金流出以债务筹资为主,股权筹资占比较小,可以进一步分析美的集团筹资活动的资本成本、资金结构、融资顺序、融资期限等问题。

三、现金流入与流出比分析

现金流入与流出比分析是从"投入与产出"的角度,总体和分项考察经营活动、投资活动、筹资活动现金流入量与现金流出量之间的关系。

进行现金流入与流出比分析,还要注意三种活动现金流量净额是正值还是负值,以此判断企业的各项活动是否正常、有无异常情况。

1. 经营活动现金流量分析

通过查阅经营活动现金流量的正负,大致可以判断企业的经营活动是否正常。现金净流量为正值,表明企业现金流入较多,资金充足,企业有更多的资金用于扩大规模或偿还债务。但现金流量净额并不是越大越好,若太大,则可能是企业现有的生产能力不能充分吸收现有的资产,使资产过多地停留在盈利能力较低的现金上,从而影响企业的获利能力。若经营活动现金净流量出现负值,则必须严肃对待。若长期为负,表明企业经营活动存在较大问题,企业难以维持正常的经营活动,持续经营能力将受到严重考验。

2. 投资活动现金流量分析

企业进行投资是扩大规模、增强产业竞争力的重要举措。例如,企业扩大规模或开发新的利润增长点时,需要大量的现金投资,投资活动产生的现金流入量补偿不了流出量,投资活动现金净流量则表现为负数。这说明企业面对市场变化具有较好的应变能力，前景是光明的。只要企业投资决策正确，就会在未来产生现金净流入用于偿还债务、创造收益，企业不会有偿债困难。

3．筹资活动现金流量分析

一般而言，企业本年度筹资活动现金流量净额越大，则企业未来的偿债压力就越大。表现为筹资年度现金流量为正值，偿还年度现金流量为负值，即正负相间的态势。但若现金净流入主要来自企业吸收的权益性资本，则不仅不会面临偿债压力，资金实力反而增强，但要关注资金的使用效果。因此，分析时要注意企业的筹资能力和筹资政策，以及筹资组合与筹资方式是否合理。

综上所述，企业经营活动现金流量净额是大多数企业期望的最主要的现金来源，这是企业主营业务突出、收入稳定、企业运营状况良好的主要标志。分析时，应关注经营活动现金流量净额是否是正数以及占企业全部现金流量净额的比重。而处于初创期或成长期的企业，投资活动现金流量净额通常是负值；处于成熟期的企业，投资现金流量净额是正负相间的；处于衰退期的企业，投资现金流量净额通常是正值。筹资活动现金流量净额变化规律与投资活动正好相反：处于初创期或成长期的企业，筹资活动现金流量净额通常是正值；处于成熟期的企业，筹资现金流量净额是正负相间的；处于衰退期的企业，筹资现金流量净额通常是负值。

美的集团现金流量表（见表 4-1）显示：2020 年度经营活动现金流量净额为正数；投资活动现金流量为负数；筹资活动现金流量为负数。上述现金流量体现了成长性公司的特征，说明美的集团经营活动正常，主营业务比较突出，收入比较稳定，运营状况较为良好。总现金流量为负数，说明全部现金流量支大于收，经营活动现金流量不足以满足投资活动和筹资活动现金的需要，后续应进一步加大经营活动现金净流量，同时适当减少投资支出，并加大筹资流入，改善现金流。

美的集团 2020 年度现金流入与流出比分析表如表 4-8 所示。

表 4-8　美的集团 2020 年度现金流入与流出比分析表

项　　目	2020 年度/千元	2019 年度/千元
一、经营活动现金流入量与现金流出量之比	1.13	1.18
经营活动现金流入量	252 985 046	252 123 178
经营活动现金流出量	223 427 929	213 532 774
二、投资活动现金流入量与现金流出量之比	0.81	0.79
投资活动现金流入量	147 012 656	89 004 610
投资活动现金流出量	182 323 319	112 112 311
三、筹资活动现金流入量与现金流出量之比	0.99	0.86
筹资活动现金流入量	54 749 413	20 015 594
筹资活动现金流出量	55 505 708	23 289 195
四、现金流入量与现金流出量之比	0.99	1.03
现金流入量	454 747 115	361 143 382
现金流出量	461 256 956	348 934 280

从表 4-8 可以看出，美的集团 2020 年度现金流入量与现金流出量之比为 0.99，总体流入略微小于流出。从分项目上看，美的集团 2020 年度经营活动现金流入量与现金流出量之比为 1.13，表明美的集团每 1 元现金流出可换回 1.13 元现金流入。一般而言，这个比值越大越好。投资活动现金流入量与现金流出量之比为 0.81，投资活动引起的现金流出较大，表明美的处于扩张时期。一般而言，企业处于发展时期，这个比值较小，而衰退或缺少投资机会时，这个比值较大。筹资活动现金流入量与现金流出量之比为 0.99，表明企业的借款金额略微小于还款金额。

本章小结

现金流量表是以收付实现制为基础编制的，反映企业在某一会计期间内现金流入和流出情况的会计报表。现金流量表可以按月编制，也可以按年编制。在实际工作中，大部分企业均按月份编制现金流量表，以便及时了解企业的现金收支情况。

在现金流量表上，将现金流量分为经营活动产生的现金流量、投资活动产生的现金流量、筹资活动产生的现金流量三大类。通过现金流量表分析，可以判断企业的偿债能力和支付能力，反映企业现金盈缺的原因，将经营活动现金净流量与净利润进行对比，还可以评价净利润的质量，有助于提高会计信息的可比性和真实性。

现金流量表分析主要包括现金流量表质量分析和现金流量表结构分析。

现金流量质量分析包括经营活动现金流量质量分析、投资活动现金流量质量分析和筹资活动现金流量质量分析。现金流量质量是指企业的现金流量能够按照企业的预期目标进行顺畅运转的质量。

现金流量表结构分析就是在现金流量有关数据的基础上，对不同项目进行的比较与分析，以揭示各数据在公司现金流量中的相对意义，进一步明确现金流入的构成、现金流出的构成以及现金余额的形成情况。通过结构分析，可以了解企业现金流入的主要来源和现金流出的主要去向，帮助企业对各类现金流量在一定时期内的余额增减做出判断，分析企业现金流量是否存在异常情况及其产生的原因，以便抓住重点，采取有效措施，实现现金的最佳配置和使用。

思考题

1. 什么是现金流量表？现金流量表的作用如何？
2. 简要说明现金流量的分类。
3. 直接法和间接法编制的现金流量表有什么不同？试评价直接法和间接法的优缺点。
4. 如何对经营活动现金流量进行分析？
5. 如何对投资活动现金流量进行分析？
6. 如何对筹资活动现金流量进行分析？
7. 如何对现金流入结构进行分析？

8. 如何对现金流出结构进行分析？

9. 如何对现金流入与流出比进行分析？

10. 利润表有什么缺陷？为什么要通过编制现金流量表来弥补利润表的这些缺陷？

练习题

习题一

（一）目的：练习现金流量表项目的分类。

（二）资料：某企业2020年度发生下列业务。

1. 采购原材料支付价款30万元（含增值税）。

2. 支付员工工资共计200万元，其中生产部门等在职员工工资150万元，在建工程人员工资50万元。

3. 销售商品，收到款项1300万元（含增值税）。

4. 缴纳增值税130万元，缴纳所得税44万元。

5. 购建固定资产，支付款项405万元（含增值税）。

6. 股票投资1000万元，债券投资20万元。

7. 支付到期的银行借款700万元，利息35万元。

8. 处理报废固定资产，获得4.9万元的净收入。

9. 从银行借款400万元。

10. 支付现金股利330万元。

11. 计提应收账款减值准备15万元，计提存货跌价准备20万元。

12. 计提固定资产折旧160万元。

13. 支付会议费、广告费等共计62万元。

14. 出售股票，收回投资600万元，同时获得收益61万元。

（三）要求：

1. 将上述所有经济业务按照经营活动、投资活动、筹资活动进行分类，计算每类活动的现金流入、现金流出、净现金流量，并计算该企业2020年度的净现金流量。

2. 说明上述有哪些活动不影响企业的现金流量。

习题二

（一）目的：现金流量表盈利质量分析。

（二）资料：A公司连续5年盈余现金保障倍数分析表如表4-9所示。

表4-9 A公司连续5年盈余现金保障倍数分析表

	2016年	2017年	2018年	2019年	2020年
净利润/亿元	19.12	26.96	34.76	22.43	-15.08
经营现金流/亿元	36.48	37.29	9.42	-18.12	-58.27
盈余现金保障倍数	1.91	1.38	0.27	-0.81	3.86

（三）要求：

1．说明盈余现金保障倍数的含义，分析 A 公司连续 5 年盈余现金保障倍数的变化趋势。

2．说明 A 公司盈利质量的变化，从哪一年开始盈利质量持续走低。

3．A 公司 2020 年净利润和经营现金流均为负数，说明造成该问题可能的原因。

案例分析

下载珠海格力电器股份有限公司（股票代码 000651）最近 3 年的年度财务报告（www.cninfo.com.cn），对其现金流量表的质量和结构进行分析，要使用具体数据进行说明。

要求：

（1）分析现金流量表经营活动现金流量、投资活动现金流量、筹资活动现金流量各项目的具体含义，并对其质量进行评价。

（2）运用具体指标及数据分析现金流入结构、现金流出结构。

（3）以格力电器最近 3 年的年度数据为例，对现金流入与流出进行分析并做动态评价。

（4）与美的集团相比，分析格力电器现金流量表在质量和结构方面存在的优势及不足。

本章习题
答案参考

第五章　股东权益变动表分析

【本章内容要点】

① 股东权益变动表分析的目的和内容；
② 股东权益变动表质量分析；
③ 股东权益变动表结构分析。

第一节　股东权益变动表分析的目的和内容

一、股东权益变动表分析的目的

股东权益变动表（普通公司制企业称为所有者权益变动表），是指反映股东权益各组成部分当期增减变动情况的报表。股东权益变动表应当全面反映企业在某一会计期间股东权益变动的情况，不仅包括股东权益总量的增减变动，还包括股东权益增减变动的重要结构性信息，让报表使用者准确理解股东权益增减变动的根源。2007 年以前，我国企业的股东权益变动情况以资产负债表的附表形式予以披露。2007 年以后，我国现行会计准则要求上市公司单独编制股东权益变动表，披露股东权益增减变动情况。自此，股东权益变动表成为与资产负债表、利润表、现金流量表并列披露的第四张财务报表。

在股东权益变动表上，综合收益和与所有者（或股东）的资本交易导致的股东权益的变动，应当分别列示，因此，股东权益变动表在一定程度上体现了企业的综合收益，体现了会计的综合收益观。

股东权益变动表分析是通过股东权益的来源及其变动情况，了解企业会计期间内影响股东权益增减变动的具体原因，判断构成股东权益各个项目的变动的合法性与合理性，为报表使用者提供较为真实的股东权益总额及其变动信息。

股东权益变动表分析的目的如下。

（1）通过股东权益变动表分析，可以反映管理层受托责任的履行信息。随着资本市场的发展，企业所有者越来越重视自己的利益，他们需要详细地了解自己的权益状况。通过股东权益变动表，股东不仅可以了解企业股东权益的构成、各组成部分所占比例以及在本期的增减变动情况和变动原因，而且还可以评估企业管理层受托责任的履行情况。

（2）通过股东权益变动表分析，可以了解企业利润分配情况。由于企业对净利润的分配直接影响所有者总额和各项目发生变动，也被列入股东权益变动表，因此通过该表还可以了解企业净利润的分配情况。可以说，股东权益变动表既是对资产负债表的补充，又替代了利润分配表，对利润表进行补充说明。

(3) 通过股东权益变动表分析,可以了解企业会计政策变更以及会计差错的更正情况。2007年以前,会计政策变更和前期差错更正对股东权益本年年初余额的影响,主要在会计报表附注中体现,很容易被投资者忽略。随着现行会计准则的颁布,除要求企业在附注中披露与会计政策变更、前期差错更正有关的信息外,还要在股东权益变动表上直接列示会计政策变更和前期差错更正对股东权益的影响,因此企业会计政策变更以及会计差错的更正情况得到了更为清晰的体现。

二、股东权益变动表分析的内容

(一) 股东权益变动表的主要内容

股东权益变动表的主要内容包括以下四部分。
(1) 上年年末股东权益各项目余额。
(2) 本年年初股东权益各项目余额。
(3) 股东权益各项目在本年的增减变动金额。本部分又单独列报以下项目:① 综合收益总额;② 所有者投入资本和减少资本;③ 利润分配;④ 股东权益内部结转;⑤ 专项储备;⑥ 其他。
(4) 本年年末股东权益各项目余额。

由于现行企业会计准则将企业利润分配情况作为股东权益变动表的组成部分列示,因此,企业不需要单独编制利润分配表。

(二) 股东权益变动表的分析内容

股东权益变动表分析主要包括以下内容。

1. 股东权益变动表质量分析

股东权益变动表质量分析就是将各个项目的本期数与上期数进行对比,分析企业当期股东权益各个项目及其变动情况,揭示净资产的变动原因,以便进行相关决策。

2. 股东权益变动表结构分析

股东权益变动表结构分析就是通过计算股东权益各个项目变动占股东权益变动的比重,分析企业股东权益各个项目的比重及其变动情况,揭示净资产构成的变动原因,以便进行相关决策。

股东权益变动表采用矩阵形式列报。该表的横行按照导致股东权益变动的交易或事项设置,包括上年年末余额、本年年初余额、本年增减变动金额、本年年末余额四部分内容,主要从股东权益来源的角度对一定时期内股东权益变动情况进行全面反映。该表的纵列按照股东权益各组成部分设置,包括实收资本(股本)、资本公积、库存股、盈余公积、未分配利润等,反映股东权益各组成部分及其总额,以及交易或事项对股东权益的影响。

本章以美的集团公司和美的母公司为例,说明合并股东权益变动表和母公司股东权益变动表的格式和内容,如表5-1~表5-4所示。

第五章 股东权益变动表分析

表 5-1 合并股东权益变动表

编制单位：美的集团股份有限公司　　2019 年度　　千元

项目	股本	资本公积	减：库存股	其他综合收益	一般风险准备	盈余公积	未分配利润	少数股东权益	股东权益合计
2019年1月1日年初余额	6 663 031	18 451 307	(4 918 427)	(994 706)	366 947	5 079 096	58 424 868	9 382 401	92 454 517
2019年度增减变动额									
综合收益总额									25 277 144
净利润							24 211 222	1 065 922	
其他综合收益的税后净额				283 152				64 888	348 040
综合收益总额				283 152			24 211 222	1 130 810	25 625 184
股东投入和减少资本									
股东投入的普通股	87 150	2 426 916	(57 088)					120 427	2 577 405
股份支付计入股东权益的金额		144 287						82 268	226 555
其他	221 719	(1 221 661)	1 215 783					(3 231 072)	(3 015 231)
利润分配									
提取一般风险准备									
提取盈余公积						1 368 562	(1 368 562)		
对股东的分配							(8 553 897)	(1 670 654)	(10 224 551)
资本公积转增股本									
其他	(160 536)							12 754	(147 782)
2019年12月31日年末余额	6 971 900	19 640 313	(3 759 732)	(711 554)	366 947	6 447 658	72 713 631	5 826 934	107 496 097

表 5-2 合并股东权益变动表

编制单位：美的集团股份有限公司　　2020 年度　　单位：千元

项　目	股本	资本公积	减：库存股	归属于母公司股东权益 其他综合收益	一般风险准备	专项储备	盈余公积	未分配利润	少数股东权益	股东权益合计
2020年1月1日年初余额	6 971 900	19 640 313	(3 759 732)	(711 554)	366 947		6 447 658	72 713 631	5 826 934	107 496 097
2020年度增减变动额										
综合收益总额										
净利润								27 222 969	283 573	27 506 542
其他综合收益的税后净额				(837 449)					(340 360)	(1 177 809)
综合收益总额				(837 449)				27 222 969	(56 787)	26 328 733
股东投入和减少资本										
股东投入的普通股	63 801	2 157 530							89 465	2 310 796
企业合并					13 618				1 663 792	1 677 410
股份支付计入股东权益的金额		508 256							55 314	563 570
其他	(5 725)	(193 357)	(2 334 615)						(517 436)	(3 051 133)
利润分配										
提取一般风险准备					221 037			(221 037)		
提取盈余公积							1 518 704	(1 518 704)		
对股东的分配								(11 122 406)	(417 486)	(11 539 892)
资本公积转增股本										
专项储备										
本期提取						165			41	206
本期使用						(1 053)			(263)	(1 316)
其他		375 363							77 266	452 629
2020年12月31日年末余额	7 029 976	22 488 105	(6 094 347)	(1 549 003)	587 984	12 730	7 966 362	87 074 453	6 720 840	124 237 100

表 5-3 股东权益变动表

编制单位：美的集团股份有限公司（母公司）　　2019 年度　　　　　　　　　　　　　　　　　　　　　　千元

项　　目	股　　本	资 本 公 积	减：库存股	其他综合收益	盈 余 公 积	未分配利润	股东权益合计
2019年1月1日年初余额	6 663 031	10 615 389	(4 918 427)	6 020	5 079 096	19 486 212	36 931 321
2019年度增减变动额							
综合收益总额							
净利润						13 685 619	13 685 619
其他综合收益的税后净额				(4 285)			(4 285)
综合收益总额				(4 285)		13 685 619	13 681 334
股东投入和减少资本							
股东投入的普通股	87 150	2 426 916	(57 088)				2 456 978
股份支付计入股东权益的金额		226 556					226 556
其他	221 719	13 372 750	1 215 783				14 810 252
利润分配							
提取盈余公积					1 368 562	(1 368 562)	
对股东的分配						(8 553 897)	(8 553 897)
资本公积转增股本							
其他		(48 652)					(48 652)
2019年12月31日年末余额	6 971 900	26 592 959	(3 759 732)	1 735	6 447 658	23 249 372	59 503 892

表 5-4 股东权益变动表

编制单位：美的集团股份有限公司（母公司）　　2020 年度　　　　　　　　　千元

项 目	股 本	资 本 公 积	减：库存股	其他综合收益	盈 余 公 积	未分配利润	股东权益合计
2020 年 1 月 1 日年初余额	6 971 900	26 592 959	(3 759 732)	1 735	6 447 658	23 249 372	59 503 892
2020 年度增减变动额							
综合收益总额							
净利润						15 187 038	15 187 038
其他综合收益的税后净额				(17 744)			(17 744)
综合收益总额				(17 744)		15 187 038	15 169 294
股东投入和减少资本							
股东投入的普通股	63 801	2 157 530					2 221 331
股份支付计入股东权益的金额		566 167					566 167
其他	(5 725)	(193 357)	(2 334 615)				(2 533 697)
利润分配							
提取盈余公积					1 518 704	(1 518 704)	
对股东的分配						(11 122 406)	(11 122 406)
资本公积转增股本							
其他		248					248
2020 年 12 月 31 日年末余额	7 029 976	29 123 547	(6 094 347)	(16 009)	7 966 362	25 795 300	63 804 829

第二节　股东权益变动表质量分析

股东权益变动表质量分析就是对股东权益变动表的主要项目进行分析，揭示其变动原因、合理性与合法性以及是否有人为操控的迹象等。影响股东权益变动的因素主要是净利润、利润分配、不影响利润但直接影响股东权益的项目等。此外，还要直接调整年初股东权益的事项，如会计政策变更、前期差错调整。股东权益变动表的各项目之间的逻辑关系式为

本期股东权益变动额 = 综合收益总额+会计政策和前期差错更正的累积影响±所有者投入和减少资本-利润分配±股东权益内部结转±专项储备±其他

美的集团资产负债表显示，2020年年末股东权益总额为1 242.37亿元，2019年年末股东权益总额为1 074.96亿元，增加了167.41亿元，增长了15.57%。这些数字是如何变化的呢？合并股东权益变动表（见表5-2）显示：股本增加了0.58亿元，资本公积增加了28.48亿元，库存股增加了23.35亿元，其他综合收益减少了8.37亿元，一般风险准备增加了2.21亿元，专项储备增加了0.13亿元，盈余公积增加了15.19亿元，未分配利润增加了143.61亿元，少数股东权益增加了8.94亿元，合计为167.41亿元。具体来看，公司2020年度综合收益总额为263.29亿元，所有者投入资本为23.11亿元，企业合并增加股东权益为16.77亿元，股份支付计入股东权益的金额为5.64亿元，对股东分配股利为115.40亿元，其他为-26.00亿元。由此计算得出本期股东权益变动额为263.29+23.11+16.77+5.64-115.40-26.00=167.41亿元。

由于该表的纵列是按照股东权益各组成部分设置的，包括实收资本（股本）、资本公积、盈余公积、未分配利润等，在资产负债表分析时，已经对上述项目进行了分析，为避免重复，本章从以下角度进行分析。

一、综合收益总额

综合收益是指企业在某一期间除与所有者以其所有者身份进行的交易之外的其他交易或事项所引起的股东权益变动。综合收益总额项目反映净利润和其他综合收益扣除所得税影响后的净额相加后的合计金额。

其他综合收益是指企业根据其他会计准则规定未在当期损益中确认的各项利得和损失。其他综合收益主要核算公司在持有资产的过程中因资产价格波动形成的账面收益，也就是它未在利润表中作为"利润"确认，而是在资产负债表中作为"股东权益"确认。例如企业持有股票，如果打算长期持有，那么价值波动就不影响当期损益，而是计入其他综合收益。再如可供出售金融资产公允价值的变动，如果在它存续期间立即确认损益的话，就会导致利润的"虚增"或"虚减"，毕竟没有实际的现金流入或流出，只是资本市场上的价格波动而已，确认损益显然不合理。"其他综合收益"的本质是：不是资本交易，是由于

价值波动而导致的未在当期损益中确认的各项持有利得或损失。其他综合收益除在资产负债表中股东权益部分列示，还需要在利润表中净利润下面进行列示。利润表披露了其他综合收益各项目及其所得税影响，以及计入其他综合收益、当期转入损益的金额等信息。综合收益总额的计算用公式表示为

$$综合收益总额=净利润+其他综合收益的税后净额$$

在我国，关于综合收益总额的信息披露有以下规定。

1. 资产负债表

在资产负债表中股东权益部分列示其他综合收益。

2. 利润表

在利润表中净利润下面列示其他综合收益的税后净额。其他综合收益的税后净额又分为归属母公司所有者的其他综合收益的税后净额和归属于少数股东的其他综合收益的税后净额。归属母公司所有者的其他综合收益的税后净额包括：以后不能重分类进损益的其他综合收益和以后将重分类进损益的其他综合收益。总体而言，利润表"综合收益总额"体现的是企业管理层的"业绩"。

3. 股东权益变动表

股东权益变动表的"综合收益总额"项目与利润表的"综合收益总额"项目存在勾稽关系。

在填列股东权益变动表"本年金额"栏的"综合收益总额"行次时，与本年度利润表"净利润"项目相对应的金额应填列在"本年金额"栏下的"未分配利润"栏次下，与本年度利润表"其他综合收益的税后净额"项目相对应的金额应填列在"本年金额"栏下的"其他综合收益"栏次下。

在进行报表分析时要注意，尽管"净利润"和"其他综合收益的税后净额"均会影响综合收益总额的增减变化，但净利润与企业生产经营活动的核心竞争力紧密相关，而其他综合收益的税后净额与企业日常的生产经营活动无关，仅仅是依据会计准则核算的账面驱动因素而已。两者比较而言，可能都带来了"综合收益总额"的有利变化，但"净利润"的贡献更具持续性、稳定性和现实性。

美的集团合并股东权益变动表（见表5-2）显示：2020年综合收益总额为263.29亿元，相比2019年的256.25亿元，增加了7.04亿元，增长了2.75%。美的集团综合收益总额分析如表5-5所示。

表5-5　美的集团综合收益总额分析　　　　　　　　　　　　　　　　　　千元

项　目	2020年度	2019年度
净利润	27 506 542	25 277 144
归属于母公司股东的净利润	27 222 969	24 211 222
少数股东损益	283 573	1 065 922
其他综合收益的税后净额	（1 177 809）	348 040
归属母公司股东的其他综合收益的税后净额	（837 449）	283 152
归属少数股东的其他综合收益的税后净额	（340 360）	64 888

续表

项　　目	2020 年度	2019 年度
综合收益总额	26 328 733	25 625 184
归属母公司股东的综合收益总额	26 385 520	24 494 374
归属少数股东的综合收益总额	（56 787）	1 130 810

二、会计政策变更分析

会计政策是指企业在会计确认、计量和报告中所采用的原则、基础和会计处理方法。我国会计准则规定，企业采用的会计政策在每一会计期间和前后各期应当保持一致，不得随意变更。但是满足下列条件之一的，可以变更会计政策：第一，法律、行政法规或国家统一的会计制度等要求变更；第二，会计政策变更能够提供更可靠、更相关的会计信息。

若会计政策变更能够提供更可靠、更相关的会计信息，应采用追溯调整法，对会计报表相关项目进行调整。会计政策变更项目反映企业因改变会计政策对企业期初留存收益的累计影响金额。也就是说，应当计算会计政策变更的累积影响数，并相应调整变更年度的期初留存收益以及会计报表的相关项目。

三、前期差错调整

前期差错是指由于没有运用或错误运用以下两种信息，而对前期财务报表造成遗漏或误报：第一，编报前期财务报表时能够合理预计取得并应当加以考虑的可靠信息；第二，前期财务报表批准报出时能够取得的可靠信息。前期差错通常包括计算错误、应用会计政策错误、疏忽或曲解事实和舞弊产生的影响以及存货、固定资产盘盈等。

前期差错调整项目反映企业以前时期会计核算时由于计量、确认、记录等方面出现错误，对企业期初留存收益的累计影响金额。对于本期发现的前期重要会计差错，我国会计准则不允许计入发现当期的净损益，而应采用追溯重述法进行更正。也就是说，在发生前期差错时，视同该项前期差错从未发生过，从而对财务报表相关项目进行更正，即调整期初留存收益及会计报表其他相关项目的期初数。

会计差错只要发生就会使报出信息失真，按其影响程度的不同，可分为重大会计差错和非重大会计差错两类。重大会计差错是指影响会计报表可靠性的会计差错，其特点是差错的金额比较大，足以影响会计报表的使用者对企业的财务状况和经营成果做出正确判断。按照重要性原则，如果某项差错占有关交易或事项金额的 10%以上，则可以被认为是重大会计差错。非重大会计差错是指不足以影响会计报表的使用者对企业的财务状况和经营成果做出正确判断的会计差错。无论是否为重大会计差错，都要在发现前期差错的当期进行前期差错调整更正，在股东权益变动表中适时披露。

具体分析时，要警惕年度间频繁出现前期差错调整事项的情况，很有可能是企业蓄意调整利润所导致的结果。

四、所有者投入或减少资本

股东权益变动表中的"所有者投入或减少资本"项目，直接会影响到"本年金额"栏的"实收资本（股本）"、"其他权益工具"或"资本公积"栏次。该项目会对年末的股东权益合计的金额产生影响，但不会影响对企业管理层的绩效评价，该项目反映的是企业所有者对该企业未来发展趋势的预期以及对企业管理层的信任程度。

1. 所有者（或股东）投入的普通股

"所有者（或股东）投入的普通股"项目，反映的是本报告期企业所有者（或股东）向该企业的资本性投入，代表该企业的所有者（或股东）对该企业未来发展趋势的持续看好、对企业管理层信任度的增强以及所有者（或股东）面向未来的信心在增强。

2. 股份支付计入股东权益的金额

"股份支付计入股东权益的金额"项目，反映的是报告期内因实施权益结算方式的股份支付激励计划而依据相关具体会计准则应计入"资本公积——其他资本公积"中的金额。在权益结算方式下，被激励对象行权时会转变为企业的股东，实施该激励方式通常代表着企业的长期激励机制较为健全、合理、有效，在共赢机制和预期推动下，企业未来的成长性通常较好。

3. 其他权益工具持有者投入资本

"其他权益工具持有者投入资本"项目，反映企业发行的除普通股以外分类为权益工具的金融工具的持有者投入资本的金额。需要指出的是，尽管该类金融工具的持有者投入的资金被分类并确认为股东权益项下，在企业持续经营状态下也属于企业可以长期使用的资金，但在企业面临清算或约定的极端罕见的触发条件出现时，该类金融工具的持有者对企业剩余资产的索取权要优先于企业的所有者（或股东）。报告期内该项目如果存在发生额，通常表明该企业对金融市场的适应能力较强，企业筹集长期资金的能力也较强，企业现存所有者（或股东）维持对该企业的控制欲望也较强。

美的集团合并股东权益变动表（见表5-2）显示：美的集团2020年所有者投入的普通股总额为23.11亿元，股份支付计入股东权益的金额为5.64亿元，未发生其他权益工具持有者投入资本事项。

五、利润分配

股东权益变动表中的"利润分配"项目，制造业主要包括以下两个项目。

1. 提取盈余公积

在利润分配过程中，"提取盈余公积"项目会导致股东权益构成要素的"盈余公积"项目的金额增加和"未分配利润"项目的金额减少，但股东权益合计的总额并不会受到影响。

2. 对所有者（或股东）的分配

"对所有者（或股东）的分配"项目会导致股东权益构成要素的"未分配利润"项目的金额减少。从表面上看，该项目的发生额体现的是管理层对企业所有者（或股东）资本性投资的回报水平，但实质上反映的是企业所有者（或股东）眼前利益与长远利益如何取舍的价值观及对该企业未来发展的预期。作为企业的潜在投资者，可综合考量过往和当期的资本性投资的分红水平和现有股东对企业未来发展的信心和预期状况。

美的集团合并股东权益变动表（见表5-2）显示：美的集团2020年利润分配总额为128.62亿元。其中，提取一般风险准备为2.21亿元（2020年度，美的集团的部分子公司根据银保监会《关于加强商业保理企业监督管理的通知》及财政部《金融企业准备金计提管理办法》提取的一般风险准备约221 037 000元）；提取法定盈余公积为15.19亿元；应付普通股股利为111.22亿元（根据2020年5月22日股东大会决议，该公司向全体股东派发现金股利，每股人民币1.60元，按照已发行股份扣除已回购股份后6 957 181 058股计算，应计约11 131 490 000元；限制性股票激励计划部分激励股份回购注销5 725 000股，撤销现金股利约9 084 000元，本年实际派发现金股利共计约11 122 406 000元）。

六、股东权益内部结转

在股东权益变动表中，股东权益内部结转主要包括以下项目。

1. 资本公积转增资本（或股本）

"资本公积转增资本（或股本）"项目反映的是报告期内企业所有者愿意承担法定责任的最高限额，此举对于提升企业未来的负债融资能力通常会有正向激励作用。对于上市公司而言，资本公积转增资本，会拉低该股票二级市场的交易价格，进而会提升该股票在二级市场的流通性，对于大盘处于牛市且估值过高的股票来说，通常会进一步"推升"其市盈率。

2. 盈余公积转增资本（或股本）

在股东权益项目内部结转的项目中，有"资本公积转增资本（或股本）"与"盈余公积转增资本（或股本）"两种方式。相比较而言，盈余公积转增资本（或股本）所释放出的企业所有者调增其承担法定责任最高限额的信号会更加强烈。通常情况下，会造成企业后续的直接融资或间接融资行为明显增加。报表阅读者可以结合该企业发展战略及其盈利能力、营运能力的分析，有针对性地做出相应的决策。

3. 盈余公积弥补亏损

"盈余公积弥补亏损"项目代表的是企业用以前获利年度所提取的法定或任意盈余公积来弥补后续年度发生的亏损。在通常情况下，企业实施该类行为可能是基于满足以后年度实施利润分配的前置条件，也可能是基于满足未来进一步实施从资本市场再融资的前置条件。总体而言，该类企业以前期间的获利能力出现了由强转弱的不利变化趋势，但"低谷"已过且未来发展趋势向好。

4. 设定受益计划变动额结转留存收益

"设定受益计划变动额结转留存收益"项目反映的是实施设定受益计划养老保险模式的企业，依据《企业会计准则第9号——职工薪酬》重新计量设定受益计划净负债或净资产所产生的变动而计入其他综合收益的金额，在本会计期间结转到留存收益的金额。需要指出的是，目前我国整个社会层面实施的是设定提存计划的养老保险模式，"设定受益计划变动额结转留存收益"项目在实务中很少发生。在实际工作中如果发生设定受益计划变动额结转留存收益的情形，通常意味着伴随设定受益计划的结算，企业因为实施设定受益计划而最终实现的利得或损失，该类已经实现的利得或损失被纳入盈余公积和未分配利润，由企业所有者（或股东）最终享有或承担。

5．其他综合收益结转留存收益

"其他综合收益结转留存收益"项目主要反映：一是企业指定为以公允价值计量且其变动计入其他综合收益的非交易性权益工具投资终止确认时，之前计入其他综合收益的累计利得或损失从其他综合收益中转入留存收益的金额；二是企业指定为以公允价值计量且其变动计入当期损益的金融负债终止确认时，之前由企业自身信用风险变动引起而计入其他综合收益的累计利得或损失从其他综合收益中转入留存收益的金额等。上述情形反映了企业通过特定金融工具进行投融资而最终实现的利得或损失，伴随相关金融工具的终止确认也相应影响了企业的现金流量，通过将相关金融工具后续计量期间所累计的其他综合收益结转到留存收益，企业投融资活动所实现的利得或损失最终由企业所有者（或股东）享有或承担。

美的集团合并股东权益变动表（见表 5-2）显示：美的集团 2020 年股东权益内部结转金额为 0。

七、股利政策

股利是股东实现收益的一种重要方式。在我国，股利通常有两种方式：一种是现金股利（派现），即以现金支付股利；另一种是股票股利（也称作送股），即以股票支付股利。它们对企业财务状况的影响是不同的：派现使企业的资产和股东权益同时减少，股东手中的现金增加；送股使流通在外的股份数增加，企业账面的未分配利润减少，股本增加，每股账面价值和每股收益被稀释。

1．现金股利

现金股利是公司最常见、最易被投资者接受的股利支付方式。这种形式能够满足大多数投资者希望得到稳定投资回报的要求。公司支付现金股利，不仅要符合法定要求，即具备足够的可分配资产，还取决于公司的投资需要、现金流量和股东意愿等因素。

发放现金股利会导致现金流出，减少公司的资产和股东权益规模，降低公司内部筹资的总量，既影响股东权益内部结构，也影响整体资本结构。因此，管理当局在决定派现时，应当权衡各方面的因素。若管理当局不愿意发放现金股利，要么是因为没有足够的货币资金，要么是因为有足够的货币资金，但不愿意发放。若没有足够的货币资金发放股利，说明公司的流动性状况不好，公司担心发放现金股利会降低公司的财务弹性；有足够的货币资金但不愿意发放，则隐藏着管理当局的其他动机，如管理当局控制大股东的私利。应该注意的是，公司发放高额现金股利，则可能会传递其他信号，如大股东通过股利套现损害公司其他股东的利益。

2．股票股利

股票股利是公司以股票形式向投资者发放股利的方式，即按比例向股东派发公司的股票。股票股利是一种特殊的股利形式，它不直接增加股东的财富，不会导致企业资产的流出或负债的增加，不影响公司的资产、负债及股东权益总额的变化，所影响的只是股东权益内部有关项目及其结构的变化，即将未分配利润转为股本。股票股利的发放增加了公司在外的股票数量。股票股利增加了每位股东持有公司股份的绝对额，但并不影响每位股东占公司股东权益的比重。

对于股东而言，股票股利通常有以下不足：无法获得公司的资产；未增加股权比例；投资的市场价值并未增加，增加的股份数量会被每股市价下降所抵消；因股票股利减少留存收益而使得将来的现金股利受到限制等。

尽管股票股利表面上看有许多不足，但股票股利仍然受到股东欢迎，主要有以下原因。

（1）股东把股票股利视为公司成长的标志。

（2）股东把股票股利视为公司健康财务政策的标志。

（3）若公司有支付固定现金股利的历史，股票股利使得每位股东觉得他们将在未来获得更高的现金股利。

（4）股东认为市价下降使得公司股票能够吸引更多的投资者。

（5）其他投资者认为，通过股票交易实质上并未使股票市价按比例下降。

送股后，若公司盈利总额不变，会由于普通股股数增加而引起每股收益和每股市价的下降，但由于股东所持股份的比例不变，每位股东所持股票的市场价值总额仍保持不变。

有研究表明，市场对公司发放股利有正面反应，但不同时期对不同形式的股利持有不同态度。例如20世纪90年代后期，市场十分鼓励股票股利，甚至资本公积转增资本也受到极大追捧，但最近一段时期，市场对发放现金股利则十分看好，如美的集团已经连续十几年保持分配现金股利的态势，表明公司的股利政策非常稳定，公司在资本市场上的形象良好。

八、库存股

库存股是公司回购的已经发行在外的股份。库存股仍然是公司发行在外的股份，只是没有再流通，在资产负债表中列作股本的减项。库存股不是资产，是股东权益类科目，但属于备抵科目，可以简单地理解为"股本"和"股本溢价"的备抵科目，类似于应收账款和坏账准备、固定资产和累计折旧的关系。库存股作为已经发行未流通的股份，不能参加股利分配，没有表决权。需要注意的是，凡是公司未发行的、持有其他公司的及已收回并注销的股票都不能视为库存股。

一般情况下，公司回购股票的目的可能是打算把这些股票奖励或低价卖给员工，用于股权激励，也可能是公司准备注销这些股票，用于减少股份数量进而减少注册资本。《中华人民共和国公司法》规定，公司可回购自己已经发行的股票，但仅限于减少注册资本、与持有本公司股份的其他公司合并、将股份奖励给本公司职工，以及股东因对股东大会做出的公司合并、分立决议持异议而要求公司收购其股份等四种情况。由于《中华人民共和国公司法》限制了回购股份的目的，公司很难按照财务和市场目的回购自己的股票。

库存股具有以下四个特点：① 该股票是本公司的股票；② 是已发行的股票；③ 是收回后尚未注销的股票；④ 是还可再次出售的股票。

具体分析时,应该关注以下几个方面。

(1)库存股不是公司的一项资产,而是股东权益的减项。首先,股票是股东对公司净资产要求权的证明,但库存股不能使公司成为自己的股东,不能享有公司股东的权利,否则会损害其他股东的权益;其次,公司资产不可注销,而库存股可以注销;最后,在公司清算时,资产可变现而后分给股东,但库存股票却并无价值。正因为如此,西方各国都普遍规定:公司收购股份的成本,不得高于留存收益或留存收益与资本公积之和;同时把留存收益中相当于收购库存股股本的那部分,限制用来分配股利,以免侵蚀法定资本的完整。这种限制只有在再次发行或注销库存股票时方可取消。

(2)库存股的变动不影响损益,只影响权益。即再次发行库存股时,其所产生的收入与取得的账面价值的差额不会引起公司损益的变化,而是引起公司股东权益的增加或减少。

(3)库存股的权利受限。由于库存股没有具体股东,因此,库存股的权利会受到一定的限制,如不具有股利分派权、表决权、分派剩余财产权等。

美的集团合并股东权益变动表(见表5-2)显示:2020年12月31日,美的集团用于股份支付激励方案的库存股为60.94亿元,相比2019年年末的37.60亿元,增加了23.34亿元,大幅增长了62.07%。2020年度,美的集团合计回购的库存股约27.98亿元,在2020年度授予限制性股票及员工持股计划约20.12亿元。于2020年12月31日,库存股约21.85亿元在未来年度用于股份支付激励方案,库存股约39.09亿元为尚未达到解锁条件的限制性股票确认的库存股,约共计60.94亿元。美的集团2019年、2020年库存股变化分析表如表5-6和表5-7所示。

表5-6 美的集团2019年库存股变化分析表　　　　　千元

	2018年12月31日	本年增加	本年减少	2019年12月31日
用于股份支付激励方案的库存股	918 171	3 157 236	(315 675)	3 759 732
尚未注销的回购股份	4 000 256		(4 000 256)	
合计	4 918 427	3 157 236	(4 315 931)	3 759 732

表5-7 美的集团2020年库存股变化分析表　　　　　千元

	2019年12月31日	本年增加	本年减少	2020年12月31日
用于股份支付激励方案的库存股	3 759 732	2 798 468	(463 853)	6 094 347

九、股票期权

股票期权激励是授予职工在特定时间以特定价格购买公司股票的选择权。持有股票期权的职工只有权利,没有义务。股票期权到期后,职工可以放弃行使股票期权。具体分析时,要注意以下几个方面。

1. 行权时间

期权是未来一定期限内去购买股票,不是现在购买。这个购买的时间就叫作行权时间。与虚拟股权、限制性股票、分红权都不一样,其他的激励方式都是现在购买或者赠送。

2. 行权价格

行权价格是指员工被授予的期权成熟后，购买激励股权所需要实际支付的对价。一般而言，未来购买股票的行权价格是预先确定好的，是综合考虑了企业的支付原则、内在价值、股东意愿、现金支付能力、激励水平、员工机会成本等因素后最终确定的。例如，格力电器2021年第二批用于激励的股权行权价格为27.85元/股，格力电器以均价约54元的价格在二级市场上用现金回购了1.02亿股作为第二期股权激励的股份，动用资金50多亿元，然后以27.85元/股的行权价格授予员工，格力电器本次股权激励的净支出超过26亿元，一般的企业很难承受住这样的现金支付能力。外界普遍理解为格力电器是半价买股，送钱给员工。

3. 行权条件

行权条件是指激励对象对已获授的股权行权时必须达到或满足的条件。行权条件主要落实为具体的要求与指标，通常体现为业绩考核，即只有激励对象在公司的业绩考核为合格的情况下才能行权，业绩考核是根据公司制定的《股权激励计划实施业绩考核办法》进行的。业绩考核在公司层面上主要体现为总量指标和财务指标，如净利润增长率、净资产收益率等，激励对象在公司考核中考核合格才能行权。

4. 行权数量

预先确定好的未来购买股票的数量就叫作行权数量。也就是说，未来购买1万股还是2万股是事先确定好的。通俗地理解，行权就是购买股票。企业授予期权，只是一个选择权，被授予人经过行权选择购买股票，才成为真正的股东。

股票期权本身是有价值的，价值大小与股票当时的价格、行权价格、股价波动性、到期日、无风险利率等因素相关。一般而言，股票价格越高于行权价格，股票期权价格越大；到期时间越长，股票期权的价值越大；股价的波动性越大，股票期权价值越大。

现行会计准则规定，若企业采用股票期权的方式作为报酬奖励职工，则企业按照授予股票期权时的公允价值确认费用，确认费用的部分是当期可以行权的股票期权。股票期权的公允价值采用估值模型计算。如授予股票期权时公允价值为5000万元，股票期权分5年行权，每年行权的数量相等，则每年确认费用1000万元。确认费用后，即使股票期权的公允价值发生变动，也不能调整已经确认的费用，即股票期权确认费用是固定的、一次性的。股票期权行权等于增加了发行在外的股份，资产负债表中的股本会相应增加，在股东权益变动表中要列示股本增加的原因。

上市公司在股权激励计划制订过程中，应公布激励计划草案、财务顾问意见书、法律意见书等文件，为股东大会表决提供完整的信息。此外，公司还应在定期报告中披露期内股权激励计划的实施情况。

上市公司具有下列情形之一的，不得实行股权激励：① 最近一个会计年度财务会计报告被注册会计师出具否定意见或者无法表示意见的审计报告；② 最近一个会计年度财务报告内部控制被注册会计师出具否定意见或无法表示意见的审计报告；③ 上市后最近36个月内出现过未按法律法规、公司章程、公开承诺进行利润分配的情形；④ 法律法规规定不得实行股权激励的（如一些国有企业及国有控股企业，还要符合其相关规定）；⑤ 中国证监会认定的其他情形。

美的集团 2020 年度期间召开的 2019 年度股东大会审议通过了第七期股票期权激励议案，根据该计划，公司实际向 1 423 名员工授予 65 180 000 份股票期权，该股票期权的行权价格为 50.43 元/股。在公司达到预定业绩条件的情况下，被授予人所获股票期权总额的三分之一将分别于自 2020 年 6 月 5 日起满一周年、两周年及三周年后生效。

授予日股票期权公允价值的确定方法如下。

（1）期权行权价格：50.43 元/股。

（2）期权的有效期：4 年。

（3）标的股份的现行价格：58.95 元/股。

（4）股价预计波动率：35.67%。

（5）预计股息率：3.13%。

（6）期权有效期内的无风险利率：2.06%。

根据以上参数计算得出的第七期期权激励方案的公允价值为 1 001 164 000 元。

美的集团 2020 年度股票期权变动情况表如表 5-8 所示。

表 5-8　美的集团 2020 年度股票期权变动情况表

	2020 年度/千份
年初发行在外的股票期权份数	182 905
本年授予的股票期权份数	65 180
本年行权的股票期权份数	（63 801）
本年失效的股票期权份数	（16 053）
年末发行在外的股票期权份数	168 231

截至 2020 年 12 月 31 日，美的集团第三期期权激励方案合同剩余期限至 2021 年 6 月 27 日，第四期期权激励方案合同剩余期限至 2021 年 5 月 11 日，第五期期权激励方案合同剩余期限至 2024 年 5 月 6 日，第五期预留期权激励方案合同剩余期限至 2025 年 3 月 10 日，第六期股权激励方案合同剩余期限至 2025 年 5 月 29 日，第七期期权激励方案合同剩余期限至 2024 年 6 月 4 日。

第三节　股东权益变动表结构分析

一、股东权益垂直分析表

股东权益变动表结构分析就是通过计算股东权益各个项目变动占股东权益变动的比重，分析企业股东权益各个项目的比重及其变动情况。具体分析时，可通过编制股东权益垂直分析表来进行，仍然以美的集团为例进行说明。

美的集团股东权益垂直分析表如表 5-9 所示。

表 5-9 美的集团股东权益垂直分析表

项　目	2020 年/千元	2019 年/千元	变动额/千元	变动额构成/%
一、上年年末余额	107 496 097	92 454 517	15 041 580	89.85
加：会计政策变更				
前期差错更正				
二、本年年初余额	107 496 097	92 454 517	15 041 580	89.85
三、本年增减变动额	16 741 003	15 041 580	1 699 423	10.15
（一）综合收益总额	26 328 733	25 625 184	703 549	4.20
（二）股东投入和减少资本	1 500 643	（211 271）	1 711 914	10.23
（三）利润分配	（11 539 892）	（10 224 551）	（1 315 341）	（7.86）
（四）资本公积转增股本				
（五）专项储备	（1 110）		（1 110）	（0.01）
（六）其他	452 629	（147 782）	600 411	3.59
四、本年年末余额	124 237 100	107 496 097	16 741 003	100.00

从表 5-9 中可以看出，美的集团 2020 年年末股东权益总额相比 2019 年年末同比增加了 167.41 亿元，若将其变动额视为 100%，则上年年末余额变动额占股东权益总变动额的 89.85%，本年变动额占总变动额的 10.15%。在本年增减变动中，综合收益总额变动额占总变动额的 4.20%，股东投入和减少资本为 10.23%，利润分配为-7.86%，专项储备为-0.01%，其他为 3.59%。

一般而言，我们把企业主要靠股东投入而增加股东权益称为"输血性"变化，把企业依靠自身的盈利而增加股东权益称为"盈利性"变化，虽然这两方面均会引起股东权益的变化，但其发展的前景显著不同：在企业"输血性"变化导致企业资产增加，但增加的投资方向和前景难以预料时，其盈利前景存在很大的不确定性；而在"盈利性"变化的条件下，若其盈利质量较高，则可能意味着企业可持续发展的前景向好。美的集团股东投入资本占比较高，综合收益总额占比较低，说明 2020 年股东权益的变动主要是由"输血性"变化引起，报表分析者可继续关注其未来持续发展的前景。

二、留存收益比例

留存收益包括盈余公积和未分配利润。留存收益比例为留存收益与股东权益的比例。从该指标可以看出，企业股东权益的主要来源是公司创造的净利润。企业留存收益比例越高，说明股东权益增长越健康。分析时应该注意，少数股东权益与公司股东是无关的，因此，只能考虑母公司股东权益的变化。若企业资产评估溢价和发行溢价或者公允价值变动损益占了股东权益的很大部分，则表明股东权益的健康状况不好。

美的集团 2020 年年末和 2019 年年末留存收益比例分别为 80.07%和 77.52%，同比增长 2.55 个百分点，说明股东权益质量进一步提高。2020 年年末股东权益总额中，留存收益占比高达 80.07%，说明美的集团仍然处于积累扩张阶段，股东权益增长健康良好。

本章小结

股东权益变动表是全面反映企业在某一会计期间内股东权益各组成部分增减变动情况的报表。2007年后，我国新会计准则要求上市公司正式披露股东权益变动表，由此，股东权益变动表成为与资产负债表、利润表、现金流量表并列披露的第四张财务报表。

股东权益变动表分析通过股东权益的来源及其变动情况，了解企业会计期间内影响股东权益增减变动的具体原因，判断构成股东权益各个项目变动的合法性与合理性，为报表使用者提供较为真实的股东权益总额及其变动信息。

股东权益变动表分析主要包括股东权益变动表质量分析和股东权益变动表结构分析。

股东权益变动表质量分析就是将各个项目的本期数与上期数进行对比，分析企业当期股东权益各个项目及其变动情况，揭示净资产的变动原因，以便进行相关决策。

股东权益变动表结构分析就是通过计算股东权益各个项目变动占股东权益变动的比重，分析企业股东权益各个项目的比重及其变动情况，揭示净资产构成的变动原因，以便进行相关决策。

思考题

1. 什么是股东权益变动表？股东权益变动表的作用如何？
2. 直接计入股东权益的利得和损失主要包括哪些内容？
3. 如何对会计政策变更进行分析？
4. 如何对前期差错更正进行分析？
5. 什么是现金股利？说明其对上市公司股东权益的影响。
6. 什么是股票股利？说明其对上市公司股东权益的影响。
7. 什么是库存股？说明其对上市公司股东权益的影响。
8. 什么是股票期权？说明其对上市公司股东权益的影响。
9. 说明股东权益垂直分析表的编制方法及作用。

练习题

（一）目的：熟悉与股东权益变动表相关的概念。

（二）资料：

1. 即使在溢价发行股票的情况下，股份有限公司的股本也是股票面值与股份总数的乘积，而且股本应等于注册资本。

2. 在我国，如果资本市场不景气，公司为了筹集资金，也可以采用折价发行股票的方式。

3. 股东大会是普通股股东组织。普通股股东有出席或委托代理人出席股东大会的权利。普通股股东有权选举董事会并对公司重大的经营方针等事项进行表决,相同的出资额拥有同等的表决权。

4. 当公司决定增发普通股股票时,潜在投资者和原普通股股东拥有相同的权利认购新股。

5. 公司的经营积累可以形成公司的资本公积。

6. 在会计实务中,由债权人豁免的债务可以作为债务重组,直接计入资本公积。

7. 以盈余公积转增资本不涉及所有者权益总额的变动,但以盈余公积弥补亏损会减少所有者权益总额。

8. 公司注册资本为 10 000 万元,法定盈余公积为 3000 万元,公司决定用盈余公积 1000 万元转增资本。

(三)要求:结合我国相关的法律法规,判断上述说法的正误。

案例分析

下载珠海格力电器股份有限公司(股票代码 000651)最近 3 年的年度财务报告(www.cninfo.com.cn),对其股东权益变动表的质量和结构进行分析,要用具体数据进行说明。

要求:

(1)分析股东权益变动表各项目的具体含义,并对其质量进行评价。

(2)编制格力电器股东权益垂直分析表,并进行分析评价。

(3)与美的集团相比,分析格力电器股东权益变动表在质量和结构方面存在的优势及不足。

本章习题
答案参考

第六章 企业偿债能力分析

【本章内容要点】

① 企业偿债能力分析的目的和内容；
② 企业短期偿债能力分析；
③ 企业长期偿债能力分析。

第一节 企业偿债能力分析的目的和内容

一、企业偿债能力分析的目的

偿债能力是指企业偿还全部到期债务的能力，包括短期偿债能力和长期偿债能力。企业日常经营或购置资产都需要资金的支持，而企业的资金来源不外乎自有资金和外来资金两个方面。自有资金代表企业权益投资人投入企业的资金，外来资金则代表企业债权人投入的资金，是企业的负债，有一定的偿还期限，如果企业无法按期偿还债务，可能会陷入财务危机。偿债能力是企业债权人、投资者和管理者都十分关心的问题，因为在瞬息万变的市场经济条件下，即使有良好发展前景的企业，也可能会由于不能按期偿还债务而被迫清算。因此，分析和判断企业的偿债能力是财务分析的一项重要内容。

在市场经济环境下，企业能否按期偿还债务，直接关系着企业能否持续经营和健康发展，并直接或间接地影响着企业投资人、债权人、政府部门、经营者乃至企业员工的切身利益，但是不同利益相关者进行企业偿债能力分析的目的却有所不同。

债权人是从维护自身利益角度分析企业的偿债能力，只有企业具有较强的偿债能力，才能保证债权人按期收回信贷资金，并得到相应的利息。而企业是否有能力按期支付借款本金和利息，是债权人向企业提供信用贷款的基本前提。因此，债权人在进行贷款决策时，需要对企业的偿债能力进行深入分析。

投资者最关心企业的盈利能力和长远发展。他们认为，企业具有较强的偿债能力，可以降低财务风险，提高盈利能力。而企业的长远发展不仅受盈利能力的影响，还会受偿债能力的影响。企业只有按时偿还债务，才能够持续经营下去，才有长远发展前景。如果企业的偿债能力出现问题，不能按时偿还到期债务，就会影响企业的持续经营能力，更谈不上未来的发展了。即使企业采取紧急措施筹集资金来偿还到期债务，一方面会增加筹资难度和资金成本，另一方面还会消耗企业经营者大量的时间和精力，影响企业的盈利能力，最终也会损害投资者的利益。

企业经营者则是从企业资金管理的角度进行偿债能力分析，以便调度和筹措资金，及时偿还债务，降低企业的财务风险。因为企业一旦出现不能偿还到期债务的情况，就会影响企业的持续经营，甚至陷入破产清算的境地。通过进行偿债能力分析，企业经营者可以及时发现问题，并采取措施加以解决。

二、企业偿债能力分析的内容

在有限责任制企业，投资人以出资额为限承担债务，企业以资产为限承担债务。根据负债的偿还期限，企业负债分为流动负债和长期负债。根据资产的变现能力，企业的资产分为流动资产和长期资产。不同期限的负债应该用不同的资产偿还，因此企业资产与负债之间存在一定的对比关系。从静态角度看，企业偿债能力是用资产清偿企业短期债务和长期债务的能力，表现为资产与负债之间的数量关系；从动态角度看，企业偿债能力是用企业在生产经营过程中创造的收益清偿短期债务和长期债务的能力，表现为企业经营收益与负债之间的数量关系。此外，企业有无充足的现金也直接影响企业的偿债能力，因此偿债能力也可以表现为企业现金净流入量与负债的数量关系。

根据负债的偿还期限，企业偿债能力分析主要包括两个方面的内容：一是短期偿债能力分析，主要了解企业偿还一年内或一个营业周期内到期债务的能力，判断企业的财务风险；二是长期偿债能力分析，主要了解企业偿还全部债务的能力，判断企业整体的财务状况、债务负担和企业偿还债务的保障程度。

为了便于分析，本章给出 W 公司 2018—2020 年的比较资产负债表、比较利润表和比较现金流量表，如表 6-1～表 6-3 所示。限于篇幅，比较会计报表中只列示报表数据，不列示各年的变动额和变动率。

表 6-1 比较资产负债表

编制单位：W 公司　　　　　　　　　　2018—2020 年　　　　　　　　　　　　万元

项目	2017 年年末	2018 年年末	2019 年年末	2020 年年末
资产：				
货币资金	30	38	32	34
交易性金融资产	20	22	25	23
应收账款	52	70	80	132
预付款项	18	20	32	36
存货	78	110	142	216
流动资产合计	198	260	311	441
可供出售金融资产	76	80	85	82
长期股权投资		105	122	126
固定资产	350	490	652	752
无形资产	50	45	60	80
非流动资产合计	476	720	919	1 040
资产总计	674	980	1 230	1 481
负债与所有者权益：				
短期借款	60	66	70	70

续表

项　目	2017年年末	2018年年末	2019年年末	2020年年末
应付账款	60	68	65	102
应付职工薪酬	10	12	15	18
应交税费	10	14	20	30
流动负债合计	140	160	170	220
长期借款	60	90	200	190
应付债券	100	100	100	200
非流动负债合计	160	190	300	390
负债合计	300	350	470	610
股本（每股1元）	250	320	320	320
资本公积	9	135	203	221
盈余公积	80	90	102	118
未分配利润	35	85	135	212
所有者权益合计	374	630	760	871
负债与所有者权益总计	674	980	1 230	1 481

表6-2　比较利润表

编制单位：W公司　　　　　　　　2018—2020年　　　　　　　　　　万元

项　目	2018年	2019年	2020年
一、营业收入	620	820	1150
减：营业成本	388	508	710
税金及附加	20	30	45
销售费用	67	74	96
管理费用	54	62	80
财务费用	12	25	36
资产减值损失	2	3	2
加：投资收益	12	21	30
公允价值变动收益	-2	2	1
二、营业利润	87	141	212
加：营业外收入	2	3	3
减：营业外支出	5	4	8
三、利润总额	84	140	207
减：所得税费用	23	36	54
四、净利润	61	104	153
五、每股收益			
（一）基本每股收益	0.214	0.325	0.478
（二）稀释每股收益*	0.191	0.289	0.376

注：*W公司稀释每股收益 = 净利润/（普通股股数+可转换债券）。

表 6-3　比较现金流量表

编制单位：W 公司　　　　　　　　2018—2020 年　　　　　　　　　　　　万元

项　目	2018 年	2019 年	2020 年
一、经营活动产生的现金流量			
销售商品、提供劳务收到的现金	500	750	990
收到的税费返还	2	3	5
经营活动现金流入小计	502	753	995
购买商品、接受劳务支付的现金	(362)	(533)	(687)
支付给职工以及为职工支付的现金	(95)	(110)	(142)
支付的各种税费	(25)	(40)	(88)
支付的其他与经营活动有关的现金		(5)	(6)
经营活动现金流出小计	(482)	(688)	(923)
经营活动产生的现金流量净额	20	65	72
二、投资活动产生的现金流量			
购置固定资产、无形资产和其他长期资产支付的现金	(159)	(211)	(158)
投资支付的现金	(105)	(17)	(4)
投资活动现金流出小计	(264)	(228)	(162)
投资活动产生的现金流量净额	(264)	(228)	(162)
三、筹资活动产生的现金流量			
吸收投资收到的现金	252	60	10
借款收到的现金	16	124	120
筹资活动现金流入小计	268	184	130
偿还债务所支付的现金	(10)	(20)	(13)
分配股利、利润或偿付利息所支付的现金	(6)	(7)	(25)
筹资活动现金流出小计	(16)	(27)	(38)
筹资活动产生的现金流量净额	252	157	92
四、现金及现金等价物净增加额	8	(6)	2

第二节　企业短期偿债能力分析

一、企业短期偿债能力分析概述

（一）短期偿债能力分析的重要性

短期偿债能力是指企业以流动资产偿还流动负债的能力，可反映企业偿付一年内到期债务的实力。

在市场经济条件下，企业作为一个独立的经济实体，能否偿还到期或即将到期的债务，直接影响企业的信誉、信用、支付能力及能否再融资等一系列问题，甚至影响企业的持续经营能力。因此，短期偿债能力是企业各方利益相关者都重视的问题。

从企业自身角度看，短期偿债能力也表明了企业的支付能力和承担财务风险的能力。企业如果缺乏短期偿债能力，可能无法取得有利的现金折扣，或者失去有利的交易机会。企业无力清偿到期债务的情况比较严重时，可能会被迫出售长期资产抵债，甚至陷于破产或倒闭的危险状态。

从债权人的角度看，短期偿债能力反映债权人能否按时收回借贷本金和利息。企业如果缺乏短期偿债能力，则债权人收回本金和利息的时间将被拖延，甚至无法收回，使债权人蒙受损失。为了保证借贷本息的安全收回，当债权人在决定是否向企业提供信贷时，必须审慎评估企业的短期偿债能力。

从企业股东的角度看，企业如果缺乏短期偿债能力，会直接影响企业信誉，增加企业借款的难度，或无法取得有利的商业信用，提高企业资金成本，失去有利的交易机会或投资机会，进而影响企业的盈利能力，导致股票价格下降，使股东蒙受损失。

从客户和供应商的角度看，短期偿债能力预示着企业履行合约的能力。企业如果缺乏短期偿债能力，将直接影响企业的支付能力，导致企业无法正常经营，无法完成客户的订单，或者无法按期偿付供应商的货款。一方面影响客户的如期采购和供应商货款回收，另一方面使企业失去信誉、丢失业务。

从企业员工的角度看，企业如果缺乏短期偿债能力，可能导致无法按期支付员工工资，或降低员工工资和福利。如果情况严重到影响企业的持续经营能力，企业可能会裁员，员工可能因此而失去工作的机会。

（二）影响短期偿债能力的主要因素

1. 资产的流动性

资产的流动性是指企业资产转化为现金的能力。企业的债务一般需要流动资产来偿还，不仅短期债务需要用流动资产偿还，就是长期债务最后也要转化为短期债务，也需要用流动资产来偿还。除非企业中止经营或破产清算，否则一般不会通过出售固定资产来偿还短期债务。因此，企业资产的流动性越强，或变现能力较强的资产所占比重越大，企业的短期偿债能力越强。

企业流动资产主要由货币资金、交易性金融资产、应收票据、应收及预付账款、存货等组成。其中，货币资金可直接用于各种支付，交易性金融资产可以随时转化为现金，应收票据的变现时间一般不超过 6 个月，因此这三类资产都属于变现能力较强的资产。应收账款和存货在流动资产中所占比重较大，其变现能力是影响流动资产变现能力的主要因素。应收账款可能因各种原因导致无法收回而变成坏账，存货可能会因品种、质量等原因造成积压，这将会使企业流动资产的变现能力大大下降，影响其短期偿债能力。预付账款是流动资产中变现能力最差的资产，一般数额较小，在流动资产中所占比重也比较低。如果该项目数额较大，会直接影响流动资产的变现能力。

2. 流动负债的结构

流动负债代表企业需要承担的现实债务。企业流动负债数额越大，企业的债务负担就越重，就需要配备越多的可随时变现的流动资产。

企业的流动负债主要由短期借款、应付票据、应付和预收账款、应交税费等组成，不同形态的流动负债，其偿还方式和紧迫性也有所不同。短期借款、应付票据、应付账款、应交税费等需要用现金偿还，而预收账款则需要用商品或劳务偿还。如果需要用现金偿还的流动负债比重较大，则企业需要拥有足够的现金才能保证其偿债能力；如果流动负债中预收账款的比重较大，则企业只要准备足够的、符合合同要求的存货就可以保证其偿债能力。此外，流动负债的偿还时间是否集中，以及偿还时间能否与流动资产的变现时间相匹配，也会直接影响企业的短期偿债能力。企业应当将流动负债的偿还时间尽量错开，并与企业流动资产的变现时间相匹配，合理安排资金的流出和流入，以提高企业的短期偿债能力。

3. 企业的经营业绩

企业偿还短期债务的现金主要来自两个方面：一是来自企业经营活动；二是来自企业外部融资。其中，企业经营活动所取得的现金主要来源于企业的净利润，在正常情况下，企业净利润与经营活动现金净流量应当趋于一致。如果企业经营业绩好，其净利润就高，企业就可能有持续和稳定的现金流入，从根本上保障债权人的利益。如果企业经营业绩差，净利润下降甚至亏损，就会使经营活动现金流入不足以抵补现金的流出，造成现金短缺，使短期偿债能力下降。企业外部融资的能力也取决于企业的经营业绩，当企业经营业绩良好时，企业才可能及时从外部筹集资金用于偿还到期债务。

二、衡量企业短期偿债能力的指标

衡量企业的短期偿债能力主要是考察流动资产对流动负债在数额上的保障程度和时间上的配合程度。数额上的保障程度是指流动资产与流动负债的数量关系，如果企业的流动资产远远高于流动负债，说明企业拥有较多的流动资产作为还债来源，企业的短期偿债能力强；反之，如果企业的流动资产与流动负债数额相差不大，甚至流动资产低于流动负债，则说明企业没有足够的流动资产作为还债来源，企业的短期偿债能力弱。时间上的配合程度是指企业是否有足够的现金用来偿还到期债务，也就是流动资产转换为现金所需要的时间能否配合流动负债的到期时间。换言之，就是企业现金流入与现金流出的配合程度。因此，企业短期偿债能力的强弱直接表现为流动资产与流动负债的比例和流动资产的变现速度。

（一）反映流动资产与流动负债比例的指标

1. 营运资金

营运资金也称为营运资本，是指企业流动资产减去流动负债后的余额，是衡量企业短期偿债能力的绝对数指标。营运资金代表企业在短期内可供营运周转使用的资金，可说明企业对短期债权人的保障程度。在实际工作中，企业的营运资金状况往往会影响企业的负债筹资能力，许多贷款协议和债务契约中经常有要求债务人保持某一最低营运资金水平的条款。营运资金的计算公式为

$$营运资金 = 流动资产 - 流动负债$$

式中：计算营运资金所用的"流动资产"和"流动负债"直接选用资产负债表中的期末数。

当流动资产大于流动负债时，营运资金为正数，表明企业长期资本的数额大于长期资

产，超出部分被用于流动资产，从而增强了企业财务状况的稳定性。营运资金越多，企业的财务状况越稳定，短期偿债能力越强；反之，当流动资产小于流动负债时，营运资金为负数，表明企业长期资本的数额小于长期资产，有部分长期资产是由流动负债提供的。由于流动负债需要在一年内偿还，而长期资产一年以后才能变现，因此企业必须设法另外筹集资金，用于偿还流动负债，此时企业的财务状况不稳定，短期偿债能力较差。即使企业的流动资产等于流动负债，也并不能保证按期偿债，因为债务的到期日与流动资产中的现金生成不可能同步等量，因此企业必须保持一定数额的营运资金作为缓冲，此时流动资产中的一部分来源于长期资本，不需要在一年内偿还。

从偿债角度看，营运资金越多，说明企业可用于偿付短期债务的流动资产越多，企业的财务状况越稳定，企业的短期偿债能力越强。如果营运资金很少，甚至出现负数，则表明企业资金周转比较困难，短期偿债能力较弱。但从企业理财角度看，营运资金并不是越多越好。营运资金过多，意味着企业流动资产占用资金过多，可能存在积压的存货或长期收不回来的应收账款，说明企业没能有效地利用资金，失去了获取更多利润的机会。分析时可以将营运资金与以前年度的数额相比较，如果出现异常偏低或偏高现象，除考虑企业规模变化以外，应对流动资产和流动负债进行逐项分析，确定变动的原因。由于营运资金受企业规模影响较大，因此该指标无法直接在同一企业不同时期或不同企业之间进行对比。

根据表6-1中的有关资料，计算W公司2018—2020年的营运资金。

2018年：营运资金=260-160=100（万元）

2019年：营运资金=311-170=141（万元）

2020年：营运资金=441-220=221（万元）

计算结果表明，W公司从2018年到2020年，营运资金逐年上升，而且数额变化较大。但是由于营运资金是绝对数，无法直接根据其数额判断企业短期偿债能力的变化。可以通过对上述三年的营运资金的变动情况进行分析，来判断该公司短期偿债能力的变化。W公司2018—2020年营运资金结构变动分析表如表6-4所示。

表6-4 W公司2018—2020年营运资金结构变动分析表

项目	2018年		2019年		2020年	
	金额/万元	结构/%	金额/万元	结构/%	金额/万元	结构/%
流动资产	260	100	311	100	441	100
流动负债	160	61.54	170	54.66	220	49.89
营运资金	100	38.46	141	45.34	221	50.11

从表6-4中可以看出，2018年，W公司营运资金占流动资产的比例为38.46%，表明流动资产的38.46%来自长期资本，61.54%来自流动负债，即1元流动资产需要偿还0.615 4元的流动负债。2019年，W公司营运资金占流动资产的比例为45.34%，表明流动资产的45.34%来自长期资本，54.66%来自流动负债，即1元流动资产只需要偿还0.546 6元的流动负债，2019年的偿债能力比2018年有所提高。2020年，W公司营运资金占流动资产的比例为50.11%，表明流动资产的50.11%来自长期资本，49.89%来自流动负债，即1元流动资产只需要偿还0.498 9元的流动负债，2020年的偿债能力比2019年也有所提高。上述

结果表明，该公司的短期偿债能力连续两年不断提高，发展趋势较好。

应该说明的是，不同行业的营运资金的结构有很大差别。一般来说，商品零售业因其资产中流动资产比重较大，其营运资金也比较多；制造企业因存货和应收账款比较多，营运资金大约占流动资产的 30%～50%；餐饮服务业则因存货和应收账款较少，其营运资金也比较少，有时甚至是负数。

此外，还可以根据表 6-4 的数据计算 W 公司 2019 年和 2020 年流动资产、流动负债、营运资本的环比变动额和环比变动率，以分析企业短期偿债能力的发展趋势。分析结果如表 6-5 所示。

表6-5　W 公司 2018—2020 年营运资金环比变动分析表

项目	2018年/万元	2019年（与上年相比）		2019年/万元	2020年（与上年相比）	
		增长额/万元	增长率/%		增长额/万元	增长率/%
流动资产	260	51	19.62	311	130	41.80
流动负债	160	10	6.25	170	50	29.41
营运资金	100	41	41	141	80	56.74

从表 6-5 中可以看出，从 2018 年到 2020 年，W 公司的流动资产、流动负债和营运资金均有所增长，但是营运资金增长额和增长率远远高于流动负债，说明该公司在增加流动资产的同时，流动负债并没有成比例增加，新增加的流动资产中一部分来自长期资本，企业短期内的偿债压力逐年变小，短期偿债能力逐年提高。

从以上分析可以看出，由于营运资金是绝对数指标，其数额大小受行业特性和企业生产规模的影响，运用营运资金指标分析和判断企业短期偿债能力时，需要将该指标与以前年度指标进行对比后计算变动率，同时配合流动资产和流动负债指标，才能确定其是否合理。在进行不同企业之间的对比分析时，也可以参照这种方法进行。

由于营运资金是一个绝对数，不便于不同企业之间进行比较，因此在实际工作中较少使用营运资金作为衡量偿债能力的指标。假设有甲、乙两家公司，其营运资金的比较如表 6-6 所示。

表6-6　甲、乙两家公司营运资金的比较　　　　　　　　　　　　　　万元

项目	甲公司	乙公司
流动资产	800	1 800
流动负债	300	1 300
营运资金	500	500

从表 6-6 中可以看出，甲、乙两家公司的营运资金均为 500 万元，但是由于它们的规模不同，因此其偿债能力完全不同。比较流动资产和流动负债可以看出，甲公司的偿债能力远远高于乙公司。

由于营运资金本身的局限性，因此在财务分析实务中经常使用流动比率和速动比率等相对数指标。

2. 流动比率

流动比率又称为营运资金比率或清偿比率，是指企业流动资产与流动负债的比值，可以显示企业每一元流动负债有多少流动资产作为偿还的保障。流动比率是相对数指标，不受企业规模的影响，是实际工作中普遍采用的短期偿债能力衡量指标。其计算公式为

$$流动比率 = \frac{流动资产}{流动负债}$$

一般来说，流动比率越高，说明资产的流动性越强，企业可用于抵债的流动资产越多，短期偿债能力越强。如果流动比率小于 1，说明企业流动资产小于流动负债，企业偿还短期负债需要动用固定资产等长期资产，企业的偿债能力较弱。但是，由于各行业的经营性质不同，企业的经营和财务管理方式对资产的流动性的要求也不同。如商业零售业的流动比率就要比制造业高，采用宽松信用政策企业的应收账款较多，流动比率就高于以现金销售为主的企业。

判断流动比率是否合适的标准是什么？根据一般经验，大多数人认为制造业企业的流动比率应维持在 2 左右，其理由是变现能力最差的存货通常占流动资产的一半左右，剩下的变现能力较强的流动资产至少要等于流动负债，这样才能保证企业具有较强的短期偿债能力。或者换个角度说，即使流动资产的清算价值缩水一半，仍可偿还流动负债。尽管流动比率为 2 时代表有更多的流动资产来保障流动负债，但同时也反映了资产使用的效率较低，用经验数据来评价流动比率，其可信度比较模糊，因此这个标准并不具有普遍意义。首先，不同国家或地区的金融环境和资本市场不同，使得企业的资产结构和资本结构不同，企业的流动比率也有所不同。例如，美国企业的流动比率平均为 1.4 左右，德国企业的流动比率平均为 1.2 左右。其次，同一国家或地区不同行业的流动比率也有明显区别，存货周转速度慢、赊销比重大或赊销期限长的行业或企业，必须维持较多的流动资产，因此其流动比率就比较高。相反，存货周转速度快、赊销比重小或赊销期限短的行业或企业，则流动资产少，流动比率就比较低。一般而言，营业周期越短，对流动比率的要求越低；营业周期越长，对流动比率的要求越高。例如，饮食行业的流动比率远远低于工业，其原因是饮食行业的存货周转速度快，而且大部分为现金销售。因此，运用流动比率来评价企业的短期偿债能力，通常只能在行业内进行对比，同时必须与企业的资产结构、资产变现速度及行业特点结合起来进行综合考虑，这样才能得出正确的分析结论。但无论怎样，与营运资金相比，由于流动比率考虑了流动资产规模与流动负债规模之间的关系，因此扩大了指标的可比范围。

虽然流动比率没有通用的衡量标准，但是可以肯定地说，如果制造业企业的流动比率小于 1，表明企业的流动资产不足以抵偿流动负债，短期内可能会陷入资金周转失灵、无力偿还到期债务的困境。实际上，即使流动比率等于 1，一般也无法满足短期偿债的要求，因为虽然此时流动资产等于流动负债，但是并不能保证每一笔债务到期时，流动资产都可以适时地转化为现金。也就是说，流动比率为 1 时，只说明流动资产与流动负债在数量上是配合的，并不能确保现金流入和流出的时间能相应配合。但是流动比率也不能过高。如果流动比率过高，说明企业未能有效地利用流动资产。例如，应收账款或现金过多；积压了过量的存货；企业过于保守，不愿意通过举债扩大经营规模等。

根据表 6-1 中的有关资料，计算 W 公司的流动比率如下。

2018 年：流动比率= 260/160 = 1.63

2019 年：流动比率= 311/170 = 1.83

2020 年：流动比率= 441/220 = 2

计算结果表明，W 公司从 2018 年到 2020 年，流动比率逐年上升，说明该公司的短期偿债能力越来越强。

将上述计算结果与同行业平均水平或先进水平进行对比，可以确定该公司在本行业的地位。通过对流动资产和流动负债的构成项目逐项分析，可以找出影响流动比率变动的主要原因。

流动比率指标的优点是计算简单，资料容易取得，概念清晰，易于理解，因此被广泛应用于计量企业的短期偿债能力。但是流动比率也存在一定的局限性。

（1）流动比率只反映流动资产与流动负债之间的数量关系，没有考虑流动资产的结构和流动性。如果流动资产中含有大量的积压存货、预付账款或长期收不回来的应收账款，即使流动比率大于 2，也并不表示其偿债能力强。反之，如果流动资产中多为变现能力很强的资产，即使流动比率小于 2，其偿债能力依然很强。例如，甲、乙两家公司的流动比率均为 2，但是甲公司的流动资产以货币资金、交易性金融资产、应收票据和应收账款为主，而乙公司的流动资产以存货和预付账款为主，则两家公司偿还短期债务的能力显然不同。因此，在计算该指标后，还需要分析流动资产结构，并借助存货周转率、应收账款周转率等指标，对资产的流动性进行评价，以补充流动比率对偿债能力反映的不足。

（2）流动比率是静态指标，根据期末数字计算得出，只能反映期末流动资产与流动负债的比率关系，不能代表企业整个期间的偿债能力。因为企业流动资产是不断周转的，其数额和形态不断发生变化，流动负债也不断被偿还或被借入，流动比率不能描述企业短期偿债能力的常态，不能反映一年内有多少流动负债需要偿还，以及可以获得多少可供偿债的现金，因此流动比率对偿债能力的反映是不完善的，还需要借助经营现金净流量比率等指标来进行补充说明。

（3）从流动比率指标的计算公式看，当流动比率大于 1 时，分子与分母等量增加，会使流动比率下降，等量减少则会使流动比率上升，因此有可能受人为操纵。例如，企业在年末集中偿还借款，下年初再借回，或将存货降低到正常水平以下，或有意将年末应购进的存货推迟到下年初再购进等，都可能导致流动比率的改善。因此，在进行财务分析时，应当注意提防企业管理当局对流动比率的操纵行为。

（4）不能简单地根据流动比率高低判断企业的短期偿债能力。有时企业流动比率变化幅度较大，但是这种变动不一定是企业经营的结果。例如，在经济衰退时期，企业会继续偿还流动负债，但是存货和应收账款也越积越多，从而导致流动比率上升；相反，在经济发展时期，企业应交税费或应付职工薪酬等的增加则可能导致降低流动比率。

3．速动比率

速动比率也称为酸性实验比率，是指速动资产与流动负债的比值，通常用来衡量企业流动资产中可立即用于偿还短期债务的能力。其计算公式为

$$速动比率 = \frac{速动资产}{流动负债}$$

速动资产是指可以快速变现的资产，包括货币资金、交易性金融资产、应收票据、应收账款、其他应收款等，等于全部流动资产减去存货。其原因是，由于存货需要经过生产、销售和应收账款环节才能转变为现金，属于流动性较差、变现所需时间较长的资产，特别是当存货中包含积压和滞销产品或必须经过较长时间储备才能销售的产品（如酒厂的产品），或者部分存货已经抵押给债权人时，其变现能力更差。同时对存货估价是主观判断的结果，可能存在账面价值与实际价值差异较大的情况，因此把存货从流动资产中扣除后计算的速动比率是企业现实的短期偿债能力，比流动比率反映的短期偿债能力更准确，可信度更高。

一般来说，速动比率越高，说明企业资产的流动性越强，短期偿债能力越好；反之，则说明企业短期偿债能力较差。根据经验，一般认为速动比率在1时较好，说明企业速动资产大于流动负债，短期债务有易于变现的速动资产作保障。如果速动比率小于1，则说明企业速动资产小于流动负债，企业偿还短期债务可能需要动用存货等流动资产甚至固定资产等长期资产，或举借新债偿还到期债务，由此可能造成急需出售存货带来的销价损失或举借新债形成的利息负担，表明企业短期偿债能力存在一定的问题。

与流动比率一样，速动比率也应该根据行业特点和其他因素加以评价。采用速动比率指标评价企业短期偿债能力时，也必须根据行业特性来分析，不能一概而论。例如，零售商店通常只有现金销售，应收账款很少，这类企业的速动比率一般明显低于1，但仍有很强的短期偿债能力。

应该说明的是，如果速动比率过低，表明企业将可能依赖出售存货或举借新债偿还到期债务，企业的短期偿债能力存在问题。但是如果速动比率过高，在说明企业短期偿债能力较强的同时，也说明企业拥有较多的不能盈利的货币资金和应收账款，可能会降低企业的盈利能力，有可能失去了一些有利的投资机会。

根据表6-1中的有关资料，计算W公司的速动比率如下。

2018年：速动比率 $= \frac{260-110}{160} = 0.94$

2019年：速动比率 $= \frac{311-142}{170} = 0.99$

2020年：速动比率 $= \frac{441-216}{220} = 1.02$

计算结果表明，从2018年至2020年，W公司在流动比率持续上升的同时，速动比率也稳定提高，说明该公司短期偿债能力较强。结合资产负债表进行分析，可以看出，虽然该公司存货逐年增长，而且幅度较大，但是速动资产增长的幅度超过了存货，因此使公司现时的偿债能力提高了。

速动比率的优点是计算简单，容易理解。该指标是假设企业一旦面临财务危机或办理清算时，在存货无法变现的情况下，以速动资产偿还短期债务的能力，是比流动比率更严格、更谨慎的衡量企业短期偿债能力的指标。但是速动比率也存在一定的局限性，具体如下。

（1）速动比率也只反映速动资产与流动负债之间的数量关系，没有考虑速动资产的结构和流动性。当速动资产中包含大量不良应收账款时，即使速动比率大于 1，也并不表示其偿债能力强。因此，根据速动比率分析企业的短期偿债能力时，还应注意速动资产中应收账款的比例以及应收账款账龄和可回收性。在速动比率相同的条件下，应收账款所占比例越低，账龄越短，说明速动资产的质量越好，变现能力越强；反之，则较弱。分析时可借助应收账款周转率来了解应收账款质量，以便对企业的短期偿债能力做出正确评价。

（2）速动比率也是静态指标，只反映期末速动资产与流动负债的比率关系，不能代表企业整个期间的偿债能力。

4．保守的速动比率

保守的速动比率是指保守速动资产与流动负债的比值。保守速动资产一般包括货币资金、交易性金融资产、应收票据和应收账款，也可以在流动资产的基础上减去存货、预付货款和预付费用计算。其计算公式为

$$保守的速动比率 = \frac{流动资产 - 存货 - 预付货款 - 预付费用}{流动负债}$$

计算保守的速动比率指标的理论依据是，预付货款的变现速度比存货还慢，很难带来当期现金流入，预付费用则属于企业未来应分摊的费用，实际上无法为企业带来现金流入，将这两个项目扣除后计算的速动比率可以更真实地反映企业的短期偿债能力。目前，西方国家大多采用保守的方法计算速动比率。我国政府部门对国有企业绩效考核指标中，考虑到一般企业的预付货款和预付费用金额较小，对速动比率指标的影响不大，因此对其忽略不计，只将存货从流动资产中扣除。但是在进行财务分析时，通常需要计算保守的速动比率，以便更客观地反映企业的短期偿债能力。

根据表 6-1 中的有关资料，计算 W 公司保守的速动比率如下。

2018 年：保守的速动比率 $= \dfrac{260 - 110 - 20}{160} = 0.81$

2019 年：保守的速动比率 $= \dfrac{311 - 142 - 32}{170} = 0.81$

2020 年：保守的速动比率 $= \dfrac{441 - 216 - 36}{220} = 0.86$

从计算结果可以看出，由于 W 公司预付账款较少，因此对短期偿债能力影响不大。从 2018 年到 2020 年，保守的速动比率保持稳定并略有增长，该公司的短期偿债能力基本正常。

5．现金比率

由于影响应收账款和存货变现的不确定因素很多，特别是当财务分析人员怀疑其实际价值和流动性有问题时，可以用现金比率来评价企业的短期偿债能力。

现金比率也称为超速动比率，是指企业的现金及现金等价物与流动负债的比值，可以显示企业即时付款或随时还债的能力。这里的现金是指货币资金，交易性金融资产可视同现金等价物。该指标的计算公式为

$$现金比率 = \frac{货币资金 + 交易性金融资产}{流动负债}$$

为了保证基本的支付能力，企业保持一定的现金比率是很必要的。现金比率越高，说

明企业的短期偿债能力越强，反之则较弱。但在一般情况下，企业的流动负债不是马上就需要全部偿还，要求企业随时保持足够的现金和现金等价物以备偿还流动负债，既不现实，也没有必要，如果真是这样，反而说明企业的货币资金和以赚取短期收益为目的的金融资产过多，可能企业在资金管理方面存在问题，因此，在实际工作中，财务分析人员并不重视这个指标。只有当企业的应收账款和存货都存在严重问题，或企业陷入财务困境时，才利用现金比率分析企业的短期偿债能力。从这个意义上讲，现金比率表明企业在最坏情况下偿付流动负债的能力。

根据表 6-1 中的有关资料，计算 W 公司的现金比率如下。

2018 年：现金比率 $= \dfrac{38+22}{160} = 0.38$

2019 年：现金比率 $= \dfrac{32+25}{170} = 0.34$

2020 年：现金比率 $= \dfrac{34+23}{220} = 0.26$

采用现金比率衡量企业偿债能力时应注意以下问题。

（1）企业现金的使用是否受到限制。例如，上市公司发行股票筹集的资金必须严格按照招股说明书中承诺的用途和进度使用，因此刚发行新股募集资金的公司可能现金余额和现金比率都很高，但是企业可用于偿债的现金并不多。

（2）企业现金管理制度是否健全有效。当企业对现金管理更有效时，会降低现金的存量和现金比率。

（3）企业是否有尚未使用的银行授信额度。如果企业有尚未使用的银行授信额度，就可以随时从银行借出资金，此时企业可能会降低现金存量和现金比率。

（4）以公允价值计量且变动计入当期损益的金融资产的市价变化。如果资本市场价格波动过大，该比率无法反映企业真实的偿债能力。

6. 经营现金净流量比率

上述五个指标都是根据某一特定时点上的资产和负债数额计算的，属于静态指标，只能反映企业在报告期末的状况，不能反映企业某一段时期内动态的偿债能力。为了解决这个问题，可以用经营活动产生的现金净流入量与流动负债平均余额进行对比，计算经营现金净流量比率。该指标反映企业用经营活动取得的现金净流入量对流动负债的保障程度，是从现金流量的角度考察企业的短期偿债能力。其计算公式为

$$经营现金净流量比率 = \dfrac{经营活动现金净流入量}{流动负债平均余额} \times 100\%$$

由于公式的分子来自现金流量表中的"经营活动产生的现金流量净额"，是企业全年经营活动所取得的现金净流入量，属于时期指标，因此分母中的流动负债不能直接用资产负债表中的年末数，而应该用全年平均数。流动负债全年平均余额代表年度内企业平均每天持有的流动负债数额，等于年初余额加上年末余额除以 2。其计算公式为

$$流动负债平均余额 = \dfrac{年初流动负债 + 年末流动负债}{2}$$

负债需要用现金偿还，而经营活动产生的现金净流入量是偿还负债的真正来源，经营

活动现金净流入量越大，企业内部可用于偿还流动负债的现金越充分。根据经验，一般认为该指标保持在 40%以上时较好，说明企业的短期偿债能力较强。如果经营活动现金净流量为负数，则计算该指标没有意义。

根据表 6-1 和表 6-3 中的有关资料，计算 W 公司的经营现金净流量比率如下。

2018 年：经营现金净流量比率 $=\dfrac{20}{(140+160)/2}\times 100\%=13.33\%$

2019 年：经营现金净流量比率 $=\dfrac{65}{(160+170)/2}\times 100\%=39.39\%$

2020 年：经营现金净流量比率 $=\dfrac{72}{(170+220)/2}\times 100\%=36.92\%$

计算结果表明，2019 年，W 公司的经营现金净流量比率大幅度提高，其主要原因是营业现金净流入量增加，说明该公司生产销售状况良好，短期偿债能力较强。2020 年该指标有所下降，主要原因是流动负债增长较快。

分析视点

假设你是一个银行家，X 公司向你提出申请 2000 万元一年期的短期贷款，用于扩展其在国外市场的业务。在对该公司贷款申请进行审查时，你计算出该公司的流动比率为 4，流动资产将近 160 万元。你又了解到，X 公司同行业的平均流动比率为 1.9。

如果仅根据上述有限信息，你将对 X 公司的贷款申请提出何种意见？如果 X 公司申请的是十年期的长期贷款，你的决定会有什么不同？

（二）反映资产变现速度的指标

流动比率、速动比率、现金比率都是以某一时点上的流动资产和流动负债相比较来反映企业的短期偿债能力，没有考虑流动资产流动性和流动负债的偿还期限。虽然经营现金净流量比率是以某一会计年度的经营现金净流入量为依据考察企业的短期偿债能力，但是也没有考虑流动负债的偿还期限问题。实际上，企业的流动资产的变现速度不同，企业获取现金的能力就不同，流动负债的偿还期限不同，企业的偿债压力就不同，单纯依靠某一个时点的静态指标，很难反映企业偿债能力的实际情况。因此还需要从动态角度分析流动资产和流动负债的流动性，弥补上述指标的不足，以正确评价企业的短期偿债。

1. 流动资产的流动性分析

流动资产的流动性分析就是对流动资产变现能力进行分析。在流动资产中，应收账款和存货所占比重最大，而且结构复杂，变现时间较长，直接影响流动资产整体的变现能力，因此，对流动资产的流动性进行分析，主要是分析应收账款和存货的周转情况，评价其变现能力（应收账款和存货周转情况的分析详见本书第七章第二节，此处只做简单介绍）。

1) 应收账款周转速度

从静态角度看，应收账款是短期债务的保障，应收账款数额越大，对企业短期债务提供的保障越多。但实际上，企业的应收账款只有收回变成现金，才能够用来偿债。而应收账款的周转速度直接影响现金收回的金额，从而影响企业的支付能力。因此，从动态角度看，通过分析应收账款周转速度，有助于正确评价企业应收账款对偿债的保障程度。

应收账款周转率是指年度内应收账款转变为现金的平均次数，是反映应收账款周转速度的指标，说明应收账款流动性。应收账款周转速度也可以用时间表示，称为应收账款周转天数，也称为平均收账期，用一年近似天数 365 天除以应收账款周转率计算求得，表示企业从取得应收账款权利到收回现金所需要的时间。

$$应收账款周转率 = \frac{营业收入}{应收账款平均余额}$$

式中："营业收入"数据来自利润表；"应收账款平均余额"的经济含义是本年度内企业平均每天在应收账款上占用的资金数额，通常用年初余额加上年末余额除以 2 计算。

应收账款周转率越高，平均收账期越短，说明应收账款的流动性越强，企业的现金流入越充沛，短期偿债能力越强；反之，则说明企业应收账款收回速度慢，现金流入量少，短期偿债能力差。应收账款周转快慢受企业发展战略、销售政策、信用政策和收账政策等多种因素的影响。如果企业处于发展扩张阶段，急于占领市场，可能会大量采用赊销政策，放宽信用期限，此时应收账款的余额会很高，但是不能就此简单地认为企业偿债有保障，必须结合应收账款产生的具体原因和收回情况进行判断。

2）存货周转速度

在流动资产中，存货所占比重最大，其周转速度将直接影响企业短期偿债能力。反映存货周转速度的指标是存货周转率，是指年度内存货从入库到销售出库的平均次数，说明存货流动速度的快慢。存货出售以后，其成本转入当期的营业成本，因此将营业成本除以平均存货，就可以得到存货周转率。用时间表示的存货周转速度称为存货周转天数，用一年近似天数 365 天除以存货周转率计算求得，表示企业从采购存货到投入生产，再到销售所需要的时间。

$$存货周转率 = \frac{营业成本}{存货平均余额}$$

式中："营业成本"来自利润表；"存货平均余额"的经济含义是本年度内企业平均每天占用的存货数额，通常用年初余额加上年末余额除以 2 计算。

存货周转率也是评价企业采购、生产、销售各环节管理状况的综合指标。一般来说，存货周转率越高，或存货周转天数越少，说明存货流动性越强，存货转变为现金或应收账款的速度越快，企业的短期偿债能力强；反之，则说明存货转变为现金或应收账款的速度慢，企业的短期偿债能力弱。

3）应收账款周转率和存货周转率对流动比率的修正

应收账款和存货的周转速度对应收账款和存货规模有较大影响，当其他条件不变时，应收账款和存货的周转速度越快，应收账款和存货的规模就越小；反之，应收账款和存货的周转速度越慢，应收账款和存货的规模就越大。当这两个项目的金额较大时，流动比率指标也比较高，从静态方面反映的短期偿债能力也比较强，但是实际上很可能是由于应收账款和存货周转速度慢而引起的假象。因此，采用流动比率（包括速动比率）评价企业短期偿债能力时，应当结合应收账款周转率和存货周转率进行修正。在流动比率一定的情况下,如果应收账款周转率和存货周转率加快,说明企业短期偿债能力提高了;反之,则说明企业的短期偿债能力下降了。

2. 流动负债的流动性分析

流动负债的流动性是指流动负债的偿还时间和短期内必须偿还的可能性,偿还的时间越短,必须偿还的紧迫性越大,企业偿债的压力越大。

应当说明的是,并不是所有的流动负债都需要立即偿还。一般而言,应交税费是必须立即偿还的,无论企业当时的财务压力有多大,否则就要支付滞纳金。但是对于与企业有长期合作关系的供应商的负债则有所不同。如果供应商对其业务有依赖性,当企业发生财务困难时,可通过协商推迟这些负债的支付时间。

在企业流动负债中,有些有明确的到期日,如短期借款、应付票据、应交税费、应付职工薪酬等,而应付账款一般没有明确的到期日,需要对其偿还时间进行测算。

1) 应付账款周转率

应付账款是企业因赊购商品而产生的,其余额大小受企业赊购交易量和赊购频率的影响。应付账款周转率是指年度内应付账款从发生到转变为现金支出的平均次数,反映应付账款周转的速度。应付账款周转速度也可以用时间表示,称为应付账款周转天数或平均付款期,用一年近似天数365天除以应付账款周转率计算求得。应付账款周转速度决定了企业以现金清偿应付账款的速度,通过该指标可以了解企业偿还应付账款的紧迫性和偿债压力。

$$应付账款周转率 = \frac{本期购货成本}{应付账款平均余额}$$

公式中的本期购货成本不在财务报表上反映,财务分析人员需要根据销货成本和期初、期末存货余额,计算求出本期购货成本。其计算公式为

$$本期购货成本 = 本期营业成本 + 期末存货 - 期初存货$$

2) 应付账款周转速度与应收账款周转速度的比较分析

应付账款周转速度与企业支付货款的速度和赊购金额有关,反映企业以现金支付应付账款的速度;应收账款周转速度与企业的赊销政策、信用政策和收账政策有关,反映应收账款的变现速度。企业采购存货的目的是为了生产产品,销售后收取现金,实现价值的增值。从这个意义上说,赊购产生的应付账款应该用销售收回的现金偿还,因此应付账款与应收账款之间存在必然的内在联系。两者在动态上能否匹配,直接影响企业的短期偿债能力。两者的关系可能存在以下三种情况。

(1) 应收账款周转速度与应付账款周转速度相同。企业赊销收回的现金恰好可以用来偿还应付账款,满足清偿赊购债务的需要,不必动用其他流动资产偿债。这是最理想的状态。

(2) 应收账款周转速度超过应付账款周转速度。假定企业平均收账为30天,平均付款期为60天。从静态角度看,由于应收账款余额与其收回速度成反比,应收账款周转加快,会导致流动资产占用额减少,此时企业的流动比率可能比较低,企业短期偿债能力较弱。但是从动态角度看,应收账款周转速度比应付账款快一倍,也就是说,应收账款收回两次,才动用一次现金去偿还应付账款。或者说,每当企业的应付账款到期时,总有先收回的应收账款资金作保障,因此企业的实际偿债能力较强。

（3）应收账款周转速度低于应付账款周转速度。假定企业平均收账期为60天，平均付款期为30天。应收账款周转速度慢，会导致流动资产占用增加，流动比率提高。从静态上看，企业的偿债能力较强。但是应收账款转变为现金一次，企业却需要两次动用现金去偿还应付账款，为了保证按期偿还赊购商品的欠款，企业必须动用除应收账款以外的其他流动资产。因此，从动态上看，企业的实际偿债能力并不强。

根据表6-1和表6-2，分别计算W公司2018年、2019年、2020年的应收账款周转率、存货周转率、应付账款周转率指标，并与流动比率和速动比率进行对比分析，如表6-7所示。

表6-7　W公司短期偿债能力动态分析表

指　标	2018年	2019年	2020年
应收账款周转率/（次/年）	10.16	10.93	10.85
存货周转率/（次/年）	4.13	4.03	3.97
应付账款周转率/（次/年）	6.56	8.12	9.39
流动比率	1.63	1.83	2.00
速动比率	0.94	0.99	1.02
保守的速动比率	0.81	0.81	0.86

从表6-7中可以看出，从2018年到2020年，W公司的流动比率、速动比率、保守的速动比率逐年提高，与此同时，应收账款周转率和存货周转率基本保持稳定，说明W公司的流动资产不仅从数额上足以抵偿流动负债，而且流动资产具有较好的变现能力。该公司的应收账款周转率远远高于应付账款周转率，表明企业应付账款的平均偿付时间长于应收账款收回所需要的平均时间。在2018年，每收回1.55次（10.16/6.56）应收账款偿还一次应付账款，2019年和2020年则每收回1.35次和1.16次应收账款偿还一次应付账款，虽然三年来有所下降，但仍能保障企业有足够的现金去偿还到期债务。因此可以得出结论，W公司具有较强的短期偿债能力。

（三）影响短期偿债能力的其他因素

上述衡量企业短期偿债能力的指标都是根据财务报表中的数据计算的。除此以外，有些表外因素也会影响企业的短期偿债能力，有时甚至影响很大。这些因素对企业短期偿债能力的影响有正面，也有负面，进行财务分析时应给予足够重视，以便对企业的短期偿债能力做出正确判断。

（1）未使用的银行授信额度。银行授信额度是指企业与银行签订的在一定时期和一定限额内可随时向银行借入短期借款的合约。当企业需要资金时，可以随时向银行借入款项，增加企业的现金，提高企业的支付能力。这种信息一般列示在财务报表附注中。

（2）企业的偿债信誉。如果企业的偿债信誉好，当遇到资金周转困难，无法偿还到期债务的情况时，可以通过拆借等方式及时筹措到资金。

（3）准备近期出售长期资产。由于某种原因，企业可能准备将部分长期资产出售，变成现金，如储备的土地、不需用的设备和房产等。长期资产出售后转变成现金，可以提高企业的短期偿债能力。

（4）或有负债。包括产品质量担保、未决诉讼以及在经营合同中的一些承诺等。这些担保或承诺一旦变成事实，就会加重企业的债务负担，影响企业的短期偿债能力。财务分析人员可以通过阅读财务报表附注，找到关于或有事项的信息。

第三节　企业长期偿债能力分析

一、企业长期偿债能力分析概述

（一）影响长期偿债能力的主要因素

长期偿债能力是指从长期看企业偿还全部债务本金和利息的能力。资产是偿还债务的物质基础，所有者投资是偿还债务的基本保障，企业利润则是偿还债务的最终来源。因为在持续经营的前提下，企业不可能靠出售资产或破产清算来偿还到期债务，只有具备长期稳定的盈利能力的企业，才能为偿还债务本金和利息提供最可靠的资金来源。因此，影响企业长期偿债能力的因素主要有两个方面：一是企业的资产规模和资本结构；二是企业的盈利能力。

1. 企业的资产规模和资本结构

企业资产是偿还企业负债的基本保障，分析企业长期偿债能力，必须关注企业资产规模与负债规模之间的关系。一般来说，如果资产规模大于负债规模，说明企业可用于抵债的资产充足，企业偿债能力较强；反之，企业偿债能力则较弱。

资本结构是指企业负债和所有者权益之间的比例关系。资产来源于负债和所有者权益，负债是企业的外来资金，债权人具有强制求偿权，负债均有一定的偿还期限，企业必须按期偿还并支付利息。所有者权益代表企业的自有资金，属于企业的永久性资金，企业可以长期使用，股东既不能随意收回，也没有强制的股利支付要求。所有者权益占资产的比例越大，企业的财务实力越强。资本结构表明了企业外来资金与自有资金的比例关系，如果负债比例过高，则企业面临的偿债压力就越大，固定的利息支出就越高，企业无力支付到期债务本息的可能性也就越大；反之，如果所有者权益比例高，则债权人遭受企业无力偿债的风险就小。因此，资本结构是评价企业长期偿债能力的重要因素。

关于资产结构对企业偿债能力的影响，本书第二章第三节已做详细介绍，此处不再赘述。本节主要从资产规模和资本结构角度分析企业的长期偿债能力。

2. 企业的盈利能力

企业的盈利能力是指从企业内部产生未来现金的能力，从长期看，稳定的盈利能力才能使企业有良好的财务实力，企业依靠生产经营所创造的现金，是支付债务本金和利息的最佳来源。也就是说，企业的长期偿债能力必须建立在企业盈利能力的基础上。较强的盈利能力不仅可以使企业从经营活动中获取足够的现金流入量，而且可以吸引投资者和债权人，随时筹集到所需要的资金，以偿还到期债务的本金和利息。因此，长期偿债能力与企业盈利能力密切相关。企业盈利能力越强，长期偿债能力就越强；反之，则比较弱。

（二）长期偿债能力分析的意义

长期偿债能力分析对于不同的财务报表使用者具有不同的意义。

对于债权人来说，通过长期偿债能力分析，可以了解企业是否具有长期支付能力，分析企业信用状况，判断能否按期收回债权本金和利息，以便决定是否对企业发放贷款。对于股东来说，通过长期偿债能力分析，可以了解企业经营的安全程度，判断企业负债规模是否适度，财务风险是否在可控制范围内，以及是否可以利用财务杠杆作用提高股东的投资回报，保证其投资的安全性和盈利性。对于企业经营者来说，通过长期偿债能力分析，可以揭示企业资本结构和资产结构中存在的问题，以便及时进行调整，优化企业的资本结构和资产结构，降低财务风险，提高偿债能力和盈利能力。

二、衡量企业长期偿债能力的指标

影响企业长期偿债能力的因素主要有资产规模和资本结构、企业盈利能力两个方面，因此利用资产负债表、利润表、现金流量表分析长期偿债能力时相应地产生了两大类方法和指标。利用资产负债表分析长期偿债能力，主要是分析资本结构和资产规模，包括资产负债率、债务保障倍数、长期资本负债率等指标。利用利润表分析长期偿债能力，主要是将收益与负债进行对比分析，计算利息保障倍数和固定支出保障倍数等指标。此外，还可以利用现金流量表计算经营现金流量与负债总额比率，根据利润表和现金流量表计算盈利现金保障倍数等指标，从企业盈利能力和利润质量的角度考察企业长期偿债能力。

（一）资产规模和资本结构对长期偿债能力的影响

反映资产规模和资本结构对长期偿债能力影响的指标主要有资产负债率、债务保障倍数、长期资本负债率等。

1. 资产负债率

资产负债率也称为举债经营比率或债务比率，是指企业负债总额与资产总额之间的比率。它反映企业总资产中，债权人提供资金所占的比重，以及企业资产对债权人利益的保障程度。资产负债率是反映企业偿债能力，特别是长期偿债能力的重要指标，反映企业在清算时对债权人利益的保护程度。同时，该指标还可用于衡量企业经营者利用债权人资金的能力，评价企业的财务风险。其计算公式为

$$资产负债率 = \frac{负债总额}{资产总额} \times 100\%$$

式中：负债总额包括全部长期负债和流动负债；资产总额包括全部流动资产和长期资产。资产负债率越高，说明企业的债务负担越重，长期偿债能力越低，债权人风险越高；反之，则说明企业债务负担较轻，长期偿债能力较强，债权人风险较低。但较高的资产负债率也可能为投资人带来较多的利益。因此，不同的分析主体对资产负债率的评价也有所不同。

（1）债权人最关心能否按期收回借贷本金和利息，如果资产负债率过高，说明企业的资产大部分由债权人提供，经营风险大部分由债权人承担。资产负债率低，表明企业可用于抵债的资产多，债权人的保障程度高，即使企业破产清算，债权人收回资金也有一定的

保证。因此,债权人认为该比率越低越好。

(2) 从投资者角度看,由于负债利息可以在计算所得税前扣除,因此负债高可以起到节税作用。同时以举债方式筹资,既可以保持股东对企业的控制权,又可以分散经营风险,并通过财务杠杆作用提高投资者的回报。因此,对于投资者而言,只要债务成本率低于资产回报率,资产负债率就越高越好;反之,则应当降低资产负债率。

(3) 从企业经营者角度看,负债是一把双刃剑,通过举债,一方面可以及时筹集到所需要的资金,保证企业生产经营的需要;另一方面,增加了企业的风险,使企业背上沉重的债务负担,负债金额越大,企业风险越大。如果企业无法及时取得足以偿还债务本金和利息的现金,可能会被迫宣告破产清算,因此经营者需要在保障资金需要和控制财务风险之间取得平衡。

此外,从资产负债率还可以了解企业经营者利用借入资金进行经营活动的能力。一般认为,资产负债率偏高,说明企业朝气蓬勃,对前途充满信心;资产负债率过低,则说明企业畏缩不前,经营者缺乏魄力。

判断一个企业的资产负债率是否适宜,一般以企业盈利能力和经营活动现金流量是否稳定为标准,企业盈利能力越强,现金流量越稳定,为债权人所接受或公认为安全的资产负债率越高,反之则低。例如,水、电、气等公用事业单位的资产负债率可以高达70%以上,而一般制造业则应维持在50%左右。

根据表6-1中的有关资料,计算W公司2018—2020年的资产负债率。

2018年:资产负债率 $= \dfrac{350}{980} \times 100\% = 35.71\%$

2019年:资产负债率 $= \dfrac{470}{1\,230} \times 100\% = 38.21\%$

2020年:资产负债率 $= \dfrac{610}{1\,481} \times 100\% = 41.19\%$

计算结果表明,在2018—2020年中,W公司的资产负债率逐年上升,但仍在正常范围内,其财务风险较小。一方面说明W公司的偿债能力较强,另一方面也表明该公司尚未充分利用借贷方式筹资,应结合总资产报酬率指标进一步分析企业对财务杠杆的利用情况,同时结合同行业资产负债率的平均水平进行分析和评价。

2. 债务保障倍数

债务保障倍数是指企业所有者权益总额与负债总额之间的比值。所有者权益等于资产减去负债后的余额,是企业净资产,也称为自有资金,它是企业偿债能力的最终物质保障。其计算公式为

$$债务保障倍数 = \dfrac{所有者权益总额}{负债总额}$$

该指标可以直接反映所有者投资对负债的保障程度。债务保障倍数越低,说明企业偿还长期债务的能力越差。在持续经营条件下,所有者投资不需要偿还,因此所有者权益总额超出负债总额越高,说明企业偿债能力越强,债权人的资金越安全。一般认为,该指标应该高于1。

由于债权人与投资人经济利益不同,两者对债务保障倍数指标的分析角度也有所不同。

从债权人角度看,债务保障倍数越高越好。该指标越高,说明企业自有资本越雄厚,企业长期偿债能力越强。债权人投入资金受所有者权益保障的程度越大,债权人的资金越安全。所有者权益是债权人利益的最终保障,如果负债总额超出所有者权益总额,债权人将承担较大的经营风险,企业一旦破产清算,债权人将难以收回贷款。

从企业角度看,该指标反映所有者权益与负债的比例关系,可以揭示企业的财务结构是否稳健。债务保障倍数高,属于低风险财务结构;债务保障倍数低,属于高风险财务结构。一般而言,权益资本大于借入资本时企业的财务风险较小,但也说明企业未能充分发挥负债的财务杠杆效益。

从股东角度看,在通货膨胀时期多借债可以分散经营风险,获得货币购买力收益;在经济繁荣时期多借债可以获得财务杠杆利益;在经济萧条时期则应减少债务,减轻利息负担。因此,经济周期和企业经营状况也是影响债务保障倍数的重要因素。

根据表 6-1 中的有关资料,计算 W 公司 2018—2020 年的权益负债率。

2018 年:债务保障倍数 $=\dfrac{630}{350}=1.80$

2019 年:债务保障倍数 $=\dfrac{760}{470}=1.62$

2020 年:债务保障倍数 $=\dfrac{871}{610}=1.43$

从计算结果可以看出,2018—2020 年,企业的债务保障倍数持续下降,说明企业举债经营的程度不断提高,长期偿债能力有所下降,但仍然在正常范围内。

应当注意的是,企业资产中的某些项目,如无形资产、递延所得税借项、长期待摊费用等,其价值具有极大的不确定性,且不易形成支付能力,因此在采用债务保障倍数衡量企业的偿债能力时,应结合上述情况对该指标进行修正,计算更谨慎和更保守的债务保障倍数,使反映的结果更客观。通常企业递延所得税借项和长期待摊费用数额较小,可以忽略不计,因此,其计算公式为

$$保守的债务保障倍数 = \dfrac{所有者权益总额 - 无形资产}{负债总额}$$

式中:分子是账面上属于企业股东的有形资产价值,也称为有形净资产。该指标更强调有形资产对债权人利益的保障程度。从谨慎的观点看,无形资产价值具有很大的不确定性,企业清算时绝大部分无形资产不能用于抵债,因此,将无形资产从净资产中扣除,用有形净资产和负债总额进行对比,能够更客观地反映债权人资金受所有者权益的保障程度。

对于债权人而言,保守的债务保障倍数越高越好,该指标越高,说明企业可用于抵债的有形净资产越多,债权人的利益越有保障,企业的有效偿债能力越强。

根据表 6-1 中的有关资料,计算 W 公司 2018—2020 年的保守的债务保障倍数。

2018 年:保守的债务保障倍数 $=\dfrac{630-45}{350}=1.67$

2019 年:保守的债务保障倍数 $=\dfrac{760-60}{470}=1.49$

2020年：保守的债务保障倍数 $= \dfrac{871-80}{610} = 1.30$

计算结果表明，在 2018—2020 年中，W 公司保守的债务保障倍数持续下降，其长期偿债能力有所降低，但仍然在正常范围内。

3．长期资本负债率

长期资本负债率是指长期负债占所有者权益和长期负债之和的比值。其计算公式为

$$长期资本负债率 = \dfrac{长期负债}{所有者权益 + 长期负债} \times 100\%$$

长期负债和所有者权益是可供企业使用的长期资金，长期资本负债率反映可供企业长期使用的资金中负债所占的比例，比例越大，债权人的风险也越大；反之，则比较小。该指标是债权人在签订长期贷款合同时必须要考虑的因素。

根据表 6-1 中的有关资料，计算 W 公司 2018—2020 年的长期资本负债率。

2018 年： 长期资本负债率 $= \dfrac{190}{630+190} \times 100\% = 23.17\%$

2019 年： 长期资本负债率 $= \dfrac{300}{760+300} \times 100\% = 28.30\%$

2020 年： 长期资本负债率 $= \dfrac{390}{871+390} \times 100\% = 30.93\%$

计算结果表明，在 W 公司的长期资金来源中，负债所占比例逐年增加，说明企业的债务负担增大，财务风险上升，应结合公司的发展战略和筹资决策做进一步分析。

（二）企业盈利能力对长期偿债能力的影响

从长期看，企业的偿债能力最终取决于企业的盈利能力。企业利润越多，可用于偿债的资金就越多，企业的偿债能力就越强。从盈利能力角度评价企业长期偿债能力的指标主要有利息保障倍数、固定支出保障倍数、经营现金流量与负债总额之比、盈余现金保障倍数等指标。

1．利息保障倍数

利息保障倍数也称为已获利息倍数，是指企业经营收益与利息费用之间的比值，反映企业的经营收益相当于利息费用的多少倍，主要用于衡量企业用其经营收益偿付借款利息的能力。如果没有足够的经营收益，企业支付利息就会有困难。

这里的经营收益是不考虑利息费用的税前利润，通常称为息税前利润，由利润总额和利息费用两部分组成。利息保障倍数的计算公式为

$$利息保障倍数 = \dfrac{息税前利润}{利息费用} = \dfrac{利润总额 + 利息费用}{利息费用}$$

式中：利息费用是指企业实际发生的全部利息，不仅包括计入本期财务费用的利息，还包括计入存货、固定资产等资产成本的资本化利息。其理由是，不论利息费用是否列入利润表，企业终究是要偿还的，都是企业实际负担的费用。由于我国的利润表不单独列示利息费用，而是将其并入"财务费用"项目，外部分析人员可将财务费用视同利息费用，用利润总额加财务费用估算息税前利润。

利息保障倍数反映了企业用经营收益支付利息的能力，该比率越高，说明企业偿付利息的能力越强，债权人借贷本金的收回就越有保障。实际上，只要企业能够及时足额偿还利息，保持良好的付息记录，就可以通过借新债还旧债的方式偿还债务本金，企业就没有偿还债务本金的压力。

运用利息保障倍数来评价企业的长期偿债能力，该指标至少应该大于1。如果利息保障倍数等于1，说明企业的经营收益刚好相当于借款利息，但是否有能力支付利息，还要看企业的现金流量。如果利息保障倍数小于1，说明企业的经营收益已经不足以支付利息，企业已经没有足够的付息能力，或者已经陷入财务困境。借款给这种企业，债权人连收取利息都没有保障，更不要说收回本金了。因此，利息保障倍数必须在1以上。根据西方国家的经验，利息保障倍数应当保持在3以上，大多数企业在3～6之间。

为了考察企业偿付利息的能力是否稳定，通常需要连续计算几个年度的利息保障倍数，从中选取最低年度作为代表企业偿债能力的指标，并与同行业平均水平进行对比，以判断企业的偿债能力。其理由是不论经营好坏，企业都要偿付一定的利息，特别是具有周期性经营特点的企业，在利润较高的年度，可能利息保障倍数很高，在利润低的年度，则利息保障倍数很低，用低年度的指标作为判断企业偿债能力的标准，可以保障最低的偿债能力，也更符合谨慎原则。

根据表6-2中的有关资料，计算W公司2018—2020年的利息保障倍数。

2018年：利息保障倍数=$\frac{84+12}{12}$=8

2019年：利息保障倍数=$\frac{140+25}{25}$=6.6

2020年：利息保障倍数=$\frac{207+36}{36}$=6.75

计算结果表明，虽然W公司2018—2020年负债利息增长较快，但由于息税前利润增长幅度也比较大，因此利息保障倍数指标比较高，为及时偿付利息提供了保障。

应当说明的是，根据利息保障倍数评价企业的偿债能力，也应考虑行业特点，并与企业的经营现金净流量结合起来。在资本密集的行业中，如航空业，大量的固定资产折旧费用和无形资产摊销费用要在计算利润总额前扣除，但这些费用并不需要支付现金，因此，即使其利息保障倍数较低，通常也能按期偿还债务。但是在服装、日用品等轻工行业中，其利息保障倍数通常比较高。例如，美国食品加工业的利息保障倍数通常在10左右，而重工业的利息保障倍数只有4左右。

2. 固定支出保障倍数

企业除了支付债务利息，还有一些与负债近似的固定支出，如租入固定资产的租赁费、优先股股利等。这些支出类似于利息费用，也是企业固定的开支，需要定期支付。为了更谨慎地评价企业的长期偿债能力，应将其考虑在内，计算一个比利息保障倍数更保守的指标——固定支出保障倍数。

固定支出保障倍数是指企业可用于偿付固定支出的收益与固定支出之间的比值。该指标与利息保障倍数的最大差别是，固定支出保障倍数考虑了一部分经营租赁费用和优先股

股息。其计算公式为

$$\text{固定支出保障倍数} = \frac{\text{可用于偿付固定支出的收益}}{\text{固定支出}}$$

$$= \frac{\text{利润总额} + \text{不含优先股股利的固定性支出}}{\text{固定支出}}$$

式中：固定支出的计算有多种方法，通常计入固定支出的项目有利息费用、租赁费用或租赁费用中的利息费用、优先股股利等。本书只介绍以下两种常用的方法，其区别主要是对经营租赁费的计算范围不同。

（1）固定支出包括三部分内容。一是利息费用，即利润表中的"财务费用"项目。二是经营租赁费用。经营租入固定资产的租金与利息费用没有本质区别，也是企业必须偿还的债务，如果不能按期支付，企业要承担违约责任。经营租赁费用作为租赁费在利润表中反映，在计算该指标时，可将其从利润表中择出。三是优先股股利。优先股本身具有债券性质，优先股股利，尤其是累积优先股股利，类似于企业的固定债务，无论企业的盈利状况如何，都必须支付。与债务利息不同的是，优先股股利是用税后利润支付，因此要调节所得税的影响。我国通常采用这种计算方法。其计算公式为

$$\text{固定支出保障倍数} = \frac{\text{利润总额} + \text{利息费用} + \text{经营租赁费用}}{\text{利息费用} + \text{经营租赁费用} + \text{优先股股利}/(1-\text{所得税税率})}$$

假设 W 公司 2020 年支付经营租赁费用 12 万元，该公司只有普通股股东。根据表 6-2 计算 W 公司 2020 年的固定支出保障倍数为

$$\text{固定支出保障倍数} = \frac{207 + 36 + 12}{36 + 12} = 5.31$$

计算结果表明，2020 年 W 公司具有较强的偿付固定支出的能力，主要原因是该公司的盈利能力强。相对于固定支出，W 公司的利润总额较高。

从理论上讲，只要固定支出保障倍数大于 1，企业就能偿还固定支出。该指标越高，说明企业的偿付固定支出的能力越强，债权人利益受保障的程度越高。

（2）固定支出也包括三部分内容，其中，利息费用和优先股股利的计算与第一种方法相同，区别是经营租赁费用中只计算其中包含的利息费用。美国通常采用这种计算方法，认为长期经营租赁是一种长期筹资方式，其租赁费用中的一部分实际上是利息费用，应当列示在利润表的期间费用项目中。美国通常是将经营租赁费用中的三分之一作为利息费用计入当期损益，这也是租赁费用中利息所占的大致比例。其计算公式为

$$\text{固定支出保障倍数} = \frac{\text{利润总额} + \text{利息费用} + \text{租赁费用中的利息费用}}{\text{利息费用} + \text{租赁费用中的利息费用} + \text{优先股股利}/(1-\text{所得税税率})}$$

仍以 W 公司 2020 年的数据资料为例，采用第二种方法计算该公司的固定支出保障倍数为

$$\text{固定支出保障倍数} = \frac{207 + 36 + 12/3}{36 + 12/3} = 6.18$$

应当说明的是，计算利息保障倍数和固定支出保障倍数时，都没有考虑偿付本金的资金需要，其主要原因是，利息和固定支出都是以盈利为基础偿还，而偿还本金的资金不一定来自盈利。只要利息保障倍数或固定支出保障倍数足够大，企业的偿债信誉好，就可以

通过外部融资来偿还债务本金。

3. 经营现金流量与负债总额之比

将经营现金流量与负债总额进行对比，可以了解企业用每年的经营活动现金净流入量偿付所有债务利息的能力。其计算公式为

$$经营现金流量与负债总额之比 = \frac{经营活动现金净流入量}{全部负债平均余额} \times 100\%$$

该比率越高，说明企业偿付债务总额的能力越强。根据经验认为，该比率维持在 20% 左右时较好。

根据表 6-1 和表 6-3 中的有关资料，计算 W 公司的经营现金流量与负债总额之比。

2018 年：经营现金流量与负债总额之比 $= \dfrac{20}{(300+350)/2} \times 100\% = 6.15\%$

2019 年：经营现金流量与负债总额之比 $= \dfrac{65}{(350+470)/2} \times 100\% = 15.85\%$

2020 年：经营现金流量与负债总额之比 $= \dfrac{72}{(470+610)/2} \times 100\% = 13.33\%$

计算结果表明，2019 年 W 公司的偿债能力比 2018 年大幅度提高，2020 年略有下降，从经营现金净流量的角度看，该公司的偿债能力属于一般，但基本正常。

将该指标与市场利率或企业的实际负债利率对比，可以了解企业的最大付息能力。以 2020 年为例，即使市场利率高达 13.33%，W 公司仍然能够按期支付利息，而只要能够按期付息，就能够借新债还旧债，维持现有的负债规模，不存在偿还本金的压力。如果市场利率低于 13.33%，说明 W 公司还可以举借新债。

4. 盈余现金保障倍数

盈余现金保障倍数又称为利润现金保障倍数，是指企业在一定时期内经营现金净流量与净利润的比值，反映企业当期净利润中现金收益的保障程度，可以真实地反映企业的盈余质量。

在持续经营前提下，企业需要用货币资金偿还负债，企业的净利润中是否有足够的现金流入，将会直接影响企业的偿债能力。在进行财务分析时，通过计算盈余现金保障倍数，可以更客观地反映企业利用内部资金偿还负债的能力。其计算公式为

$$盈余现金保障倍数 = \frac{经营现金净流量}{净利润}$$

从计算公式可以看出，盈余现金保障倍数是从现金流入和流出的动态角度，对企业的实际收益能力进行修正，以便真实反映企业的利润质量。

由于会计准则规定企业的收入与费用采用权责发生制原则计算，会计核算的收入与费用与实际发生的现金流入和流出存在一定差异，为企业利润操纵提供了可能。盈余现金保障倍数指标的分子按收付实现制计算，分母按权责发生制计算，两者相比后可以充分反映企业当期净利润中有多少是有现金保障的，从而挤掉利润中的水分，反映企业当期利润的质量状况。

一般来说，当企业当期净利润大于 0 时，该指标越高越好，最理想的状态是大于 1。

该指标越高,表明企业经营活动产生的现金收入占净利润比重越大,净利润的可靠性越高。

根据表 6-2 和表 6-3 中的有关资料,计算 W 公司的盈余现金保障倍数指标。

2018 年:盈余现金保障倍数 $= \dfrac{20}{61} = 0.33$

2019 年:盈余现金保障倍数 $= \dfrac{65}{104} = 0.63$

2020 年:盈余现金保障倍数 $= \dfrac{72}{153} = 0.47$

计算结果表明,2019 年 W 公司盈利质量比 2018 年有较大幅度提高,2020 年略有下降,三年来该公司盈利质量向好的趋势发展,但是这三年的盈余现金保障倍数均小于1,说明该公司净利润质量属于一般,用经营活动现金偿还债务的能力也属于一般,必要时可能需要借助外部筹资等其他方式偿还到期债务。

应当说明的是,现代企业大多采用赊销形式,收款时间受多种因素影响,有可能会出现各年收款不均衡的情况,致使该指标的各年数值变动较大,因此最好连续计算几年的盈余现金保障倍数,并结合企业实际效益状况分析其变动原因,以便做出客观评价。

(三)影响企业长期偿债能力的其他因素

进行长期偿债能力分析,除利用财务报表计算反映企业资本结构、资产结构的指标,以及收益与负债对比的指标外,还应关注那些财务报表上未能反映的因素,如长期租赁、承诺事项、担保责任、长期资产价值等。

1. 长期租赁

当企业急需某种设备而又缺乏足够的资金购买时,可以通过租赁的方式解决。设备租赁分为融资租赁和经营租赁两种方式。融资租赁是由租赁公司垫付资金,按照承租人的需要购买设备,然后将设备出租给承租人,承租人按合同规定支付租金。租金一般包括设备买价、利息和相关的手续费。一般情况下,当租赁期满,承租人付清最后一笔租金后,设备所有权转归承租方。从本质上看,融资租赁相当于承租人分期付款购买设备,承租方将租入的设备视同自有的资产入账,相应的融资租赁费用作为长期负债反映在资产负债表中。

经营租赁则完全不同,经营租入的资产和应付的租赁费均不列入资产负债表,只出现在报表附注和利润表的相关费用项目中。当企业的经营租赁资产数量较大,租赁期较长且具有经常性时,就形成了企业的一种长期性债务。这种长期性债务负债不计入企业的资产负债表,但必须按期支付租金,从而对企业的偿债能力产生负面影响。如果企业经常发生经营性租入业务,应当考虑租赁费用对企业长期偿债能力的影响。

2. 承诺事项

承诺事项是指企业因具有法律效率的合同或协议的要求而将要承担的责任或义务。例如,对合资企业的另一方承诺长期购买其产品;向客户承诺提供产品售后服务和保修;等等。有时承诺事项会大量增加企业的潜在债务,影响企业的偿债能力,但是这些潜在的债务却不反映在资产负债表上。在进行财务分析时,应根据报表附注和其他有关资料,判断承诺事项变成现实负债的可能性和金额。

3. 担保责任

企业与其他单位进行经济往来时，可能会发生很多担保责任，如为合资企业或供货商的银行贷款提供担保等。债务担保项目的时间长短不一，有的涉及企业的长期负债，有的涉及企业的短期负债。在分析企业长期偿债能力时，应关注担保责任带来的潜在长期负债问题。

4. 长期资产价值

这里所说的长期资产价值是指企业长期资产的变现价值。关注长期资产的变现价值，是因为当企业因经营不善或资金周转困难被迫出售长期资产以清偿债务时，企业的长期资产能否及时变现以及变现价值高低就变得十分重要。但现行的财务报表一般不披露长期资产变现价值，因此无法将资产变现价值与负债进行比较。可替代的方法是通过分析资产的构成来预测其变现价值。一般而言，机器设备的价值随着科学技术进步呈下降趋势，房地产和部分对外投资的价值则可能会上升。例如，企业现有土地被探明有丰富的石油和天然气，未来土地的价值必将大大高于其账面价值，这种潜在的资产处置收益，有助于提高企业的长期偿债能力。

本章小结

偿债能力是指企业偿还全部到期债务的能力，包括短期偿债能力和长期偿债能力。偿债能力是企业债权人、投资者和管理者都十分关心的问题，因为在瞬息万变的市场经济条件下，即使有良好发展前景的企业，也可能会由于不能按期偿还债务而被迫清算。因此，分析和判断企业的偿债能力是财务分析的一项重要内容。

根据负债的偿还期限，企业偿债能力分析主要包括两个方面的内容：一是短期偿债能力分析，主要了解企业偿还一年内或一个营业周期内到期债务的能力，判断企业的财务风险；二是长期偿债能力分析，主要了解企业偿还全部债务的能力，判断企业整体的财务状况、债务负担和企业偿还债务的保障程度。

影响短期偿债能力的主要因素有资产的流动性、流动负债的结构和企业的经营业绩。从静态上看，可以通过计算流动资产与流动负债的比值，来衡量企业的短期偿债能力，主要指标有营运资金、流动比率、速动比率、保守的速动比率、现金比率、经营现金净流量比率等。从动态上看，可以通过计算流动资产和流动负债的流动性，来衡量企业的短期偿债能力，主要指标有应收账款周转率、存货周转率、应付账款周转率等。

影响企业长期偿债能力的因素有企业的资产规模和资本结构，以及企业的盈利能力。从资产规模和资本结构角度衡量企业长期偿债能力的指标主要有资产负债率、债务保障倍数、长期资本负债率等；从盈利能力角度衡量企业长期偿债能力的指标主要有利息保障倍数、固定支出保障倍数、经营现金流量与负债总额之比、盈余现金保障倍数等。

除利用财务报表计算反映企业偿债能力的比率指标外，还应关注那些财务报表上未能反映的因素，以便对企业的偿债能力做出客观评价。

思考题

1．进行企业短期偿债能力分析的目的是什么？试从企业各个利益关系人角度说明。
2．影响短期偿债能力的主要因素有哪些？可从哪几个方面进行短期偿债能力分析？
3．计算速动比率时，为什么要将存货从流动资产中扣除？
4．什么是保守的速动比率？哪种情况下需要计算保守的速动比率？
5．资产流动性与短期偿债能力的关系是什么？
6．为什么要计算经营现金净流量比率？
7．为什么要从动态角度评价企业的短期偿债能力？怎样评价？
8．为什么应收账款周转率和存货周转率会影响企业的短期偿债能力？
9．影响长期偿债能力的主要因素有哪些？为什么？
10．从哪几个方面进行长期偿债能力分析？
11．衡量资产规模和资本结构的指标有哪些？怎样计算？
12．计算利息保障倍数指标时，为什么要将资本化利息考虑在内？
13．如果一个企业的利息保障倍数大于1，是否说明该企业具有偿付利息的能力？
14．盈余现金保障倍数的含义是什么？如何用该指标评价企业的偿债能力？
15．股东、债权人、经营者对企业资产负债率指标的评价有何不同？
16．影响企业偿债能力的报表外因素有哪些？
17．对于陷入财务困境的企业申请银行贷款，银行应重点关注哪些财务指标？如果该企业的负债率很高，但同时其产品销售前景不错，收益率也比较高，银行是否应该向其发放贷款？为什么？
18．李先生是某工业公司的会计主管。该公司的会计年度于12月31日结束。公司本应12月赊购一批材料，但李先生要求将该笔业务推迟到1月。这种做法对哪些财务比率影响最大？其目的何在？

练习题

习题一

（一）目的：熟悉经济业务对财务指标的影响。
（二）资料：假设某企业初始流动比率大于1，此后发生有关交易事项如表6-8所示。

表6-8　某企业相关交易事项表

交 易 事 项	流 动 比 率	速 动 比 率	资产负债率	利息保障倍数
增发普通股获得现金				
以长期借款购买固定资产				
赊购原材料				
偿还长期借款				

续表

交易事项	流动比率	速动比率	资产负债率	利息保障倍数
支付前欠购货款				
宣布并支付现金股利				
宣布并支付股票股利				
收回应收账款				
支付广告费用				
以高于账面价值出售短期债券				
将债券转换为普通股股票				

（三）要求：指出上述交易和事项对财务指标的影响。用"+"表示增加，用"-"表示减少，用"0"表示没有变化（假设该企业期初流动比率大于1、利息保障倍数大于1）。

习题二

（一）目的：练习偿债能力分析。

（二）资料：某公司有关会计资料表如表6-9所示。

表6-9 某公司有关会计资料表　　　　　　元

项 目	2019年	2020年
库存现金	47 000	21 000
交易性金融资产		28 000
应收账款	116 000	102 000
存货	243 000	226 000
预付账款	19 000	11 000
流动资产合计	425 000	388 000
固定资产	128 000	230 000
资产合计	553 000	618 000
流动负债合计	241 000	205 000
负债合计	373 000	361 000
税前利润	158 000	165 000
利息费用	39 000	36 000

（三）要求：

1. 计算该公司2019年和2020年的营运资本、流动比率、速动比率、资产负债率、利息保障倍数指标。

2. 分析该公司2020年的短期偿债能力和长期偿债能力是提高还是降低，并说明理由。

习题三

（一）目的：熟悉财务指标的计算。

（二）资料：某公司期末流动资产余额为675 000元，包括库存现金、以公允价值计量且其变动计入当期损益的金融资产、应收账款和存货。其中，库存现金为100 000元，以公允价值计量且其变动计入当期损益的金融资产为100 000元。另外，已知该公司流动比率为 1.5，速动比率为 0.7，存货周转率为 3，且期末存货余额为期初存货的 1/2。

（三）要求：

1．计算期末应收账款余额。
2．计算期末存货余额。
3．计算本期营业成本。
4．假定本期营业收入为 1 440 000 元，计算销售毛利。

案例分析

1．假设你是某银行的信贷部负责人。钱广先生拥有的两家饭店分别向你申请 500 000 元的一年期贷款，用以开设分店。这两家饭店的简化资产负债表如表 6-10 和表 6-11 所示。

表 6-10　假日饭店资产负债表

2020 年 12 月 31 日　　　　　　　　　　　　　　　　　元

资　　产	金　　额	负债及股东权益	金　　额
流动资产	150 000	流动负债	60 000
固定资产	600 000	长期负债	400 000
		股本	200 000
		盈余公积	50 000
		未分配利润	40 000
资产总额	750 000	负债及股东权益总额	750 000

表 6-11　花园饭店资产负债表

2020 年 12 月 31 日　　　　　　　　　　　　　　　　　元

资　　产	金　　额	负债及业主权益	金　　额
流动资产	48 000	流动负债	60 000
固定资产	602 000	长期负债	400 000
		业主投资（钱广）	190 000
资产总额	650 000	负债及业主权益总额	650 000

开业几年来，两家饭店的经营都很成功，假日饭店稍好一些。你认为两家饭店预期发展前景都很好，但你也知道饭店行业竞争激烈，盈利变动较大。你了解到，钱先生是一个成功的企业家，他靠销售软件赚了一大笔钱，个人资产达到 1 亿元。钱先生现已退休，上述两家饭店由富有经验的专业人员经管。

要求：

（1）分别计算两家饭店的流动比率、营运资金和资产负债率。
（2）根据所提供的信息，你认为哪家饭店的信用风险较低？试说明理由。
（3）你认为在哪种情况下，另一家饭店与（2）中所确定的那家饭店的信用风险一样低？

2. 从巨潮、和讯等任意网站收集一家上市公司最近两年的财务报表，并编制比较资产负债表、比较利润表、比较现金流量表。由于上市公司数据较大，为简化计算，可以万元或十万元为报表计算单位。

要求：根据比较报表资料，分析该公司短期偿债能力和长期偿债能力，必要时可查阅该公司报表附注和相关的文字说明，具体如下。

（1）分析比较最近两年该公司的短期偿债能力，并进行评价。

（2）分析比较最近两年该公司的长期偿债能力，并进行评价。

（3）将所计算的该公司指标与行业平均水平或先进水平进行对比，并进行评价。

（4）将所计算的该公司指标与主要竞争对手进行对比，并进行评价。

本章习题
答案参考

第七章　企业营运能力分析

【本章内容要点】

① 企业营运能力分析的目的和内容；
② 流动资产营运能力分析；
③ 非流动资产营运能力分析；
④ 总资产营运能力分析。

第一节　企业营运能力分析的目的和内容

一、企业营运能力分析的目的

营运能力是指企业对资产的使用效率，直接表现为企业利用资产创造营业收入的能力。营运能力强，表明企业可以用较少的资产占用取得较高的营业收入，从而提高企业的偿债能力和盈利能力。因此，营运能力分析是财务分析的一项重要内容。

营运能力可以反映企业资产的质量、结构和运行状态，以及企业对资产的管理水平，而这些状况和管理水平将直接影响企业的偿债能力和盈利能力。因此，不同的报表使用者对营运能力分析的目的也各不相同。

（1）从企业经营管理者的角度看，企业占用的存量资产是企业取得收入和利润的基础。由于不同资产在企业经营活动中的作用不同，其对企业偿债能力和盈利能力影响也不同。一般而言，流动性大的资产，其变现能力强，可以提高企业的偿债能力，但是其盈利能力却比较弱。如果流动资产比例过大，会降低企业的盈利能力；反之，流动性小的资产，如固定资产，其变现能力弱，但是盈利能力强，是企业收入和利润的主要来源。因此，流动资产和非流动资产应该有一个合理的配置比例，如果某一类资产占用过多或出现有问题的、质量较差的资产，就会形成资产积压，降低资产使用效率。因此，企业经营管理者必须重视资产的使用效率，在保持资产必要流动性的同时，保证资产具有较高的盈利能力。通过进行营运能力分析，可以揭示企业资产配置和资产管理中存在的问题，以便采取措施，优化资产结构，改善资产管理。

（2）从企业股东的角度看，企业营运能力越强，说明资产的质量越好，企业以相对较少的资产占用取得了相对较大的收入和收益，资产的变现能力和收益能力比较强，企业遭遇现金短缺的可能性较小，企业的财务安全性高；反之，则说明企业的财务安全性低。因此通过对企业营运能力的分析，企业股东可以及时了解企业资产的质量和资产的收益能力，判断企业的财务安全性。

（3）从企业债权人的角度看，企业营运能力越强，说明资产的周转速度越快，资产的变现能力越强，债权人的债权的安全性越高。因此，通过对企业营运能力的分析，企业债权人可以判断其债权的保障程度和安全性，以便进行相应的信贷决策。

对于其他与企业有密切关系的部门和机构，也需要关注企业的营运能力分析。例如，国家宏观经济管理部门通过对企业营运能力进行分析，可以了解企业经营是否稳定，财务状况是否正常，以确定企业是否可以进入公开的资本市场筹集资金，或者据此对企业经营者的业绩进行考评。企业的主要客户和供应商通过对企业营运能力的分析，可以判断企业是否有足量的合格商品供应或有足够的支付能力，以确定是否与其建立长期稳定的业务关系。

二、企业营运能力分析的内容

如前所述，营运能力是指企业对资产的使用效率。进行营运能力分析的目的是评价企业运用各种资产创造收入的能力，通常用年度内每一元资产可以创造多少营业收入来衡量。单位资产创造的营业收入越多，说明资产的使用效率越高，企业营运能力越强；反之，则说明企业营运能力较弱。企业营运能力的强弱，最终会影响企业的偿债能力和盈利能力，因此反映营运能力的财务比率也可作为分析企业偿债能力和盈利能力的补充指标。

企业的经营性资产可以分为流动资产和非流动资产两大类，因此企业营运能力的分析主要包括流动资产营运能力分析、非流动资产营运能力分析以及将两者包括在内的全部资产营运能力分析。流动资产营运能力分析主要是通过计算有关指标反映主要流动资产项目和全部流动资产的利用效率，衡量企业在经营活动中运用流动资产的能力。衡量流动资产营运能力的指标主要有应收账款周转率、存货周转率、流动资产周转率等。非流动资产是企业进行生产经营活动的物质基础，通过分析非流动资产的利用效率，可以判断企业的投资效果好坏。非流动资产中占比重最大的是固定资产，固定资产也是企业收入和利润的重要来源，因此，非流动资产营运能力分析应着重分析固定资产的使用情况和固定资产的周转速度。全部资产营运能力分析主要是计算总资产周转率指标，以衡量企业对全部资产的利用效率。

企业对资产的使用效率，最终体现为企业在一定时期内利用现有资产创造了多少营业收入，因此反映资产营运能力的指标主要是用营业收入与资产占用额进行对比。

第二节　流动资产营运能力分析

企业的流动资产包括货币资金、交易性金融资产、应收及预付账款、存货等。流动资产具有周转速度快、变现能力强的特点，企业对流动资产的营运能力直接影响着企业的短期偿债能力。因此，对流动资产营运能力的分析在财务分析中占有重要地位。

流动资产营运能力分析通常从两个方面进行：一是计算衡量流动资产主要项目营运能力的指标，如应收账款周转率、存货周转率等；二是计算衡量全部流动资产营运能力的指标，如流动资产周转率，并分析流动资产结构是否合理。

一、衡量流动资产主要项目营运能力的指标

在企业的流动资产项目中，通常应收账款和存货占的比重最大，而且这两个项目与企业的营业收入和收现能力直接相关，因此需要对其营运情况进行单独分析。

1. 应收账款周转率

应收账款周转率是指企业在一定时期内的营业收入与应收账款平均余额的比值，表示企业应收账款在一定时期内（通常为一年）的周转次数，反映应收账款的收款频率，是衡量企业应收账款变现速度的指标。

应收账款周转率指标的计算在本书第六章第二节已做简要介绍，本节将从评价企业营运能力角度对其进行深入分析和说明。如前所述，该指标计算公式为

$$应收账款周转率（周转次数）=\frac{营业收入}{应收账款平均余额}$$

应收账款平均余额的经济含义是指在报告期内企业平均每天在应收账款上占用的资金数额，可用年初应收账款余额加上年末应收账款余额除以 2 计算，也可以每月月初应收账款余额和月末应收账款余额为基础，先计算出各月应收账款平均余额，再将各月平均余额之和除以 12，求出全年平均余额。在季节性生产和销售的企业，最好用后一种方法计算资产平均余额（下同）。

应收账款周转率也可以用周转天数表示。应收账款周转天数又称为平均收账期，是指企业从商品销售出去，取得应收账款的权利，到应收账款收回、转换为现金所需要的平均天数，用一年近似天数 365 天除以应收账款周转次数计算求得。其计算公式为

$$应收账款周转天数=\frac{365}{应收账款周转次数}$$

在一定时期内，应收账款周转次数越多或周转一次所需要的时间越短，说明应收账款变现速度越快，资产利用的效率越高；反之，则说明资产利用效率较低。

应收账款周转次数和应收账款周转天数从不同角度反映了企业应收账款的回收速度和管理效率。一般而言，应收账款周转率越高，说明企业应收账款转化为现金的效率越高，应收账款管理得越好，企业占用在应收账款上的资金越少，显示企业应收账款资产的流动性强，短期偿债能力强，流动比率和速动比率的可信度高，企业的短期偿债能力有保障。同时，企业还可以相应降低收账费用和坏账损失，相对提高流动资产的收益能力。反之，如果应收账款周转率较低，说明企业对应收账款管理的效率较低，企业需要加强对应收账款的管理和催收工作。

本章仍然沿用第六章 W 公司的财务报表进行分析。根据表 6-1 和表 6-2 中的有关资料，计算 W 公司 2018—2020 年的应收账款周转率和周转天数。

2018 年：$应收账款周转率=\frac{620}{(52+70)/2}=10.16$（次/年）

$$应收账款周转天数=\frac{365}{10.16}=35.93（天）$$

2019 年：应收账款周转率 $=\dfrac{820}{(70+80)/2}=10.93$（次/年）

$$应收账款周转天数 = \dfrac{365}{10.93} = 33.39（天）$$

2020 年：应收账款周转率 $=\dfrac{1150}{(80+132)/2}=10.85$（次/年）

$$应收账款周转天数 = \dfrac{365}{10.85} = 33.64（天）$$

计算结果表明，从 2018 年到 2020 年，W 公司的应收账款周转率在基本保持稳定的前提下略有上升，应收账款周转天数从 2018 年的 35.93 天，下降到 2019 年的 33.39 天，虽然 2020 年略有上升，但是幅度不大，表明该公司应收账款管理取得了一定成效。

分析时，还需要将该指标与企业信用期、行业平均水平或先进水平进行对比。以 2020 年为例，如果 W 公司的平均信用期为 40 天，则 33.64 天这一实际收账期是一个不错的数据，说明该公司应收账款的管理运用效率较高。如果 W 公司的平均信用期为 25 天，则 33.64 天这一实际收账期就不值得赞许，因为它大大超过了信用期，说明该公司应收账款的实际收回时间比应该收回的时间长。其原因可能是：该公司收款工作力度不够；客户发生财务困难；或客户故意拖欠货款。不管什么原因，客观上都加大了应收账款的资金占用，降低了资产使用效率。企业应当采取相应的措施，如加强货款的催收工作、审查客户信誉、检查企业的信用政策是否合理等。

在计算和使用应收账款周转率时，应注意以下问题。

（1）从理论上讲，应收账款的形成基础是赊销收入，在计算应收账款周转率时，应该使用赊销收入而不是营业收入，以保持分子和分母的相关性与一致性。但是由于财务报表上不反映赊销收入，因此该指标的分子只能用营业收入代替。如果企业的现金销售所占比例较小，其计算结果与实际相差不多；如果现金销售所占比例较大且比较稳定，则各年计算结果仍有可比性。从另一个角度看，计算应收账款周转率时使用营业收入，也相当于把现金销售视为收款时间为零的应收账款。总之，只要保持该指标计算的一致性，其结果并不影响应收账款周转率指标的分析和利用价值。

（2）对于生产和销售比较均衡的企业，该指标计算公式中的应收账款平均余额可以直接用资产负债表中该项目的年初余额和年末余额相加后除以 2，但是季节性生产的企业，如果各月应收账款余额相差较多，应先计算应收账款的各月平均余额，然后在此基础上计算应收账款年平均余额。由于计算应收账款余额的数据直接来自资产负债表，因此这里的应收账款是指扣除坏账准备后的应收账款净额。

（3）当主营业务收入一定时，应收账款周转率的高低取决于应收账款平均余额的大小。由于资产负债表上列示的应收账款是提取坏账准备后的净额，因此企业提取的坏账准备数额将直接影响应收账款周转率。提取的坏账准备数额越大，应收账款平均余额就越小，应收账款周转率就越高。但是这种高速度的应收账款周转率并不是企业管理的业绩，而是说明应收账款管理不善。因此，如果企业提取的坏账准备数额过大，在计算应收账款周转率时应进行调整，以未扣除坏账准备的应收账款平均余额作为计算基础。

（4）企业的应收票据也是由赊销业务引起，实际上是应收账款的另一种表现形式。根据我国对应收票据的规定，其付款时间最长不得超过 6 个月。因其收回时间较短，因此在计算应收账款周转率时，一般不将其包括在内。如果是为了全面考查企业赊销收入的平均收账期，也可以将资产负债表中的应收票据纳入应收账款周转率的计算，称为"应收票据与应收账款周转率"。但是资产负债表中的"其他应收款"项目不宜包括在内，因为其他应收款与企业的销售活动没有直接关系。

（5）应收账款周转率或平均收账期并不一定能代表应收账款的总体情况。有时，平均收账期超过信用期很可能只是因为一两个大客户逾期拖欠货款。为了确定拖欠货款是普遍现象还是个别现象，还应当对应收账款进行账龄分析。分析人员可以从会计报表附注中获取账龄信息。

（6）还应当注意的是，应收账款持有量通常与销售收入成正比，应收账款周转率与企业的信用政策密切相关。有时企业为了扩大销售会放宽信用政策，延长信用期，如果因此而增加了销售收入和销售利润，扩大了产品的市场占有率，在这种情况下，虽然应收账款周转率下降，但并不说明企业资产营运能力差。因为从长远看，由此带来的利益可以弥补因应收账款过多而增加的资金占用成本。此时，企业需要在扩大销售和因放宽信用政策而增加应收账款之间进行权衡。因此，应收账款周转率并不是越大越好。

相关链接　　　　　　　　应收账款管理不善的弊端

1. 降低了企业的资金使用效率，使企业效益下降

由于企业的物流与资金流不一致，发出商品，开出销售发票，货款却不能同步收回，而销售已告成立，这种没有货款回笼的销售收入，势必产生没有现金流入的销售业务损益，产生销售税金上缴及年内所得税预缴。如果涉及跨年度销售收入导致的应收账款，还可能出现以企业流动资产垫付股东年度分红的情况。企业因上述追求表面效益而产生的垫缴税款及垫付股东分红，占用了大量的流动资金，久而久之，必将影响企业资金的周转，进而导致企业经营实际状况被掩盖，影响企业的生产计划、销售计划等，无法实现既定的效益目标。

2. 夸大了企业经营成果

由于我国企业实行的记账基础是权责发生制，当期发生的赊销收入全部计入当期销售收入中，因此企业账面上利润的增加并不表示能如期实现现金流入。我国税法只允许企业按照应收账款余额3‰～5‰的比例（特殊企业除外）提取的坏账准备可以在税前扣除，如果超出该提取比例需要进行纳税调整，因此大部分企业均按此比例计提坏账准备。其结果是一旦实际发生的坏账损失超过提取的坏账准备，就会给企业带来很大的损失。因此，企业应收款的大量存在，虚增了账面上的销售收入，在一定程度上夸大了企业经营成果，增加了企业的风险成本。

3. 加速了企业的现金流出

赊销虽然能使企业产生较多的利润，但是并未真正使企业现金流入增加，反而使企业不得不运用有限的流动资金来垫付各种税金和费用，加速了企业的现金流出，主要表现在以下几个方面。

（1）企业流转税的支出。应收账款带来销售收入，并未实际收到现金，流转税是以销售为计算依据的，企业必须按时以现金缴纳。企业缴纳的流转税，如增值税、消费税、资源税以及城市建设税等，必然会随着销售收入的增加而增加。

（2）所得税的支出。应收账款产生了利润，但并未以现金实现，而所得税的缴纳必须按时以现金支付。

（3）现金利润的分配，也同样存在这样的问题。另外，应收账款的管理成本、应收账款的收回成本都会加速企业现金流出。

（4）对企业营业周期有影响。营业周期即从取得存货到销售存货，并收回现金为止的这段时间，营业周期的长短取决于存货周转天数和应收账款周转天数，营业周期为两者之和。由此看出，不合理的应收账款的存在，使营业周期延长，影响了企业资金循环，使大量的流动资金沉淀在非生产环节上，致使企业现金短缺，影响工资的发放和原材料的购买，严重影响了企业正常的生产经营。

（5）增加了应收账款管理过程中的出错概率，给企业带来额外损失。企业面对庞杂的应收款账户，核算差错难以及时发现，不能及时了解应收款动态情况以及应收款对方企业详情，造成责任不明确，应收账款的合同、合约、承诺、审批手续等资料的散落、遗失，有可能使企业已发生的应收账款该按时收回的不能按时收回，该全部收回的只有部分收回，能通过法律手段收回的，却由于资料不全而不能收回，直至最终形成企业单位资产的损失。

应收账款数量多，存在两种情况。一种情况是可以收回的应收账款，如某些涉及国计民生工程的应收账款，政府部门会通过财政定期结算，可能结算期比较长，但是不用担心还不上钱；再如有些应收账款是由于用户的货到付款方式形成的，所以基本不属于赊销等方式，收回自然不成问题。而另一种情况是产品销售不畅造成应收账款多，这就要小心了，说明企业的产品市场销路有问题，只能采用赊销来消化库存，提高周转率，因此，无论其他财务指标变得有多漂亮，也掩盖不了未来前景可能变坏的信号。

资料来源：王雯娟. 挑选公司六大财务指标，媲美巴菲特. 中国管理网. 本书作者进行了整理和删节。

2. 存货周转率

存货包括企业的原材料、在产品、产成品和低值易耗品等，是企业流动资产中所占比重最大的资产，通常占流动资产数额的一半甚至更多。企业对存货的使用效率直接影响企业的偿债能力和盈利能力，因此，对存货周转率的分析是企业财务分析的重要内容。

存货是企业为了保持生产经营活动的连续性而进行的一种投资，该投资的回报来自于出售存货所带来的预期利润。在正常经营活动中，企业必须维持一定水平的存货。如果存货不足，可能直接影响销售，导致销售量下降；但是如果存货过多，又会增加企业的储存成本以及存货过时和毁坏的损失，同时过多的存货也占用了资金，使其不能用于获利更高的项目。由于持有存货有一定的风险，且存货转变为现金的速度比较漫长，通常存货被认为是流动性最差的流动资产，因此对存货的质量和流动性进行评价也就变得十分重要。衡量存货质量和流动性的常用指标是存货周转率。

存货周转率表示企业存货在一定时期内（通常为一年）的周转次数，反映存货从入库到出库销售的频率，是衡量企业从购入存货、投入生产到销售出去等各环节管理状况的综合指标，直接反映企业的销售能力和存货流动性。存货周转率指标的计算在本书第六章第二节已做简要介绍，本节将从评价企业营运能力角度对其进行深入分析和说明。如前所述，该指标计算公式为

$$存货周转率（周转次数）=\frac{营业成本}{存货平均余额}$$

存货平均余额的经济含义是指在报告期内企业平均每天在存货上占用的资金数额，可以用年初余额加年末余额除以 2 进行计算，也可以先计算出各月存货平均余额，再将各月平均余额之和除以 12，求出全年平均余额。在季节性生产和销售的企业中，最好使用后一种方法计算。

存货周转率也可以用周转天数表示。存货周转天数表示本年存货从原材料入库到进入生产过程，直至销售出去所需要的平均天数，用一年近似天数 365 天除以存货周转次数计算求得。其计算公式为

$$存货周转天数=\frac{365}{存货周转次数}$$

在一定时期内，存货周转次数越多或周转一次所需要的时间越短，说明存货进出次数越多，产品销售情况良好。存货的流动性越强，存货转变为应收账款或现金的速度就越快，存货的变现能力就越强，由此可以降低存货占用的资金成本和仓储成本。反之，存货周转次数越少，或存货周转一次所需要的天数越多，则说明存货进出次数少，存货周转速度慢，存货变现能力差，可能存在存货过多或滞销问题，此时企业必须加强存货和销售的管理。在正常情况下，销售存货应获得一定的利润，因此存货周转速度与毛利润成正比。存货周转速度加快，说明同样数额的存货资金占用能够为企业带来更大的经济效益。因此，存货周转速度的快慢，不仅反映了企业供产销环节的工作状况，而且直接影响企业的偿债能力和盈利能力。

根据表 6-1 和表 6-2 中的有关资料，计算 W 公司 2018—2020 年的存货周转率和周转天数。

2018 年：存货周转率（周转次数）$=\frac{388}{(78+110)/2}=4.13$（次/年）

存货周转天数 $=\frac{365}{4.13}=88.38$（天）

2019 年：存货周转率（周转次数）$=\frac{508}{(110+142)/2}=4.03$（次/年）

存货周转天数 $=\frac{365}{4.03}=90.57$（天）

2020 年：存货周转率（周转次数）$=\frac{710}{(142+216)/2}=3.97$（次/年）

存货周转天数 $=\frac{365}{3.97}=91.94$（天）

计算结果表明,从 2018 年到 2020 年,W 公司的存货周转率持续下降,周转次数从 4.13 次下降到 3.97 次,周转一次所需要的天数从 88.38 天上升到 91.94 天,说明该公司存货管理中存在问题,有可能存在滞销或积压现象。同时还需要将该指标与前几期实际数据或行业平均水平或先进水平进行对比,以便对该公司存货的使用效率和管理水平做出更客观的评价。

根据应收账款周转天数和存货周转天数,还可以近似地计算企业的营业周期。营业周期也称为存货的变现期,表示存货从入库到销售后收回现金所需要的平均天数。其计算公式为

营业周期=应收账款周转天数+存货周转天数

根据 W 公司 2020 年的应收账款周转天数和存货周转天数,计算 W 公司的营业周期。

营业周期= 33.64+91.94 = 125.58(天)

即 2020 年 W 公司从原材料存货入库到生产出产品,直至销售并最后收回现金,平均需要 125.58 天。

在计算和使用存货周转率时,应注意以下问题。

(1)存货计价方法对营业成本和存货平均余额的影响较大,在分析企业不同时期或不同企业的存货周转率时,应注意存货计价方法是否一致。

(2)存货属于低增值或不增值的资产,因此企业应尽量减少存货占用,提高存货周转率。如果存货周转率过低,说明企业对存货的运用效率欠佳。但是存货周转率并非越高越好,如果存货周转率过高,可能是由于存货储备过低,有可能因存货储备不足影响生产和销售,导致企业丢失潜在客户,或因增加存货的采购批次和生产批次造成存货订货成本和生产准备成本上升。因此,企业需要在保持足够的存货储备、但可能造成存货资金积压,与减少存货储备、但有可能丢失潜在客户之间进行权衡。采用适时管理系统(just in time)可以较好地解决这个问题。

(3)企业存货的数额大、种类多,为了找出存货周转率变动的原因,可以分别计算原材料周转率、在产品周转率、产成品周转率,以分析存货结构对存货周转率的影响;还可以计算各部门存货周转率,分析各部门的存货管理水平,以便从不同角度和环节找出存货管理中存在的问题,使企业在保证生产经营连续性的同时,尽可能减少存货占用的资金,提高资金的使用效率。

(4)可以用营业收入代替营业成本计算存货周转率,分析存货的周转速度。但是,如果分析的目的是确定存货从入库到销售的平均天数,则应选用营业成本计算。

分析视点

假设你是一名管理咨询师,在 × 公司做管理咨询。你的任务是使该公司的存货库存更合理,存货总成本更低。在考察了前期业绩和存货报告后,你建议加强存货管理以减少存货库存。你预计存货周转率会从现在的 20 次提高到 25 次。节省下来的资金用于偿还流动负债(持有流动负债的年成本为 10%)。

假设×公司预计年销售收入为 1.5 亿元，预计销售成本为 1 亿元。请你预计一下，能为该公司节约多少成本？

二、全部流动资产营运能力的综合分析

全部流动资产营运能力的综合分析包括两个方面：一是计算流动资产周转率，评价企业对全部流动资产的使用效率；二是进行流动资产结构分析，判断流动资产总量和各部分组成比例是否合理。

1. 流动资产周转率

流动资产周转率是指企业在一定时期内的营业收入与全部流动资产平均余额的比值，反映当年营业收入与流动资产占用额之间的关系，表示企业的流动资产在一定时期内（通常为一年）周转了几次，是评价企业流动资产使用效率的主要指标。其计算公式为

$$流动资产周转率（周转次数）=\frac{营业收入}{流动资产平均余额}$$

流动资产平均余额的经济含义是指在报告期内企业平均每天占用在流动资产上的资金数额，可以用年初余额加年末余额除以 2 进行计算，也可以先计算出各月平均余额，再将各月平均余额之和除以 12，求出全年平均余额。在季节性生产和销售的企业中，最好使用后一种方法计算。

流动资产周转次数也可以看作企业在一定时期内每占用一元流动资产实现了多少营业收入，以此反映流动资产的使用效率。企业流动资产的周转次数越多，表明企业以相同的流动资产实现了越多的营业收入，说明流动资产的使用效率高。如果流动资产年周转次数降低，则表明企业利用流动资产进行经营活动的能力差，流动资产的使用效率低。

流动资产周转率也可以用流动资产周转天数表示。流动资产周转天数表示流动资产周转一次所需要的平均天数，用一年近似天数 365 天除以流动资产周转次数计算求得。其计算公式为

$$流动资产周转天数=\frac{365}{流动资产周转次数}$$

在一定时期内，流动资产周转次数越多，或周转一次所需要的天数越少，说明流动资产周转速度越快，流动资产使用效率高，等于相对节约了流动资产的占用，提高了企业的盈利能力；反之，如果流动资产周转速度慢，就会增加流动资产占用，企业还需要补充流动资产参加生产经营周转，从而造成资金浪费，降低企业的盈利能力。

根据表 6-1 和表 6-2 中的有关资料，计算 W 公司 2018—2020 年的流动资产周转率。

2018 年：流动资产周转率（周转次数）$=\frac{620}{(198+260)/2}=2.71$（次/年）

$$流动资产周转天数 =\frac{365}{2.71}=134.69（天）$$

2019 年：流动资产周转率（周转次数）$=\frac{820}{(260+311)/2}=2.87$（次/年）

$$流动资产周转天数 = \frac{365}{2.87} = 127.18 \text{（天）}$$

2020 年：$流动资产周转率（周转次数） = \frac{1150}{(311+441)/2} = 3.06 \text{（次/年）}$

$$流动资产周转天数 = \frac{365}{3.06} = 119.28 \text{（天）}$$

计算结果表明，从 2018 年到 2020 年，W 公司流动资产周转次数逐年提高，周转一次所需要的平均天数逐年下降，说明该公司流动资产使用效率越来越高，发展趋势良好。在此基础上，还应该与行业平均水平或先进水平进行对比，以便对该公司的流动资产营运能力做出更客观的评价。

从流动资产周转次数的计算公式可以看出，提高流动资产周转率的途径有两条：一是提高营业收入；二是减少流动资产占用。一般而言，企业在提高营业收入的同时，所占用的流动资产数额也会相应增加，但是只要营业收入增长比例高于流动资产增长比例，就可以提高流动资产周转率指标。

根据表 6-1 和表 6-2 中的有关资料，对 W 公司流动资产周转率提高的原因进行分析。分析结果如表 7-1 所示。

表 7-1　W 公司流动资产周转率变动原因分析表

项　　目	2018 年	2019 年	2020 年
营业收入/万元	620	820	1 150
比上年增减/%		32.26	40.24
流动资产平均占用额/万元	229	285.5	376
比上年增减/%		24.67	31.70
流动资产周转率/（次/年）	2.71	2.87	3.06
比上年增减/%		5.90	6.62

从表 7-1 中可以看出，2019 年 W 公司的营业收入比 2018 年增加了 32.26%，流动资产平均占用额却只比 2018 年增加了 24.67%，从而使得流动资产周转率上升了 5.90%。2020 年 W 公司的营业收入比 2019 年增加了 40.24%，流动资产平均占用额只比 2019 年增加了 31.70%，从而使得流动资产周转率上升了 6.62%。由此可以看出，近两年来，该公司营业收入大幅度增加，而流动资产占用额的增加幅度相对较小，因此每一元流动资产实现的营业收入不断上升，说明该公司流动资产的使用效率不断提高，流动资产的变现速度加快。运用因素分析法，还可以分别确定营业收入和应收账款平均余额变动对应收账款周转率的影响程度。

2. 流动资产结构分析

为了进一步分析流动资产周转速度变化的原因，还可以进行流动资产结构分析。反映流动资产结构的指标主要有流动资产占总资产比重、流动资产与固定资产之比、存货占流动资产比重、速动资产占流动资产比重等。利用这些指标分析企业流动资产结构时，应考虑行业特点，并与企业前期数据结合起来分析，以便对企业流动资产结构是否合理做出正确评价。

1）流动资产占总资产比重

流动资产是属于获利能力比较低的资产,但是具有偿还到期债务的能力。因此,其占用量过高或过低既有有利的一面,也有不利的一面。从偿债能力角度看,企业应当加大流动资产比重,但是从提高企业盈利能力的角度看,则应降低流动资产的比重。一般而言,如果提高营业收入的条件有限,企业应当尽量减少流动资产占用。流动资产占总资产比重的计算公式为

$$流动资产占总资产比重=\frac{流动资产合计}{总资产合计}\times 100\%$$

2）流动资产与固定资产之比

流动资产是企业为了维持生产经营需要所占用的周转资产,如果占用过多,会影响企业资金周转速度,占用过少,又会影响生产经营的正常进行,造成机器设备等固定资产的闲置,因此流动资产与固定资产之间应该有一个合理的比例。按照这个比例配置的流动资产和固定资产应该既能保证生产经营顺利进行,又能保证企业取得尽可能多的收入和利润。该比例与企业所属行业密切相关,分析时应注意与行业平均水平进行对比。该指标的计算公式为

$$流动资产与固定资产之比=\frac{流动资产合计}{固定资产净值合计}\times 100\%$$

3）存货占流动资产比重

存货是维持企业正常生产经营的基础,存货资产在流动资产中所占比重也最大。如果企业存货过多,会造成资金积压,影响流动资产周转速度;而存货过少,又会影响企业生产,导致停工待料。因此,企业应当保持一个合理的存货比例。存货占流动资产比重的大小与行业特点和企业存货管理水平直接相关。该指标的计算公式为

$$存货占流动资产比重=\frac{存货}{流动资产合计}\times 100\%$$

4）速动资产占流动资产比重

速动资产是短期内可以变现的资产,其数额大小代表了企业的支付能力和偿债能力。但是速动资产又是获利能力最差的资产,如果速动资产过多,说明企业有大量资金处于闲置状态,影响企业的盈利能力。因此,企业应当根据具体情况,保持合理的速动资产比例。该指标的计算公式为

$$速动资产占流动资产比重=\frac{速动资产}{流动资产合计}\times 100\%$$

根据表 6-1 和表 6-2 中的有关资料,对 W 公司流动资产营运能力进行分析,分析结果如表 7-2 所示。

表 7-2 W 公司流动资产营运能力分析表

指　　标	2018 年	2019 年	2020 年
应收账款周转率/（次/年）	10.16	10.93	10.85

续表

指标	2018年	2019年	2020年
存货周转率/（次/年）	4.13	4.03	3.97
流动资产周转率/（次/年）	2.71	2.87	3.06
流动资产占总资产比重/%	26.53	25.28	29.78
流动资产与固定资产之比/%	53.06	47.70	58.64
存货占流动资产比重/%	42.31	45.66	48.98
速动资产占流动资产比重/%	57.69	54.34	51.02

从表 7-2 中可以看出，从 2018 年到 2020 年，W 公司流动资产周转率逐年稳步上升，主要原因是应收账款周转率提高的结果。该公司存货周转率逐年下降，与存货占流动资产比重逐年增加有一定关系，但是作为制造业，该公司的存货比例仍在正常范围内。该公司流动资产占总资产比重、流动资产与固定资产之比均比较低，有可能造成该公司固定资产闲置，应结合固定资产周转率做进一步分析。

第三节 非流动资产营运能力分析

非流动资产也称为长期资产，是指流动资产以外的资产，包括可供出售金融资产、持有至到期投资、长期股权投资、固定资产、无形资产等。非流动资产是创造企业利润的源泉，企业对非流动资产的营运能力直接影响着企业的盈利能力，因此，对非流动资产营运能力的分析也是财务分析的主要内容之一。

非流动资产营运能力分析，通常从两个方面进行：一是计算衡量固定资产营运能力的指标，如固定资产周转率、固定资产利润率等指标；二是计算衡量全部非流动资产营运能力的指标，如非流动资产周转率，同时分析非流动资产结构是否合理。

应该说明的是，由于非流动资产主要是为企业提供生产经营的基础条件，其使用效率的好与差，主要体现在单位非流动资产占用可以为企业创造多少营业收入和利润，因此将非流动资产营运能力指标称为周转率并不是很确切。本书只是为了保持与流动资产营运能力分析的一致性，故采用了约定俗成的做法，也称其为周转率。

一、衡量固定资产营运能力的指标

固定资产是企业的主要劳动资料，在非流动资产中所占比例最大，而且是企业营业收入的主要来源，企业对固定资产的使用效率直接影响企业的营业收入，因此固定资产营运能力分析是财务分析的重要内容。

企业对固定资产的使用效率主要通过固定资产周转率指标来反映。此外，还可以计算固定资产利润率、固定资产成新率等，作为衡量固定资产营运能力的辅助指标。

1. 固定资产周转率

固定资产周转率是指企业在一定时期（通常为一年）内的营业收入与固定资产平均余额之间的比值。其计算公式为

$$固定资产周转率 = \frac{营业收入}{固定资产平均余额}$$

式中：固定资产平均余额是指固定资产平均净额，等于资产负债表上的年初固定资产余额加年末固定资产余额除以 2。固定资产净额是固定资产原始价值减去累计折旧和减值准备后的余额，表示企业实际占用在固定资产上的资金数额，用固定资产净额作为分母，可以更准确地反映企业对固定资产的使用效率。

固定资产周转率也称为固定资产周转次数，反映企业在一定期间内营业收入与固定资产资金占用之间的关系，该指标越高，说明每一元固定资产投资所创造的营业收入越多，固定资产使用效率越高；反之，则说明固定资产使用效率较低。

固定资产周转率是营业收入与固定资产净额之比，反映企业利用现有厂房、建筑物、机器设备等固定资产创造营业收入的能力。一般来说，固定资产周转率越高越好；但是应该注意的是，该指标的分母是固定资产净额，受固定资产折旧和减值准备的影响。固定资产净值会随着折旧的增加而逐步减少，会随着固定资产更新改造而逐步增加，由此可影响固定资产周转速度。如果企业经营者一味追求固定资产高周转率，就会忽视对固定资产的更新改造，所以在比较不同企业固定资产周转率时，即使固定资产的原值相同，由于折旧方法不同，在营业收入相同的情况下，其固定资产周转率也不相同。如果企业计提的固定资产减值比例不同，会直接影响固定资产净额，从而影响固定资产周转率。同时，不同行业的企业，由于其生产经营特点不同，因而其固定资产状况也不同，进行比较分析时要予以注意。

根据表 6-1 和表 6-2 中的有关资料，计算 W 公司 2018—2020 年的固定资产周转率。

2018 年：固定资产周转率 $= \dfrac{620}{(350+490)/2} = 1.48$（次/年）

2019 年：固定资产周转率 $= \dfrac{820}{(490+652)/2} = 1.44$（次/年）

2020 年：固定资产周转率 $= \dfrac{1150}{(652+752)/2} = 1.64$（次/年）

计算结果表明，与 2018 年相比，2019 年 W 公司固定资产周转率略有下降，2020 年有所上升。也就是说，在 2018 年，该公司在每一元固定资产上占用的资金可以为企业创造 1.48 元的营业收入，2019 年下降到 1.44 元，2020 年上升到 1.64 元。从发展趋势看，2018—2020 年，该公司在增加固定资产投资的同时，营业收入也有较大幅度增长，因此企业固定资产的使用效率得到提高。此外，还应将计算结果与同行业平均水平或先进水平进行对比，并结合企业生产经营活动的实际情况进行综合判断，以便对该公司的固定资产营运能力做出更客观的评价。

由于固定资产与营业收入的关系十分密切，当企业增加固定资产投资后，营业收入也应当相应增长，如果营业收入增长的比例大于固定资产增长的比例，可以提高固定资产周转率；反之，则会降低固定资产周转率。

根据表 6-1 和表 6-2 中的有关资料，对 W 公司固定资产周转率提高的原因进行分析，分析结果如表 7-3 所示。

表 7-3 W 公司固定资产周转率变动原因分析表

项　　目	2018 年	2019 年	2020 年
营业收入/万元	620	820	1 150
比上年增减/%		32.26	40.24
固定资产平均占用额/万元	420	571	702
比上年增减/%		35.95	22.94
固定资产周转率/（次/年）	1.48	1.44	1.64
比上年增减/%		-2.70	13.89

从表 7-3 中可以看出，2019 年 W 公司的营业收入比 2018 年增加了 32.26%，固定资产平均占用额比 2018 年增加了 35.95%，从而使得固定资产周转率下降 2.70%。2020 年 W 公司的营业收入比 2019 年增加了 40.24%，固定资产平均占用额只比 2019 年增加了 22.94%，从而使得固定资产周转率上升了 13.89%，说明该公司 2020 年固定资产的使用效率较好，每一元固定资产创造的营业收入有较大幅度提高。

在计算和使用固定资产周转率时，应注意以下问题。

（1）固定资产折旧方法的影响。企业采用的固定资产折旧方法和折旧年限的不同，会导致固定资产账面净值不同，有时甚至产生很大差异，从而对固定资产周转率产生重要影响。如果企业采用快速折旧法或缩短固定资产折旧年限，会大大降低固定资产的账面价值，使固定资产周转率上升；反之，则会使固定资产周转率下降。分析时，应关注企业所采用的固定资产折旧方法，如果差异过大，需要对固定资产净值进行调整，剔除这些客观因素的影响。

（2）固定资产减值准备的影响。由于资产负债表上列示的固定资产是减去累计折旧和减值准备后的净额，因此企业所提取的固定资产减值准备数额也直接影响固定资产周转率。提取的减值准备数额越大，固定资产净额就越小，固定资产周转率就越高。但是这种高速度的固定资产周转率并不是企业管理的业绩，而是说明固定资产管理不善。因此，如果企业提取的固定资产减值准备数额过大，在计算固定资产周转率时也应进行调整，以未扣除减值准备的固定资产净值平均余额作为计算基础。

（3）固定资产更新改造的影响。企业进行固定资产更新改造后，会直接增加固定资产的账面价值。如果营业收入不能同步增减，将会降低固定资产周转率。此时较低的固定资产周转率，并不说明企业对固定资产的使用效率降低，而是企业为未来更快的发展奠定基础，企业具有持续发展能力。因此，企业要在固定资产更新改造需要和追求高周转率需要之间进行协调。在进行财务分析时，应当注意结合企业固定资产更新改造水平判断固定资产的实际周转速度，不能因为某一时期固定资产周转率上升或下降，就简单地认为企业固定资产的使用效率提高了或降低了。

（4）在财务分析实务中，为了数据收集方便，大多直接采用资产负债表中的固定资产合计数（固定资产净额）计算固定资产周转率。实际上，如果采用固定资产原值计算，其结果更具有说服力，可比性也更强。以原值为基础计算的固定资产周转率，可以反映企业固定资产原始投资额，即企业在现有生产规模下创造营业收入的能力，而且可以避免固定资产折旧方法和提取减值准备等人为因素对固定资产周转率的影响，使该指标反映的固定资产使用效率更客观。

（5）固定资产投资效益具有滞后性。由于固定资产投资在前，产生经济效益在后，因此可能有的年度固定资产投资增加很多，但由于尚未投入使用或刚刚投入使用，因而营业收入并未增加，此时虽然固定资产周转率下降，但并不说明固定资产利用效率降低，而是表明企业为将来扩大再生产奠定了基础，企业未来发展前景良好。反之，如果企业预测近几年经营前景不好，可能会减少甚至停止对固定资产的投资，此时固定资产周转率可能会上升，但这种上升并不是企业固定资产利用效率提高的结果。

2. 固定资产利润率

固定资产利润率是指企业利润总额与固定资产平均余额之间的比值，直接反映企业固定资产带来的经济效益。其计算公式为

$$固定资产利润率 = \frac{利润总额}{固定资产平均余额}$$

固定资产是获利能力较强的资产，是企业利润总额的主要来源，可以衡量企业固定资产创造利润的能力。固定资产周转率高，只能说明单位固定资产为企业带来了较高的收入，却不一定能获取较高的利润，通过计算固定资产利润率，则可以直接了解固定资产创造利润的能力。但是由于利润总额受销售数量、价格和成本费用的影响，与固定资产的使用效率不是直接关系，因此该指标只能作为评价固定资产营运能力的补充指标。

3. 固定资产成新率

固定资产成新率也称为固定资产净值率，可以反映企业固定资产的新旧程度。其计算公式为

$$固定资产成新率 = \frac{固定资产净值合计}{固定资产原值合计} \times 100\%$$

该指标越低，说明企业固定资产老化程度越高，近期重置固定资产的可能性大，需要筹措相应资金，以应付固定资产支出的需要。该比率与企业开办时间长短有关，一般来说，新建企业固定资产成新率较高，老企业则比较低。

二、全部非流动资产营运能力的综合分析

全部非流动资产营运能力的综合分析包括两个方面：一是计算非流动资产周转率，评价企业对全部非流动资产的使用效率；二是进行非流动资产结构分析，判断非流动资产各部分组成比例及其变动情况是否合理。

1. 非流动资产周转率

衡量企业全部非流动资产营运能力，通常需要计算非流动资产周转率指标。非流动资产周转率是指企业在一定时期内的营业收入与非流动资产平均余额之间的比值，可以反映非流动资产的管理和使用效率，评价非流动资产是否达到充分利用。其计算公式为

$$非流动资产周转率 = \frac{营业收入}{非流动资产平均余额}$$

式中：非流动资产平均余额通常用非流动资产年初余额加年末余额除以2计算。

非流动资产周转率反映企业在一定时期内（通常为一年）非流动资产的周转次数，也可以看作企业在一定时期内每占用一元非流动资产所实现了多少营业收入，以此反映非流动资产的使用效率。企业非流动资产的周转次数多，表明企业以相同的非流动资产实现了更多的营业收入，说明非流动资产的使用效率高。反之，非流动资产周转次数降低，表明企业对非流动资产的管理和使用效率下降。分析时可以结合企业的发展战略和长期投资预算，分析长期投资项目是否达到预期效果，是否与企业的竞争战略一致。

根据表 6-1 和表 6-2 中的有关资料，计算 W 公司 2018—2020 年非流动资产周转率。

2018 年：非流动资产周转率 $= \dfrac{620}{(476+720)/2} = 1.04$（次/年）

2019 年：非流动资产周转率 $= \dfrac{820}{(720+919)/2} = 1.00$（次/年）

2020 年：非流动资产周转率 $= \dfrac{1150}{(919+1040)/2} = 1.17$（次/年）

计算结果表明，与 2018 年相比，2019 年 W 公司非流动资产周转率从 1.04 次下降到 1 次，2020 年又上升到 1.17 次。从发展趋势看，该公司对非流动资产的使用效率，即非流动资产创造营业收入的能力基本保持稳定，并略有上升。由于不同行业的资产结构不同，还应将该指标与同行业平均水平或先进水平进行对比，以便对该公司的非流动资产营运能力做出更客观的评价。

应该说明的是，非流动资产周转率公式中的分子是企业从事经营活动所取得的营业收入，分母是指企业各项长期资产的总和，包括企业购买的其他公司股票、债券和直接参股形式的投资，以及固定资产、无形资产等。其中的对外投资给企业带来的是投资损益，不能形成营业收入。由于公式中的分子、分母口径不一致，因此有可能导致这一指标前后各期及不同企业之间会因非流动资产结构的不同而失去可比性，因此还需要对非流动资产结构进行分析。

2. 非流动资产结构分析

为了评价非流动资产周转率指标是否合理，还可以结合非流动资产结构以及各项非流动资产增长率，并将非流动资产增长率与营业收入增长率进行对比分析。如果发现企业非流动资产结构不合理或存在闲置的非流动资产，应建议企业及时处置，及早收回资金，改善非流动资产结构，提高使用效率。

以 W 公司为例，根据表 6-1 中的有关资料，进行 W 公司 2020 年的非流动资产结构分析，如表 7-4 所示。

表 7-4 2020 年 W 公司非流动资产结构分析表

项目	占总资产比重/%		增长额/万元	增长率/%
	年初	年末		
可供出售金融资产	6.91	5.54	-3	-3.53
长期股权投资	9.92	8.51	4	3.28
固定资产净额	53.01	50.78	100	15.34
无形资产	4.88	5.40	20	33.33

续表

项目	占总资产比重/%		增长额/万元	增长率/%
	年初	年末		
非流动资产合计	74.72	70.22	121	13.17
资产总计	100	100	251	20.41

从表 6-2 中得知，W 公司 2019 年营业收入为 820 万元，2020 年营业收入为 1150 万元。该公司 2020 年营业收入增长率为

$$W公司营业收入增长率=\frac{1150-820}{820}\times 100\% = 40.24\%$$

从表 7-4 也可以看出，2020 年 W 公司的非流动资产比上年增长 13.17%，与此同时，该公司的营业收入比上年增长 40.24%，远远高于非流动资产的增长速度，由此导致该公司的非流动资产周转率提高了 0.17 次，说明该公司的非流动资产使用效率良好。在 W 公司的非流动资产中，固定资产和无形资产增长较快，而这两种资产是企业营业收入的主要来源，表明该公司的非流动资产结构趋于合理，生产经营业务的发展趋势良好。

第四节 总资产营运能力分析

一、影响总资产营运能力的因素

总资产营运能力是指企业全部资产使用的效率和效益。企业对资产的营运能力不仅反映了资产的管理水平和使用效率，而且直接影响企业的盈利能力。当销售利润率一定时，企业盈利能力的高低直接取决于资产周转率的快慢。为了提高资产管理水平和使用效率，加速资产周转，进而提高企业盈利能力，首先应该搞清楚影响资产使用效率的因素，以便有针对性地采取措施，改进资产管理方法，提高资产使用效率。

营业收入是企业运用资产进行经营活动的结果，因此影响总资产营运能力的因素主要有两个方面：一是营业收入；二是资产占用额。当资产占用额一定时，总资产使用效率主要取决于营业收入的多少。企业在一定时期内实现的营业收入越高，资产使用效率越好；实现的营业收入越少，资产使用效率越差。当营业收入一定时，资产使用效率主要取决于资产占用额的多少。企业占用的资产数额越小，资产运用效率越高；企业占用的资产数额越大，资产使用效率越低。因此，提高资产使用效率，应该从提高营业收入和降低资产占用额两个方面入手。

提高营业收入的措施有提高产品质量、扩大销售量、开发新产品等。降低资产占用额，首先，要进行合理的资产配置，合理安排各项资产的比例，尤其是流动资产与固定资产的比例，防止流动资产或固定资产出现积压和闲置。其次，根据生产经营需要，合理确定各项资产需要量。最后，应当提高各项资产的使用效率，尤其是应收账款、存货和固定资产的使用效率，在不增加总资产规模的情况下，尽可能地扩大销售，提高营业收入。

行业性质和企业的生命周期也会影响总资产营运能力。例如，传统制造业企业需要占

用大量的原材料、在产品、产成品、机器设备、厂房等资产,因此资产周转速度相对较慢。在 IT 行业,企业盈利能力主要来自高素质人才,对实物资产的依赖很小,而按照当前的会计准则,人才不作为资产入账,因此这类企业资产占用量很少,其资产周转速度就比较快。生命周期对资产占用的影响主要表现为,处于导入期的企业和衰退期的企业,由于营业收入较低,资产周转速度比较慢;处于发展期的企业,资产投资规模和营业收入均高速增长,只要营业收入增长幅度超过资产增长幅度,其资产周转速度将快速提高;处于成熟期的企业,由于营业收入和资产占用均保持基本稳定,因此资产周转速度也基本稳定或略有小幅度提高,表明资产使用效率良好。

此外,企业在资本市场的融资行为及资本运作活动也会影响总资产的营运能力。如果企业在资本市场筹集过多的资金而又没有适当的投资渠道,或者项目周期较长,需要在几年内陆续完成投资,那么在一段时间内这些资金将处于闲置状态,无法为企业带来营业收入,从而使总资产使用效率降低。一般而言,刚刚发行新股或债券筹集资金的上市公司都存在类似的问题。当企业并购行为发生后,并购企业的总资产增加,在内部整合期间内,被并企业很难带来收益,由此也会导致并购企业的总资产使用效率降低。

二、衡量总资产营运能力的指标

衡量企业总资产营运能力的指标主要是总资产周转率。总资产周转率是指企业在一定时期的营业收入与全部资产平均余额之间的比值。其计算公式为

$$总资产周转率 = \frac{营业收入}{全部资产平均余额}$$

式中:全部资产平均余额通常用全部资产年初余额加年末余额除以 2 计算。

应该说明的是,企业总资产使用效率的好与差,也主要体现在单位总资产占用可以为企业创造多少营业收入和利润,因此将总资产营运能力指标称为总资产收入率,可能更确切一些。本书为了保持与流动资产和非流动资产营运能力分析的一致性,所以采用了约定俗成的称谓,也称其为总资产周转率。

总资产周转率表示企业的全部资产在一年内周转了几次,反映企业全部资产的管理质量和利用效率。总资产周转率也可以理解为,企业每占用一元资产在一年内带来了多少营业收入,可以衡量企业在现有资产投入水平下创造营业收入的能力。该比率较高,说明企业利用全部资产进行经营的效率高;反之,则说明利用全部资产进行经营的效率低,并最终影响企业的盈利能力。如果企业的总资产周转率突然上升,而企业的营业收入却无多大变化,则可能是企业本期处置了大量固定资产造成的,而不是企业的资产利用效率提高。如果企业的总资产周转率较低,且长期处于较低的状态,企业应采取措施提高各项资产的利用效率,处置多余、闲置不用的资产,增加销售,提高营业收入,以提高总资产周转率。将该指标与企业前期实际指标或同行业指标进行对比,可以反映企业本年度以及以前年度总资产的运营效率和变化,发现企业与同类企业在资产利用上的差距,对企业营运能力做出总体评价,并促进企业挖掘潜力,积极创收,提高产品市场占有率,提高资产利用效率。

利用该比率分析企业营运能力时,还应考虑企业的销售利润率水平,因为总资产周转

率提高只能说明单位资产为企业带来了较高的收入，但不一定能获取较高的利润。

根据表 6-1 和表 6-2 中的有关资料，计算 2018—2020 年 W 公司的总资产周转率。

2018 年：总资产周转率 $= \dfrac{620}{(674+980)/2} = 0.75$（次/年）

2019 年：总资产周转率 $= \dfrac{820}{(980+1230)/2} = 0.74$（次/年）

2020 年：总资产周转率 $= \dfrac{1150}{(1230+1481)/2} = 0.85$（次/年）

计算结果表明，与 2018 年相比，2019 年 W 公司总资产周转率略有下降，2020 年则有较大幅度上升，为 0.85 次。从发展趋势看，该公司对全部资产的使用效率，即全部资产创造营业收入的能力基本保持稳定，并有所提高。由于不同行业的资产结构和周转速度有很大不同，因此还应将该指标与同行业平均水平或先进水平进行对比，以便对该公司的资产营运能力做出更客观的评价。

应该说明的是，总资产周转率公式中的分子是指扣除销售折扣和折让后的销售净额，是企业从事经营活动所实现的营业收入；而分母是指企业各项资产的总和，包括流动资产、对外投资、固定资产、无形资产等。众所周知，总资产中的对外投资给企业带来的应该是投资损益，不能形成营业收入。由于公式中的分子、分母口径不一致，因此有可能导致这一指标会因资产结构的不同在前后各期及不同企业之间失去可比性。

三、总资产营运能力的综合分析

（一）总资产周转率变动原因分析

总资产营运能力最终取决于每一项资产的营运能力，通过对主要资产项目周转率的分析，可以了解影响总资产周转率变动的原因。将前述 W 公司各项资产周转率（周转次数）指标进行汇总，可以揭示影响总资产周转率变动的主要原因。汇总结果如表 7-5 所示。

表 7-5　W 公司总资产周转率分析表　　　　次/年

项　目	2018 年	2019 年	2020 年
流动资产周转率	2.71	2.87	3.06
其中：应收账款周转率	10.16	10.93	10.85
存货周转率	4.13	4.03	3.97
非流动资产周转率	1.04	1.00	1.17
其中：固定资产周转率	1.48	1.44	1.64
总资产周转率	0.75	0.74	0.85

从表 7-5 中可以看出，W 公司总资产周转率在 2018 年至 2019 年相对稳定，而 2020 年则提高较快。从各主要资产项目的周转情况看，应收账款周转率稳步提高。从表 6-2 中的有关资料可知，该公司在扩大销售的同时，保持了应收账款周转率的持续上升，说明该公司的赊销政策比较成功，收款工作取得了明显成效。存货周转率持续下降，主要是由于存货投资增长过快，超过了销售的增长速度，可能存在储备过量或积压过时的存货。

从表 6-1 和表 6-2 中的有关数据得知，W 公司在固定资产投资不断扩大的情况下，固定资产周转率持续上升，说明该公司的固定资产投资当年就见效益，从而使销售收入相应增加，固定资产利用效率不断提高。

根据以上分析可以得出结论：W 公司总资产周转率持续提高，主要是应收账款控制较好和固定资产投资周期较短、固定资产利用效率提高的结果。在此基础上，还应联系实际进一步分析应收账款周转率和固定资产周转率加快以及存货周转率下降的原因，并与同行业水平进行对比，以便对该公司资产利用情况做出客观全面的评价。

（二）总资产结构分析

为了进一步对 W 公司总资产的利用效率做出评价，还可以分析该公司资产结构的变动情况，以及各项资产增长率与销售收入增长率之间的关系，了解资产结构的变化是否合理，以便对总资产的利用效率做出全面评价。

根据表 6-2 计算得知

$$\text{W 公司 2020 年营业收入增长率} = \frac{1150 - 820}{820} \times 100\% = 40.24\%$$

W 公司资产结构以及各项资产变动情况分析表如表 7-6 所示。

表 7-6 W 公司资产结构以及各项资产变动情况分析表

项目	占总资产比重/%		增长额/万元	增长率/%
	年初	年末		
应收账款	6.50	8.91	52	65.00
存货	11.54	14.58	74	52.11
流动资产	25.28	29.78	130	41.80
固定资产	53.01	50.78	100	15.34
总资产	100	100	251	20.41

从表 7-6 中可以看出，2020 年 W 公司的总资产比 2019 年增长了 20.41%，而营业收入比上年增长了 40.24%，营业收入的增长幅度远远高于总资产，说明该公司总资产使用效率得到提高。

从主要资产项目看，W 公司流动资产中的应收账款和存货增长幅度较大，从而使流动资产比上年增长了 41.80%，同时流动资产占总资产比重也得到提高，与前期相比，企业资产结构趋于合理。该公司固定资产净值增长额为 100 万元，固定资产增长率为 15.34%，远远低于当年营业收入增长率，说明本年度该公司的生产能力得到了比较充分的发挥，而且固定资产占总资产的比重有所下降。

总的来看，2020 年 W 公司总资产周转率比 2019 年提高了 0.11 次，每占用一元资产所创造的营业收入比上年增加了 0.11 元，主要是由于资产结构趋于合理、资产使用效率明显提高的结果，说明该公司总资产管理工作取得了良好成效。

由于资产结构直接影响资产使用效率，并进而影响企业的盈利能力，因此建议 W 公司将其主要资产项目的结构与同行业其他企业的相关指标进行对比，以便做出更客观的评价。

本章小结

营运能力是指企业对资产的使用效率,直接表现为企业利用资产创造营业收入的能力。营运能力强,表明企业可以用较少的资产占用取得较高的营业收入,从而提高企业的偿债能力和盈利能力。因此,营运能力分析是财务分析的一项重要内容。

企业对资产的使用效率,最终体现为企业在一定时期内利用现有资产创造了多少营业收入,因此反映资产营运能力的指标主要是用营业收入与资产占用额进行对比。

企业的经营性资产可以分为流动资产和非流动资产两大类,因此企业营运能力的分析主要包括流动资产营运能力分析、非流动资产营运能力分析以及将两者包括在内的全部资产营运能力分析。流动资产营运能力分析,主要是通过计算有关指标反映主要流动资产项目和全部流动资产的利用效率,衡量企业在经营活动中运用流动资产的能力。衡量流动资产营运能力的指标主要有应收账款周转率、存货周转率、流动资产周转率等。非流动资产是企业进行生产经营活动的物质基础,通过分析非流动资产的利用效率,可以判断企业的投资效果好坏。非流动资产中占比重最大的是固定资产,固定资产也是企业收入和利润的重要来源,因此,非流动资产营运能力分析应着重分析固定资产的使用情况和固定资产的周转速度。全部资产营运能力分析主要是计算总资产的周转率指标,以衡量企业对全部资产的利用效率。

思考题

1. 什么是营运能力?怎样衡量资产营运能力?
2. 什么是应收账款周转率?计算应收账款周转率时应注意哪些问题?
3. 什么是存货周转率?影响存货周转率的主要因素是什么?
4. 存货周转率是否越快越好?为什么?
5. 什么是营业周期?其作用是什么?
6. 怎样计算流动资产周转率?影响流动资产周转率的因素有哪些?
7. 什么是固定资产周转率?影响固定资产周转率的主要因素是什么?
8. 什么是总资产周转率?怎样提高总资产周转率?
9. 总资产周转率与各类资产周转率之间的关系如何?总资产周转率是否越快越好?

练习题

习题一

(一)目的:练习应收账款和存货营运能力分析。

(二)资料:某体育用品商店近两年有关的会计数据如表 7-7 所示。

表 7-7　某体育用品商店近两年有关的会计数据　　　　　　　　　　　　　　元

项　目	上　年	本　年
营业收入	490 000	521 000
营业成本	380 000	400 000
应收账款	40 000	42 000
存货	100 000	90 000

假设本年年初应收账款和存货分别为 50 000 元和 140 000 元。

（三）要求：

1．计算该商店近两年的应收账款周转率、存货周转率、营业周期。

2．评价该商店的营运能力和资产流动性。

习题二

（一）目的：练习全部资产营运能力分析。

（二）资料：某企业 2018—2020 年资产负债表中相关资产项目数据如表 7-8 所示。

表 7-8　某企业 2018—2020 年资产负债表中相关资产项目数据　　　　　　万元

项　目	2018 年年末	2019 年年末	2020 年年末
流动资产	2 500	2 980	3 020
其中：应收账款	980	1 250	1 340
存货	1 520	1 730	1 680
固定资产	4 000	3 850	3 920
资产总额	6 500	6 830	6 940

已知该公司 2020 年营业收入为 12 500 万元，比 2019 年增长了 12%；2020 年营业成本为 8 500 万元，比 2019 年增长了 10%。

（三）要求：

1．计算该公司 2019 年、2020 年的应收账款周转率、存货周转率、流动资产周转率、固定资产周转率、总资产周转率。

2．分析影响该公司总资产周转率变动的因素，并对该公司的资产运营效率进行评价。

习题三

（一）目的：练习营运能力分析。

（二）资料：某企业 2019 年和 2020 年的财务资料如下。

1．2019 年，年初总资产为 500 万元，年末总资产为 400 万元，其中存货为 60 万元。总资产周转率为 0.6 次/年。

2．2020 年，年末流动比率为 2，年末速动比率为 1.2，存货周转率为 5 次，年末总资产为 200 万元，年末总负债为 140 万元，其中流动负债和长期负债各 70 万元。总资产周转率为 0.8 次。

该公司流动资产中只有货币资金、应收账款和存货。

（三）要求：

1．计算该公司在2020年年末的流动资产、存货、营业成本和营业收入。

2．与2019年相比，计算分析该公司2020年资产平均余额和营业收入变动对资产周转率的影响。

案例分析

根据第六章案例分析中所收集的上市公司财务报表，分析该公司近两年的营运能力，分析时应查阅该公司报表附注和相关的文字说明。

要求：

（1）分析比较最近两年该公司流动资产的营运能力，并进行评价。

（2）分析比较最近两年该公司非流动资产的营运能力，并进行评价。

（3）分析比较最近两年该公司总资产营运能力，并进行评价。

（4）将所计算的该公司指标与行业平均水平或先进水平进行对比，并进行评价。

（5）将所计算的该公司指标与主要竞争对手进行对比，并进行评价。

本章习题
答案参考

第八章　企业盈利能力与发展能力分析

【本章内容要点】

① 企业盈利能力分析的目的和内容；
② 企业生产经营活动盈利能力分析；
③ 企业资产盈利能力分析；
④ 企业股东投资盈利能力分析；
⑤ 企业发展能力分析。

第一节　企业盈利能力分析的目的和内容

一、企业盈利能力分析的目的

盈利能力是指企业在一定时期内获取利润的能力，通常表现为一定时期内企业在一定的收入和耗费水平下赚取利润额的多少及其水平的高低。

获取利润是投资者办企业的初衷，是企业的主要经营目标，也是企业实现持续稳定发展的根本保障，因此，无论是企业的投资者、债权人，还是经营管理者，都非常关心企业的盈利能力。

投资者关心企业的盈利能力，是因为利润是其股利收入的唯一来源，企业盈利能力提高还可以使股票价格上涨，使股东获得资本增值收益。

债权人关心企业的盈利能力，是因为利润是偿还企业债务的最终来源，只要企业具有较强的盈利能力和稳定的现金流入量，即使负债率偏高，也能保证偿还到期债务。

经营管理者关心企业的盈利能力，是因为利润是考核企业经营管理水平的综合指标，也是衡量经营管理者业绩的主要标准。此外，通过对企业盈利能力的分析，还可以揭示企业在经营管理中存在的问题，以便采取措施加以改进。

对于政府部门来说，企业利润是国家税收收入的直接来源，企业盈利能力直接影响国家财政收入和国民经济能否健康发展。

二、企业盈利能力分析的内容

企业是以盈利为目的的经济组织，在合法经营的前提下，最大限度地获取利润是企业经营的终极目标，因此盈利能力分析是企业财务分析的重点。实际上，前述章节介绍的企业偿债能力分析和营运能力分析，其目的也是通过分析发现问题，改善企业管理，最终提高企业的盈利能力。

对企业盈利能力进行分析，主要是计算各种利润率指标。在实际工作中，衡量企业盈利能力的指标有很多，包括以销售业务为基础计算的销售利润率、成本费用利润率指标，以企业占有或消耗的资源为基础计算的总资产报酬率指标，以投资为基础计算的净资产收益率指标等。

为了便于理解和应用，本章将从以下三个方面对企业盈利能力的分析进行阐述。

（1）从企业经营管理角度，分析企业生产经营活动的盈利能力。企业生产经营活动所取得的利润与营业收入、营业成本和期间费用直接相关，因此，对企业生产经营活动盈利能力的分析，主要将利润与营业收入、营业成本和期间费用等进行对比，计算营业毛利率、营业利润率、营业净利率、成本费用利润率等指标，并对其进行分析和评价。

（2）从企业占有经济资源角度，分析资产的盈利能力。对企业所占有经济资源盈利能力的分析，主要是将利润与企业占有的资产总额进行对比，计算总资产报酬率、资产收益率等指标。

（3）从企业股东角度，分析股东投资的盈利能力，即企业对股东投资的回报能力。对股东投资盈利能力的分析，主要是将净利润与股东权益进行对比，计算净资产收益率、利息保障倍数等指标。面向社会公众公开发行股票的上市公司，还应计算每股收益、每股净资产、股利支付率等指标。

需要说明的是，盈利能力分析主要是分析企业在正常情况下的盈利状况和盈利水平，如果非正常因素对利润影响过大，应该予以剔除。非正常因素包括非正常收益和损失、即将停业的分部或分厂、会计准则或税法变更带来的累计影响等。如果非正常因素对利润影响较小，也可以忽略不计。

三、影响企业盈利能力的主要因素

盈利能力是企业经营管理水平的综合体现，反映盈利能力的指标是综合性的财务指标，它受企业营销能力、收现能力、成本费用控制能力、资产管理水平以及回避风险的能力等多种因素的影响。分析和研究这些因素的影响程度，对于正确评价企业的盈利能力十分重要。

1. 营销能力

营业收入是企业获取利润的基础。在市场经济条件下，企业的营销能力是扩大经营规模、增加营业收入、提高利润的基本保证。因此，分析企业的盈利能力，首先要关注企业的营销策略和对市场的把握能力，评价企业的销售情况。

2. 收现能力

在现代经济社会中，商业信用已成为企业之间购销活动的主要支付方式。在商业信用大量存在的情况下，收现能力便成为影响企业盈利能力的重要因素之一。

现代企业会计以权责发生制作为核算收入、费用和利润的基础，企业营业收入是当期应该收到的收入，费用是当期应该支付的费用，利润是账面收入减去账面成本费用的结果，与实际的现金流入和流出并不一致。也就是说，可能企业大量的营业收入以应收账款的形式存在，赊销量越大，营业收入与现金流入之间的差异就越大。一旦企业催收货款不利或赊账单位出现问题，企业就会发生坏账损失，其结果必然导致利润减少，企业盈利水平降低。

3. 成本费用控制能力

利润是收入减去成本费用后的余额。企业提高盈利能力的途径有两个：一是增收，二是节支。在销售价格和销售量一定的情况下，降低成本是企业提高利润的最有效途径。成本费用越低，企业盈利的空间越大，企业抗风险的能力就越强。因此，加强对成本费用的管理与控制，是增加企业利润、提高企业盈利能力的重要手段。

4. 资产管理水平

资产是企业拥有和控制的、能够为企业带来经济利益的资源。企业资产结构是否合理、资产规模是否适度、资产使用效率高低等，都将直接影响企业的盈利能力。因此，加强资产管理，合理安排资产结构，提高资产使用效率，是提高企业盈利能力的重要手段。

5. 资本结构及其风险

资本结构主要是指负债与权益之间的比例关系。资本结构是否合理和稳定，可以直接影响企业的盈利能力。由于负债利息在企业所得税前列支，适度举债不仅可以减少企业所得税，而且可以通过财务杠杆作用提高股东的投资回报。但是如果负债利率过高，会直接减少企业利润，降低企业的盈利能力，同时增加企业的偿债压力，加大财务风险，特别是当负债利率高于资产收益率时，还会减少股东的投资回报。

第二节　企业生产经营活动盈利能力分析

企业生产经营活动创造利润的能力，表现为企业在日常经营活动中收入、耗费与利润的关系，可以从营业收入和成本费用两个角度进行分析。

一、以营业收入为基础的盈利能力分析

以营业收入为基础进行盈利能力分析，是指将企业利润与营业收入进行对比，分析营业收入创造利润的能力。这是进行企业盈利能力分析的常用方法。

（一）衡量营业收入盈利能力的指标

衡量企业营业收入盈利能力的指标主要有营业毛利率、营业利润率、税前利润率、息税前利润率、营业净利率等。这些指标的区别主要是分子不同，因此揭示的收入与盈利之间的关系也不同，在财务分析中所起的作用也有所不同。

1. 营业毛利率

营业毛利率又称为毛利率或销售毛利率，是指企业在一定时期内的毛利润与营业收入之间的比率。其计算公式为

$$营业毛利率 = \frac{毛利润}{营业收入} \times 100\%$$

式中：毛利润=营业收入-营业成本

这里的营业收入是指企业日常经营活动所取得的收入，包括主营业务收入和其他业务收入；营业成本主要是指企业日常经营活动中所发生的与营业收入具有因果关系的已售产

品的成本、已提供劳务的成本。

毛利润是营业收入抵消生产成本后的余额。营业毛利率表示企业每一百元营业收入可以创造多少毛利润，反映企业销售商品或提供劳务的初始盈利能力。同时，营业毛利率的高低也提供了一个重要信息，即企业通过生产经营活动产生了多少富裕资金可用于投入研发、推销及管理活动上，代表了企业负担间接费用的能力。

企业销售商品或提供劳务所取得的营业收入首先要弥补其生产成本，余下的还要扣除税金和期间费用后才是企业的利润，因此营业毛利润是获取最终利润的基础。该指标越高，表明企业营业成本占营业收入的比例越低，企业抵补各项支出的能力越强，企业的初始盈利能力越强；相反，则表示企业初始盈利能力较弱，缺乏承担各项间接费用的能力。

营业毛利率具有很强的行业特点，一般来说，营业周期较短、期间费用较低的行业，其营业毛利率也比较低；营业周期较长、期间费用较高的行业，其营业毛利率也比较高。例如，商品零售企业的营业毛利率通常低于制造行业。因此，利用该指标评价企业盈利能力时，除与企业的预算指标或前期指标进行对比外，还应该与行业平均水平和先进水平进行比较，评价企业初始盈利能力在行业中所处的位置。

本节仍然沿用第六章 W 公司的财务报表进行分析。根据表 6-2 中的有关数据，计算 W 公司的营业毛利率如下。

2018 年：营业毛利率 $= \dfrac{620-388}{620} \times 100\% = 37.42\%$

2019 年：营业毛利率 $= \dfrac{820-508}{820} \times 100\% = 38.05\%$

2020 年：营业毛利率 $= \dfrac{1150-710}{1150} \times 100\% = 38.26\%$

计算结果表明，从 2018 年到 2020 年，W 公司的营业毛利率持续稳定上升，每百元营业收入可获得的毛利润，2018 年为 37.42 元，2019 年为 38.05 元，2020 年为 38.26 元，表明公司营业成本占营业收入的比例下降，企业营业活动的初始盈利能力不断提高。

从计算公式可以看出，营业毛利率直接受价格和成本两个因素的影响。因此，在上述基础上，还应进一步分析 W 公司营业毛利率上升是由于价格提高，还是由于生产成本下降所致，同时将该指标与同行业平均水平进行对比，以便对企业的盈利能力做出客观评价。

下面根据 W 公司 2020 年利润表中的有关资料，结合该公司的预算资料，并与同行业相关指标进行对比分析。分析结果如表 8-1 所示。

表 8-1　W 公司 2020 年度营业毛利率分析表

指　　标	实 际 指 标	预 算 指 标	预算完成率	行业平均水平	行业先进水平
营业收入	1150 万元	1100 万元	104.55%		
营业成本	710 万元	682 万元	104.11%		
营业毛利率	38.26%	38%	100.68%	35%	45%

从表 8-1 中可以看出，W 公司在 2020 年营业毛利率为 38.26%，预算数为 38%，实际比预算提高了 0.68%，说明 W 公司的初始盈利能力达到预算要求。究其原因，主要是营业收入的增长幅度超过了营业成本的增长幅度，从而为公司获取较高利润提供了基础条件。

与预算相比，2020年W公司营业收入增长率为4.55%，可能是公司实际销售量或产品销售价格上升；相比之下，营业成本增长率为4.11%，略低于营业收入增长率，可能公司对生产成本控制较好，降低了产品的生产成本。具体原因还需结合企业销售量和销售产品结构进行分析。

一般来说，在市场经济条件下，企业销售量或销售单价上升，表明企业产品有较强的竞争能力，如果企业在增加销售的同时又注重成本管理，可以直接提高企业的盈利能力。

从表8-1中还可以看出，虽然W公司的营业毛利率高于同行业平均水平，但是与同行业先进水平相比，还有较大差距，说明该公司在经营管理中仍然存在薄弱环节，还需要继续努力。公司管理层应进一步分析原因，采取措施加以改进。

2．营业利润率

营业利润率是指企业利润表中的营业利润与营业收入之间的比率。其计算公式为

$$营业利润率 = \frac{营业利润}{营业收入} \times 100\%$$

式中：营业利润已经扣除了企业研发、推销及管理等间接费用，但是不包括与经营活动无关的营业外收入，也未扣除营业外支出。因此，营业利润率可以反映企业正常经营活动的盈利能力，对于评价企业最终盈利能力具有重要意义。

营业利润率表示企业每百元营业收入可以带来多少营业利润。该指标越高，说明企业生产经营活动的盈利能力越强；反之，则说明企业生产经营活动的盈利能力较差。连续计算几年的营业利润率并加以比较，可以评价企业生产经营活动盈利能力的发展趋势。

根据表6-2中的有关资料，计算W公司的营业利润率。

2018年：营业利润率 $= \frac{87}{620} \times 100\% = 14.03\%$

2019年：营业利润率 $= \frac{141}{820} \times 100\% = 17.20\%$

2020年：营业利润率 $= \frac{212}{1150} \times 100\% = 18.43\%$

计算结果表明，从2018年到2020年，W公司的营业利润率稳步上升，每百元营业收入可获得的营业利润，2018年为14.03元，2019年为17.20元，2020年为18.43元。该公司在营业毛利率上升的情况下，营业利润率也有较大幅度提高，说明该公司生产经营活动创造利润的能力越来越强。

与营业毛利率相比，营业利润率指标反映的结果更全面。它是营业收入与扣除了全部经营活动成本和费用后的营业利润之间的关系，揭示了企业正常生产经营活动的盈利能力，而这种能力才是企业持续健康发展的源泉。

3．税前利润率

税前利润率，也称为销售利润率，是指企业利润总额与营业收入之间的比率。其计算公式为

$$税前利润率 = \frac{利润总额}{营业收入} \times 100\%$$

利润总额是企业缴纳所得税前的利润，它包括了企业在一定时期内经营活动和非经营活动所产生的全部利润，是企业税前利润的完整体现。也许是由于这个原因，税前利润率经常被政府部门作为考核企业盈利能力的指标。

一般而言，企业利润主要来自生产经营活动，非生产经营活动产生的损益额很小，因此税前利润率与营业利润率相差不大。如果两者差异过大，说明非经营性收入和支出所占比例较大，企业利润质量欠佳，应注意分析原因。

根据表 6-2 中的有关资料，计算 W 公司的税前利润率。

2018 年：税前利润率 $= \dfrac{84}{620} \times 100\% = 13.55\%$

2019 年：税前利润率 $= \dfrac{140}{820} \times 100\% = 17.07\%$

2020 年：税前利润率 $= \dfrac{207}{1150} \times 100\% = 18\%$

计算结果表明，从 2018 年到 2020 年，W 公司的税前利润率稳步上升，每百元营业收入可获得的税前利润，2018 年为 13.55 元，2019 年为 17.07 元，2020 年为 18 元。该公司在营业毛利率和营业利润率逐年上升的情况下，税前利润率也同步提高，说明该公司利润质量较好，盈利能力越来越强。

需要注意的是，税前利润率指标的分子利润总额不仅包含营业利润，而且包含非经营活动收益，因而与分母营业收入不完全匹配。特别是当非经营性收益较大时，税前利润率并不能真实地说明企业生产经营活动的盈利能力。相比之下，营业利润扣减了与企业经营活动相关的所有成本和费用，是企业经营活动创造的利润，来自日常生产经营所得，与营业收入存在逻辑关系。因此，与税前利润率相比，营业利润率指标能够更真实地反映企业生产经营业务的盈利能力。

4．息税前利润率

息税前利润率是指企业扣除所得税和利息费用之前的利润与营业收入之间的比率。其计算公式为

$$\text{息税前利润率} = \dfrac{\text{息税前利润}}{\text{营业收入}} \times 100\%$$

$$= \dfrac{\text{利润总额} + \text{利息费用}}{\text{营业收入}} \times 100\%$$

由于利息费用在计算利润总额前扣除，因此资本结构会直接影响企业利润。假设甲、乙两家企业盈利能力完全相同，其中甲企业的负债多，利息费用高，利润就会比较低；乙企业的负债较少，利息费用低，利润就比较高。如果只用营业利润或利润总额来衡量，甲企业的盈利能力要低于乙企业。但实际上这两家企业利润的差异是由于资本结构不同造成的，并不是企业管理者主观努力的结果。通过计算息税前利润率指标，可以排除资本结构对企业盈利能力的影响，使分析结果更客观。

根据表 6-2 中的有关资料，计算 W 公司的息税前利润率。

2018 年：息税前利润率 $= \dfrac{84+12}{620} \times 100\% = 15.48\%$

2019 年：息税前利润率 = $\frac{140+25}{820} \times 100\% = 20.12\%$

2020 年：息税前利润率 = $\frac{207+36}{1150} \times 100\% = 21.13\%$

计算结果表明，从 2018 年到 2020 年，W 公司的息税前利润率也是稳步上升。如果没有借款利息，该公司每百元营业收入可获得的税前利润，2018 年为 15.48 元，2019 年为 20.12 元，2020 年为 21.13 元。

5．营业净利率

营业净利率也称为销售净利率，是指企业净利润与营业收入之间的比率。其计算公式为

$$营业净利率 = \frac{净利润}{营业收入} \times 100\%$$

净利润是企业扣除当期所得税费用后的最终利润，属于股权投资人所有。营业净利率反映企业在一定时期内每百元营业收入的最终盈利水平，直接影响股权投资人的投资收益，因此企业股东很关心这个指标。

根据表 6-2 中的有关资料，计算 W 公司的营业净利率。

2018 年：营业净利率 = $\frac{61}{620} \times 100\% = 9.84\%$

2019 年：营业净利率 = $\frac{104}{820} \times 100\% = 12.68\%$

2020 年：营业净利率 = $\frac{153}{1150} \times 100\% = 13.30\%$

计算结果表明，从 2018 年到 2020 年，W 公司的营业净利率逐年提高，稳步上升，每百元营业收入可获得的净利润，从 2018 年的 9.84 元，上升到 2020 年的 13.30 元。

营业净利率指标与税前利润率的区别是，前者的分子扣除了企业的所得税费用。如果企业所得税税率稳定，两个指标的发展趋势应该相同。

应该说明的是，由于国家对不同地区、不同行业、不同发展阶段的企业规定有不同的税收优惠政策，因此在实际工作中，不同企业的所得税税负也有所不同。运用该指标衡量企业盈利能力时，应当关注企业的实际税负，如果差异过大，应进行调整。正是由于这个原因，该指标在财务分析中使用较少。

（二）营业收入盈利能力的综合分析

以营业收入为基础分析企业生产经营活动的盈利能力，除计算各种比率指标外，还可以采用结构分析法，编制共同比利润表，分别计算利润表中各个项目占营业收入的百分比，分析其变动趋势，了解影响各种利润率变动的原因。根据表 6-2 中的有关资料，编制 W 公司共同比利润表，分析该公司营业利润率变动的原因，如表 8-2 所示。

表 8-2　W 公司共同比利润表　　　　　　　　　　　　　　　　　　　%

项　　目	2018 年	2019 年	2020 年
一、营业收入	100.00	100.00	100.00

续表

项　目	2018年	2019年	2020年
减：营业成本	62.58	61.95	61.74
二、营业毛利润	37.42	38.05	38.26
税金及附加	3.23	3.66	3.91
销售费用	10.81	9.02	8.35
管理费用	8.71	7.56	6.96
财务费用	1.94	3.05	3.13
资产减值损失	0.32	0.37	0.17
加：投资收益	1.94	2.56	2.61
公允价值变动收益	-0.32	0.24	0.09
三、营业利润	14.03	17.20	18.43
加：营业外收入	0.32	0.37	0.26
减：营业外支出	0.81	0.49	0.70
四、利润总额	13.55	17.07	18.00
减：所得税费用	3.71	4.39	4.70
五、净利润	9.84	12.68	13.30

表8-2的计算结果表明，从2018年到2020年，W公司的营业毛利润占营业收入的比重（营业毛利率）从37.42%上升到38.26%，增长了2.24%，主要是由于营业成本占销售收入的比重下降。可能是由于产品售价提高，也可能是企业加强成本控制取得了成效，应结合企业的生产和销售情况作进一步分析。

从2018年到2020年，W公司的营业利润率从14.03%上升到18.43%，增长率为31.36%，高于营业毛利润的增长幅度，主要原因是销售费用和管理费用占销售收入的比重持续下降，其中销售费用从10.81%下降到8.35%，管理费用从8.71%下降到6.96%。这两种费用与企业的经营战略和管理水平有密切关系，应进一步分析这两种费用下降的原因，查明是由于企业加强费用控制或扩大了销售使销售费用和管理费用的比例下降，还是为了片面追求费用下降而压缩广告费和研究开发费等必要的支出。如果是前者，应给予肯定；如果是后者，虽然从短期看企业的费用下降了，但很可能影响企业未来的销售和产品开发，损害企业的长远利益。从表8-2中还可以看出，2018—2020年W公司的投资收益持续增长，对企业提高营业利润率有一定影响。

从2018年到2020年，W公司的税前利润率从13.55%上升到18%，增长率为32.84%，主要原因是该公司的营业外收支占营业收入比重较小，且变动幅度不大，对税前利润率影响很小，因此该公司税前利润率增长率与营业利润率增长率相差不多。

从表8-2中还可以看出，W公司的财务费用、资产减值损失、公允价值变动收益、营业外收入、营业外支出等项目占营业收入的比重均有变化，但因其变化较小，且所占比重也较小，可不作为分析重点。至于所得税费用占营业收入的比重增加，与国家税收政策有关，属于企业不可控制的客观因素，一般也不作为分析重点。

二、以成本费用为基础的盈利能力分析

以成本费用为基础进行盈利能力分析,是指将企业利润与营业成本和期间费用进行对比,分析企业生产经营耗费所创造利润的能力,也是分析企业生产经营活动盈利能力的常用方法。

衡量成本费用创造利润能力的指标有很多,主要有营业成本费用利润率、全部成本费用利润率等。

1. 营业成本费用利润率

营业成本费用利润率也称为成本费用利润率,是指企业的营业成本和期间费用与利润总额之间的比率,反映企业投入与产出的关系,其中,期间费用包括销售费用、管理费用、财务费用。其计算公式为

$$营业成本费用利润率=\frac{利润总额}{营业成本+期间费用}\times 100\%$$

$$=\frac{利润总额}{营业成本+销售费用+管理费用+财务费用}\times 100\%$$

营业成本费用利润率指标反映企业每消耗一百元成本费用所能够创造的利润额。该指标越高,表示企业耗费单位成本和费用取得的利润越高,企业的投入产出比越高,企业盈利能力越强,企业经济效益越好;反之,则说明耗费单位成本和费用取得的利润较少,投入产出比较低。计算连续几年的营业成本费用利润率并加以比较,可以评价企业盈利能力的发展趋势。

根据表6-2中的有关资料,计算W公司的营业成本费用利润率。

2018年:营业成本费用利润率 $=\dfrac{84}{388+67+54+12}\times 100\%=16.12\%$

2019年:营业成本费用利润率 $=\dfrac{140}{508+74+62+25}\times 100\%=20.93\%$

2020年:营业成本费用利润率 $=\dfrac{207}{710+96+80+36}\times 100\%=22.45\%$

计算结果表明,从2018年到2020年,W公司的营业成本费用利润率稳步上升,每消耗一百元成本费用可获得的利润额,2018年为16.12元,2019年为20.93元,2020年为22.45元,说明该公司的投入产出比不断提高,盈利能力越来越强。

2. 全部成本费用利润率

全部成本费用利润率,是指企业营业成本、期间费用和营业外支出与利润总额之间的比率,反映企业全部投入与产出的关系。其计算公式为

$$全部成本费用利润率=\frac{利润总额}{营业成本+期间费用+营业外支出}\times 100\%$$

上述公式中的分母不仅包括经营性支出,而且包括非经营性支出,与分子计算口径一致。与营业成本费用利润率相比,该指标的分子与分母相匹配,计算结果更有意义。如果企业的营业外收入和营业外支出不多,也可以不计算该指标,只计算营业成本费用利润率

即可。

全部成本费用利润率指标反映企业每消耗一百元成本费用和意外损失所能够创造的利润额。该指标越高，表示企业的投入产出比越高，企业经济效益越好；反之，则说明企业的投入产出比较低，企业经济效益较差。

根据表 6-2 中的有关资料，计算 W 公司的全部成本费用利润率。

2018 年：全部成本费用利润率＝$\dfrac{84}{388+67+54+12+5}\times 100\%=15.97\%$

2019 年：全部成本费用利润率＝$\dfrac{140}{508+74+62+25+4}\times 100\%=20.80\%$

2020 年：全部成本费用利润率＝$\dfrac{207}{710+96+80+36+8}\times 100\%=22.26\%$

计算结果表明，由于考虑了非经营性损失对企业盈利能力的影响，从 2018 年到 2020 年，W 公司的全部成本费用利润率略低于营业成本费用利润率，但也处于稳步增长状态。每发生一百元成本费用和损失所创造的利润，从 2018 年的 15.97 元，上升到 2019 年的 20.80 元和 2020 年的 22.26 元，说明该公司的盈利能力越来越强。

应该说明的是，如果企业的非经营性收益和损失数额较大，并对当期利润产生较大影响时，应关注非经营性损益的内容和产生的原因，分析其是偶然发生，还是持续发生。

假设你正在根据公司近 5 年的财务资料编制利润预测表。从近 5 年的利润表看，公司利润及其组成部分都很稳定，而且呈现持续增长的态势。但是你发现上期利润中有 30%来自诉讼赔款，该公司将其作为营业收入列入利润表。你还发现，近两年来由于国家注重环境保护，出台了一系列环境保护政策，加大了对环境污染企业的惩罚力度，而该公司上年产生了不菲的环境支出，该公司将其作为非经营性损失列入利润表。试问，上述内容对于你编制利润预测表有何影响？你将如何估计企业盈利能力的持续性？

三、影响企业生产经营活动盈利能力的其他因素

（一）会计政策的选择和变更

采用不同的会计政策和会计方法，会形成不同的财务成果。因此，进行企业盈利能力分析时，应关注企业所选择的会计政策，分析其对企业盈利能力的影响。

影响企业利润的会计政策主要有以下几个方面。

（1）存货计价方法。我国企业会计准则规定的存货计价方法有个别计价法、先进先出法、加权平均法和移动加权平均法，企业可以根据自身需要选用。一般来说，如果物价比较稳定，各种方法计算的存货成本应当差别不大。但是在物价持续上升的情况下，采用先进先出法计算的发出存货成本比较低，当期利润则比较高，移动加权平均法计算的结果与先进先出法接近，其他方法计算的结果则差异较大。

（2）固定资产折旧方法和折旧年限。由于固定资产占总资产比重较大，因此折旧费是企业成本费用中的重要项目，对计算利润影响较大，财务分析人员应对其给予足够的关注。目前，我国会计准则规定的折旧方法有平均年限法、工作量法、双倍余额递减法、年数总和法，采用后两种方法计算折旧费，会使当期利润比较稳健。此外，折旧年限越短，每年分摊的折旧费用越高，企业的利润也就越低；反之，企业利润则比较高。

（3）无形资产和长期待摊费用的摊销期限。摊销期限越短，企业利润越低；反之，企业利润较高。

（4）资产减值准备的计提。从理论上讲，计提多少资产减值，取决于资产质量。但由于资产减值的确定极为复杂，实际上企业计提多少资产减值准备，在很大程度上取决于管理者的意图和对待减值的态度。乐观的管理者或希望提高业绩的管理者，计提的资产减值准备较少，表现为企业的利润就比较高；反之，企业利润则比较低。

此外，企业选用的收入确认原则、外币折算方法、长期股权投资的核算方法等都会直接或间接影响企业当期利润，分析时都应该予以足够的注意。

(二) 财务报表表外项目

影响企业盈利能力的财务报表表外项目主要有以下几个方面。

（1）或有负债，如未决诉讼、贷款担保、产品售后承诺等，一旦这些成为现实，不仅影响企业的偿债能力，而且影响企业的盈利能力。

（2）经营性租赁费用。经营性租入的固定资产不在资产负债表上列示，但是其租赁费用需定期支付，直接冲减当期利润。

（3）汇率变动或某种外币资产严重贬值。如人民币升值会使外币资产相对贬值，使企业发生汇兑损失，如有外汇负债则会使企业发生汇兑收益，从而直接影响企业当期利润。

（4）企业是否准备近期出售或废弃某个部门或分厂，如果有这种情况，将会影响企业未来的经营规模和盈利能力。

此外，企业管理者水平、员工整体素质、国家产业政策、国内外宏观经济环境等都会对企业盈利能力产生影响，但是现有的财务报表均不能反映这些信息，分析人员可以通过年度财务报告中的公司基本情况介绍和报表附注等内容获悉。

第三节 企业资产盈利能力分析

资产盈利能力，是指企业利用所占有的经济资源获取利润的能力。企业经济资源来自股东和债权人，因此资产盈利能力分析，实际上也是从投资人和债权人角度分析企业的盈利能力。

企业从股东和债权人取得资金后，将资金投资于各种资产，运用资产从事生产经营活动，创造收入并获取利润。资产是企业可以使用的资源，利润是企业使用经济资源后产生的效益，因此，资产盈利能力是评价企业整体效益的重要方面。通过分析资产盈利能力，可以综合评价企业资产利用效率和管理水平。

第二节所述的收入利润率和成本费用利润率虽然都是评价企业经营业绩的常用指标，但是都有一定的片面性，尤其是进行不同时期或不同企业之间的对比时缺乏可比性，因此不宜作为衡量企业经营业绩的综合指标。而资产盈利能力分析是基于企业所占用经济资源进行的分析，不仅可用于不同时期或不同企业之间的对比分析，还可用于考核企业内部各个部门的经营业绩。例如，在实行经济责任中心制度的企业，对于各投资责任中心，通常是以其所占有经济资源与其盈利额进行对比作为考评其绩效的标准。

同时，通过资产盈利能力分析，可以为投资决策提供参考依据。企业进行投资决策时，可以根据资产盈利能力指标评价企业资本支出的可行性，根据高风险高收益的原则，比较不同方案的投资回报与投资风险，进行投资方案的取舍。

进行资产盈利能力分析，需将企业在一定时期内（通常为一年）的盈利与企业所占用的资产总额进行对比，其中企业盈利可以是息税前利润、利润总额，也可以是净利润。反映企业资产盈利能力的指标主要有总资产报酬率和总资产收益率。

一、总资产报酬率的计算与分析

（一）总资产报酬率指标的计算

总资产报酬率，是指企业息税前利润与全部资产平均余额之间的比率。它反映企业在一定时期内每百元资产可获得的息税前利润，用以衡量企业利用全部资产获取利润的能力，综合评价企业资产的利用效果。其计算公式为

$$总资产报酬率 = \frac{息税前利润}{全部资产平均余额} \times 100\%$$

$$= \frac{利润总额 + 利息费用}{全部资产平均余额} \times 100\%$$

公式中的分子采用息税前利润有两个原因。一是企业资产来自股东和债权人，以资产为基础计算的盈利应该包括企业全部资产创造的全部利润，不需要考虑资产来源。由于利润表在计算利润总额时已经减去了支付给债权人的利息费用（债权人的收益），而总资产报酬率指标衡量的是企业整体的获利能力以及为股东和债权人创造价值的能力，所以在计算总资产报酬率指标时要在利润总额的基础上加上利息费用。二是利息费用的高低主要受企业资本结构的影响，与企业的经营管理水平没有直接关系，当企业负债发生增减变动时，利息费用也会随之发生增减变动，从而使利润总额相应减少或增加，但这种增减变动与企业的实际盈利能力并无直接关系。为了排除资本结构不同对利润的影响，客观反映企业盈利水平，同时增强总资产报酬率指标的可比性，因此用利润总额加上利息费用作为总资产报酬率指标的分子。

应该说明的是，我国利润表不单独列示利息费用，分析人员可以将利润表中的财务费用视同利息费用。由于该公式的分子利润总额和利息费用来自利润表，为企业某一会计期间的数据，分母资产总额来自资产负债表，为企业在会计期末的数据。为了使分子与分母在数学逻辑上相互配合，需要将资产总额转换为年度平均数，表示在一年内企业平均每天占用的资产数额。具体方法是将全部资产的年初余额加上年末余额除以2。

总资产收益率指标的计算原理与此相同。

企业息税前利润的高低与资产使用效率和经营管理水平有密切关系,因此,总资产报酬率是一个综合性指标,该指标越高,说明企业资产使用的效率越高,盈利能力越强;反之,则说明企业资产使用的效率较低,盈利能力较差。在市场经济比较发达、行业之间竞争比较公平的条件下,各行业的总资产报酬率差别基本不大。如果某个企业的总资产报酬率偏低,说明该企业的资产使用效率、资产结构或经营管理中存在问题。

仍然沿用第六章 W 公司的财务报表进行分析。根据表 6-1 和表 6-2 中的有关资料,计算 W 公司 2018—2020 年的总资产报酬率指标。

2018 年:总资产报酬率 $=\dfrac{84+12}{(674+980)/2}\times 100\%=11.61\%$

2019 年:总资产报酬率 $=\dfrac{140+25}{(980+1230)/2}\times 100\%=14.93\%$

2020 年:总资产报酬率 $=\dfrac{207+36}{(1230+1481)/2}\times 100\%=17.93\%$

计算结果表明,从 2018 年到 2020 年,W 公司的总资产报酬率稳步上升,每百元资产可获得的息税前利润,2018 年为 11.61 元,2019 年为 14.93 元,2020 年为 17.93 元,表明 W 公司资产盈利能力逐年上升,发展趋势良好,未来增长势头强劲。将该指标与同行业平均水平或先进水平进行对比,可以了解该公司在行业中的地位,更客观地揭示该公司资产的盈利能力。

(二)总资产报酬率指标的分析

1. 总资产报酬率指标的分解

为了分析总资产报酬率变动的原因,评价企业的经营业绩,可以对总资产报酬率指标进行分解。由于营业收入是衡量企业盈利能力的重要标准,因此通常将该指标分解成与营业收入相关的两个组成部分,其计算公式为

$$总资产报酬率 = \dfrac{利润总额+利息费用}{营业收入} \times \dfrac{营业收入}{全部资产平均余额}$$

$$= 息税前利润率 \times 总资产周转率$$

式中:息税前利润率用来衡量企业营业收入的盈利水平,反映企业控制与收入相关的成本费用的能力;总资产周转率用来衡量企业运用资产获取营业收入的能力。这种分解强调了息税前利润率和总资产周转率对资产报酬率的作用,按照这个思路继续对息税前利润率和总资产周转率进行分解,可以将对总资产报酬率的分析逐步引向深入。

从分解公式可以看出,提高总资产报酬率可以从两个方面入手:一是加强对成本费用的控制,提高息税前利润率;二是增加营业收入或减少资产占用,提高总资产周转率。具体到某个企业应采用什么方法,要视企业具体情况和产品生命周期来定。如果企业产品在市场上竞争激烈,很难通过降低成本费用或提高售价来扩大息税前利润率,可以选择通过提高总资产周转率的途径来提高其总资产报酬率,如减少资产占用、缩短投资周期等。如果企业正准备扩大生产规模,增加市场份额,可以选择通过提高产品质量和产量、降低产

品成本、扩大销售等途径提高息税前利润率，以达到提高总资产报酬率的目的。

应当说明的是，在市场竞争比较充分的情况下，各行业的总资产报酬率基本趋于一致。但由于各行业的生产经营特点不同，息税前利润率和总资产周转率则可能有很大不同。例如，超市大卖场占用的固定资产相对较少，而且大部分采用租赁方式获得，因此其总资产周转率很高。但由于超市奉行薄利多销政策，其息税前利润率则相对较低。商品批发业也是如此。这些行业通常都是以较低的息税前利润率和较高的总资产周转率来维持一定的总资产报酬率。而对于资本密集型行业，如冶金、机电、汽车制造等行业，由于资产投资额很大，必须有较高的息税前利润率，才能维持正常的总资产报酬率。正是由于这些原因，虽然息税前利润率和总资产周转率很重要，但综合评价企业盈利能力的最终指标是总资产报酬率。

下面以 W 公司为例，说明总资产报酬率指标的分解方法。分解结果如表 8-3 所示。

表 8-3　总资产报酬率分解表

年　度	总资产报酬率	=	息税前利润率	×	总资产周转率
2018 年	$\dfrac{84+12}{(674+980)/2}$	=	$\dfrac{84+12}{620}$	×	$\dfrac{620}{(674+980)/2}$
	11.61%	=	15.48%	×	0.750
2019 年	$\dfrac{140+25}{(980+1230)/2}$	=	$\dfrac{140+25}{820}$	×	$\dfrac{820}{(980+1230)/2}$
	14.93%	=	20.12%	×	0.742
2020 年	$\dfrac{207+36}{(1230+1481)/2}$	=	$\dfrac{207+36}{1150}$	×	$\dfrac{1150}{(1230+1481)/2}$
	17.93%	=	21.13%	×	0.848

在表 8-3 中，W 公司的总资产报酬率被分解为息税前利润率和总资产周转率两个指标。2019 年与 2018 年相比，W 公司的总资产报酬率提高了 3.32 个百分点（14.93%-11.61%），其主要原因是由于息税前利润率从 15.48% 上升到 20.12%，而总资产周转率基本保持稳定，且略有下降。2020 年与 2019 年相比，总资产报酬率提高了 3 个百分点（17.93%-14.93%），则是由于息税前利润率提高和资产周转速度加快双重因素作用的结果。其中，息税前利润率从 20.12% 上升到 21.13%，总资产周转率从 0.742 上升到 0.848。为了进一步确认 W 公司在 2018—2020 年总资产报酬率提高的原因，还应对息税前利润率和总资产周转率的变化做进一步分析。

2．影响总资产报酬率指标变动的因素分析

1）确定各因素变化的影响程度

在上述分析的基础上，可以采用因素分析法，分别计算息税前利润率和总资产周转率变动对总资产报酬率的影响程度。下面以 W 公司 2019 年和 2020 年的数据资料为例进行分析。

从表 8-3 中可以看出，W 公司 2020 年的总资产报酬率比 2019 年提高了 3 个百分点（17.93%-14.93%）。

第一步，分析息税前利润率变动对总资产报酬率的影响。

$$(21.13\%-20.12\%)\times 0.742 = 0.75\%$$

第二步，分析总资产周转率变动对总资产报酬率的影响。

$$21.13\% \times (0.848 - 0.742) = 2.24\%$$

计算结果表明，2020 年，由于息税前利润率上升，使 W 公司的总资产报酬率比 2019 年提高了 0.75 个百分点，由于总资产周转率上升，使 W 公司的总资产报酬率比 2019 年提高了 2.24 个百分点，两个因素共同作用，使总资产报酬率比 2019 年提高了 3 个百分点。由此可见，2020 年 W 公司总资产报酬率上升主要是由于企业资产使用效率提高的结果。

为了进一步分析 W 公司 2018—2020 年资产盈利能力提高的原因，还需要对影响息税前利润率和总资产周转率变动的因素做进一步分析。

2）分析息税前利润率变动的原因

息税前利润率的分析可以采用结构分析法，编制共同比利润表，如表 8-4 所示。表中以营业收入为 100%，分别计算每个项目占营业收入的百分比，并分析其变动趋势。具体方法同营业利润率分析。为了排除资本结构变动的影响，共同比利润表中所列项目的排列顺序与通用利润表有所不同，它将利息费用单独放在息税前利润后面，以便反映企业在没有利息费用情况下的利润额，即息税前利润总额。

表 8-4　W 公司共同比利润表　　　　　　　　　　　　　　　　%

项　目	2018 年	2019 年	2020 年
一、营业收入	100.00	100.00	100.00
减：营业成本	62.58	61.95	61.74
税金及附加	3.23	3.66	3.91
销售费用	10.81	9.02	8.35
管理费用	8.71	7.56	6.96
资产减值损失	0.32	0.37	0.17
加：公允价值变动收益	-0.32	0.24	0.09
投资收益	1.94	2.56	2.61
二、营业利润	14.03	17.20	18.43
加：营业外收入	0.32	0.37	0.26
减：营业外支出	0.81	0.49	0.70
三、息税前利润	15.48	20.12	21.13
减：利息费用	1.94	3.05	3.13
四、利润总额	13.55	17.07	18.00
减：所得税费用	3.71	4.39	4.70
五、净利润	9.84	12.68	13.30

从表 8-4 中可以看出，从 2018 年到 2020 年，W 公司的息税前利润率从 15.48%上升到 21.13%，增长率为 36.50%，增长幅度较大，表明该公司的发展趋势良好。从表中还可以看出，息税前利润率提高，主要是由于企业降低了销售费用和管理费用占营业收入的比重，其中销售费用从 10.81%下降到 8.35%，管理费用从 8.71%下降到 6.96%。这两种费用都属于期间费用，与企业的经营战略和管理水平有密切关系，应进一步分析这两种费用下降的原因，查明企业是由于加强费用控制或扩大了销售，使销售费用和管理费用的比例下降，

还是为了片面追求费用下降而压缩广告费和研究开发费等必要的支出。如果是前者，应给予肯定。如果是后者，虽然短期内企业的期间费用降低了，但是有可能影响企业未来的产品开发和销售，损害企业的长远利益。

从表 8-4 中还可以看出，W 公司营业成本占营业收入的比重有所下降，可能是由于产品售价提高，也可能是由于企业降低了生产成本，还应结合企业具体情况做进一步分析。此外，该公司的公允价值变动损益、投资收益、营业外收入、营业外支出等占营业收入的比重均有变化，但因其变化较小，可不必进行重点分析。

3）分析总资产周转率变动的原因

总资产周转率的分析需要计算和考察主要资产项目的周转情况，如应收账款周转率、存货周转率、固定资产周转率等，以查明影响总资产周转速度变化的主要原因。应收账款周转率、固定资产周转率的计算方法已在本书第七章企业营运能力分析中做过介绍，此处不再赘述。但存货周转率的计算与前述方法有所不同，特做说明。

如前所述，存货周转率是反映存货流动性和企业销售能力的指标，通常的计算方法是用营业成本除以存货平均余额。此处为了便于分析总资产周转率变动的原因，采取与计算其他资产项目周转率相同的方法，用营业收入作为计算存货周转率的分子。其计算公式为

$$存货周转率（周转次数）=\frac{营业收入}{存货平均余额}$$

按照上述公式，根据表 6-1 和表 6-2 的有关资料，计算 W 公司 2018—2020 年的存货周转率如下。

2018 年：存货周转率（周转次数）$=\frac{620}{(78+110)/2}=6.60$（次/年）

2019 年：存货周转率（周转次数）$=\frac{820}{(110+142)/2}=6.51$（次/年）

2020 年：存货周转率（周转次数）$=\frac{1150}{(142+216)/2}=6.42$（次/年）

计算结果表明，2018—2020 年，W 公司按照营业收入计算的存货周转率基本处于稳定状态，虽然略有下降，但是幅度很小。

除上述指标外，还可以根据需要计算其他资产项目的周转率，如货币资金周转率、无形资产周转率、其他资产周转率等。但由于这部分资产占总资产比重较小，因此一般不作为分析重点。

W 公司总资产周转率和主要资产项目周转率分析表如表 8-5 所示。

表 8-5　W 公司总资产周转率和主要资产项目周转率分析表　　　　次/年

项　　目	2018 年	2019 年	2020 年
应收账款周转率	10.16	10.93	10.85
存货周转率	6.60	6.51	6.42
固定资产周转率	1.48	1.44	1.64
总资产周转率	0.75	0.74	0.85

从表 8-5 中可以看出，W 公司的总资产周转率在 2018 年和 2019 年相对稳定，而 2020 年提高较快。从各主要资产项目的周转率看，在 2018—2020 年，应收账款周转率有所提高，联系表 6-2 所反映的营业收入持续增长情况分析，可以看出该公司在营业收入增加的同时，应收账款占用额相对下降，说明该公司对赊销客户的选择比较谨慎，或收款工作取得了较好成效。存货周转率持续下降，联系表 6-1 中存货余额持续增长和表 6-2 中营业成本持续上升等情况分析，可以看出该公司存货投资过量，可能存在呆滞积压材料或滞销产品。W 公司 2019 年的固定资产周转率略有下降，2020 年则开始上升，联系表 6-1 中的固定资产净值持续增长情况分析，说明该公司在扩大固定资产投资的同时，扩大了销售，使固定资产使用效率大大提高。

根据以上分析可以得出结论，W 公司总资产周转率加快，主要是由于应收账款管理较好和固定资产利用效率提高的结果。在此基础上还应深入实际，进一步分析应收账款周转率和固定资产周转率提高以及存货周转率下降的原因，以便对该公司资产使用效率以及对总资产报酬率的影响做出更全面、客观的评价。

分析视点

假设你在一家商业银行从事信贷工作，正在考虑两家公司的贷款申请。通过对这两家公司的财务报表进行分析，发现其风险和报酬基本相同，而且都是勉强达到贷款申请资格。你请教了一位资深贷款经理，他提醒你，其中一家公司的收益来自十个不同的行业，而另一家公司则集中在一个行业。这一信息如何影响你的贷款决策？能否影响你对两家公司的比较？

二、总资产收益率的计算与分析

（一）总资产收益率指标的计算

总资产收益率，是指企业税后净利润与全部资产之间的比率，也称为资产净利率，是反映企业资产获取净利润能力的指标。对于盈利企业而言，所得税相当于一项必要费用，扣除所得税后的利润才是企业可支配的盈利，总资产收益率考虑了所得税因素，将扣除所得税后的利润和利息费用作为分子，与企业所占用的全部资产进行对比，提高了该指标的科学性。其计算公式为

$$总资产收益率 = \frac{净利润 + 利息费用 \times (1 - 所得税税率)}{全部资产平均余额} = \frac{含息净利润}{全部资产平均余额}$$

式中：分子是一个会计期间内企业股东和债权人所得盈利的总和，分母是股东和债权人在企业投资的总和，即资产总额，分子和分母衡量的范围一致，都归属于股东和债权人。

该公式的分子净利润和利息费用来自利润表，为某一会计期间的数据，分母资产总额来自资产负债表，为某一会计期末的数据。为了使分子与分母在数学逻辑上相互配合，需要将资产总额转换为年度平均数，表示在一年内企业平均每天占用的资产数额。具体方法

是将全部资产的年初余额加上年末余额除以 2。

应当注意理解公式中分子的含义。在利润表中，在计算净利润时已经扣除了企业支付给债权人的利息费用，即债权人得到的企业盈利。也就是说，在企业创造的盈利中，股东获得的是净利润，债权人获得的是利息。既然总资产收益率指标要反映股东和债权人从企业盈利中获得的收益总和，因此在计算总资产收益率时，分子采用净利润加利息费用。但是又不能直接用净利润加利息费用，其原因是，利息费用是在计算应税利润前扣除的，由于利息费用的存在，会导致企业少交一部分所得税。假设企业所得税税率为 25%，那么企业每支付 1 元利息费用，就会减少 0.25 元所得税。在进行总资产创造净利润的能力分析时，需要把股东和债权人看作一个整体，这个整体必须对其所有的盈利计算和缴纳所得税。因此，总资产收益率的分子采用净利润加利息费用，其经济含义是把利息费用视为企业利润，并按照所得税税率折算成税后利润，即：利息费用×(1-所得税税率)。而净利润本身已经是税后利润，所以不需要做调整。

仍然沿用第六章 W 公司的财务报表进行分析。根据表 6-1 和表 6-2 中的有关资料，计算 W 公司 2018—2020 年的总资产收益率指标。假设该公司所得税税率为 25%。

2018 年：总资产收益率 $= \dfrac{61+12\times(1-25\%)}{(674+980)/2} \times 100\% = 8.46\%$

2019 年：总资产收益率 $= \dfrac{104+25\times(1-25\%)}{(980+1230)/2} \times 100\% = 11.11\%$

2020 年：总资产收益率 $= \dfrac{153+36\times(1-25\%)}{(1230+1481)/2} \times 100\% = 13.28\%$

计算结果表明，从 2018 年到 2020 年，W 公司的总资产收益率稳步上升，每百元资产可获得的含息净利润，2018 年为 8.46 元，2019 年为 11.11 元，2020 年为 13.28 元，表明 W 公司资产盈利能力逐年上升，发展趋势良好，未来增长势头强劲。

从上述计算结果可以看出，在既定所得税税率条件下，总资产收益率指标与总资产报酬率指标的变动趋势一致，因此总资产收益率也可以作为评价企业资产盈利能力的综合性指标。但是考虑到影响企业实际缴纳所得税额的因素比较复杂，而相比之下总资产报酬率指标受政策因素影响较小，因此我国财政部规定以总资产报酬率作为考核和评价企业资产盈利能力的主要指标，总资产收益率作为辅助指标，通常在企业内部进行财务分析时使用。

（二）总资产收益率指标的分析

为了分析总资产收益率变动的原因，可以将该指标的基本公式进行分解，由于营业收入是影响企业综合盈利能力的重要标准，因此将该指标分解成与营业收入相关的两个组成部分，其计算公式为

$$总资产收益率 = \dfrac{净利润+利息费用\times(1-所得税税率)}{营业收入} \times \dfrac{营业收入}{全部资产平均余额}$$

$$= 含息净利率 \times 总资产周转率$$

式中：含息净利率反映企业每一元营业收入为股东和债权人创造了多少净收益，提高含息净利率的核心是提高成本费用的控制能力，当营业收入不变时，成本费用控制得越好，含息净利率越高。总资产周转率反映企业有效运营全部资产的能力，即企业使用的每一元资

产可以产生多少营业收入。单位资产产生的收入越高,总资产周转率越高。一个管理有效的企业,应该将所有资产投入能够产生收入的生产经营活动中,为企业争取最大的经济效益。但实际上并不是企业的所有资产都能带来收入,因为通常情况下,不良资产、低效率资产以及非生产经营性资产也占用着企业的资金,并被列示在资产负债表上,但是产出率却很低,这种情况在规模较大且历史较长的国有企业中比较普遍,所以在分析时应关注资产负债表中资产的质量,区分高效率资产和低效率资产,揭示企业资产的组成以及资产管理中存在的问题。

在对总资产收益率指标分解的基础上,还应进一步分析确定影响总资产收益率变动的主要因素,以便对企业资产盈利能力做出客观评价。具体分析方法参照总资产报酬率。

第四节 企业股东投资盈利能力分析

股东投资盈利能力分析,也称为股东投资回报分析。获取投资收益是股东将资金投入企业的初衷,股东投资回报率的高低不仅取决于企业资产创造价值的能力(总资产报酬率),同时取决于企业利用债权人资金为股东创造价值的能力,这个能力一般用财务杠杆来衡量。

众所周知,现代企业的资产来自股东和债权人。企业之所以要借债,原因主要有三个方面:一是股东的资金是有限的,不一定能满足企业对资金的需求;二是由于债权人风险低于股东风险,所以债权资金成本低于股东资金成本,企业可以通过财务杠杆作用提高股东投资回报;三是可以降低股东投资风险,因为公司制企业一旦发生破产清算,股东仅以出资额为限承担债务。在上述三个原因中,最根本的原因是债务融资可以提高股东投资回报。

对于企业而言,债权资金成本是企业的借款成本,如果借款所筹集资金创造的盈利率高于借款成本,多出来的盈利就归股东所有,从而提高股东投资回报。反之,如果借款所筹集资金创造的盈利率低于借款成本,不足的部分需要用股东投资所创造的利润弥补,从而使股东投资回报降低。因此,企业是否使用负债融资,取决于企业预期的资产盈利能力是否大于借款成本。现实中每个企业都有或多或少的债务,也就是说,债权融资方式是长期存在的,因为就平均而言,企业资产盈利水平一般均高于借款成本,使企业有可能通过使用债权人资金为股东创造收益。据此,股东投资回报率取决于资产盈利能力、借款成本、资本结构三个方面。

股东投资盈利能力(股东回报率)主要表现为股东权益与企业净利润之间的关系,以及股东权益是否保值增值。衡量股东投资盈利能力的指标主要有净资产收益率、资本保值增值率,上市公司还可以计算每股收益、每股现金流量、市盈率、股利分配率、每股净资产等指标。

一、净资产收益率的计算与分析

(一)净资产收益率指标的计算

净资产收益率也称为股东权益报酬率,是指属于普通股股东的企业净利润与所有者权

益平均余额之间的比率,可用于衡量企业投资者获取潜在投资收益的能力。其计算公式为

$$\text{净资产收益率} = \frac{\text{净利润}}{\text{净资产平均余额}} \times 100\%$$

式中:净利润是指企业属于普通股股东的净利润,如果企业发行了优先股票,要从净利润中减去优先股股东享有的股息。净资产等于企业资产减去负债后的余额,包括实收资本(股本)、资本公积、盈余公积、未分配利润等,也就是资产负债表中的所有者权益。净资产可以用算术平均数、加权平均数,也可以用年末数,由于所有者权益的年末数一般大于年初数,因此按年末计算也称为摊薄。

仍然以第六章 W 公司的财务报表为例,根据表 6-1 和表 6-2 中的有关资料,计算 W 公司的净资产收益率(假定该公司没有发行优先股)。

2018 年:净资产收益率 $= \dfrac{61}{(374+630)/2} \times 100\% = 12.15\%$

2019 年:净资产收益率 $= \dfrac{104}{(630+760)/2} \times 100\% = 14.96\%$

2020 年:净资产收益率 $= \dfrac{153}{(760+871)/2} \times 100\% = 18.76\%$

计算结果表明,从 2018 年到 2020 年,W 公司的净资产收益率呈直线上升趋势,权益投资者获得的回报稳步提高。结合总资产报酬率进行分析,可以看出,在 2018—2020 年中,该公司的综合盈利能力不断增强,股东投资回报率稳定提高。

(二)净资产收益率指标的分析

1. 净资产收益率的分解

将净资产收益率指标分解成几部分,分别计算每一部分的比率并分析其变动趋势,可以了解净资产收益率变动的原因。分解公式为

$$\begin{aligned}\text{净资产收益率} &= \frac{\text{净利润}}{\text{所有者权益平均余额}} \times 100\% \\ &= \frac{\text{净利润}}{\text{营业收入}} \times \frac{\text{营业收入}}{\text{全部资产平均余额}} \times \frac{\text{全部资产平均余额}}{\text{所有者权益平均余额}} \times 100\% \\ &= \text{营业净利率} \times \text{总资产周转率} \times \text{权益乘数}\end{aligned}$$

式中:营业净利率是指每百元营业收入中扣除所有成本费用以及优先股股息后留给普通股股东的净利润;总资产周转率表示每百元资产所带来的营业收入;权益乘数也称为杠杆比率,反映资产总额与股东投资的比例,代表每百元所有者权益可以控制的资产数额,所有者权益占全部资产的比例越小,权益乘数就越大。

从净资产收益率的分解公式可以看出,该指标与企业经营活动盈利能力、资产使用效率、资本结构三个方面有密切关系。也就是说,股东投资盈利能力受企业经营能力、财务决策、筹资方式等多种因素的综合影响。

从分解公式还可以看出,提高净资产收益率的途径有三条:一是加强对成本费用的控制,提高营业净利率;二是加强资产管理,通过扩大销售或减少资产投资,提高总资产周

转率；三是通过增加负债比例，提高权益乘数。如果负债利率固定不变，当企业通过举债所获得的资产比例上升时，只要总资产报酬率高于贷款利息，股权投资者就可以获得较高的回报。但实际上权益乘数通常受资本结构、贷款利率和总资产报酬率的综合影响，不可能无限制提高，而且权益乘数过高，意味着企业的财务风险增加。

W 公司净资产收益率分解表如表 8-6 所示。

表 8-6　W 公司净资产收益率分解表

年　度	净资产收益率	=	营业净利率	×	总资产周转率	×	权益乘数
2018 年	$\dfrac{61}{(374+630)/2}$	=	$\dfrac{61}{620}$	×	$\dfrac{620}{(674+980)/2}$	×	$\dfrac{(674+980)/2}{(374+630)/2}$
	12.15%	=	9.84%	×	0.750	×	1.647
2019 年	$\dfrac{104}{(630+760)/2}$	=	$\dfrac{104}{820}$	×	$\dfrac{820}{(980+1230)/2}$	×	$\dfrac{(980+1230)/2}{(630+760)/2}$
	14.96%	=	12.68%	×	0.742	×	1.590
2020 年	$\dfrac{153}{(760+871)/2}$	=	$\dfrac{153}{1150}$	×	$\dfrac{1150}{(1230+1481)/2}$	×	$\dfrac{(1230+1481)/2}{(760+871)/2}$
	18.76%	=	13.30%	×	0.848	×	1.662

从表 8-6 的计算结果可以看出，W 公司 2018—2020 年净资产收益率提高的主要原因是营业净利率上升和总资产周转率加快，特别是 2020 年总资产周转率增长较快，从而使净资产收益率大幅度上升，说明该公司在控制费用支出、扩大营业收入、提高资产使用效果等方面取得了成效。至于这一时期的权益乘数，则相对比较稳定，对净资产收益率的影响不大。

上述各个因素对净资产收益率的影响程度，可以采用因素分析法确定，计算方法同总资产报酬率。此外，还应当进一步分析营业净利率和总资产周转率上升的原因，以便对股东投资回报率的提高做出正确评价。分析方法同前。

2. 总资产收益率与净资产收益率的比较分析

如前所述，总资产收益率是反映企业全部资产盈利能力的指标，净资产收益率是反映企业股东投资回报率的指标。

总资产收益率与净资产收益率都是反映企业投资回报的指标，但是两者评价的角度不同，计算的依据不同，因此计算结果也有所不同。

为了便于比较分析，根据前述计算结果，将 W 公司 2018—2020 年的总资产收益率和净资产收益率用图 8-1 表示。

图 8-1 中的有关数据说明，W 公司总资产收益率：2018 年为 8.46%，2019 年为 11.11%，2020 年为 13.28%；净资产收益率：2018 年为 12.15%，2019 年为 14.96%，2020 年为 18.76%。

从图 8-1 中可以很直观地看出，在 2018—2020 年中，W 公司的净资产收益率均远远高于总资产收益率。其原因是什么呢？如前所述，总资产收益率可以衡量企业全部资产的盈利能力，同时反映企业支付给资本提供者（债权人和股东）回报的能力。即每个资本供应者都应得到总资产报酬率中的一部分，债权人得到的是既定利息，优先股股东得到的是预定的优先股股息，余下的属于普通股股东。这三种资本供应者投资回报的分配情况可用图 8-2 表示。

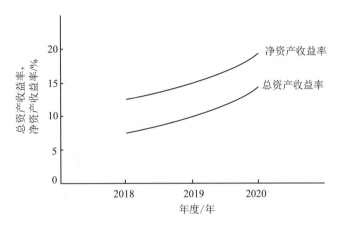

图 8-1　W 公司总资产收益率与净资产收益率变动趋势图

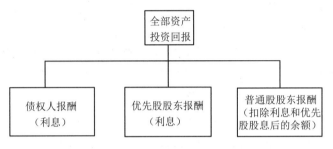

图 8-2　资本供应者的投资回报

上述三种资本供应者中，如果债权人和优先股股东享有的投资回报低于全部资产投资回报，普通股股东享有的投资回报就会高于全部资产投资回报。W 公司的资本供应者只有债权人和普通股股东，因此只需要计算该公司利息费用占债务总额的比例，即举债成本，并将其与资产盈利能力进行对比，即可很直观地看出普通股股东的投资回报是否高于全部资产回报。为了使计算口径一致，企业的举债成本按实际负担的比率计算，即税后举债成本。

根据表 6-1 和表 6-2 中的有关资料，计算 W 公司 2020 年的税后举债成本。

$$税后举债成本 = \frac{利息费用 \times (1-所得税税率)}{全部负债平均余额} = \frac{36 \times (1-25\%)}{(470+610)/2} = 5\%$$

计算结果表明，W 公司 2020 年的总资产收益率高于税后举债成本 8.28%（13.28%-5%），高出的这部分收益为股东所有，因此使得该公司的净资产收益率高于总资产收益率。W 公司通过举债提高了股东的投资回报，这种结果对企业股东有利，也说明企业的筹资策略是成功的，资本结构是合理的。

如前所述，股东之所以应该获得高于债权人的投资回报，与其承担的投资风险有关。因为债权人的利息在税前支付，与企业盈亏无关，只要企业持续经营下去，债权人便可以得到固定的利息收入。而股东的投资回报在税后支付，其数额大小与企业盈利高低直接相关，而且一旦企业终止经营，并进入清算，其法定清算程序是，偿还债权人投资在前，偿还股东投资在后，因此股东的投资风险大大高于债权人。根据高风险高收益的原则，股东应当得到高于债权人的报酬。这种股东以较大风险换取较高投资回报的现象，在经济学中称为财务杠杆作用。

(三) 财务杠杆与净资产收益率的关系

财务杠杆是指企业以权益资本为基础,通过举债方式融资以增加股东投资回报的方法。一般来说,只要企业的资产盈利率高于举债成本,股东的投资回报率就会增加,由此带来的差额收益就是财务杠杆作用的结果。也就是说,当企业的总资产报酬率高于债务利率时,财务杠杆产生积极影响,提高净资产收益率;反之,则产生消极影响,降低净资产收益率。

应当注意的是,虽然财务杠杆可以提高股东的投资回报,但是并不意味着负债比例越高对股东越有利。实际上,财务杠杆作用与企业的资本结构和盈利水平有直接关系。如果负债占资产比重过大或总资产报酬率较低,财务杠杆作用都有可能导致净资产收益率下降。现以两家公司近三年的资料为例,说明财务杠杆与净资产收益率的关系。

假设两家公司中,一家为举债公司,另一家为无债公司,两家公司的总资产都是 150 000 元,其中举债公司以 10% 的年利率借款 60 000 元,股东投资 90 000 元,负债占资产的比例为 40%;无债公司资产全部为股东投入。两家公司的所得税税率均为 25%。

假设在过去的三年中,两家公司扣除利息前的净利润(含息净利润)完全相同,但是三年中各年盈利状况有所不同。第一年盈利状况较好,第二年盈利状况一般,第三年盈利状况较差。有关财务数据如表 8-7 所示。

表 8-7 财务杠杆与净资产收益率关系分析表

年 度	负债(利率10%)/元	所有者权益/元	含息净利润/元	税后利息费用/元	净利润/元	总资产收益率/%	净资产收益率/%
盈利较好年度:	60 000			4 500			
举债公司		90 000	15 000		10 500	10.00	11.67
无债公司		150 000	15 000		15 000	10.00	10.00
盈利一般年度:	60 000			4 500			
举债公司		90 000	11 250		6 750	7.50	7.50
无债公司		150 000	11 250		11 250	7.50	7.50
盈利较差年度:	60 000			4 500			
举债公司		90 000	7 000		2 500	4.67	2.78
无债公司		150 000	7 000		7 000	4.67	4.67

从表 8-7 中可以看出,在盈利较好的年度,如果排除利息费用的影响,两家公司的净利润均为 15 000 元,总资产收益率均为 10%。如果考虑利息费用的影响,两家公司的净利润分别为 10 500 元和 15 000 元,举债公司的净资产收益率为 11.67%,无债公司的净资产收益率为 10%,财务杠杆作用使举债公司的股东报酬率增加了 1.67%。其原因是债权人所提供资产的净利率为 10%,但企业实际负担的利息只有 7.5%[利率×(1-所得税税率)],余下 2.5% 的净利润由股东享有,因此净资产收益率提高了。

如果举债公司将负债占资产的比率提高到 50%,即负债和股东投资均为 75 000 元,含息净利润不变,此时该公司的净资产收益率也将发生变化。其计算过程为

税后利息费用=75 000×10%×(1-25%) = 5625（元）

净利润= 15 000-5625 = 9375（元）

净资产收益率=9375÷75 000×100% = 12.5%

　　计算结果表明，当公司的负债比率从40%提高到50%时，净资产收益率将从11.67%提高到12.5%。其原因是由于负债利率和含息净利润不变，总资产收益率仍然高于税后举债成本，余下的净利润归股东所有。应该注意的是，本例的假设前提是负债利率不变。但在实际工作中，企业举债数量和举债成本会受多种因素的影响，往往负债比率越大，债权人的风险越大，因此当企业举债过多时，债权人可能会提高利率或附加其他限制条件。当利率提高到一定程度时，举债成本便会接近甚至超过资产收益率，此时，财务杠杆将会减少股东的投资回报。由此可知，财务杠杆发挥有利作用的前提是负债比例和负债利率均要适度。

　　从表8-7中还可以看出，在盈利一般的年度，总资产收益率为7.5%，企业实际负担的税后利息也为7.5%，此时，财务杠杆既不增加也不减少净资产收益率。在收益较差的年度，总资产收益率为4.67%，低于企业实际负担的税后利息，此时，财务杠杆起相反作用，使净资产收益率低于总资产收益率1.89个百分点（2.78%-4.67%）。

　　由此可以看出，财务杠杆是一把双刃剑，它对净资产收益率具有放大作用。在盈利较好的年度，它可以提高股东的投资回报，但股东要承担因负债增加而引起的财务风险。在盈利较差的年度，则可以降低股东的投资回报。企业应根据各年盈利情况和贷款利率来确定适宜的负债比率，使财务杠杆发挥积极作用。

　　财务杠杆作用也可以通过财务杠杆指数表示，其计算公式为

$$财务杠杆指数 = \frac{净资产收益率}{总资产收益率}$$

　　该指标大于1时，说明举债经营成功，财务杠杆发挥积极作用；该指标等于1时，说明财务杠杆不起作用；该指标小于1时，说明财务杠杆产生消极作用。本例中，风险公司的财务杠杆指数计算如下。

　　盈利较好年度：财务杠杆指数 = 11.67%÷10% =1.17

　　盈利一般年度：财务杠杆指数 = 7.5%÷7.5% = 1

　　盈利较差年度：财务杠杆指数 = 2.78%÷4.67% =0.60

分析视点

　　假设你正在对某公司的经营业绩进行重点评述。作为分析的一部分，你计算了该公司的净资产收益率，并对该指标进行了分解。其中，营业净利率为5%，行业平均水平为14%；总资产周转率为1.5，行业平均水平为1；权益乘数为2.1，行业平均水平为2.2。你如何对以上数据进行初步分析？

二、资本保值增值率的计算与分析

　　资本保值增值率是指期末所有者权益与期初所有者权益之间的比率。其计算公式为

$$资本保值增值率 = \frac{期末所有者权益总额}{期初所有者权益总额}$$

当资本保值增值率大于 1 时，说明期末所有者权益增加，投资者的投资得到增值；当资本保值增值率等于 1 时，说明期末所有者权益不增不减，投资者的投资得到保值。分析时应当从分子中扣除由于股东追加投资等客观因素引起的所有者权益增加的数额，并考虑企业的利润分配情况和通货膨胀因素的影响。

根据表 6-1 中的有关资料，计算 W 公司 2018—2020 年的资本保值增值率（假设该公司没有发生除净利润以外的能够影响所有者权益变动的事项）。

2018 年：资本保值增值率 = 630÷374 = 1.68
2019 年：资本保值增值率 = 760÷630 = 1.21
2020 年：资本保值增值率 = 871÷760 = 1.15

计算结果表明，2018—2020 年，W 公司投资者的投资不仅得到了保值，而且得到了增值。相比之下，2018 年增值比例较高，此后逐年下降，可能与计算基数有关，也可能与企业股利政策有关，还需要结合企业的实际情况进行分析。

三、反映上市公司股东投资回报的特殊指标

随着我国资本市场的完善和发展，上市公司数量越来越多。上市公司股东的投资回报除现金股利和股票股利外，还有股票买卖差价，因此股票价格就成为直接影响上市公司股东投资收益的另一个主要因素。

由上市公司自身特点所决定，上市公司股东投资回报分析除计算和分析总资产报酬率、总资产收益率、净资产收益率、资本保值增值率指标外，还应该计算和分析一些特殊指标，特别是与股票价格和市场价值相关的指标，包括每股收益、每股现金流量、市盈率、股利分配率、每股净资产等。

（一）每股收益

每股收益也称为每股盈余或每股净利润，是指属于普通股股东的企业净利润与普通股股数之间的比率，是股份制企业从普通股股东角度评价企业盈利能力的指标。

每股收益可用来衡量普通股股东的潜在回报。从普通股股东角度看，该指标越高，说明企业的盈利能力越强，普通股股价越有上涨的空间。如果企业发行了可转换债券、认股权证或股票期权，当持有者行使权利时，会使普通股股数增加，从而导致每股收益下降，分析时应考虑可能产生的摊薄效果。因此，每股收益的表达形式有以下两种。

1. 基本每股收益

基本每股收益只考虑本期实际发行在外的普通股股份，按照归属于普通股股东的本期净利润除以实际发行在外的普通股加权平均数计算确定。其计算公式为

$$基本每股收益 = \frac{净利润 - 优先股股利}{发行在外的普通股加权平均数}$$

式中：发行在外的普通股加权平均数=期初发行在外的普通股股数+当期新发行的普通股股数×$\dfrac{已发行天数}{报告期天数}$－当期回购的普通股股数×$\dfrac{已回购天数}{报告期天数}$

2. 稀释每股收益

稀释每股收益以基本每股收益为基础，假设企业所有发行在外的稀释性潜在普通股均已转换为普通股，从而分别调整归属于普通股股东的本期净利润和发行在外的普通股加权平均股数计算求得的每股收益。其计算公式为

稀释每股收益 =

$$\dfrac{净利润-优先股股利\pm 本期已确认为费用的稀释性潜在普通股利息及转换时的收益或费用}{发行在外的普通股加权平均数+稀释性潜在普通股加权平均数}$$

式中：稀释性潜在普通股主要包括可转换公司债券、认股权证和股票期权等。

根据表 6-1 和表 6-2 中的有关资料，计算 W 公司的基本每股收益和稀释每股收益。假设该公司每年均在年度中发行新股，可转换公司债券在 2018 年和 2019 年均可转为 50 万股普通股，2020 年可转为 100 万股普通股。可转换公司债券在各年的利息费用为：2018 年为 3 万元，2019 年为 3 万元，2020 年为 5 万元。

2018 年：基本每股收益 = $\dfrac{61}{(250+320)/2}$ = 0.214（元）

稀释每股收益 = $\dfrac{61+3}{(250+320)/2+50}$ = 0.191（元）

2019 年：基本每股收益 = $\dfrac{104}{(320+320)/2}$ = 0.325（元）

稀释每股收益 = $\dfrac{104+3}{(320+320)/2+50}$ = 0.289（元）

2020 年：基本每股收益 = $\dfrac{153}{(320+320)/2}$ = 0.478（元）

稀释每股收益 = $\dfrac{153+5}{(320+320)/2+100}$ = 0.376（元）

计算结果表明，2018—2020 年，W 公司每一普通股获取的净利润不断提高，股东投资报酬的发展趋势良好。

应当说明的是，每股收益只是从股东角度考察其投资回报，不能用于考核企业整体的盈利能力，更不能用于不同企业或同一企业不同时期盈利能力的比较。其原因有两个方面。一是每股收益没有考虑企业用来获取利润的资产数量。如果两个企业的每股收益完全相同，但其资产数额不等，即创造利润的物质条件不同，那么这两个企业的盈利能力实际上是不同的。二是每股收益受资本结构的影响较大。如果两个企业的资产数额和净利润完全相等，但普通股股数不等，那么这两个企业的每股收益便不相同。

（二）每股现金流量

每股现金流量反映每一普通股所获取的经营活动现金净流量或总的现金净流量。其计算公式为

$$每股现金流量 = \frac{经营活动现金净流量 - 优先股股利}{普通股平均股数}$$

或

$$每股现金流量 = \frac{现金及现金等价物净增加额 - 优先股股利}{普通股平均股数}$$

每股现金流量是从普通股股东角度来评价企业支付现金股利的能力，该指标对于以获取现金股利为主要投资目标的投资者尤为重要。

在现代社会，企业之间的购销活动大多采用商业信用方式，能否及时收到现金便成为影响企业实际盈利水平的主要因素，因为未收到现金的销售额只是增加了账面利润，无法提升企业的实际支付能力。每股现金流量指标则能够反映企业对于支付现金股利的保障程度，该指标越高，股东就越乐于接受。

根据表 6-1 和表 6-3 中的有关资料，采用第一个公式计算 W 公司的每股现金流量。

2018 年：每股现金流量 = $\frac{20}{(250+320)/2}$ = 0.07（元）

2019 年：每股现金流量 = $\frac{65}{(320+320)/2}$ = 0.203（元）

2020 年：每股现金流量 = $\frac{72}{(320+320)/2}$ = 0.225（元）

计算结果表明，2018—2020 年，W 公司每一普通股获取的经营活动现金净流量不断提高，股东投资收益的发展趋势良好。但是三年当中，每股现金流量均低于每股收益，说明该公司销售收现工作有待加强。

（三）市盈率

市盈率也称为价格收益率或本益比，是指普通股每股市价与每股收益之间的比率，可以衡量股票投资者的投资成本与投资报酬的关系，用来评价股价的合理性。其计算公式为

$$市盈率 = \frac{每股市价}{每股收益}$$

市盈率越高，表示股票的相对价格越高，股东的投资回报率越低；反之，则表示股东的投资回报率较高，该股票具有投资价值。市盈率达到多少为合理，需要根据行业或企业特点来定。一般来说，成长性好的高新技术企业和风险较低的公用事业型企业，市盈率会比较高；成长性较低的传统行业企业或风险较高的企业，市盈率会比较低。此外，市盈率高低也取决于资本市场的供求关系。在经济发达国家，资本市场比较完善，股票供应量充足，平均市盈率一般在 15~20 倍，而发展中国家的平均市盈率则一般在 30~40 倍，甚至更高。

市盈率也可用于衡量股票价格是否合理。具体方法是：用公司预期每股收益乘以资本市场上合理的市盈率，即可得出股票的合理价格。其计算公式为

$$某股票合理价格 = 预期每股收益 \times 合理的市盈率$$

由于市盈率直接反映了股票投资者为获得每股净利润所支付价格的倍数，该指标越高，说明投资人对每股净利润所愿意支付的价格越高，表明投资人对该公司股票的评价较好，

认为公司未来的发展潜力大。如果企业能够在股市上长期维持较高的市盈率，通常说明其盈利能力稳定，具有良好的发展前景，对投资者有较大的吸引力。但如果市盈率过高，也说明股票价格偏高，有人为炒作的可能；市盈率过低，又说明投资者对该股票不感兴趣。

假设 2020 年 12 月 31 日 W 公司普通股的市场价格为 8 元/股，则

$$市盈率 = \frac{8}{0.478} = 21.28 （倍）$$

由于市盈率的变动受每股市价和每股收益两个因素的影响，根据市盈率评价企业的盈利能力时，应注意两个问题：一是每股市价除受企业经营成果和发展前景影响外，还受国家产业政策、行业发展前景、政局是否稳定等宏观经济环境的影响，分析时应对此给予关注，以便对市盈率变动做出客观评价；二是如果净利润下降并导致每股收益降低时，市盈率可能很高，反之，则市盈率降低，此时仅根据市盈率指标可能会做出错误的判断。

（四）股利分配率

股利分配率是指每股现金股利与每股收益之间的比率，反映普通股股东从每股净利润中实际分到多少，也可用于考察企业的净利润中有多大比例用于分配现金股利。其计算公式为

$$股利分配率 = \frac{每股股利}{每股收益} \times 100\%$$

式中：每股股利是指实际发给普通股股东的现金股利总额与流通股股数的比值，不包括股票股利。企业发放多少现金股利取决于企业的股利政策和现金充足量，没有固定的标准。如果企业处于扩张阶段，需要留用较多的利润，可能少分配甚至不分配现金股利，此时该指标可能很低。如果企业虽然净利润比较高，但是缺乏现金净流入量，也可能不分配现金股利，或以股票股利的形式向股东分配，此时虽然该指标可能为零，但是股东可以通过股票价格上涨，从市场上获得股票价格收益，这也是上市公司股东获得投资回报的重要方式之一。

此外，股东偏好和行业特征也会影响股利支付率指标。如果股东对现金股利感兴趣，会把股利支付率作为投资决策时重点要考虑的因素。相比一般企业，公用事业单位收益、现金流量均比较稳定，通常股利支付率也比较高。

假设 W 公司决定从 2020 年净利润中拿出 32 万元用以发放现金股利，折合每股现金股利 0.1 元，则 2020 年 W 公司的股利分配率为

$$股利分配率 = \frac{0.1}{0.478} \times 100\% = 20.92\%$$

即 2020 年 W 公司拿出净利润的 20.92% 用以向股东分配现金股利。

（五）每股净资产

每股净资产也称为每股账面价值，是指期末普通股股东权益总额与普通股股数之间的比率，反映每一普通股所代表的企业净资产的账面价值。其计算公式为

$$每股净资产 = \frac{普通股股东权益总额}{普通股股数}$$

每股净资产反映每一普通股股份在企业会计账簿上的账面价值。如果每股市价高于每股净资产，投资者通常认为该企业有发展潜力；反之，如果每股市价低于每股净资产，投资者通常认为该股票价格有上涨空间。但如果每股市价长期低于每股净资产，则反映投资者对企业的发展前景丧失信心，企业缺乏发展潜力。

从财务分析的角度看，计算每股净资产的意义在于评价资产负债表中的资产账面价值能够在多大程度上反映企业的市场价值。从投资分析的角度看，连续计算几年的每股净资产，分析其发展趋势，可以评价企业未来的发展潜力，以便进行投资决策。

应该注意的是，企业股东权益是基于历史成本计价原则计算出来的，同时受会计政策和会计估计的影响，它是一个反映历史状况的指标，而股票价格反映了投资者对企业未来的预期，具有前瞻性。因此，每股市价与每股净资产相背离是必然的。但是通过计算每股净资产并与每股市价比较，可以了解股票市价与账面价值的背离程度，据此排定股票顺序，进行投资决策。

根据表 6-1 中的有关资料，计算 W 公司的每股账面价值。

2018 年：每股净资产= 630÷320 = 1.97（元）

2019 年：每股净资产= 760÷320 = 2.38（元）

2020 年：每股净资产= 871÷320 = 2.72（元）

计算结果表明，2018—2020 年，W 公司每股净资产逐年提高，说明股东投资收益的发展趋势良好。将其与每股市价对比，可以了解投资者对该公司的评价，确定是否有投资价值。

应当说明的是，在进行股东投资回报分析时，除计算上述指标外，还应当关注那些财务报表上反映不出来的影响投资回报的因素，如会计政策的选择和会计估计变更、资产负债表表外事项等。会计政策和会计估计包括固定资产的折旧方法和折旧年限、存货的计价方法、无形资产和其他长期资产的摊销年限、资产减值准备的计提比率等，企业选择的自由度较大，而不同的选择会导致利润水平不同，从而使分析指标缺乏可比性。资产负债表表外事项包括或有负债、大额经营性租赁费用等。或有负债一旦成为现实负债，将会直接影响企业利润，而经营性租赁费用是不列入资产负债表的负债项目，但必须计入当期损益，从而减少当期利润。所有这些都会对计算投资报酬产生负面影响。

第五节 企业发展能力分析

企业的发展能力也称作增长能力，是指企业未来扩大规模、壮大实力的发展趋势和潜在能力，如资产规模的扩大、营业收入和利润的增长、竞争力的增强等。

一、发展能力分析的目的

（一）衡量和评价企业的发展潜力，为企业调整战略目标提供信息

通过计算和分析资产、销售、所有者权益、利润等增长率指标，可以衡量和评价企业

的发展潜力；通过与同行业其他企业发展潜力的横向比较，可以评价企业发展潜力的强弱；通过同一企业不同时期发展潜力的纵向比较，可以评价企业发展潜力的变化，进而为企业调整战略目标提供信息。

（二）衡量和评价企业的发展潜力，为投资人和债权人投资决策提供信息

企业的发展能力对于投资人、债权人非常重要，投资人为了增加投资回报，需要了解企业所有者权益、股票价值、股利等方面的增长能力，债权人为了保证债权的安全性，需要了解企业资产、收入、利润等方面的增长能力。通过衡量和评价企业的发展能力，可以为投资人是否对企业进行投资或追加投资决策提供信息，可以为债权人是否对企业提供融资或进行债务重组决策提供信息。

二、发展能力分析的内容

（一）发展能力指标分析

通过计算和分析总资产增长率、营业收入增长率、所有者权益增长率、利润增长率等指标，衡量企业在资产、营业收入、所有者权益、利润等方面的发展能力，并对企业的发展趋势进行预测。

（二）持续增长策略分析

通过企业的可持续增长率分析影响企业持续增长的因素；分析企业为实现战略目标应该选择的销售计划、营运政策等经营增长战略，应该运用的融资策略、股利分配政策等财务增长战略。

三、企业发展能力分析的框架和思路

（一）企业发展能力分析的框架

企业发展能力分析的框架主要包括以下两种相互补充的形式。

1. 经营增长状况和结果的评定

这种形式可以通过一系列历史财务指标，评定企业经营增长的状况和结果，如总资产增长率、营业收入增长率、所有者权益增长率、利润增长率等。

2. 从增长能力形成的角度评价企业的发展能力和趋势

这种形式可以根据企业的扩张能力、竞争能力、可持续增长率等增长能力形成指标，评价和预测企业的可持续发展能力和趋势。

上述两种形式相互作用、相互影响，在实际工作中应当结合起来进行全面分析。

（二）企业发展能力分析的思路

企业发展能力是从多方面体现的，在分析企业发展能力时，应该从财务指标、扩张能力和竞争能力等方面共同分析。

1. 根据财务指标分析企业发展能力

财务指标分析可以反映企业的偿债能力、运营能力、盈利能力和发展能力,可以综合反映企业的财务状况和发展能力。但根据财务指标分析企业发展能力时,不应该忽略扩张能力和竞争能力对企业发展能力的影响。

2. 根据扩张能力分析企业发展能力

扩张能力包括市场占有率增长能力和净利润增长能力两个方面。市场占有率又称作"市场份额",是指企业商品销售量(额)在同类行业商品销售量(额)中所占的比例。市场占有率高,企业竞争能力强;反之,则企业竞争能力弱。净利润是企业经营的最终成果,也是企业设立的终极目标。净利润下降,股东财富就会减少。

3. 根据竞争能力分析企业发展能力

竞争能力是企业在市场竞争中所处的优势地位,包括创新能力和企业文化两个方面。创新能力是企业能否在竞争中处于优势地位的重要保证;企业文化是在一个企业中形成的某种文化观念和历史传统,包括文化观念、价值观念、企业精神、道德规范、行为准则、历史传统、企业制度、文化环境、企业产品等。

四、企业发展能力分析指标

企业发展能力指标分为六类:① 资产规模增长指标,包括总资产增长率、资产三年平均增长率等;② 资本积累增长指标,包括资本积累率、资本三年平均增长率、资本保值增值率等;③ 收入增长指标,包括营业收入增长率、营业收入三年平均增长率等;④ 利润增长指标,包括净利润增长率、营业利润增长率、利润总额增长率、利润总额三年平均增长率等;⑤ 技术投入指标,包括技术投入比率、固定资产成新率等;⑥ 可持续增长率指标,包括可持续增长率。

(一)资产规模增长指标

1. 总资产增长率

总资产增长率是企业本年度的总资产增长额同年初资产总额的比率,反映总资产的增长程度。其计算公式为

$$总资产增长率 = \frac{本年总资产增长额}{年初资产总额} \times 100\%$$

式中:本年总资产增长额 = 资产总额年末数 - 资产总额年初数

总资产增长率为正数,说明企业的资产规模增加。该指标数值越大,企业资产规模的增长速度越快,否则意味着企业的资产遭到减损。

在对资产增长率进行分析时,应该考虑资产规模扩张的质和量的关系,以及企业的后续发展能力,避免资产盲目扩张,具体如下。

(1)必须把总资产增长率和利润增长率结合起来分析企业的发展能力。总资产增长率并不是越大越好,必须将其与销售增长率、利润增长率结合起来评定企业的发展能力。只有当销售和利润都得到增长,而且销售增长率、利润增长率超过总资产增长率时,资产规

模的增长才是有益的。

（2）必须把总资产增长率和资产规模扩张的资金来源结合起来分析企业的发展能力。如果资产规模扩张的资金来源于负债，那么企业的财务风险相应扩大；如果资产规模扩张的资金来源于投资人投入，那么企业的自有资金增加，举债能力增强，后续发展风险较小。

需要说明的是：企业可以参照总资产增长率的计算公式，相应计算固定资产增长率、流动资产增长率、无形资产增长率等指标，从而分析企业资产的构成及其增长情况，更细致地分析总资产增长率发生变动的原因。

2．资产三年平均增长率

由于总资产增长率会受到资产短期波动的影响，所以为了弥补该指标的不足，可以用资产三年平均增长率指标来反映企业较长时间内的资产增长情况。其计算公式为

$$资产三年平均增长率 = \left(\sqrt[3]{\frac{年末资产总额}{三年前年末资产总额}} - 1 \right) \times 100\%$$

资产三年平均增长率越高，企业资产规模增长速度越快，竞争和发展能力越强。

企业可以参照总资产增长率和资产三年平均增长率的计算公式，计算固定资产增长率、固定资产三年平均增长率、流动资产增长率、流动资产三年平均增长率、无形资产增长率、无形资产三年平均增长率等指标，分析企业资产的构成、增长情况以及总资产增长率发生变动的原因。

（二）资本积累（所有者权益）增长指标

1．资本积累率

资本积累率也称作所有者权益增长率，是企业本期所有者权益增长额与期初所有者权益总额的比率，反映当年资本的积累情况，也反映投资人投入资本的保全性和增值情况，进而反映企业的发展潜力。其计算公式为

$$资本积累率 = \frac{本年所有者权益增长额}{年初所有者权益总额} \times 100\%$$

式中：本年所有者权益增长额=本年末所有者权益总额-上年末所有者权益总额

资本积累率大于 0，说明企业积累的资本增多。资本积累率越高，企业资本积累得越多，所有者权益增值越多，企业持续增长的能力越强。资本积累率小于 0，说明企业积累的资本减少，所有者权益受到损害。资本积累率越低，企业资本积累得越少，所有者权益增值越少，企业持续增长的能力越弱。

2．资本三年平均增长率

为了克服资本受短期波动因素影响的缺陷，反映企业较长时期内资本积累的平均增长情况，可以计算企业资本的三年平均增长率。资本三年平均增长率反映企业连续三年的资本积累情况，反映企业资本积累或资本扩张的历史发展状况，以及企业稳步发展的潜力。其计算公式为

$$资本三年平均增长率 = \left(\sqrt[3]{\frac{年末所有者权益总额}{三年前年末所有者权益总额}} - 1\right) \times 100\%$$

式中：三年前年末所有者权益总额是指企业三年前的所有者权益年末数。例如，在评价企业 2021 年的发展能力时，则三年前所有者权益总额是指 2018 年的所有者权益总额。

一般认为，资本三年平均增长率越高，企业所有者权益得到的保障程度越大，资本保全越好，企业可以长期使用的资金越充足，应付风险和持续发展的能力越强。

3. 资本保值增值率

资本保值增值率是指扣除客观因素后的年末所有者权益总额与年初所有者权益总额的比率，反映企业当年资本在企业自身努力下的实际增减变动情况。其计算公式为

$$资本保值增值率 = \frac{扣除客观因素后的年末所有者权益总额}{年初所有者权益总额} \times 100\%$$

式中：扣除客观因素后的年末所有者权益总额=年末所有者权益总额-年末资本公积

资本保值增值率越高，企业的资本保全状况越好，所有者权益增加越多，债权人的权益越有保障。根据资本保值增值的要求，该指标通常应当大于 100%。

（三）收入增长指标

1. 营业收入增长率

营业收入增长率是评价企业发展能力的重要指标，是企业本年度营业收入的增长额与上年度营业收入总额的比率。它反映企业营业收入的增减变动情况。其计算公式为

$$营业收入增长率 = \frac{本年营业收入增长额}{上年营业收入总额} \times 100\%$$

式中：本年营业收入增长额=本年营业收入总额-上年营业收入总额

实务中，可以用主营业务收入增长率指标分析企业主营业务收入的增减情况。其计算公式为

$$主营业务收入增长率 = \frac{本年主营业务收入增长额}{上年主营业务收入总额} \times 100\%$$

式中：本年主营业务收入增长额=本年主营业务收入总额-上年主营业务收入总额

营业收入增长率可以衡量企业经营状况和市场占有能力，预测企业经营业务发展趋势。营业收入增长率大于 0，说明企业本年的营业收入有所增长。该指标越高，增长速度越快，企业市场前景越好，竞争和发展能力越强。营业收入增长率小于 0，说明企业本年的营业收入有所减少。该指标越低，增长速度越慢，企业市场份额越少，竞争和发展能力越弱。在分析该指标时，还应结合以前年度的营业收入水平、市场占有情况等指标得出结论。

2. 营业收入三年平均增长率

由于营业收入增长率的大小受营业收入增长基数的影响，另外，营业收入短期的异常波动也会影响增长率的大小，所以为了弥补该指标的不足，可以用营业收入三年平均增长率指标来反映企业较长时间内的营业收入增长情况。营业收入三年平均增长率反映企业营业收入连续三年的增长情况，体现企业的市场扩张能力和持续发展能力。其计算公式为

$$\text{营业收入三年平均增长率} = \left(\sqrt[3]{\frac{\text{本年营业收入总额}}{\text{三年前营业收入总额}}} - 1\right) \times 100\%$$

式中：三年前营业收入总额是指企业三年前的营业收入总额数。例如，在评价企业 2021 年的发展能力时，则三年前营业收入总额是指 2018 年的营业收入总额。

（四）利润增长指标

1. 净利润增长率

净利润增长率是企业发展能力的基本表现，是本年净利润增长额与上年净利润总额之比。其计算公式为

$$\text{净利润增长率} = \frac{\text{本年净利润增长额}}{\text{上年净利润总额}} \times 100\%$$

式中：本年净利润增长额=本年净利润总额-上年净利润总额

净利润增长率越高，企业发展能力越强；净利润增长率越低，企业发展能力越弱。

2. 营业利润增长率

如果企业净利润增长，但营业利润并未增长，说明企业的净利润主要来源于非经常性损益，说明这种增长缺少持续性。因此，营业利润增长率指标可以更好地反映企业的发展能力。营业利润增长率是企业本年营业利润增长额与上年营业利润总额的比率，反映企业营业利润的增减变动情况。其计算公式为

$$\text{营业利润增长率} = \frac{\text{本年营业利润增长额}}{\text{上年营业利润总额}} \times 100\%$$

式中：本年营业利润增长额=本年营业利润总额-上年营业利润总额

营业利润增长率越高，企业发展能力越强；营业利润增长率越低，企业发展能力越弱。

3. 利润总额增长率

利润总额是企业的税前利润总额，利润总额增长率是企业本年利润总额增长额与上年利润总额的比率，反映企业利润总额的增减变动情况。其计算公式为

$$\text{利润总额增长率} = \frac{\text{本年利润总额增长额}}{\text{上年利润总额}} \times 100\%$$

式中：本年利润总额增长额=本年利润总额-上年利润总额

利润总额增长率越高，企业发展能力越强；利润总额增长率越低，企业发展能力越弱。

4. 利润总额三年平均增长率

利润总额三年平均增长率表明企业利润的连续三年增长情况，体现企业的发展潜力。该指标可以均衡计算企业的三年平均利润增长水平，客观评价企业的发展能力。该指标的计算结果只与企业本年度实现利润总额和三年前年度实现利润总额有关，中间两年的实现利润总额大小不影响该指标的计算结果。其计算公式为

$$\text{利润总额三年平均增长率} = \left(\sqrt[3]{\frac{\text{本年利润总额}}{\text{三年前利润总额}}} - 1\right) \times 100\%$$

实务中，也可以计算净利润三年平均增长率和营业利润三年平均增长率。

(五)技术投入指标

1. 技术投入比率

技术投入比率是本年科技支出合计与本年营业收入净额的比率,反映企业在科技进步方面的投入,从技术创新方面反映企业的发展潜力和可持续发展能力。其计算公式为

$$技术投入比率 = \frac{本年科技支出合计}{本年营业收入净额} \times 100\%$$

式中:本年科技支出包括用于科技创新、技术改造、研究开发等方面的支出。技术投入比率越大,企业对新技术的投入越多,发展能力越强。

2. 固定资产成新率

固定资产成新率反映企业固定资产更新换代的快慢和持续发展能力,是企业当期平均固定资产净值与平均固定资产原值的比率。其计算公式为

$$固定资产成新率 = \frac{平均固定资产净值}{平均固定资产原值} \times 100\%$$

固定资产成新率越高,企业发展能力越强;固定资产成新率越低,企业发展能力越弱。

(六)可持续增长率指标

可持续增长率是指在不增发新股并且保持目前经营效率和财务政策的条件下,公司销售所能增长的最大比率,也是保持目前财务结构的情况下,所有者权益的增长比率。假设条件如下。

(1)公司目前的资本结构是一个目标结构,并且打算持续维持下去。

(2)公司目前的股利支付率是一个目标支付率,并且打算持续维持下去。

(3)不愿意或不打算发售新股,增加债务是其唯一的外部筹资来源。

(4)公司的销售净利率将维持当前水平,并且可以涵盖负债的利息。

(5)公司的总资产周转率将维持当前的水平。

在不改变经营效率和财务政策的条件下,可持续增长率就是所有者权益增长率,其计算公式为

$$\begin{aligned}可持续增长率 &= 所有者权益增长率 = \frac{所有者权益本期增加额}{期初所有者权益} \\ &= \frac{本期净利 \times (1-股利支付率)}{期初所有者权益} \\ &= 期初净资产收益率 \times (1-股利支付率) \\ &= \frac{本期净利}{本期销售} \times \frac{本期销售}{期末总资产} \times \frac{期末总资产}{期初所有者权益} \times (1-股利支付率) \\ &= 销售净利率 \times 总资产周转率 \times 权益乘数 \times (1-股利支付率)\end{aligned}$$

式中:权益乘数用期末总资产除以期初所有者权益总额计算。

由于实际增长率是本年销售额比上年销售额的增长百分比,所以,销售的实际增长率与可持续增长率的关系如下。

(1)如果某一年的经营效率和财务政策与上年相同,则实际增长率、上年的可持续增长率以及本年的可持续增长率三者相等。

(2) 如果某一年的销售净利率、总资产周转率、股利支付率、权益乘数有一个或多个增长,则实际增长率就会超过上年的可持续增长率。

(3) 如果某一年的销售净利率、总资产周转率、股利支付率、权益乘数有一个或多个下降,则实际增长率会低于上年的可持续增长率。

五、上市公司发展能力分析实例

(一)贵州茅台介绍

贵州茅台酒股份有限公司(简称贵州茅台)于 1999 年成立,2001 年在上海证券交易所上市。主营业务是贵州茅台酒系列产品的产品研制、酿造生产、包装和销售。截至 2020 年 12 月 31 日,公司总股本为 125 619.78 万股。中国贵州茅台酒厂(集团)有限责任公司持有贵州茅台 54%的股权,为其控股股东。截至 2020 年 12 月 31 日,公司在职员工的数量合计为 29 031 人。公司在 2020 年 12 月 31 日的收盘价为 1998 元/股。

(二)贵州茅台的财务报表

贵州茅台 2020 年 12 月 31 日的合并资产负债表如表 8-8 所示。

表 8-8 贵州茅台 2020 年 12 月 31 日的合并资产负债表　　　　千元

资　产	期末余额	年初余额	负债与股东权益	期末余额	年初余额
流动资产:			流动负债:		
货币资金	36 091 090	13 251 817	应付账款	1 342 268	1 513 677
拆出资金	118 199 586	117 377 811	预收款项		13 740 330
应收票据	1 532 729	1 463 001	合同负债	13 321 549	
应收账款			吸收存款及同业存放	14 241 860	11 048 756
预付款项	898 436	1 549 477	应付职工薪酬	2 981 126	2 445 071
其他应收款	34 489	76 540	应交税费	8 919 821	8 755 949
其中: 应收股利			其他应付款	3 257 245	3 589 516
应收利息			其中: 应付股利		446 880
存货	28 869 088	25 284 921	应付利息		11
其他流动资产	26 737	20 905	其他流动负债	1 609 801	
流动资产合计	185 652 155	159 024 472	流动负债合计	45 673 670	41 093 299
非流动资产:			非流动负债:		
发放贷款和垫款	2 953 037	48 750	递延所得税负债	1 458	72 693
债权投资	20 143		非流动负债合计	1 458	72 693
其他非流动金融资产	9 830	319 771	负债合计	45 675 128	41 165 992
固定资产	16 225 083	15 144 183	所有者权益:		

续表

资产	期末余额	年初余额	负债与股东权益	期末余额	年初余额
在建工程	2 447 445	2 518 938	实收资本（股本）	1 256 198	1 256 198
无形资产	4 817 171	4 728 027	资本公积	1 374 964	1 374 964
长期待摊费用	147 722	158 284	其他综合收益	-5 331	-7 199
递延所得税资产	1 123 225	1 099 947	盈余公积	20 174 922	16 595 699
非流动资产合计	27 743 656	24 017 900	一般风险准备	927 578	898 350
			未分配利润	137 594 404	115 892 338
			归属于母公司的所有者权益	161 322 735	136 010 350
			少数股东权益	6 397 948	5 866 030
			所有者权益合计	167 720 683	141 876 380
资产总计	213 395 811	183 042 372	负债与所有者权益总计	213 395 811	183 042 372

贵州茅台2020年合并财务报表附注反映的固定资产原值、累计折旧、固定资产净值、固定资产减值准备和固定资产净额情况如表8-9所示。

表8-9 贵州茅台固定资产情况表　　　　　　　　　　千元

项目	年末余额	年初余额
固定资产原值	25 186 242	22 910 728
累计折旧	8 960 092	7 765 478
固定资产净值	16 226 150	15 145 250
固定资产减值准备	1 067	1 067
固定资产净额	16 225 083	15 144 183

贵州茅台2020年财务报表附注反映的研发支出及其构成情况如表8-10所示。

表8-10 贵州茅台研发支出及其构成情况表　　　　　　千元

本期费用化研发支出	50 398
本期资本化研发支出	0
合计	50 398

贵州茅台2020年财务报表附注反映的资产减值准备情况如表8-11所示。

表8-11 贵州茅台资产减值准备情况表　　　　　　　　千元

项目	年末余额	年初余额
坏账准备总额	8 613	11 673
其中：应收账款计提的坏账准备	3 244	3 244
其他应收款计提的坏账准备	5 369	8 429
存货跌价准备	1 284	1 284

续表

项 目	年末余额	年初余额
贷款减值准备	75 719	1 250
债权投资减值准备	12	0
固定资产减值准备	1 067	1 067
合计	86 695	15 274

贵州茅台2020年的合并利润表如表8-12所示。

表8-12 贵州茅台2020年的合并利润表　　　　千元

项 目	本年累计数	上年累计数
一、营业总收入	97 993 241	88 854 337
其中：营业收入	94 915 381	85 429 573
利息收入	3 077 860	3 424 472
手续费及佣金收入		292
二、营业总成本	31 305 131	29 812 253
其中：营业成本	8 154 002	7 430 014
利息支出	111 129	145 753
手续费及佣金支出	106	73
税金及附加	13 886 517	12 733 292
销售费用	2 547 746	3 278 991
管理费用	6 789 844	6 167 983
研发费用	50 398	48 689
财务费用	-234 611	7 458
其中：利息费用		
利息收入	278 698	20 667
加：其他收益	13 138	18 769
投资收益（损失以"-"号填列）	306	
其中：对联营企业和合营企业的投资收益		
公允价值变动收益（损失以"-"号填列）	4 898	-14 018
信用减值损失（损失以"-"号填列）	-71 372	-5 314
资产减值损失（损失以"-"号填列）		
资产处置收益（损失以"-"号填列）		-32
三、营业利润	66 635 080	59 041 489
加：营业外收入	11 051	9 454
减：营业外支出	449 189	268 391
四、利润总额	66 196 942	58 782 552
减：所得税费用	16 673 612	14 812 551
五、净利润	49 523 330	43 970 001
六、其他综合收益的税后净额	1 867	-133
七、综合收益总额	49 525 197	43 969 868

续表

项目	本年累计数	上年累计数
八、每股收益		
（一）基本每股收益（元/股）	37.17	32.80
（二）稀释每股收益（元/股）	37.17	32.80

贵州茅台 2020 年财务报表附注反映的营业收入和营业成本构成情况如表 8-13 所示。

表 8-13　贵州茅台营业收入和营业成本的构成情况表　　　　千元

项目	本期发生额		上期发生额	
	营业收入	营业成本	营业收入	营业成本
主营业务	94 821 999	8 083 372	85 344 568	7 364 818
其他业务	93 382	70 630	85 005	65 196
合计	94 915 381	8 154 002	85 429 573	7 430 014

贵州茅台 2020 年财务报表附注反映的非经常性损益及其构成情况如表 8-14 所示。

表 8-14　贵州茅台非经常性损益及其构成情况表　　　　千元

项目	金额
非流动资产处置损益	-100
计入当期损益的政府补助	2 029
持有交易性金融资产、衍生金融资产、交易性金融负债、衍生金融负债产生的公允价值变动损益，以及处置交易性金融资产、衍生金融资产、交易性金融负债、衍生金融负债和其他债权投资取得的投资收益	4 966
除上述各项之外的其他营业外收入和支出	-438 038
其他符合非经常性损益定义的损益项目	237
少数股东权益影响额（税后）	4 044
所得税影响额	107 726
合计	319 136

贵州茅台 2017 年 12 月 31 日的合并资产负债表如表 8-15 所示。

表 8-15　贵州茅台 2017 年 12 月 31 日的合并资产负债表　　　　千元

资产	期末余额	负债与股东权益	期末余额
流动资产：		流动负债：	
货币资金	87 868 870	吸收存款及同业存放	10 462 614
应收票据	1 221 706	应付账款	992 056
预付款项	790 807	预收款项	14 429 107
应收利息	241 459	应付职工薪酬	1 901 644
其他应收款	31 324	应交税费	7 726 136
存货	22 057 481	应付利息	23 414
其他流动资产	37 539	其他应付款	3 039 948

续表

资　产	期末余额	负债与股东权益	期末余额
流动资产合计	112 249 186	流动负债合计	38 574 919
非流动资产：		非流动负债：	
发放贷款和垫款	33 150	专项应付款	15 570
可供出售金融资产	29 000	非流动负债合计	15 570
固定资产	15 244 097	负债合计	38 590 489
在建工程	2 016 405	所有者权益：	
无形资产	3 458 622	实收资本（或股本）	1 256 198
长期待摊费用	177 860	资本公积	1 374 964
递延所得税资产	1 401 797	其他综合收益	-7 402
		盈余公积	8 215 596
		一般风险准备	600 859
		未分配利润	80 011 308
		归属于母公司的所有者权益合计	91 451 523
		少数股东权益	4 568 105
非流动资产合计	22 360 931	所有者权益合计	96 019 628
资产总计	134 610 117	负债与所有者权益总计	134 610 117

贵州茅台2017年的合并利润表如表8-16所示。

表8-16　贵州茅台2017年的合并利润表　　　　　　　　千元

项　目	本年累计数
一、营业总收入	61 062 757
其中：营业收入	58 217 861
利息收入	2 844 311
手续费及佣金收入	585
二、营业总成本	22 122 749
其中：营业成本	5 940 436
利息支出	135 188
手续费及佣金支出	75
税金及附加	8 404 214
销售费用	2 986 069
管理费用	4 720 543
财务费用	-55 722
资产减值损失	-8 054
加：公允价值变动收益（损失以"-"号填列）	
投资收益（损失以"-"号填列）	
三、营业利润	38 940 008
加：营业外收入	12 201
减：营业外支出	212 137

续表

项　　目	本年累计数
四、利润总额	38 740 072
减：所得税费用	9 733 649
五、净利润	29 006 423
六、其他综合收益的税后净额	3 839
七、综合收益总额	29 010 262
八、每股收益	
（一）基本每股收益（元/股）	21.56
（二）稀释每股收益（元/股）	21.56

（三）贵州茅台发展能力分析

贵州茅台 2020 年的发展能力指标计算如下。

1. 总资产增长率 $= \dfrac{\text{本年总资产增长额}}{\text{年初资产总额}} \times 100\%$

$= \dfrac{213\,395\,811 - 183\,042\,372}{183\,042\,372} \times 100\%$

$= 16.58\%$

2. 资产三年平均增长率 $= \left(\sqrt[3]{\dfrac{\text{年末资产总额}}{\text{三年前年末资产总额}}} - 1\right) \times 100\%$

$= \left(\sqrt[3]{\dfrac{213\,395\,811}{134\,610\,117}} - 1\right) \times 100\%$

$= 16.6\%$

3. 资本积累率 $= \dfrac{\text{本年所有者权益增长额}}{\text{年初所有者权益总额}} \times 100\%$

$= \dfrac{167\,720\,683 - 141\,876\,380}{141\,876\,380} \times 100\%$

$= 18.22\%$

4. 资本三年平均增长率 $= \left(\sqrt[3]{\dfrac{\text{年末所有者权益总额}}{\text{三年前年末所有者权益总额}}} - 1\right) \times 100\%$

$= \left(\sqrt[3]{\dfrac{167\,720\,683}{96\,019\,628}} - 1\right) \times 100\%$

$= 20.43\%$

5. 资本保值增值率 $= \dfrac{\text{扣除客观因素后的年末所有者权益总额}}{\text{年初所有者权益总额}} \times 100\%$

$= \dfrac{167\,720\,683 - 1\,374\,964}{141\,876\,380} \times 100\%$

$= 117.25\%$

6. 营业收入增长率 = $\dfrac{\text{本年营业收入增长额}}{\text{上年营业收入总额}} \times 100\%$

$= \dfrac{94\ 915\ 381 - 85\ 429\ 573}{85\ 429\ 573} \times 100\%$

$= 11.1\%$

7. 营业收入三年平均增长率 = $\left(\sqrt[3]{\dfrac{\text{本年营业收入总额}}{\text{三年前营业收入总额}}} - 1 \right) \times 100\%$

$= \left(\sqrt[3]{\dfrac{94\ 915\ 381}{58\ 217\ 861}} - 1 \right) \times 100\%$

$= 17.7\%$

8. 主营业务收入增长率 = $\dfrac{\text{本年主营业务收入增长额}}{\text{上年主营业务收入总额}} \times 100\%$

$= \dfrac{94\ 821\ 999 - 85\ 344\ 568}{85\ 344\ 568} \times 100\%$

$= 11.1\%$

9. 净利润增长率 = $\dfrac{\text{本年净利润增长额}}{\text{上年净利润总额}} \times 100\%$

$= \dfrac{49\ 523\ 330 - 43\ 970\ 001}{43\ 970\ 001} \times 100\%$

$= 12.63\%$

10. 营业利润增长率 = $\dfrac{\text{本年营业利润增长额}}{\text{上年营业利润总额}} \times 100\%$

$= \dfrac{66\ 635\ 080 - 59\ 041\ 489}{59\ 041\ 489} \times 100\%$

$= 12.86\%$

11. 利润总额增长率 = $\dfrac{\text{本年利润总额增长额}}{\text{上年利润总额}} \times 100\%$

$= \dfrac{66\ 196\ 942 - 58\ 782\ 552}{58\ 782\ 552} \times 100\%$

$= 12.61\%$

12. 利润总额三年平均增长率 = $\left(\sqrt[3]{\dfrac{\text{本年利润总额}}{\text{三年前利润总额}}} - 1 \right) \times 100\%$

$= \left(\sqrt[3]{\dfrac{66\ 196\ 942}{38\ 740\ 072}} - 1 \right) \times 100\%$

$= 19.55\%$

13. 技术投入比率 = $\dfrac{\text{本年科技支出合计}}{\text{本年营业收入净额}} \times 100\%$

$= \dfrac{50\ 398}{94\ 915\ 381} \times 100\%$

$= 0.05\%$

14. 固定资产成新率 = $\dfrac{\text{平均固定资产净值}}{\text{平均固定资产原值}} \times 100\%$

$= \dfrac{(16\ 226\ 150 + 15\ 145\ 250)/2}{(25\ 186\ 242 + 22\ 910\ 728)/2} \times 100\%$

$= \dfrac{15\ 685\ 700}{24\ 048\ 485} \times 100\%$

$= 65.23\%$

15. 可持续增长率 = 所有者权益增长率 = $\dfrac{\text{所有者权益本期增加额}}{\text{期初所有者权益}} \times 100\%$

$= \dfrac{167\ 720\ 683 - 141\ 876\ 380}{141\ 876\ 380} \times 100\%$

$= 18.22\%$

就增长率看，贵州茅台在 2020 年的总资产增长率为 16.58%，资本积累率为 18.22%，资本保值增值率为 117.25%，营业收入增长率为 11.1%，主营业务收入增长率为 11.1%，净利润增长率为 12.63%，营业利润增长率为 12.86%，利润总额增长率为 12.61%，可见与 2019 年度相比，贵州茅台的发展能力较好，总资产、资本积累、营业收入、净利润、营业利润、利润总额均较 2019 年呈现增长的趋势，且增长率较高。贵州茅台的资产三年平均增长率为 16.6%，资本三年平均增长率为 20.43%，营业收入三年平均增长率为 17.7%，利润总额三年平均增长率为 19.55%，与 2017 年相比，其资产、资本、营业收入、利润总额都呈现大幅度增长的趋势，可见，贵州茅台的发展能力很好。另一方面，贵州茅台的技术投入比率为 0.05%，固定资产成新率为 65.23%，可持续增长率为 18.22%，这说明贵州茅台的技术投入比率偏低，固定资产成新率较高，发展能力较强，可持续增长率较好。总之，贵州茅台的发展能力较好，风险较小，但是技术投入偏低，创新方面有待进一步提高。

本章小结

盈利能力是指企业在一定时期内获取利润的能力。对企业盈利能力的分析主要从以下三个方面进行。

一是对企业生产经营活动的盈利能力进行分析，主要是从营业收入和成本费用角度进行分析。衡量企业营业收入盈利能力的指标主要有营业毛利率、营业利润率、税前利润率、息税前利润率、营业净利率等。衡量成本费用创造利润的指标主要有营业成本费用利润率、全部成本费用利润率等。

二是对企业所占有资产的盈利能力进行分析，主要是计算总资产报酬率、总资产收益率指标。总资产报酬率反映企业在一定时期内（通常为一年）每百元资产可获得的息税前利润，用以衡量企业利用全部资产获取利润的能力，可以反映企业资产的综合利用效果。总资产报酬率的高低取决于企业对资产的使用效率和收入利润率。总资产收益率是反映企业在一定时期内每百元资产所获得的全部净利润，是衡量企业利用全部资产获取净利润的能力，还可以从股东和债权人角度反映企业资产的综合利用效果。

三是对企业股东投资的盈利能力进行分析，主要是计算净资产收益率和资本保值增值率指标。净资产收益率的高低取决于总资产收益率和企业的资本结构。提高净资产收益率的途径有三条：一是加强对成本费用的控制，提高营业净利率；二是加强资产管理，通过扩大销售或减少资产投资，提高总资产周转率；三是通过增加负债比例，提高权益乘数。

资本保值增值率是指期末所有者权益与期初所有者权益之间的比率。当资本保值增值率大于1时，说明期末所有者权益增加，投资者的投资得到增值；当资本保值增值率等于1时，说明期末所有者权益不增不减，投资者的投资得到保值。分析时应从分子中扣除由于股东追加投资等客观因素引起的所有者权益增加的数额，并考虑企业的利润分配情况和通货膨胀因素的影响。

上市公司股东投资盈利能力分析除计算净资产收益率和资本保值增值率外，还可以计算每股收益、每股现金流量、市盈率、股利分配率、每股净资产等指标。

发展能力是指企业未来的发展潜力，分析企业发展能力指标分为六类：① 资产规模增长指标，包括总资产增长率、资产三年平均增长率等；② 资本积累增长指标，包括资本积累率、资本三年平均增长率、资本保值增值率等；③ 收入增长指标，包括营业收入增长率、营业收入三年平均增长率等；④ 利润增长指标，包括净利润增长率、营业利润增长率、利润总额增长率、利润总额三年平均增长率等；⑤ 技术投入指标，包括技术投入比率、固定资产成新率等；⑥ 可持续增长率指标，包括可持续增长率。

思考题

1. 企业生产经营活动盈利能力的分析主要从哪些方面进行？
2. 衡量企业营业收入盈利能力的指标有哪些？怎样计算？
3. 衡量企业成本费用盈利能力的指标有哪些？怎样计算？
4. 会计政策和会计估计变更以及资产负债表表外项目对企业的盈利能力有何影响？
5. 计算总资产报酬率为什么要考虑利息费用？怎样计算和分解总资产报酬率指标？
6. 计算总资产收益率时，为什么计算税后利息费用？怎样计算和分解总资产收益率指标？
7. 怎样计算和分解净资产收益率指标？
8. 股东在分析企业是否值得投资时，常用的分析指标有哪些？
9. 分析上市公司股东投资回报的指标有哪些？怎样计算和分析？
10. 利息保障倍数指标会出现负数吗？为什么？
11. 什么是财务杠杆？只要资产盈利率高于举债成本，就可以无限制提高负债比率吗？
12. 某公司的总资产报酬率为16%，流动负债占总资产的10%，利率为11%的长期负债占总资产的30%，没有优先股。从股东角度看，该公司对财务杠杆的运用是有利，还是不利？
13. 为什么对于股东而言，每股收益比净利润总额更重要？
14. 运用所学的财务分析知识，解释以下各种变化。
（1）注销过时存货后，存货周转率加快。

(2)应收账款周转率在销售增长阶段有所提高。

(3)虽然总资产报酬率降低,但净资产收益率提高。

(4)虽然总资产周转率降低,但总资产报酬率提高。

15. 我国A股市场市盈率比较高,试分析其原因。

16. 根据我国上市公司年报,计算和分析A股上市公司股利支付率的平均水平。

17. 发展能力分析指标可以分为几类?每一类都包括哪些指标?

练习题

习题一

(一)目的:练习企业生产经营活动盈利能力分析。

(二)资料:某公司2019年、2020年有关经营成果资料如表8-17所示。

表8-17 某公司2019年、2020年有关经营成果资料　　　　万元

项 目	2019年	2020年
一、营业收入	420	950
减:营业成本	238	560
税金及附加	10	35
销售费用	67	96
管理费用	54	80
财务费用	12	36
加:投资收益	12	35
二、营业利润	51	178
加:营业外收入	1	2
减:营业外支出	2	5
三、利润总额	50	175
减:所得税费用	16.5	57.75
四、净利润	33.5	117.25

(三)要求:

1. 根据上述资料,计算该公司2019年、2020年的收入利润率指标,并分析其变动情况。

2. 根据上述资料,计算该公司2019年、2020年的成本费用利润率指标,并分析其变动情况。

习题二

(一)目的:练习企业盈利能力分析。

(二)资料:某公司比较利润表如表8-18所示。

表 8-18　某公司比较利润表　　　　　　　　　　　　　　　　　　　　　　　元

项　目	上　年	本　年
一、营业收入	158 000	174 000
减：营业成本	86 000	93 000
二、毛利润	72 000	81 000
减：销售费用和管理费用	41 000	48 000
三、息税前利润	31 000	33 000
减：利息费用	10 000	21 000
四、利润总额	21 000	12 000
减：所得税费用	8 000	4 000
五、净利润	13 000	8 000
补充数据：		
平均资产总额	191 000	204 000
平均普通股股东权益	89 000	96 000
优先股股利	3 000	3 000
发行在外普通股股数	20 000	20 000

（三）要求：计算 4 个以上衡量该公司盈利能力的指标，评价该公司本年度经营状况是改善还是恶化。

习题三

（一）目的：练习企业股东投资盈利能力分析。

（二）资料：某公司近两年有关的财务数据如表 8-19 所示。

表 8-19　某公司近两年的财务数据　　　　　　　　　　　　　　　　　　　　元

项　目	上　年	本　年
净利润	55 000	58 000
股利（优先股占一半）	28 000	28 000
年末普通股股东权益（80 000 股）	500 000	530 000
年末优先股股东权益	200 000	200 000
年末普通股每股市价	7.75	10.12

（三）要求：计算 3 个以上财务比率，评价该公司的股票，确定该公司本年股票的吸引力是比去年上升还是下降。

习题四

（一）目的：练习股东投资收益率指标的计算和分析。

（二）资料：大力公司拥有 1 000 000 股发行在外的普通股，市场价格为 1.5 元/股，公司的股利分配政策为净利润的 20%，该公司的销售净利率为 5%。

（三）要求：

1. 计算销售收入为多少时可达到每股收益 0.20 元。
2. 假设下一年度的销售收入为 20 000 000 元，期望的股利收益率为多少？市盈率又为多少？

习题五

（一）目的：练习发展能力的分析。
（二）资料：自己找某上市公司最近年度的年报。
（三）要求：计算该公司的以下指标，并据以分析该公司的发展能力。

1. 总资产增长率、资产三年平均增长率。
2. 资本积累率、资本三年平均增长率、资本保值增值率。
3. 营业收入增长率、营业收入三年平均增长率、主营业务收入增长率。
4. 净利润增长率、营业利润增长率、利润总额增长率、利润总额三年平均增长率。
5. 技术投入比率、固定资产成新率和可持续增长率。

案例分析

1. 根据第六章案例分析 2 中选定的上市公司财务报表，分析该公司近三年的盈利能力，必要时可查阅该公司报表附注和相关的文字说明。

要求：

（1）计算最近三年该公司的收入利润率指标，分析其变动的原因并进行评价。
（2）计算最近三年该公司的成本费用利润率指标，分析其变动的原因并进行评价。
（3）将所计算的该公司指标与行业平均水平或先进水平进行对比，并进行评价。
（4）将所计算的该公司指标与主要竞争对手进行对比，并进行评价。

2. 某制药公司在过去的十年中开发了几十种新药并获得了专利权，同时销售也十分成功，公司发展迅速，年利润增长率达到 30% 以上。公司近几年没有支付现金股利，但市盈率很高。由于发展快，而且研究开发费用高，公司发生了临时性现金短缺。为解决这个问题，公司决定将信用期减少到 30 天，同时削减 20% 的研究开发费用。

要求：分别从债权人和普通股股东角度对该公司的新政策进行评价。

3. 根据第六章案例分析 2 中所选定的上市公司财务报表，分析该公司近三年的资产盈利能力和投资盈利能力指标，建议同时收集该公司报表附注、重大事项公告等。

要求：

（1）计算最近三年该公司的总资产报酬率指标并进行分解，分析其变动的原因，与行业平均水平或主要竞争对手进行对比，并进行评价。
（2）计算最近三年该公司的净资产收益率指标并进行分解，分析其变动的原因，与行业平均水平或主要竞争对手进行对比，并进行评价。
（3）计算最近三年该公司的资本保值增值率、每股收益、每股现金净流量、股利支付率、每股净资产等指标，以及年末市盈率指标，将所计算的该公司指标与行业平均水平或主要竞争对手进行对比，并进行评价。

4. 航天时代电子技术股份有限公司（简称航天电子）成立于 1986 年，1995 年在上海证券交易所挂牌交易，主营业务是航天电子专用产品的研发、设计、制造、销售。控股股东是中国航天时代电子公司，持股比例为 21.57%。截至 2020 年 12 月 31 日，公司总股本为 271 927.128 4 万元，在职员工的数量合计为 15 497 人，收盘价为 7.48 元/股。

航天电子 2020 年 12 月 31 日的合并资产负债表如表 8-20 所示。

表 8-20　航天电子 2020 年 12 月 31 日的合并资产负债表　　　　千元

资　产	期末余额	年初余额	负债与股东权益	期末余额	年初余额
流动资产：			流动负债：		
货币资金	3 072 063	2 897 040	短期借款	2 843 000	3 720 500
应收票据			应付票据	2 232 145	1 993 312
应收账款	6 228 646	6 195 966	应付账款	5 235 920	4 733 008
应收款项融资	1 284 133	1 189 486	预收款项		1 513 246
预付款项	3 010 944	2 409 304	合同负债	1 781 235	
其他应收款	169 532	188 908	应付职工薪酬	281 646	287 204
其中：应收股利			应交税费	141 686	82 156
应收利息			其他应付款	552 718	635 637
合同资产			其中：应付股利	22 567	17 539
存货	11 453 703	10 400 681	应付利息		48 867
持有待售资产	176 473		持有待售负债	25 239	
一年内到期的非流动资产			一年内到期的非流动负债	973	
其他流动资产	38 922	42 026	其他流动负债	4 588 232	3 000 000
流动资产合计	25 434 416	23 323 411	流动负债合计	17 682 794	15 965 063
非流动资产：			非流动负债：		
其他权益工具投资	19 140	25 594	长期应付款	49 858	156 304
债权投资			长期应付职工薪酬	5 300	7 106
长期股权投资			递延收益	105 033	104 387
长期应收款			递延所得税负债	5 866	5 866
投资性房地产			其他非流动负债		
固定资产	4 594 905	4 482 952	非流动负债合计	166 057	273 663
在建工程	405 087	604 600	负债合计	17 848 851	16 238 726
无形资产	675 791	711 614	所有者权益		
开发支出	5 013	11 310	实收资本（或股本）	2 719 271	2 719 271
长期待摊费用	22 971	23 176	资本公积	4 776 112	4 776 833
递延所得税资产	47 671	45 611	其他综合收益	5 140	11 594

续表

资产	期末余额	年初余额	负债与股东权益	期末余额	年初余额
其他非流动资产			专项储备	154 696	135 033
非流动资产合计	5 770 578	5 904 857	盈余公积	135 923	131 450
			未分配利润	4 882 616	4 599 183
			归属于母公司所有者权益	12 673 758	12 373 364
			少数股东权益	682 384	616 178
			所有者权益合计	13 356 142	12 989 542
资产总计	31 204 993	29 228 268	负债与所有者权益总计	31 204 993	29 228 268

航天电子 2020 年财务报表附注反映的固定资产情况如表 8-21 所示。

表 8-21　航天电子固定资产情况表　　　　　　　　　　千元

项　目	年末余额	年初余额
固定资产原值	7 862 481	7 424 380
累计折旧	3 273 807	2 947 656
固定资产净额	4 588 674	4 476 724
固定资产清理	6 231	6 228
固定资产合计	4 594 905	4 482 952

航天电子 2020 年财务报表附注反映的研发支出及其构成情况如表 8-22 所示。

表 8-22　航天电子研发支出及其构成情况表　　　　　　千元

项目	金额
本期费用化研发支出	571 739
本期资本化研发支出	5 013
合计	576 752

航天电子 2020 年财务报表附注反映的资产减值准备情况如表 8-23 所示。

表 8-23　航天电子资产减值准备情况表　　　　　　　　千元

项　目	年末余额	年初余额
坏账准备	275 932	283 174
存货跌价准备	16 533	83 995
无形资产减值准备	2 229	2 229
合计	294 694	369 398

航天电子 2020 年的合并利润表如表 8-24 所示。

表 8-24　航天电子 2020 年的合并利润表　　　　　　　千元

项　目	本年累计数	上年累计数
一、营业总收入	14 008 586	13 712 212
其中：营业收入	14 008 586	13 712 212

续表

项　　目	本年累计数	上年累计数
二、营业总成本	13 380 406	13 115 598
其中：营业成本	11 348 396	11 079 091
税金及附加	41 139	52 873
销售费用	240 947	274 445
管理费用	984 963	937 725
研发费用	571 739	545 702
财务费用	193 222	225 762
其中：利息费用	193 640	223 812
利息收入	9 831	7 627
加：其他收益	78 853	41 903
投资收益	-4 084	-252
其中：对联营企业和合营企业的投资收益		-256
加：公允价值变动收益（损失以"-"号填列）		
减：信用减值损失	-24 545	-61 853
资产减值损失	-43 706	
资产处置损失收益	165	264
三、营业利润	634 863	576 676
加：营业外收入	12 069	16 067
减：营业外支出	4 938	7 568
其中：非流动资产处置损失	0.185	0.347
四、利润总额	641 994	585 175
减：所得税费用	112 369	83 889
五、净利润	529 625	501 286
归属于母公司所有者的净利润	478 457	458 290
少数股东损益	51 168	42 996
六、其他综合收益的税后净额	-6 454	-7 842
七、综合收益总额	523 171	493 444
八、每股收益		
（一）基本每股收益（元/股）	0.176	0.169
（二）稀释每股收益（元/股）	0.176	0.169

航天电子 2020 年财务报表附注反映的营业收入和营业成本构成情况如表 8-25 所示。

表 8-25　航天电子营业收入和营业成本的构成表　　　　　　　　　　　　千元

项　目	本期发生额		上期发生额	
	营业收入	营业成本	营业收入	营业成本
主营业务	13 810 832	11 298 402	13 542 346	11 035 359
其他业务	197 754	49 995	169 866	43 731
合计	14 008 586	11 348 397	13 712 212	11 079 090

航天电子 2020 年财务报表附注反映的非经常性损益及其构成情况如表 8-26 所示。

表 8-26 航天电子非经常性损益及其构成情况表　　　　　千元

项　目	金　额
非流动资产处置损益	165
计入当期损益的政府补助	85 618
除上述各项之外的其他营业外收入和支出	366
所得税影响额	-8 384
少数股东权益影响额	-4 302
合计	73 463

航天电子 2017 年 12 月 31 日的合并资产负债表如表 8-27 所示。

表 8-27　航天电子 2017 年 12 月 31 日的合并资产负债表　　　　　千元

资　产	期末余额	负债与股东权益	期末余额
流动资产:		流动负债:	
货币资金	963 888	短期借款	3 552 130
应收票据	1 019 791	应付票据	1 221 420
应收账款	6 237 924	应付账款	3 653 099
预付款项	1 389 638	预收款项	1 076 107
其他应收款	153 287	应付职工薪酬	189 863
存货	7 007 254	应交税费	104 326
其他流动资产	28 101	应付股利	3 573
流动资产合计	16 799 883	其他应付款	330 912
非流动资产:		流动负债合计	10 131 430
可供出售金融资产	14 000	非流动负债:	
持有至到期投资		长期借款	300 000
长期股权投资	5 378	专项应付款	256 884
固定资产	3 886 792	递延收益	71 941
在建工程	847 726	递延所得税负债	7 911
固定资产清理	5 921	非流动负债合计	636 736
生产性生物资产		负债合计	10 768 166
油气资产		所有者权益:	
无形资产	734 513	实收资本(或股本)	2 719 271
开发支出		资本公积	4 774 930
商誉		减:库存股	
长期待摊费用	33 218	专项储备	80 623
递延所得税资产	32 923	盈余公积	126 653
其他非流动资产		未分配利润	3 688 941
非流动资产合计	5 560 471	归属于母公司的所有者权益合计	11 390 418
		少数股东权益	201 770
		所有者权益合计	11 592 188
资产总计	22 360 354	负债与所有者权益总计	22 360 354

航天电子 2017 年的合并利润表如表 8-28 所示。

表 8-28　航天电子 2017 年的合并利润表　　　　　　　　千元

项　　目	本年累计数
一、营业总收入	13 054 287
其中：营业收入	13 054 287
二、营业总成本	12 461 171
其中：营业成本	10 767 904
税金及附加	48 786
销售费用	231 923
管理费用	1 178 510
财务费用	167 109
资产减值损失	66 939
加：公允价值变动收益（损失以"-"号填列）	
投资收益（损失以"-"号填列）	-4 542
其中：对联营企业和合营企业的投资收益	-5 682
资产处置收益	-1 212
其他收益	46 001
三、营业利润	633 363
加：营业外收入	12 499
减：营业外支出	3 678
四、利润总额	642 184
减：所得税费用	106 805
五、净利润	535 379
六、其他综合收益的税后净额	
七、综合收益总额	535 379
八、每股收益	
（一）基本每股收益（元/股）	0.195
（二）稀释每股收益（元/股）	0.195

要求：根据财务报表计算以下指标，分析该公司的发展能力。

（1）总资产增长率、资产三年平均增长率。
（2）资本积累率、资本三年平均增长率、资本保值增值率。
（3）营业收入增长率、营业收入三年平均增长率、主营业务收入增长率。
（4）净利润增长率、营业利润增长率、利润总额增长率、利润总额三年平均增长率。
（5）技术投入比率、固定资产成新率。
（6）可持续增长率。

本章习题
答案参考

第九章 综合财务分析

【本章内容要点】

① 综合财务分析的目的和内容；
② 杜邦分析法；
③ 综合评分法；
④ 上市公司财务分析实例。

第一节 综合财务分析的目的和内容

财务分析的最终目的在于全面地了解企业的财务状况，对企业的财务状况做出全面、系统、合理的评价。单独分析企业的任何一个财务指标，如偿债能力、营运能力、盈利能力，都不能全面评价企业的财务状况和经营成果。因此，需要在比率分析和趋势分析的基础上进行综合财务分析。所谓综合财务分析是指将企业的偿债能力、营运能力和盈利能力结合起来，对企业的财务状况进行整体评价，从而全面判断企业的财务管理状况，为有关各方服务。

一、综合财务分析的目的

（一）综合评价企业的财务状况

偿债能力、营运能力、盈利能力以及发展能力分析，只能从某一角度或某一个方面来分析企业的财务状况或经营成果，无法对企业总体财务状况进行评定。综合财务分析法克服了财务比率分析法和趋势分析法片面、零散和孤立的缺点，因此能对企业的整体财务状况做出评定，更能满足有关各方的需要。

（二）明确比率分析指标之间的关系

通过综合财务分析，可以明确偿债能力、营运能力、盈利能力以及发展能力指标之间的关系，明确核心指标，找出制约核心指标实现的瓶颈，以及实现核心指标的方法。

二、综合财务分析的内容

综合财务分析的效果体现在财务指标体系的设置上，一个健全有效的综合财务指标体系必须具备以下三个要素。

1. 指标要素全面恰当

综合财务指标体系所包括的指标应涵盖企业的偿债能力、营运能力、盈利能力以及发展能力多个方面，全方位考评企业的综合财务状况。

2. 主、辅指标功能匹配

综合财务指标体系既要包括主要指标，也要包括辅助指标。企业要从偿债能力、营运能力、盈利能力以及发展能力多个方面设置主、辅指标，明确所设指标的主、辅地位，做到主、辅指标功能匹配。

3. 满足报表使用者的信息需要

综合财务指标体系要满足多方位报表使用者的信息需要，包括企业内部管理者、投资人、债权人、上级主管部门、政府监管部门等。

综合分析的方法有很多，这些方法各有特点和侧重，能满足不同目的财务综合分析的需要。其中，运用比较广泛的两种分析方法是杜邦分析法和综合评分法。

第二节 杜邦分析法

一、杜邦分析法的理论

杜邦分析法也称作杜邦系统，是美国杜邦公司的经理首创的一种综合财务分析系统。杜邦系统是利用各种财务比率的内在联系，借以综合评价企业整体财务状况的综合分析方法。杜邦系统的关键是建立一套完整和连贯的财务比率体系，并确定一个总指标作为龙头指标，然后利用指标分解的方法对总指标进行分解，以建立起各个指标的相互联系，并通过数据的替代，确定各从属指标变动对总指标的影响。

杜邦系统确定的核心指标是净资产收益率（股东权益报酬率），它反映了企业净资产的盈利能力。由于其计算公式为

$$净资产收益率 = \frac{净利润}{股东权益（平均）总额} \times 100\%$$

所以，如果将净资产收益率指标的分子和分母都乘以资产平均总额，则可得出计算公式为

$$净资产收益率 = \frac{净利润}{股东权益（平均）总额} \times \frac{资产平均总额}{资产平均总额}$$

$$= \frac{净利润}{资产平均总额} \times \frac{资产平均总额}{股东权益（平均）总额}$$

$$= 资产净利率 \times （平均）权益乘数$$

所以，可将净资产收益率指标分解成资产净利率和（平均）权益乘数两个指标。而

$$资产净利率 = \frac{净利润}{资产平均总额}$$

如果将资产净利率指标的分子和分母都乘以销售收入净额，则可发现

$$资产净利率 = \frac{净利润}{资产平均总额} \times 100\%$$

$$= \frac{净利润}{销售收入净额} \times \frac{销售收入净额}{资产平均总额}$$

$$= 销售净利率 \times 总资产周转率$$

将资产净利率指标分解成销售净利率和总资产周转率两个指标后,便可将净资产收益率(权益净利率或股东权益报酬率)指标分解成销售净利率、总资产周转率和权益乘数三个指标。即可得出计算公式为

$$净资产收益率 = 资产净利率 \times (平均)权益乘数$$

$$= 销售净利率 \times 总资产周转率 \times (平均)权益乘数$$

上述指标的关系如图 9-1 所示。

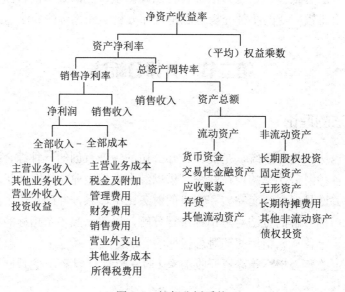

图 9-1 杜邦分析系统

上述杜邦分析系统反映了企业有关财务比率的关系,它把企业孤立的若干指标联系起来,便于分析企业整体财务状况。从图 9-1 可知,杜邦分析系统可反映影响企业净资产收益率的三个主要因素以及每个因素的决定因素,可反映企业的资产结构,还可反映企业的收入、成本的组成。

另外,由于

$$权益乘数 = \frac{资产总额}{股东权益总额}$$

$$= \frac{资产总额}{资产总额 - 负债总额}$$

$$= \frac{1}{1 - 资产负债率}$$

或者

$$权益乘数 = \frac{资产总额}{股东权益总额}$$

$$= \frac{负债总额 + 股东权益总额}{股东权益总额}$$

$$= 1 + 产权比率$$

所以，杜邦分析系统里的权益乘数也可以反映筹资结构，反映负债规模，反映筹资风险。一般认为，权益乘数越大，负债规模越大，筹资风险越大。

二、杜邦分析法的运用

杜邦分析系统说明：为了实现净资产收益率最大化，首先必须处理好企业的筹资结构，确定合理的负债规模；其次要确定好企业的资产结构，确定好流动资产和非流动资产的比例关系，以及流动资产和非流动资产内部各项目的比例关系；再次企业应加速产品销售和货款回收，提高资产管理效率；最后企业应努力扩大销售，降低各项成本、费用，使各因素之间相互协调。具体而言，从杜邦分析系统可以得到如下信息。

1. 净资产收益率是杜邦分析系统的核心

净资产收益率是一个综合性较强的财务指标，反映所有者投入资本的盈利能力，不断提高净资产收益率是实现股东财富最大化的保证。净资产收益率的高低不仅取决于资产净利率，还取决于总资产周转率、销售净利率、财务结构、资产结构等多方面。

2. 总资产周转率是提高净资产收益率的基础

总资产周转率反映了资产周转速度的快慢，决定着企业资产净利率和净资产收益率的高低，是一个重要的财务指标。为了提高总资产周转率，企业必须提高销售收入，同时降低资产总额的占用，合理配置资产，确定合理的资产结构。

3. 销售净利率是提高企业净资产收益率的关键

销售净利率反映企业净利润与销售收入的关系，是提高净资产收益率的关键。要想提高销售净利率，必须扩大销售收入，降低成本费用。

4. 权益乘数是提高净资产收益率的保障

权益乘数反映企业的资本结构和财务风险，高权益乘数对应着高财务风险和高收益，低权益乘数对应着低财务风险和低收益，中权益乘数对应着中财务风险和中收益。企业在提高净资产收益率时，应考虑自己所能承受的风险，将风险控制在合理的水平上，而不是一味回避风险，因为回避风险也意味着回避收益。

需要说明的是，单纯分析企业某一期的杜邦分析系统，其意义是不大的。杜邦分析系统的主要应用是，将企业前后各期的该系统进行对比，从中发现企业财务管理的核心指标——净资产收益率的变化趋势及影响原因，并可应用因素分析法来研究各个分指标的变动对龙头指标——净资产收益率的影响程度，进而提出针对性的解决建议。

【例9-1】假设A公司2018—2020年有关财务比率及同业平均水平表如表9-1所示。

表 9-1　A 公司 2018—2020 年有关财务比率及同业平均水平表

主　要　指　标	2018 年	2019 年	2020 年	同业平均水平
净资产收益率/%	19.76	2.0	5.8	17.4
销售净利率/%	4.0	0.4	1.1	2.9
总资产周转率	2.6	2.0	2.4	3.0
权益乘数	1.9	2.5	2.2	2.0

要求：运用杜邦分析法分析该公司净资产收益率变化的情况及原因。

1. 2019 年同 2018 年的对比分析

2019 年同 2018 年相比，该公司净资产收益率下降 17.76 个百分点，由于"净资产收益率=销售净利率×总资产周转率×权益乘数"，所以可应用因素替代法分析三个分指标（销售净利率、总资产周转率和权益乘数）对总指标（净资产收益率）的依次影响程度。具体分析过程如下。

2019 年销售净利率为 0.4%，远低于同业水平 2.9%，比 2018 年下降了 3.6 个百分点，这种下降对净资产收益率的影响为：-3.6×2.6×1.9 = -17.784（个百分点）。它说明 2019 年的销售净利率下降了 3.6 个百分点，导致公司的净资产收益率下降了 17.784 个百分点。可见，销售净利率的下降对公司净资产收益率的影响很大，因此公司应努力提高销售净利率。

2019 年的总资产周转率为 2.0 次，远低于同业水平 3.0 次，比 2018 年下降了 0.6 次，这种下降对净资产收益率的影响为：0.4×(-0.6)×1.9 =-0.456（个百分点）。它说明 2019 年的总资产周转率下降了 0.6 次，导致公司的净资产收益率下降了 0.456 个百分点。影响虽然不是很大，但也说明公司资产周转速度变慢这一不利现象给净资产收益率带来了不利影响。因此公司应努力提高资产周转速度，努力提高资产管理效率。

2019 年的权益乘数为 2.5，高于同业平均水平，比 2018 年提高了 0.6，说明公司加大了负债规模，这种变化对净资产收益率的影响为：0.4×2.0×0.6 = 0.48（个百分点）。它说明 2019 年的权益乘数提高了 0.6，即负债规模加大导致公司的净资产收益率提高了 0.48 个百分点，这是负债发挥了财务杠杆作用。

上述三个指标对净资产收益率的整体影响为：-17.784+(-0.456)+0.48 = -17.76（个百分点），正好与 2019 年和 2018 年净资产收益率的整体差异相对应。

总之，该公司应确定合理的负债规模，努力加速资产周转，提高收入，降低成本费用，以提高净利，最终实现净资产收益率的提高。

2. 2020 年同 2019 年的对比分析

2020 年的净资产收益率比 2019 年提高了 3.8 个百分点，三个分指标对总指标的影响同样通过因素替代法分析如下。

2020 年的销售净利率比 2019 年提高了 0.7 个百分点，这种有利变化对核心指标的影响为：0.7×2.0×2.5 = 3.5（个百分点）。它说明 2020 年的销售净利率提高了 0.7 个百分点，导致公司的净资产收益率提高了 3.5 个百分点，影响很大。这意味着公司的销售净利率大大提高，收入和成本的关系处理得较好。

2020 年的总资产周转率为 2.4 次，比 2019 年提高了 0.4 次，这种变化对净资产收益率的影响为：1.1×0.4×2.5 = 1.1（个百分点）。它说明 2020 年的总资产周转率提高了 0.4 次，导致公司的净资产收益率提高了 1.1 个百分点。这意味着公司资产管理效果好转，资产流通速度变快，从而促使了公司净资产收益率的提高。

2020 年的权益乘数为 2.2，比 2019 年下降了 0.3，说明公司降低了负债规模，这种变化对净资产收益率的影响为：1.1×2.4×(-0.3) = -0.792（个百分点）。它说明 2020 年的权益乘数下降了 0.3，即负债规模变小导致公司的净资产收益率下降了 0.792 个百分点。

上述三个指标对公司净资产收益率的总影响为：3.5+1.1+(-0.792) = 3.808（个百分点），正好与 2020 年和 2019 年的总差异相一致。

三、杜邦分析法的局限性

（一）没有包括现金流量指标

杜邦分析法以净资产收益率为核心指标，将企业的资本结构、资产结构、营运能力和盈利能力等指标有机结合起来，寻求提高净资产收益率的途径。所以，杜邦分析法是以利润指标为核心构建的，数据资料来源于资产负债表和利润表，没有包括现金流量信息，不能反映企业的现金流量情况，具有主观片面性和易操纵性。

（二）没有包括每股收益指标

每股收益是衡量上市公司盈利能力的重要指标，也是投资人最为关注的财务指标，杜邦分析法没有包括该指标，不利于体现股东财富最大化的财务目标。

（三）净资产收益率指标存在局限性

杜邦分析法以净资产收益率为核心指标，该指标没有考虑风险和时间因素，容易导致短期化行为，不利于企业的可持续增长。

第三节　综合评分法

一、综合评分法的理论

综合评分法也称作沃尔评分法，该方法的创始人是美国的亚历山大·沃尔。在进行财务分析时，人们在计算出财务比率后，无法判断它是偏高还是偏低，与本企业的历史数据比较，也只能看出该企业自身的变化，无法评价企业在市场竞争中的地位。为了解决该问题，亚历山大·沃尔在 20 世纪初出版的《信用晴雨表研究》和《财务报表比率分析》中提出了信用能力指数概念，即沃尔评分法。首先，他选择了七个财务比率作为考察企业整体财务状况的分析对象，并把选定的七个比率用线性关系结合起来。这七个比率分别是流动比率、净资产/负债、资产/固定资产、销售成本/存货、销售额/应收账款、销售额/固定资产、销售额/净资产，这七个比率主要反映企业的偿债能力、营运能力和资产结构。沃尔认为每个指标的好坏对整体财务状况的影响是不一样的，因此需要以七个指标为对象，加权平均计算企业整体财务状况。沃尔认为权数应该为每个指标在总评分（总分为 100）中所占的比重，首先，他分别给出了七个指标各自在总评分中所占的比重，确定各指标最理想的比率作为标准比率。其次，将各指标实际比率与标准比率比较，计算出每个指标的实际比率和标准比率的相对比率，即计算出各指标接近理想值的程度，或者说计算出各指标的好坏。最后，将相对比率（每个指标的好坏）乘以权数，计算出各指标的实际得分，并加总求出总评分。总评分反映企业整体财务状况的好坏：总评分接近 100 说明企业的整体财务状况良好；总评分远远低于 100，说明企业的整体财务状况较差。

沃尔评分法的具体内容如表 9-2 所示。

表 9-2　沃尔评分法计算表

考察指标	比重或权数（1）	标准比率（2）	实际比率（3）	相对比率/%（4）=（3）/（2）	实际得分（5）=（1）×（4）
流动比率	25	2	1.81	90.5	22.63
净资产/负债	25	1.5	1.6	106.67	26.67
资产/固定资产	15	2.5	2.4	96	14.4
销售成本/存货	10	8	6	75	7.5
销售额/应收账款	10	6	5	83.33	8.33
销售额/固定资产	10	4	2	50	5
销售额/净资产	5	3	1	33.33	1.67
合计	100				86.2

表 9-2 中，七个指标的实际比率（3）为已知数，它们是根据企业的财务报表计算出来的；标准比率（2）也是已知数，它们反映各指标在理想情况下的最优值，可根据统计数字或专家经验得出；相对比率（3）/（2）反映企业实际比率和标准比率的比值，反映各指标脱离理想值的程度，也反映各指标的好坏；各指标的实际得分（5）等于各自的权数和相对比率的乘积，即（5）=（1）×（4）。

该企业实际总得分为 86.2 分，略低于 100 分，说明该企业的整体财务状况较好，但还不是太理想。沃尔评分法是评价企业综合财务状况的一种比较可取的方法，这一方法的关键在于指标的选定、权重的分配以及标准值的确定等。该方法具有简单、易懂、便于操作的优点，但也有自己无法克服的缺陷。

第一，七个指标的选择缺少理论依据。

为什么选择七个指标，而不是更多或更少？为什么选择这七个指标，而不是别的指标？

第二，每个指标在总评分中所占的比重（权数）缺少理论依据。

为什么是这样的比重，而不是别的比重？为什么有的指标占的比重大，有的指标占的比重小？

第三，总评分受个别指标异常变动的影响。

如果七个指标中有一个过高或过低，就会影响企业的实际总评分，导致该方法反映的企业整体财务状况失真。

二、综合评分法在我国的运用

尽管沃尔评分法有其理论缺陷,但该方法却得到了广泛应用。我国20世纪90年代开始引入沃尔评分法,在具体操作时,针对我国的具体国情对传统的沃尔评分法进行了一定程度的改造。改造的主要内容包括指标的选择和排除个别指标异常变动的影响两个方面。具体而言,当前主要有以下两种观点。

(一)《财务管理学》[①]一书的观点

该书认为,应该从偿债、营运和盈利能力三个方面来考核企业整体财务状况,并选择了有代表性的九个指标来考察企业的整体财务状况。其中,反映企业偿债能力的指标中选了三个,分别是流动比率、速动比率和资产/负债;反映企业营运能力的指标中选了三个,分别是存货周转率、应收账款周转率和总资产周转率;反映企业盈利能力的指标中选了三个,分别是总资产报酬率、净资产收益率和销售净利率。另外,为了克服个别指标异常因素的变动对评价结果的影响,该书规定了每个指标实际得分的上限和下限。上述观点可通过表9-3来阐述。

表9-3 《财务管理学》整体财务状况评价表

财务比率	评分值(比重或权数)(1)	上/下限(2)	标准值(3)	实际值(4)	关系比率(5)=(4)/(3)	实际得分(6)=(1)×(5)或上、下限
流动比率	10	20/5	2	1.98	0.99	9.9
速动比率	10	20/5	1.2	1.29	1.08	10.8
资产/负债	12	20/5	2.1	2.17	1.03	12.36
存货周转率	10	20/5	6.5	6.60	1.02	10.2
应收账款周转率	8	20/4	13	14.13	1.09	8.72
总资产周转率	10	20/5	2.1	2.26	1.08	10.8
总资产报酬率	15	30/7	31.5%	30.36%	0.96	14.4
净资产收益率	15	30/7	58.33%	57.19%	0.98	14.7
销售净利率	10	20/5	15%	13.45%	0.9	9.00
合计	100					100.88

该企业的实际总得分为100.88,比100分略高,说明企业整体财务状况良好。

(二)财政部的观点

我国财政部曾于1995年公布了一套评价企业经济效益的指标体系,该体系包括十个指标,分别是销售利润率、总资产报酬率、资本收益率、资本保值增值率、资产负债率、流动比率(或速动比率)、应收账款周转率、存货周转率、社会贡献率和社会积累率。这十个指标的计算公式如下:

---

① 荆新,王化成,刘俊彦. 财务管理学[M]. 8版. 北京:中国人民大学出版社,2018.

$$销售利润率 = \frac{利润总额}{产品销售净额}$$

$$总资产报酬率 = \frac{利润总额 + 利息支出}{平均资产总额}$$

$$资本收益率 = \frac{净利润}{实收资本}$$

$$资本保值增值率 = \frac{期末所有者权益总额}{期初所有者权益总额}$$

$$资产负债率 = \frac{负债总额}{资产总额}$$

$$流动比率 = \frac{流动资产}{流动负债}$$

$$应收账款周转率 = \frac{赊销收入净额}{平均应收账款余额}$$

$$存货周转率 = \frac{产品销售成本}{平均存货成本}$$

$$社会贡献率 = \frac{企业社会贡献总额}{平均资产总额}$$

$$社会积累率 = \frac{上缴国家财政总额}{企业社会贡献总额}$$

式中：上缴国家财政总额包括应缴增值税、所得税、产品销售税金及附加和其他税收；企业社会贡献总额是指工资（含奖金、津贴等工资性收入）、劳保退休统筹及其他社会福利支出、利息支出净额、应缴增值税、应缴所得税、应缴产品销售税金及附加和其他税收、净利润等。

根据这十个指标对企业整体财务状况进行评价时，就需要将这十个指标的好坏（实际比率和标准比率的比）当作考察对象，以各指标的好坏对整体财务状况的影响程度作为权数，加权平均计算企业整体财务状况的实际总得分。如果实际总得分接近 100 分，说明企业整体财务状况很好；如果实际总得分远远小于 100 分，说明企业整体财务状况很差。具体评价方法可通过表 9-4 列示。

表 9-4 财政部公布的企业经济效益指标体系表

财务比率	标准比率/% （1）	实际比率/% （2）	相对比率 （3）=（2）/（1）	权数 （4）	实际得分 （5）=（3）×（4）
销售利润率	15	9	0.6	15	9
总资产报酬率	10	8	0.8	15	12
资本收益率	12	10	0.83	15	12.45
资本保值增值率	8	12	1.5	10	15
资产负债率	50	40	0.8	5	4
流动比率	200	150	0.75	5	3.75
应收账款周转率	400	600	1.5	5	7.5

续表

财务比率	标准比率/% （1）	实际比率/% （2）	相对比率 （3）=（2）/（1）	权数 （4）	实际得分 （5）=（3）×（4）
存货周转率	200	400	2.0	5	10
社会贡献率	20	16	0.8	10	8
社会积累率	40	30	0.75	15	11.25
合计				100	92.95

该企业实际总得分接近100分，说明该企业整体财务状况良好。

需要说明的是，运用上述十个指标对企业财务状况进行整体评价时，需遵循如下规则对发生的特殊情况进行调整。

（1）当资产负债率指标的实际比率大于标准比率时，应将标准比率除以实际比率计算相对比率，而不是按照常规将实际比率除以标准比率计算相对比率。

这样规定的原因在于，资产负债率指标越大，反映的企业偿债能力越弱。所以资产负债率指标的实际比率大于标准比率，说明企业的实际偿债能力较差，低于行业平均值，即低于标准比率。而此时按照常规方法将实际比率除以标准比率计算的相对比率要大于1，再将此相对比率乘以权数计算的该指标的实际得分会变大，即反映的企业实际偿债能力要强，这与实际情况正好相反。另外，以此为对象计算的企业财务状况的整体评分会变多，反映企业整体财务状况要好，这显然是不真实的。故为了克服此缺陷，当资产负债率指标的实际比率大于标准比率时，应将标准比率除以实际比率计算相对比率，使相对比率小于1，使资产负债率的实际评分低于给定的权数。

（2）当销售利润率、总资产报酬率、资本收益率、资本保值增值率的实际比率为负数时，相对比率的数取0，而不再是按常规方法将实际比率除以标准比率计算相对比率。

这样处理的原因在于，以上比率为负数，说明企业发生亏损，盈利能力差，但企业偿债能力或营运能力等也有可能强。也就是说，亏损企业的整体财务状况不一定就特别差。如果按常规方法，将实际比率除以标准比率计算相对比率，则相对比率为负数，以负数相对比率乘以权数计算的上述指标的实际得分也就为负数，进而使该企业的整体实际得分过低，使综合评分法反映的企业整体财务状况过差，这不一定符合企业的实际情况。故将亏损企业上述指标的相对比率定为0，以避免亏损时企业财务综合评分过低。

（3）当标准比率（行业平均值）为负数或0时，应对其进行必要的修正，使其大于0，然后进行综合评分。

这样处理的原因在于，标准比率为0，实际比率除以标准比率计算的相对比率毫无意义，无法据其进行综合评分。标准比率为负数，说明行业平均值过低，不是指标应该达到的标准比率，根据过低标准对企业财务状况进行的综合评价不利于企业客观自我评价，不利于企业发现财务管理存在的问题，进而提出改进意见。故需要对为负数或0的标准比率进行必要的修正，使其大于0，然后进行综合评分，以使财务分析收到好的效果。

（4）资产负债率、流动比率、应收账款周转率和存货周转率指标，实际得分的最高限为基本权数得分的两倍，即为10分。

上述四个指标，前两个反映企业的偿债能力，后两个反映企业的营运能力。如果个别指标的取值过大或过小，即发生异常变动，都会影响企业的整体财务评分，使综合评分过度异常，进而使综合评分反映的企业整体财务状况失真。所以需要规定上述指标实际评分的最高限，将上述指标实际得分的最高限定为基本权数得分的两倍，即为10分，以避免个别企业财务比率或行业平均财务比率异常变动对企业整体财务状况的影响。

第四节　上市公司财务分析实例

一、杜邦分析法实例

根据第八章贵州茅台2020年合并资产负债表和利润表及其附注提供的数据，可以计算出贵州茅台2020年12月31日的有关财务比率：

$$净资产收益率 = \frac{49\ 523\ 330}{(167\ 720\ 683 + 141\ 876\ 380)/2} = \frac{49\ 523\ 330}{154\ 798\ 532} = 32\%$$

$$销售净利率 = \frac{49\ 523\ 330}{94\ 821\ 999} = 52\%$$

$$总资产周转率 = \frac{94\ 821\ 999}{(213\ 395\ 811 + 183\ 042\ 372)/2} = \frac{94\ 821\ 999}{198\ 219\ 092} = 0.48$$

$$资产净利率 = \frac{49\ 523\ 330}{(213\ 395\ 811 + 183\ 042\ 372)/2} = \frac{49\ 523\ 330}{198\ 219\ 092} = 25\%$$

$$平均权益乘数 = \frac{(213\ 395\ 811 + 183\ 042\ 372)/2}{(167\ 720\ 683 + 141\ 876\ 380)/2} = \frac{198\ 219\ 092}{154\ 798\ 532} = 1.28$$

运用杜邦分析可以检验指标分解关系：
净资产收益率（32%）=资产净利率（25%）×平均权益乘数（1.28）
　　　　　　　　=销售净利率（52%）×总资产周转率（0.48）×平均权益乘数（1.28）

二、综合评分法实例

根据上述数据，对贵州茅台进行综合评价。

1. 沃尔评分法计算出的贵州茅台综合得分

根据沃尔评分法和贵州茅台2020年的合并资产负债表、合并利润表及其附注反映的财务数据，可计算出贵州茅台2020年12月31日七个考察指标的实际比率和该公司财务状况的实际得分，如表9-5所示。

表9-5　贵州茅台沃尔评分法实际得分

考察指标	比重或权数 （1）	标准比率 （2）	实际比率 （3）	相对比率 （4）=（3）/（2）	实际得分 （5）=（1）×（4）
流动比率	25	2	4.06	2.03	50.75
净资产/负债	25	1.5	3.67	2.45	61.25
资产/固定资产	15	2.5	13.15	5.26	78.9

续表

考察指标	比重或权数 （1）	标准比率 （2）	实际比率 （3）	相对比率 （4）=（3）/（2）	实际得分 （5）=（1）×（4）
销售成本/存货	10	8	0.28	0.035	0.35
销售额/应收账款	10	6	29 229.96	4 871.66	48 716.6
销售额/固定资产	10	4	5.84	1.46	14.6
销售额/净资产	5	3	0.57	0.19	0.95
合计	100				48 923.4

其中：

$$流动比率 = \frac{185\ 652\ 155}{45\ 673\ 670} = 4.06$$

$$\frac{净资产}{负债} = \frac{167\ 720\ 683}{45\ 675\ 128} = 3.67$$

$$\frac{资产}{固定资产} = \frac{213\ 395\ 811}{16\ 225\ 083} = 13.15$$

$$\frac{销售成本}{存货} = \frac{8\ 083\ 372}{28\ 869\ 088} = 0.28$$

$$\frac{销售额}{应收账款} = \frac{94\ 821\ 999}{3\ 244} = 29\ 229.96$$

$$\frac{销售额}{固定资产} = \frac{94\ 821\ 999}{16\ 225\ 083} = 5.84$$

$$\frac{销售额}{净资产} = \frac{94\ 821\ 999}{167\ 720\ 683} = 0.57$$

其中，固定资产的净额来自于合并资产负债表的报表附注，等于固定资产的原值减去累计折旧和固定资产减值准备之后的差额，因为新准则中固定资产项目包括固定资产净额和固定资产清理，所以数据只能来自报表附注；应收账款项目根据合并资产负债表附注中披露的应收账款提取的坏账准备的余额和报表中披露的应收账款的净值还原成应收账款的原值，因为应收账款的净值是 0，所以只能采用应收账款的原值；销售成本来自于合并利润表附注中的主营业务成本，销售额来自于合并利润表附注中的主营业务收入。可见，贵州茅台 2020 年财务状况的综合得分为 48 923.4 分，整体财务状况很好。之所以得分这么高，是因为贵州茅台年底应收账款的净值为 0，原值很小，而销售额很大，销售额/应收账款的实际得分很高，为 48 716.6 分。这也说明了沃尔评分法的缺陷之一，那就是没有规定每个指标实际得分的上限和下限，综合得分容易受指标异常值的影响。

2. 根据《财务管理学》（荆新、王化成、刘俊彦主编）一书计算出的贵州茅台整体财务状况的得分（见表 9-6）

表 9-6　贵州茅台整体财务情况得分表

财务比率	评分值（比重或权数）（1）	上/下限（2）	标准比率（3）	实际比率（4）	关系比率（5）=（4）/（3）	实际得分（6）=（1）×（5）或上、下限
流动比率	10	20/5	2	4.06	2.03	20

续表

财务比率	评分值（比重或权数）(1)	上/下限 (2)	标准比率 (3)	实际比率 (4)	关系比率 (5)=(4)/(3)	实际得分 (6)=(1)×(5) 或上、下限
速动比率	10	20/5	1.2	3.43	2.86	20
资产/负债	12	20/5	2.1	4.67	2.22	20
存货周转率	10	20/5	6.5	0.3	0.05	5
应收账款周转率	8	20/4	13	29 229.96	2 248.46	20
总资产周转率	10	20/5	2.1	0.48	0.23	5
总资产报酬率	15	30/7	31.5%	25%	0.79	11.85
净资产收益率	15	30/7	58.33%	32%	0.55	8.25
销售净利率	10	20/5	15%	52%	3.47	20
合计	100					130.1

其中：

$$流动比率 = \frac{185\ 652\ 155}{45\ 673\ 670} = 4.06$$

$$速动比率 = \frac{185\ 652\ 155 - 28\ 869\ 088}{45\ 673\ 670} = \frac{156\ 783\ 067}{45\ 673\ 670} = 3.43$$

$$\frac{资产}{负债} = \frac{213\ 395\ 811}{45\ 675\ 128} = 4.67$$

$$存货周转率 = \frac{8\ 083\ 372}{(28\ 869\ 088 + 25\ 284\ 921)/2} = \frac{8\ 083\ 372}{27\ 077\ 005} = 0.3$$

$$应收账款周转率 = \frac{94\ 821\ 999}{(3\ 244 + 3\ 244)/2} = \frac{94\ 821\ 999}{3\ 244} = 29\ 229.96$$

$$总资产周转率 = \frac{94\ 821\ 999}{(213\ 395\ 811 + 183\ 042\ 372)/2} = \frac{94\ 821\ 999}{198\ 219\ 092} = 0.48$$

$$总资产报酬率（总资产净利率）= \frac{49\ 523\ 330}{(213\ 395\ 811 + 183\ 042\ 372)/2} = \frac{49\ 523\ 330}{198\ 219\ 092} = 25\%$$

$$净资产收益率 = \frac{49\ 523\ 330}{(167\ 720\ 683 + 141\ 876\ 380)/2} = \frac{49\ 523\ 330}{154\ 798\ 532} = 32\%$$

$$销售净利率 = \frac{49\ 523\ 330}{94\ 821\ 999} = 52\%$$

贵州茅台 2020 年财务状况的综合得分为 130.1 分，可见，整体财务状况很好。和沃尔评分法相比，此方法由于规定了每个指标实际得分的上限和下限，所以得分比较接近于 100 分，克服了指标异常值的影响。

本章小结

综合财务分析是指将企业的偿债能力、营运能力和盈利能力结合起来，对企业的财务状况进行整体评价。综合财务分析的主要方法包括杜邦分析法和综合评分法。杜邦系统是利用各种财务比率的内在联系，借以综合评价企业整体财务状况的综合分析方法。其计算公式为：净资产收益率=资产净利率×（平均）权益乘数=销售净利率×总资产周转率×（平均）权益乘数。综合评分法也称作沃尔评分法，该方法将多种财务比率作为企业整体财务状况的分析对象，并把选定的比率用线性关系结合起来进行综合评分。综合评分法在我国有多种运用形式，企业可根据实际情况选择最适合的运用形式。

思考题

1．简述综合财务分析的概念和目的。
2．简述综合财务分析的内容和方法。
3．简述杜邦分析法的原理和应用。
4．简述综合评分法的原理、应用和局限性。

练习题

（一）目的：练习杜邦分析法。
（二）资料：自己查找某上市公司近两年的年报。
（三）要求：根据年报数据计算该公司本年度的净资产收益率、销售净利率、总资产周转率和平均权益乘数指标，进行杜邦分析。

案例分析

财务资料见第八章第四节案例分析中航天电子相关资料。
要求：根据上述财务数据，运用杜邦分析法和综合评分法对航天电子进行综合财务分析。

本章习题
答案参考

第十章 企业绩效综合评价方法

【本章内容要点】

① 我国国有企业绩效评价体系；
② 平衡计分卡；
③ 基于 EVA 的企业绩效评价体系；
④ 上市公司绩效评价实例。

第一节 我国国有企业绩效评价体系

一、国有资本金绩效评价体系的主要内容

1999 年 6 月 1 日，我国财政部、国际经济贸易委员会、人事部、国家发展计划委员会联合发布了《国有资本金绩效评价规则》，并制定了《国有资本金绩效评价操作细则》，采用以净资产收益率为核心指标的多层次、多因素、定量与定性相结合的综合绩效分析体系。

2006 年 9 月 12 日，国务院国有资产监督管理委员会（以下简称"国资委"）发布的《中央企业综合绩效评价实施细则》规定，企业综合绩效评价指标由二十二个财务绩效定量评价指标和八个管理绩效定性评价指标组成。

财务绩效定量评价指标由反映企业盈利能力状况、资产质量状况、债务风险状况和经营增长状况四个方面的八个基本指标和十四个修正指标构成，用于综合评价企业财务报告所反映的经营绩效状况。

企业盈利能力状况以净资产收益率、总资产报酬率两个基本指标和销售（营业）利润率、盈余现金保障倍数、成本费用利润率、资本收益率四个修正指标进行评价，主要反映企业一定经营期间的投入产出水平和盈利质量。

企业资产质量状况以总资产周转率、应收账款周转率两个基本指标和不良资产比率、流动资产周转率、资产现金回收率三个修正指标进行评价，主要反映企业所占用经济资源的利用效率、资产管理水平与资产的安全性。

企业债务风险状况以资产负债率、已获利息倍数两个基本指标和速动比率、现金流动负债比率、带息负债比率、或有负债比率四个修正指标进行评价，主要反映企业的债务负担水平、偿债能力及其面临的债务风险。

企业经营增长状况以销售（营业）增长率、资本保值增值率两个基本指标和销售（营业）利润增长率、总资产增长率、技术投入比率三个修正指标进行评价，主要反映企业的经营增长水平、资本增值状况及发展后劲。

企业管理绩效定性评价指标包括战略管理、发展创新、经营决策、风险控制、基础管

理、人力资源、行业影响、社会贡献八个方面的指标，主要反映企业在一定经营期间所采取的各项管理措施及其管理成效。

战略管理评价主要反映企业所制定战略规划的科学性、战略规划是否符合企业实际、员工对战略规划的认知程度、战略规划的保障措施及其执行力，以及战略规划的实施效果等方面的情况。

发展创新评价主要反映企业在经营管理创新、工艺革新、技术改造、新产品开发、品牌培育、市场拓展、专利申请及核心技术研发等方面的措施及成效。

经营决策评价主要反映企业在决策管理、决策程序、决策方法、决策执行、决策监督、责任追究等方面采取的措施及实施效果，重点反映企业是否存在重大经营决策失误。

风险控制评价主要反映企业在财务风险、市场风险、技术风险、管理风险、信用风险和道德风险等方面的管理与控制措施及效果，包括风险控制标准、风险评估程序、风险防范与化解措施等。

基础管理评价主要反映企业在制度建设、内部控制、重大事项管理、信息化建设、标准化管理等方面的情况，包括财务管理、对外投资、采购与销售、存货管理、质量管理、安全管理、法律事务等。

人力资源评价主要反映企业人才结构、人才培养、人才引进、人才储备、人事调配、员工绩效管理、分配与激励、企业文化建设、员工工作热情等方面的情况。

行业影响评价主要反映企业主营业务的市场占有率、对国民经济及区域经济的影响与带动力、主要产品的市场认可程度、是否具有核心竞争能力以及产业引导能力等方面的情况。

社会贡献评价主要反映企业在资源节约、环境保护、吸纳就业、工资福利、安全生产、上缴税收、商业诚信、和谐社会建设等方面的贡献程度和社会责任的履行情况。

具体指标及其权重如表 10-1 所示。

表 10-1 企业综合绩效评价指标及权重表

评价内容与权数		财务绩效（70%）				管理绩效（30%）	
		基本指标	权数	修正指标	权数	评议指标	权数
盈利能力状况	34	净资产收益率 总资产报酬率	20 14	销售（营业）利润率 盈余现金保障倍数 成本费用利润率 资本收益率	10 9 8 7	战略管理 发展创新 经营决策 风险控制	18 15 16 13
资产质量状况	22	总资产周转率 应收账款周转率	10 12	不良资产比率 流动资产周转率 资产现金回收率	9 7 6	基础管理 人力资源 行业影响	14 8 8
债务风险状况	22	资产负债率 已获利息倍数	12 10	速动比率 现金流动负债比率 带息负债比率 或有负债比率	6 6 5 5	社会贡献	8
经营增长状况	22	销售（营业）增长率 资本保值增值率	12 10	销售（营业）利润增长率 总资产增长率 技术投入比率	10 7 5		

表 10-1 中企业财务绩效定量评价指标的计算公式如下。

1. 盈利能力状况

1）基本指标

（1）净资产收益率 $=\dfrac{\text{净利润}}{\text{平均净资产}}\times 100\%$

$\text{平均净资产}=\dfrac{\text{年初所有者权益}+\text{年末所有者权益}}{2}$

（2）总资产报酬率 $=\dfrac{\text{利润总额}+\text{利息支出}}{\text{平均资产总额}}\times 100\%$

$\text{平均资产总额}=\dfrac{\text{年初资产总额}+\text{年末资产总额}}{2}$

2）修正指标

（1）销售（营业）利润率 $=\dfrac{\text{主营业务利润}}{\text{主营业务收入净额}}\times 100\%$

（2）盈余现金保障倍数 $=\dfrac{\text{经营现金净流量}}{\text{净利润}+\text{少数股东损益}}$

（3）成本费用利润率 $=\dfrac{\text{利润总额}}{\text{成本费用总额}}\times 100\%$

成本费用总额=主营业务成本+主营业务税金及附加+经营费用（营业费用）+管理费用+财务费用

（4）资本收益率 $=\dfrac{\text{净利润}}{\text{平均资本}}\times 100\%$

$\text{平均资本}=\dfrac{(\text{年初实收资本}+\text{年初资本公积})+(\text{年末实收资本}+\text{年末资本公积})}{2}$

2. 资产质量状况

1）基本指标

（1）总资产周转率（周转次数）$=\dfrac{\text{主营业务收入净额}}{\text{平均资产总额}}$

（2）应收账款周转率（周转次数）$=\dfrac{\text{主营业务收入净额}}{\text{应收账款平均余额}}$

$\text{应收账款平均余额}=\dfrac{\text{年初应收账款余额}+\text{年末应收账款余额}}{2}$

应收账款余额=应收账款净额+应收账款坏账准备

2）修正指标

（1）不良资产比率

$=\dfrac{\text{资产减值准备余额}+\text{应提未提和应摊未摊的潜亏挂账}+\text{未处理资产损失}}{\text{资产总额}+\text{资产减值准备余额}}\times 100\%$

（2）资产现金回收率 $=\dfrac{\text{经营现金净流量}}{\text{平均资产总额}}\times 100\%$

(3) 流动资产周转率（周转次数）= $\dfrac{\text{主营业务收入净额}}{\text{平均流动资产总额}}$

平均流动资产总额 = $\dfrac{\text{年初流动资产总额} + \text{年末流动资产总额}}{2}$

3．债务风险状况

1）基本指标

(1) 资产负债率 = $\dfrac{\text{负债总额}}{\text{资产总额}} \times 100\%$

(2) 已获利息倍数 = $\dfrac{\text{利润总额} + \text{利息支出}}{\text{利息支出}}$

2）修正指标

(1) 速动比率 = $\dfrac{\text{速动资产}}{\text{流动负债}} \times 100\%$

速动资产 = 流动资产 − 存货

(2) 现金流动负债比率 = $\dfrac{\text{经营现金净流量}}{\text{流动负债}} \times 100\%$

(3) 带息负债比率

= $\dfrac{\text{短期借款} + \text{一年内到期的长期负债} + \text{长期借款} + \text{应付债券} + \text{应付利息}}{\text{负债总额}} \times 100\%$

(4) 或有负债比率 = $\dfrac{\text{或有负债余额}}{\text{所有者权益} + \text{少数股东权益}} \times 100\%$

或有负债余额 = 已贴现承兑汇票 + 担保余额 + 贴现与担保外的被诉事项金额 + 其他或有负债

4．经营增长状况

1）基本指标

(1) 销售（营业）增长率 = $\dfrac{\text{本年主营业务收入总额} - \text{上年主营业务收入总额}}{\text{上年主营业务收入总额}} \times 100\%$

(2) 资本保值增值率 = $\dfrac{\text{扣除客观增减因素的年末国有资本及权益}}{\text{年初国有资本及权益}} \times 100\%$

2）修正指标

(1) 销售（营业）利润增长率

= $\dfrac{\text{本年主营业务利润总额} - \text{上年主营业务利润总额}}{\text{上年主营业务利润总额}} \times 100\%$

(2) 总资产增长率 = $\dfrac{\text{年末资产总额} - \text{年初资产总额}}{\text{年初资产总额}} \times 100\%$

(3) 技术投入比率 = $\dfrac{\text{本年科技支出合计}}{\text{主营业务收入净额}} \times 100\%$

二、国有资本金绩效评价体系的评分标准

企业综合绩效评价工作按照产权管理关系进行组织,国资委负责其履行出资人职责企业的综合绩效评价工作,企业集团(总)公司负责其控股子企业的综合绩效评价工作。企业年度综合绩效评价工作,一般结合对企业年度财务决算审核工作组织进行;企业任期综合绩效评价工作,一般结合对企业负责人任期经济责任审计组织实施。企业管理绩效定性评价指标应当根据评价工作需要做进一步细化,能够量化的应当采用量化指标进行反映。

企业综合绩效评价指标权重实行百分制,指标权重依据评价指标的重要性和各指标的引导功能,通过征求咨询专家意见和组织必要的测试进行确定。

财务绩效定量评价指标权重确定为70%,管理绩效定性评价指标权重确定为30%。在实际评价过程中,财务绩效定量评价指标和管理绩效定性评价指标的权数均按百分制设定,分别计算分项指标的分值,然后按70:30折算。

财务绩效定量评价标准划分为优秀(A)、良好(B)、平均(C)、较低(D)、较差(E)五个档次,管理绩效定性评价标准分为优(A)、良(B)、中(C)、低(D)、差(E)五个档次。对应五档评价标准的标准系数分别为1.0、0.8、0.6、0.4、0.2,差(E)以下为0。标准系数是评价标准的水平参数,反映了评价指标对应评价标准所达到的水平档次。

多业兼营的集团型企业财务绩效指标评价标准值的选用应当区分主业突出和不突出两种情况。① 存在多个主业板块但某个主业特别突出的集团型企业,应当采用该主业所在行业的标准值。② 存在多个主业板块但没有突出主业的集团型企业,可对照企业综合绩效评价行业基本分类,采用基本可以覆盖其多种经营业务的上一层次的评价标准值;或者根据其下属企业所属行业,分别选取相关行业标准值进行评价,然后按照各下属企业资产总额占被评价企业集团汇总资产总额的比重,加权形成集团评价得分;也可以根据集团的经营领域,选择有关行业标准值,以各领域的资产总额比例为权重进行加权平均,计算出用于集团评价的标准值。如果被评价企业所在行业因样本原因没有统一的评价标准,或按2006年9月12日国资委发布的《中央企业综合绩效评价实施细则》第二十条规定方法仍无法确定被评价企业财务绩效定量评价标准值,则在征得评价组织机构同意后,直接选用国民经济十大门类标准或全国标准。根据评价工作需要可以分别选择全行业和大、中、小型规模标准值实施评价。企业规模划分执行国家统计局《统计上大中小型企业划分办法(暂行)》(国统字〔2003〕17号)和国资委《关于在财务统计工作中执行新的企业规模划分标准的通知》(国资厅评价函〔2003〕327号)的规定。

三、国有资本金绩效评价体系的综合计分办法

企业综合绩效评价计分方法采取功效系数法和综合分析判断法,其中,功效系数法用于财务绩效定量评价指标的计分,综合分析判断法用于管理绩效定性评价指标的计分。

财务绩效定量评价基本指标计分是按照功效系数法计分原理,将评价指标实际值对照行业评价标准值,按照规定的计分公式计算各项基本指标得分。其计算公式为

$$基本指标总得分 = \sum 单项基本指标得分$$

$$单项基本指标得分 = 本档基础分 + 调整分$$

$$本档基础分 = 指标权数 \times 本档标准系数$$

$$调整分 = 功效系数 \times (上档基础分 - 本档基础分)$$

$$上档基础分 = 指标权数 \times 上档标准系数$$

$$功效系数 = \frac{实际值 - 本档标准值}{上档标准值 - 本档标准值}$$

本档标准值是指上下两档标准值居于较低等级一档。

财务绩效定量评价修正指标的计分是在基本指标计分结果的基础上,运用功效系数法原理,分别计算盈利能力、资产质量、债务风险和经营增长四个部分的综合修正系数,再据此计算出修正后的分数。其计算公式为

$$修正后总得分 = \sum 各部分修正后得分$$

$$各部分修正后得分 = 各部分基本指标分数 \times 该部分综合修正系数$$

$$某部分综合修正系数 = \sum 该部分个修正指数加权修正系数$$

$$某指标加权修正系数 = \frac{修正指标权数}{该部分权数} \times 该指标单项修正系数$$

某指标单项修正系数 = 1.0 + (本档标准系数 + 功效系数 × 0.2 - 该部分基本指标分析系数)

式中:单项修正系数控制修正幅度为 0.7～1.3;某部分基本指标分析系数 = 该部分基本指标得分/该部分权数。

在计算修正指标单项修正系数过程中,对于一些特殊情况做如下规定。

(1) 如果修正指标实际值达到优秀值以上,其单项修正系数的计算公式为

单项修正系数 = 1.2 + 本档标准系数 - 该部分基本指标分析系数

(2) 如果修正指标实际值处于较差值以下,其单项修正系数的计算公式为

单项修正系数 = 1.0 - 该部分基本指标分析系数

(3) 如果资产负债率≥100%,指标得 0 分;其他情况按照规定的计算公式计分。

(4) 如果盈余现金保障倍数分子为正数,分母为负数,单项修正系数确定为 1.1;如果分子为负数,分母为正数,单项修正系数确定为 0.9;如果分子与分母同为负数,单项修正系数确定为 0.8。

(5) 如果不良资产比率≥100%或分母为负数,单项修正系数确定为 0.8。

(6) 对于销售(营业)利润增长率指标,如果上年主营业务利润为负数,本年为正数,单项修正系数为 1.1;如果上年主营业务利润为零,本年为正数,或者上年为负数,本年为零,单项修正系数确定为 1.0。

(7) 如果个别指标难以确定行业标准,该指标单项修正系数确定为 1.0。

管理绩效定性评价指标的计分一般通过专家评议打分形式完成,聘请的专家应不少于 7 名;评议专家应当在充分了解企业管理绩效状况的基础上,对照评价参考标准,采取综合分析判断法,对企业管理绩效指标做出分析评议,评判各项指标所处的水平档次,并直接给出评价分数。其计分公式为

$$管理绩效定性评价指标分数 = \sum 单项指标分数$$

$$单项指标分数 = \frac{\sum 每位专家给定的单项指标分数}{专家人数}$$

在得出财务绩效定量评价分数和管理绩效定性评价分数后,应当按照规定的权重,耦合形成综合绩效评价分数。其计算公式为

企业综合绩效评价分数=财务绩效定量评价分数×70%+管理绩效定性评价分数×30%

在得出评价分数以后,应当计算年度之间的绩效改进度,以反映企业年度之间经营绩效的变化状况。其计算公式为

$$绩效改进度 = \frac{本期绩效评价分数}{基期绩效评价分数}$$

绩效改进度大于1,说明经营绩效上升;绩效改进度小于1,说明经营绩效下滑。

对企业经济效益上升幅度显著、经营规模较大、有重大科技创新的企业,应当给予适当加分。具体的加分办法如下。

(1)效益提升加分。企业年度净资产收益率增长率和利润增长率超过行业平均增长水平 10%~40%加 1~2 分,超过 40%~100%加 3~4 分,超过 100%加 5 分。

(2)管理难度加分。企业年度平均资产总额超过全部监管企业年度平均资产总额的给予加分。其中,工业企业超过平均资产总额每 100 亿元加 0.5 分,非工业企业超过平均资产总额每 60 亿元加 0.5 分,最多加 5 分。

(3)重大科技创新加分。重大科技创新加分包括以下两个方面:企业承担国家重大科技攻关项目,并取得突破的,加 3~5 分;承担国家科技发展规划纲要目录内的重大科技专项主体研究,虽然尚未取得突破,但投入较大,加 1~2 分。

(4)国资委认定的其他事项。

以上加分因素合计不得超过 15 分,超过 15 分按 15 分计算。对加分前评价结果已经达到优秀水平的企业,以上加分因素按以下公式计算实际加分值。

$$实际加分值 = (1 - X\%) \times 6.6Y$$

式中:X 表示评价得分,Y 表示以上因素合计加分。

对被评价企业所评价期间(年度)发生以下不良重大事项,应当予以扣分。

(1)发生属于当期责任的重大资产损失事项,损失金额超过平均资产总额1%的,或者资产损失金额未超过平均资产总额1%,但性质严重并造成重大社会影响的,扣 5 分。正常的资产减值准备计提不在此列。

(2)发生重大安全生产与质量事故,根据事故等级,扣 3~5 分。

(3)存在巨额表外资产,且占合并范围资产总额20%以上的,扣 3~5 分。

(4)存在巨额逾期债务,逾期负债超过带息负债的10%,甚至发生严重的债务危机的,扣 2~5 分。

(5)国资委认定的其他事项。

四、国有资本金绩效评价体系的评价基础数据调整

企业综合绩效评价的基础数据资料主要包括企业提供的评价年度财务会计决算报表及

审计报告、关于经营管理情况的说明等资料。在实施评价前应当对评价期间的基础数据进行核实，按照重要性和可比性原则进行适当调整。

在任期经济责任审计工作中开展任期财务绩效定量评价，其评价基础数据以财务审计调整后的数据为依据。

企业评价期间会计政策与会计估计发生重大变更的，需要判断变更事项对经营成果的影响，产生重大影响的，应当调整评价基础数据，以保持数据口径基本一致。

企业评价期间发生资产无偿划入、划出的，应当按照重要性原则调整评价基础数据。原则上划入企业应纳入评价范围，无偿划出、关闭、破产（含进入破产程序）企业，不纳入评价范围。

企业被出具非标准无保留意见审计报告的，应当根据审计报告披露的影响企业经营成果的重大事项，调整评价基础数据。

国资委在财务决算批复中要求企业纠正、整改，并影响企业财务会计报表、能够确认具体影响金额的，应当根据批复调整评价基础数据。

企业在评价期间损益中消化处理以前年度或上一任期资产损失的，承担国家某项特殊任务或落实国家专项政策对财务状况和经营成果产生重大影响的，经国资委认定后，可作为客观因素调整评价基础数据。

五、国有资本金绩效评价体系的评价工作程序

企业综合绩效评价包括财务绩效定量评价和管理绩效定性评价两个方面内容。

财务绩效定量评价工作具体包括提取评价基础数据、基础数据调整、评价计分、形成评价结果等内容。

（1）提取评价基础数据。以经过社会中介机构或内部审计机构审计并经评价组织机构核实确认的企业年度财务会计报表为基础，提取评价基础数据。

（2）基础数据调整。为客观、公正地评价企业经营绩效，根据本细则第五章的有关规定，对评价基础数据进行调整，其中，年度绩效评价基础数据以国资委审核确认的财务决算合并报表数据为准。

（3）评价计分。根据调整后的评价基础数据，对照相关年度的行业评价标准值，利用绩效评价软件或手工评价计分。

（4）形成评价结果。对任期财务绩效评价需要计算任期内平均财务绩效评价分数，并计算绩效改进度；对年度财务绩效评价除计算年度绩效改进度外，需要对定量评价得分深入分析，诊断企业经营管理存在的薄弱环节，并在财务决算批复中提示有关问题，同时进行所监管企业的分类排序分析，在一定范围内发布评价结果。

管理绩效定性评价工作具体包括收集整理管理绩效评价资料、聘请咨询专家、召开专家评议会、形成定性评价结论等内容。

（1）收集整理管理绩效评价资料。为了深入了解被评价企业的管理绩效状况，应当通过问卷调查、访谈等方式，充分收集并认真整理管理绩效评价的有关资料。

（2）聘请咨询专家。根据所评价企业的行业情况，聘请不少于 7 名的管理绩效评价咨

询专家，组成专家咨询组，并将被评价企业的有关资料提前送达咨询专家。

（3）召开专家评议会。组织咨询专家对企业的管理绩效指标进行评议打分。

（4）形成定性评价结论。汇总管理绩效定性评价指标得分，形成定性评价结论。

管理绩效专家评议会一般按下列程序进行。

（1）阅读相关资料，了解企业管理绩效评价指标的实际情况。

（2）听取评价实施机构关于财务绩效定量评价情况的介绍。

（3）参照管理绩效定性评价标准，分析企业管理绩效状况。

（4）对企业管理绩效定性评价指标实施独立评判打分。

（5）对企业管理绩效进行集体评议，并提出咨询意见，形成评议咨询报告。

（6）汇总评判打分结果。

根据财务绩效定量评价结果和管理绩效定性评价结果，按照规定的权重和计分方法，计算企业综合绩效评价总分，并根据规定的加分和扣分因素，得出企业综合绩效评价最后得分。

六、国有资本金绩效评价体系的评价结果与评价报告

企业综合绩效评价结果以评价得分、评价类型和评价级别表示。

评价类型是根据评价分数对企业综合绩效所划分的水平档次，用文字和字母表示，分为优（A）、良（B）、中（C）、低（D）、差（E）五种类型。

评价级别是对每种类型再划分级次，以体现同一评价类型的不同差异，采用在字母后标注"+""-"号的方式表示。

企业综合绩效评价结果以85分、70分、50分、40分作为类型判定的分数线。

（1）评价得分达到85分以上（含85分）的评价类型为优（A），在此基础上划分为三个级别，分别为：A++≥95分；95分＞A+≥90分；90分＞A≥85分。

（2）评价得分达到70分以上（含70分）不足85分的评价类型为良（B），在此基础上划分为三个级别，分别为：85分＞B+≥80分；80分＞B≥75分；75分＞B-≥70分。

（3）评价得分达到50分以上（含50分）不足70分的评价类型为中（C），在此基础上划分为两个级别，分别为：70分＞C≥60分；60分＞C-≥50分。

（4）评价得分在40分以上（含40分）不足50分的评价类型为低（D）。

（5）评价得分在40分以下的评价类型为差（E）。

企业综合绩效评价报告是根据评价结果编制、反映被评价企业综合绩效状况的文本文件，由报告正文和附件构成。

企业综合绩效评价报告正文应当包括评价目的、评价依据与评价方法、评价过程、评价结果及评价结论、重要事项说明等内容。企业综合绩效评价报告的正文应当文字简洁、重点突出、层次清晰、易于理解。

企业综合绩效评价报告附件应当包括企业经营绩效分析报告、评价结果计分表、问卷调查结果分析、专家咨询报告、评价基础数据及调整情况，其中，企业经营绩效分析报告是根据综合绩效评价结果对企业经营绩效状况进行深入分析的文件，应当包括评价对象概

述、评价结果与主要绩效、存在的问题与不足、有关管理建议等。

第二节 平衡计分卡

一、平衡计分卡的产生

1991年,《哈佛商业评论》发表了题为《绩效评价宣言》(The Performance Measurement Manifesto)的文章,号召建立一套更广泛的评价体系,将财务指标由原来作为评价指标的基础转变为只是评价指标体系的一种。1992年,哈佛商学院教授罗伯特·S.卡普兰和复兴全球战略集团创始人大卫·P.诺顿在《哈佛商业评论》上联合发表了一篇题为《平衡计分卡——驱动业绩提高的衡量体系》的文章,提出了"平衡计分卡"(balanced score-card,BSC)。这篇文章在当时的理论界和实业界引起了巨大的轰动,此后这两位学者一直在持续发展、完善他们的管理理论。平衡计分卡的出现弥补了传统财务指标评价体系的不足和缺陷,实现了财务指标与非财务指标的结合、个人业绩与组织战略的结合、将公司的战略和远景转化成可操作和可衡量的目标。

二、平衡计分卡的主要内容

(一)平衡计分卡的基本原理

卡普兰和诺顿对平衡计分卡的最初描述是:"平衡计分卡就像飞机驾驶座舱中的飞行仪表,它使经营者对复杂的信息一目了然。"它的基本原理是:根据组织战略从财务、客户、内部业务流程、学习与成长四个角度定义组织绩效目标,每个角度包括战略目标、绩效指标、测量指标以及实现目标所需的行动方案,从而大大改进了以往绩效管理中仅仅关注财务指标造成的局限性。平衡计分卡作为一种综合业绩评价体系,是以企业的战略和远景规划为前提建立起来的,将影响公司运营的主要因素分为四个方面,即财务状况、客户满意度、内部业务流程、企业的学习和成长等,并针对这四个方面设计相应的评价指标,评价企业业绩,所有的评价方法都旨在实现企业的一体化战略。平衡计分卡的四个方面并不是相互独立的,而是一条因果链,展示了业绩和业绩动因之间的关系。存在于平衡计分卡之中的因果关系贯穿了其全部的四个维度,其基本走向为:学习与成长维度—内部业务流程维度—客户维度—财务维度。它表明前者是提高后者绩效的驱动因素,财务业绩是因果关系的最终指向。为提高经营成果,必须使产品或服务赢得客户的信赖;要使客户信赖,必须提供客户满意的产品,为此改进内部生产过程;改进内部生产过程,必须对职工进行培训,开发新的信息系统。

(二)平衡计分卡的四个维度

平衡计分卡是以信息为基础,系统考虑企业业绩驱动因素,多维度平衡评价的一种新型的企业业绩评价系统。同时,它又是一种将企业战略目标与企业业绩驱动因素相结合,动态实施企业战略的战略管理系统。它一般由以下四个维度组成。

1. 财务维度（financial perspective）

其目标是解决"股东如何看待我们"这一类问题。财务数据用来体现股东利益，概括反映企业业绩，主要显示企业的战略及其执行所导致的财务成果，对企业战略及其实施是否有助于利润的增加进行评价。该部分从传统的财务业绩评价体系中转化而来，通过设置一系列财务指标来显示企业的战略及其执行是否有助于企业利润的增加，企业的财务目标是否实现。但单一的财务评价会给企业的决策带来误导性的信息，只有与非财务评价相结合，财务指标才能说明问题，财务评价才能发挥更大的作用。常用的财务业绩指标主要有利润和投资回报率。此外，还可以采用营业收入、销售成本和经济附加值（剩余收益）、现金流量等。

2. 客户维度（customer perspective）

其目标是解决"客户如何看待我们"这一类问题。客户方面许多指标体现了企业对外界变化的反应。只有了解客户，不断地满足客户的需求，产品的价值才能得以实现，企业才能获得持续增长的经济源泉。客户是上帝，客户是实现公司财务目标永不枯竭的源泉。企业只有更好地满足客户需要，才能拥有更多的客户，才能创造出更好的经济效益。使客户满意的关键在于企业产品或服务的质量。质量的含义是相对的，质量由客户认定。从这个意义上说，质量是客户对企业提供的产品所感知的优良程度。因此，要了解质量是什么，首先要知道客户是谁，客户需要什么，何时需要和如何需要。平衡计分卡中客户方面的指标主要有客户满意程度、客户保持程度、新客户的获得、客户获利能力、市场份额、交货期、质量、成本、产品和服务的属性等。

3. 内部业务流程维度（internal business processes perspective）

其目标是解决"我们擅长什么"这一类问题。报告企业内部效率，关注导致企业整体业绩更好的过程、决策和行动，特别是对客户满意度有重要影响的企业过程。这一角度所重视的是对提高客户满意度和实现企业财务目标有最大影响的那些内部业务过程，包括影响营业周期、质量、员工技能和生产率的各种因素。企业因资源有限，为了有效地运用和发挥内部资源及过程，应以客户的需求和股东的偏好为依据，需要重视价值链的每个环节，明确企业的优势与发展方向，这样才能创造全面和长期的竞争优势。它是企业改善其经营业绩的重点，客户满意度、股东价值的实现都要从内部过程中获得支持。管理者要把注意力放在对那些能够提高产品质量的关键性内部经营活动上来。因而，平衡计分卡的内部衡量指标应当来自于客户满意度最大的业务流程。内部经营过程衡量方法所重视的是对客户满意程度和实现企业财务目标影响最大的那些内部过程，这些过程能够创造未来企业的价值，推动企业未来的财务绩效。

4. 学习与成长维度（learning and growth perspective）

其目标是解决"我们是在进步吗"这一类问题。企业的学习与成长主要来自三个方面的资源：人员、信息系统和企业的程序。前面财务、客户和内部经营过程目标，通常显示出在现有的人员、系统和程序的能力与实现突破性业绩目标所要求的能力之间的差距。为了弥补这些差距，企业就要投资于培训员工，提高信息系统技术，组织好企业程序。其中，提高员工能力、激发员工士气尤为重要。反映员工方面的指标主要有员工培训支出、员工满意程度、员工的稳定性、员工的生产率等。

以上四个维度是由企业的愿景、战略和目标分解而来,且四个维度之间或相互补充,或相互支撑,共同支持企业的远期目标与近期目标。

(三) 平衡计分卡的指标体系

平衡计分卡是一种由四个基本指标和若干个子指标所构建的综合指标体系。这四个基本指标为财务、客户、内部业务流程和学习与成长。平衡计分卡包括的指标体系如表 10-2 所示。

表 10-2　平衡计分卡包括的指标体系

四个方面	分 指 标
财务	净资产收益率
	投资报酬率
	销售利润率
客户	市场占有率
	客户维持率
	客户满意度
内部业务流程	创新流程
	营运流程
	服务流程
学习与成长	员工满意度
	员工贡献
	员工能力

在实际工作中可以采用专家评分法、层次分析法、模糊数学法、因子分析法等来确定四个基本指标的权重,以及每个基本指标下属的分指标的权重,进行绩效评价。

三、平衡计分卡的构成要素和主要平衡关系

(一) 平衡计分卡的构成要素

平衡计分卡包括六个要素,分别是战略主题、战略目标、绩效指标、目标值、行动方案、任务。战略主题是观察组织和分析战略的视点,每个战略主题都包括战略目标、绩效指标、目标值、行动方案和任务几部分;战略目标是由公司战略分流出来的关键战略目标,每一个战略目标都包括一个或多个绩效指标;绩效指标是衡量公司战略目标实现结果的定量(或定性)的尺度;目标值是对期望达到的绩效目标的具体定量要求;行动方案和项目类似,它由一系列相关的任务或行动组成,目的是达到每个指标的期望目标值;任务是执行战略行动方案过程中的特定行为。

(二) 平衡计分卡的主要平衡关系

1. 平衡计分卡基本内容之间的平衡

平衡计分卡并非是企业管理业绩简单地在财务、客户、内部业务流程、学习与成长四

个方面计量的综合，也不是重要指标或重要要素的集合，而是根据企业总体战略，由一系列平衡关系贯穿而成的企业整体管理业绩评价体系。平衡计分卡平衡关系简单的表述是：学习与成长解决企业长期生命力的问题，是提高企业内部战略管理的素质与能力的基础；企业通过内部业务流程管理能力的提高为客户提供更大的价值；客户的满意导致企业良好的财务效益。平衡计分卡通过平衡关系提供了把战略转化成可操作内容的一个框架。

2. 平衡计分卡的其他平衡关系

（1）财务指标与非财务指标之间的平衡。财务指标固然重要，但是传统的财务指标只是对于结果的评价，难以实现对过程的控制。在指导和评价企业通过无形资产创造的未来价值方面并不充分，而平衡计分卡解释了隐藏在传统的利润表和资产负债表之后的关键的价值创造过程。在某些情况下，非财务指标能够比财务指标更直接、更迅速有效地评价企业管理人员的表现。平衡计分卡从财务和非财务的角度去考虑公司的战略目标及考核指标，综合运用财务指标和非财务指标，将结果考核和过程控制结合起来，使业绩评价更具有业绩改进的意义。

（2）日常指标和战略指标的平衡。平衡计分卡既要求关注短期行动任务和绩效指标，也要求关注长期战略目标与绩效指标，将目标与战略具体化，加强内部沟通，使各个层次的具体职员能够理解公司的目标和战略，有助于促进内部决策目标的一致。

（3）前瞻性指标与滞后性指标的平衡。滞后性指标一般代表过去已经取得的绩效，而前瞻性指标是产生滞后指标结果的绩效动因。如果企业想保持财务目标的持续增长，就应该了解反映价值创造的前瞻性指标。平衡计分卡既关注那些能反映公司过去绩效的滞后性指标，也关注能预测公司将来绩效的前瞻性指标。

（4）各个利益相关者之间的平衡。企业是一系列契约的联结点。契约的背后隐藏着利益冲突。股东和顾客是外部群体，而员工和内部业务流程是内部群体。这些不同的群体对企业绩效的认识有各自不同的视角，存在不同的绩效预期。平衡计分卡考虑到在有效实施战略的过程中，这些不同群体之间的矛盾并加以平衡。平衡计分卡关注于公司内外的相关利益方，能有效地实现外部（如客户和股东）与内部（如内部业务流程和员工）衡量之间的平衡。公司必须兼顾公司所有者利益和其他所有者利益，获得各利益主体的信任与支持，保证生产经营正常进行，获取和保持竞争优势。

四、平衡计分卡的设计流程和设计过程中需要注意的问题

（一）平衡计分卡的设计流程

平衡计分卡的实施过程是：首先，确定企业的长远战略；其次，确定公司层的平衡计分卡；最后，确定部门和个人的平衡计分卡。在这个过程中，需要自上而下，从内部到外部进行交流，征询各方面的意见，吸收各方面、各层次的建议，运用各种企业内部传播媒介（如定期刊物、QQ 群、公共邮箱）进行平衡计分卡和企业战略的宣传。具体如下。

1. 明确设计平衡计分卡的负责单位，并由管理层给予足够的权利和决心

这一点非常关键，原因在于平衡计分卡是一个有着完整系统的业绩评价体系，各个部分都有密切的关系。因此，在设计平衡计分卡过程中，要对企业各个运行环节做相当细致

的了解，否则只有绝对的授权是绝不可能进行下去的。

2．明晰企业战略并绘制出企业发展战略规划图

战略研讨是平衡计分卡与绩效计划编制的第二个步骤。在该步骤，推进小组将与企业高级管理层组织战略研讨会。战略研讨会使得企业的使命、价值观、愿景、战略目标以及战略实现的关键流程与指标等清晰化，这是构建企业平衡计分卡的重要依据。同时战略规划图也使得员工清楚企业的战略目标和使命。战略规划图主要从以下几个方面进行绘制。① 明确战略追求的财务成果，根据企业的现有财务成果和将要达到的财务成果，绘制实现财务目标的措施。② 明确客户价值和目标客户，制定出相应的措施，保持现有客户，积极拓展市场，提高市场占有率，发展潜在客户。③ 整合内部流程。通过对现有内部流程进行分析和整合，解决原有内部流程中所存在的弊端和不足，并根据客户的价值要求和潜在需求，制定出行之有效的措施，以实现客户价值主张的满足。④ 学习与成长。根据企业的战略需求和人力资源的不足，绘制出培训计划和具体的操作程序，确保企业后续发展的人力资源和企业创新的需求。

3．设计平衡计分卡

平衡计分卡与绩效计划设计应当从明晰公司的使命、价值观、愿景及战略重点与目标开始，在平衡计分卡与绩效管理实践中，一般是通过战略目标的转化来落实。战略目标的转化及流程指标，在企业层面把它们称为企业的关键绩效考核指标体系，在关键绩效考核指标体系中实际上有两种类型的指标：一是考核指标，二是分解指标。考核指标是考核整个企业经营绩效水平的重要指标，它们的直接责任人就是企业高层领导（考核指标也可以分解至副总、总监甚至部门、员工层面）；而分解指标并不是考核整个企业，只是将其分解到副总、部门层面乃至员工层面的指标。设计平衡计分卡主要有以下两点。① 依据企业总体战略目标，设定四个方面的关键成功因素，即前面提到的财务、客户、内部业务流程和学习与成长。② 针对关键成功因素，开发与之相应的测评指标，进而设计出合适的平衡计分卡。另外，在设计平衡计分卡时，企业要将平衡计分卡与薪资、福利等物质激励措施紧密地结合起来，同时企业还应该将绩效成绩与任职资格认证、能力素质测评的结果结合起来，来确定员工的晋升。

4．将企业平衡计分卡连接到部门与个人

在战略目标分解后，就可以根据选定的战略重点与目标，结合流程分析的结果，运用平衡计分卡等工具编制公司、部门乃至员工个人的绩效计划。企业的平衡计分卡需落实到部门层面，并将企业与部门平衡计分卡向个人延伸。这是最为关键的环节，也是工作量最大的环节，影响到平衡计分卡能否有效发挥作用。

5．进行运作系统的设计

首先，对公司平衡计分卡与绩效管理的流程进行系统规划，编写平衡计分卡与绩效管理流程清单，绘制公司平衡计分卡与绩效管理流程图；其次，设计平衡计分卡与绩效管理制度，在制度中要对流程进行描述；最后，设计流程表单文件，这些表单文件都是公司在平衡计分卡与绩效管理运作中要用到的。

6．战略监测、反馈与修正

通过一段时间平衡计分卡实施情况的反馈，对企业战略实现的促进力度进行分析，对

平衡计分卡涉及的指标体系进行修正和完善。

(二) 平衡计分卡设计过程中需要注意的问题

1. 可以添加维度

卡普兰的平衡计分卡仅设计了四个维度，拟实施企业可根据实际情况加入其他利益相关者，只要保证这个体系的平衡即可。

2. 在对企业战略的理解上一定要透彻和全面

企业的愿景和战略目标是平衡计分卡的起点，也是终点。拟实施企业需要制定明确的战略，并将其尽量分成四个维度，这是平衡计分卡能否成功的关键。

3. 分解的指标要有明确的内在联系

平衡计分卡是一种支撑体系，如果各指标没有支撑联系，指标的分解也没有意义。

4. 保证财务指标的核心地位

财务指标与非财务指标各有优缺点，都是企业业绩评价不可或缺的组成部分，但是非财务指标只是帮助财务指标实现的一个辅助工具，而财务指标能够直接体现企业的盈利能力，与营利组织的主要目标直接联系。

五、平衡计分卡的发展历程

(一) 第一阶段 (1992—1995 年): 平衡计分卡用于绩效管理

平衡计分卡起源于 20 世纪 80 年代中期，当时，美国企业界正在引进来自日本的管理新方法，如全面质量管理 (TQM)、雇员授权等，而原有的财务评价体系无法对企业在采用这些新方法之后的盈利能力进行量化。罗伯特·卡普兰 (Robert Kaplan) 在 1987 年所著的《失去的关联性：管理会计的兴衰》一书中，指出了原有的管理会计体系在这方面的不足和失误。1990 年，美国的诺兰诺顿学院设立了一个为期一年的项目，力图开发新的绩效测评模式，卡普兰和戴维·诺顿 (David Norton) 是这一项目的主要负责人，研究成果之一就是形成平衡计分卡的雏形。1992 年，卡普兰和诺顿在《哈佛商业评论》上发表了里程碑性的文章《平衡计分卡——驱动业绩提高的衡量体系》，正式提出了平衡计分卡的概念和理论框架，第一次将财务指标与非财务指标结合起来，从四个角度衡量组织绩效。1993 年，卡普兰和诺顿发表了关于平衡计分卡的第二篇文章《在实践中运用平衡计分卡》，回顾了在实践中将平衡计分卡与公司组织战略衔接的经验，将平衡考核理念延伸至组织战略领域，提出根据对战略成功的重要性程度来选择绩效指标的观点。

(二) 第二阶段 (1996—2000 年): 将平衡计分卡的应用提升至战略管理的高度

1996 年，卡普兰和诺顿在《哈佛商业评论》上发表了他们的第三篇论文——《运用平衡计分卡作为战略管理系统》。论文指出，平衡计分卡已成为重要的管理框架，涵盖了包括目标设定、运营计划、薪酬制定、学习与发展在内的众多企业运营环节。1996 年，卡普兰与诺顿关于平衡计分卡的第一本专著《平衡计分卡：化战略为行动》出版，详细阐述了平衡计分卡如何在四个角度分解企业战略，并将平衡计分卡考核指标与企业战略链接，以及在平衡计分卡的指导框架下，如何通过目标、行动计划、预算、反馈、学习和实施来贯彻企业战略。

（三）第三阶段（2000—2004年）：提出战略地图这一管理工具

早期平衡计分卡强调从四个角度衡量绩效，但未能明确四个角度之间以及每个角度内从上至下的逻辑联系，在实施过程中操作难度较大。在实践中，它作为管理理念的重要性远超过其作为具体的绩效管理方法。"战略地图"的提出很大程度上改变了这一切。1995年起，卡普兰和诺顿在其平衡计分卡管理咨询实践中逐渐开发出这一有效的沟通方式，即依据一系列战略分解与执行的逻辑关联，应用平衡计分卡基本框架建立因果关系的指标体系，使平衡计分卡变得便于操作和易于理解。2000年，卡普兰和诺顿在《自上而下打造战略地图》一文中，系统介绍了战略地图的思想，并提出了通用战略地图模板。管理人员可以依据通用战略地图模板设计他们自己的战略地图。2001年，卡普兰和诺顿在总结众多企业实践经验的基础上，出版了第二部关于平衡计分卡的专著——《战略中心组织》。这本书提出企业可以通过平衡计分卡，依据公司的战略来建立企业内部的组织管理模式，让企业的核心流程聚焦企业的战略实践。这标志着平衡计分卡开始成为组织管理的重要工具。

（四）第四阶段（2005年至今）：组织协同——运用平衡计分卡创造企业合力

2006年4月，卡普兰和诺顿出版了《组织协同：运用平衡计分卡创造企业合力》一书，提出平衡计分卡的基本内容在企业发展的不同阶段可以概括地归纳为企业的四大业绩管理问题。平衡计分卡业绩评价方法认为影响企业经营成败且存在逻辑关系的关键因素有财务、客户、内部业务流程、学习与成长四个方面，因此业绩评价也应以上述四个方面为基础。

六、平衡计分卡的适用范围

平衡计分卡适用于以下类型的企业。

1. 以目标、战略为导向的企业

当企业树立了长远发展目标之后，战略的作用就是为解决"如何才能达到这个目标"的问题提供思路。平衡计分卡的成功之处就是将企业战略置于管理的中心，所以企业要应用平衡计分卡，须以战略作为企业的导向。

2. 具有协商式或民主式领导体制的企业

在激烈的竞争中，采用平衡计分卡要求企业必须采取"四轮驱动"（前轮是员工的积极参与，后轮是管理者的管理）模式，唯有这样，才能使企业机动灵活、反应快速地运行于市场经济之中，而不会陷入经营管理失败的泥潭之内。平衡计分卡必须在民主式管理风格的企业平台上运行，使员工能够充分参与企业战略的制定与实施。

3. 成本管理水平较高的企业

平衡计分卡要求衡量出一位顾客和一个员工给企业带来的利润是多少。这个要求在传统的成本管理方法下是不能实现的。只有引入新的成本管理方法的企业才能真正发现每一位顾客所能给企业带来的利润情况。当然，除成本之外，企业还需要注重产品的质量及其他一些影响顾客的因素。

4. 高科技类型的企业

这类企业依赖于对知识资产的持续投资和管理，要求持续的技术创新。传统的财务模式绩效管理无法兼顾企业的眼前利益和未来发展的关系。采用平衡计分卡的绩效考核，有利于实现企业战略和价值最大化。

七、平衡计分卡的局限性和实施偏差

（一）平衡计分卡的局限性

平衡计分卡只是提供了一个分析框架，本身并非一个详尽的系统，存在着不可回避的理论与现实问题，主要集中在以下几个方面。

1. 平衡计分卡忽视了一些重要的利益相关者

平衡计分卡忽视了一些重要的利益相关者，如供应商、政府、竞争对手、所在社区、周围环境。企业不是一个仅对股东负责的独立实体，同时要对产生和支持它的社会负责。管理者应该关心长期财务收益的最大化，他们必须承担一些必要的社会义务，如不进行恶意竞争、参与公益活动、捐钱给慈善团体。既然平衡计分卡平衡的是企业内部利益相关者和外部利益相关者，那就不能忽视社区、社会公众等重要的外部利益相关者。

2. 平衡计分卡适用行业的局限性

在平衡计分卡中，客户维度和内部业务流程维度被严格区分出来，实际上这里暗含一个前提，即客户不参与到企业的内部业务流程中来。这一前提只能在制造业和部分服务业中被满足，在大部分的服务行业（如医疗护理行业、野外拓展行业）中，此前提并不存在。

3. 平衡计分卡的评价指标选择问题

平衡计分卡除需要对战略的深刻理解外，还必须消耗大量的精力和时间把它分解到各部门，并找出恰当的指标。一般平衡计分卡从四个方面设计了二十多个指标来评价公司业绩，但是同时对不同方面的目标进行优化几乎是不可能的。大量的指标可能会分散经理人员的注意力，员工会感到无所适从，削弱业绩评价的有效性。平衡计分卡部分指标的量化工作也难以落实，如客户指标中的客户满意程度、员工的学习与发展指标等。

4. 平衡计分卡的权重分配问题

平衡计分卡存在各业务部门指标难以在公司层面汇总的问题，不但要在不同层面之间分配权重，而且要在同一层面的不同指标之间分配权重。不同的层面及同一层面的不同指标分配的权重不同，将可能会导致不同的评价结果。因为平衡计分卡很难给出一个最终的总体评价结果，公司整体的考核和评价往往还是靠财务指标。所以，许多公司仅在业务部门采用平衡计分卡，而不在全公司采用平衡计分卡。

（二）平衡计分卡的实施偏差

平衡计分卡是20世纪90年代以来企业管理理论发展的重要里程碑之一，既可以作为衡量组织绩效的工具，又可以作为战略管理工具。很多国内外企业近年来都在管理中引入了平衡计分卡，但在实施过程中，由于对平衡计分卡的真正内涵和使用条件理解不深，在执行过程中出现偏差，严重影响了平衡计分卡的实施效果，甚至适得其反，对企业的正常

运转产生消极影响。面对企业界的质疑,平衡计分卡的发明者卡普兰于 2003 年对平衡计分卡的得失做了诠释。他指出,没有一种工具是完美的,平衡计分卡也不例外。问题并非出在工具上,而是出在实施和执行方面。导致平衡计分卡应用失败或者没有达到应有效果的主要原因往往是企业内部流程的不科学,而不是由于平衡计分卡本身的设计不科学。卡普兰总结了企业运用平衡计分卡不够成功的主要因素如下。

（1）高层管理人员对平衡计分卡作为一种战略管理工具缺乏认可。
（2）在平衡计分卡的实施过程中,组织成员的参与度不够高。
（3）平衡计分卡仅在高层推行。
（4）流程开发耗费时间太长,将平衡计分卡视为一次性测评项目。
（5）将平衡计分卡视为一个系统工具,而不是管理工具。
（6）对平衡计分卡的诠释仅仅限于补偿作用。

尽管平衡计分卡有自身的缺陷,但是在目前众多的企业业绩评价方法中,平衡计分卡在理论上是最为成熟的,同时也是实务界应用最多的业绩评价方法,其优势地位不可动摇。

第三节 基于 EVA 的企业绩效评价体系

一、EVA 的概念

以会计利润为核心的传统业绩评价指标,由于缺失股权资本成本的考虑,考核指标仅限于销售规模、会计利润、资产收益率等财务指标,从而造成了会计利润与企业实际创造价值之间的差异。1982 年,美国的两位学者 Stern 和 Stewart 提出了经济增加值（economic value added，EVA）的概念,他们为此建立了思腾思特（Stern and Stewart）公司,该公司注册了 EVA 业绩评价指标,并一直从事 EVA 的推广、应用和咨询工作。《财富》（Fortune）杂志 1993 年 9 月 20 日发表的文章《EVA 创造财富的关键》（EVA: The real key to creating wealth）对该系统进行了完整表述。按照思腾思特公司的定义,EVA 是指企业税后净营业利润减去投入的全部资本（主要包括计息债务资本和股东投入的资本）成本后的余额。EVA 强调的是一种"经济收益",与传统会计上描述的利润是有区别的。传统会计主要强调息税前收益（EBIT）、折旧及摊销前收益和净收益,而 EVA 则通过对投资资金"机会成本"的测算,突出强调了真正的利润。它强调评估企业是否盈利、创造了财富,重要的是分析企业对股东资本的回报是否超过了资本的"机会成本"。EVA 考虑了带来企业利润的包括权益资本在内的所有资金成本,是税后净利润减去所有资本成本后的所得。会计准则中的指标,大多不能反映出一家企业是否在增加股东财富,而 EVA 则可以。将 EVA 应用于公司财务,可以对"会计失真"进行矫正。只有经营者对股东做出承诺,并在计算出正的净现值的基础上做出的投资决定,才能被认定为经营人为企业创造了财富。

其计算公式为

$$EVA = 税后净营业利润（NOPAT）- 所有资本成本$$

从上面的公式可以看出,EVA 可以用来衡量企业的经营利润是否足以补偿所投入的全部资本成本。如果 EVA>0，表明企业获得的收益高于获得此项收益而投入的资本成本，公司管理者在经营中为股东创造了价值。如果 EVA<0，表明股东的财富在减少，公司管理者并没有创造出真正的利润，尽管在这种情况下，利润表上可能显示出利润为正数，也可能显示出利润为负数。如果 EVA=0，表明企业的利润仅能满足债权人和投资者预期获得的收益，投资者的财富既未增加，也未减少。

经济增加值（EVA）作为一种综合性的业绩评价指标，由于其在业绩评价及管理理念上的突出优点，概念一提出就在全球范围内得到广泛推行，至今世界上已有 300 多家公司，包括西门子、索尼、戴尔、沃尔玛、可口可乐等都运用 EVA 管理体系，并取得了很好的效果。《财富》杂志称其为"当今最为炙手可热的财务理念""是创造财富的金钥匙"。

二、EVA 的计算

传统业绩评价指标都是建立在会计利润基础之上的，会计利润作为一个业绩评价指标，是依据现行会计准则计算，容易受会计政策选择影响。EVA 虽然也以会计利润作为基础数据来源，但在计算时针对会计利润会进行一系列必要的调整，以消除会计政策选择造成的影响，也就是说，EVA 首先必须进行调整，以此来评价企业，才能真实反映企业创造价值的能力。

（一）EVA 计算模型

一般意义上的 EVA 是税后净营业利润（NOPAT）减去该企业所占用的所有资本成本后的余额，可用计算公式表示为

$$EVA=税后净营业利润-所有资本成本$$
$$=税后净营业利润-资本总额×加权平均资本成本率$$
$$加权平均资本成本率=税前债务资本成本率×(1-所得税税率)×债务占总资本比例+股权资本成本率×股权占总资本比例$$
$$债务资本=短期借款+长期借款+长期借款中短期内到期的部分$$
$$股权资本=资本总额-债务资本$$

（二）EVA 计算调整

EVA 的计算结果取决于三个基本变量，即税后净营业利润、资本总额和加权平均资本成本率。在实务中，EVA 的计算要相对复杂得多，这主要是由两方面因素决定的：一是在计算税后净营业利润和资本总额时，需要对某些会计报表科目的处理方法进行调整，以消除根据会计准则编制的财务报表数据对企业真实情况的扭曲；二是资本成本的确定需要参考资本市场的历史数据。所以 EVA 的计算并不是一个精确的数字，它是对会计利润进行多项调整后得出的一个估计值。美国思腾思特公司在研究时，总共推出了 164 项调整项目，如存货成本、营销费用、无形资产、货币贬值、坏账准备金、重组费用、商誉摊销、研发支出、营销费用、员工培训支出、折旧、递延税款、营业外收支、在建工程、非营业现金等，繁杂的程度比以往的财务指标高得多。所有这些调整都有利于 EVA 的改进，使之更准确地反映公司创造价值的情况。但是，调整项目过多将会增加计算的难度和工作量，降低

这一指标的可操作性。由于各国的会计准则和资本市场现状存在差异,EVA 的计算方法就不尽相同。需要注意的是,虽然 EVA 需要调整的会计项目很多,由于 EVA 的根本目的并不在于得到完全准确的数值,而是便于管理者和财务人员理解和灵活应用,有助于实现股东财富最大化的目标,其相应的会计调整一般尽量从简。根据 Stewart 的经验,大多数公司实际需要调整的项目为 5~15 个会计科目,有的公司只采用 5 种调整甚至更少。在新会计准则下,我国上市公司 EVA 指标中的三个变量的确定方法如下。

1. 税后净营业利润的确定

税后净营业利润是指在不涉及资本结构的情况下,公司"正常经营"所获得的税后利润,即全部资本的税后投资收益,反映了公司资产的盈利能力。营业外收入、营业外支出和补贴收入属于非经常性经营收入和支出,要从利润总额中剔除。此外,还需要对部分会计报表科目的处理方法进行调整,以纠正会计报表信息对真实绩效的扭曲。其计算公式为

税后净营业利润 = 税后净利润+少数股东损益+[财务费用+(营业外支出-营业外收入)-补贴收入+各项会计准备金增加额之和+商誉摊销额+(已摊销的研发费用-应摊销的研发费用)]×(1-所得税税率)+递延所得税负债增加额-递延所得税资产增加额

具体调整项目如下。

(1) 少数股东权益。EVA 指标计算是从整体上评估公司是创造了财富还是毁灭了财富。在确定 EVA 指标时,出于对公司整体价值创造评价的需要,对于已经从合并利润中扣除的少数股东损益应该加回,同时对于从股东权益中扣除的少数股东权益,应该加回到资本总额中。

(2) 财务费用。需要调整的财务费用包括汇兑损益、计息债务的利息费用。由于汇兑损益属于公司正常运营以外发生的损失或收益,公司并不能将此损益作为业绩考核的一部分,所以需要将其剔除。至于计息债务的利息支出,根据会计准则的规定,利息支出作为财务费用在企业经营利润中扣除。EVA 指标将债权资本成本与股权资本成本一并合并在资本成本中。因此,必须先把利息支出加回我国上市公司利润表的营业利润中,相应增加资本总额。具体调整方法为:当期发生的汇兑损益从税后净营业利润中剔除,并做资本化处理,同时考虑以前年度资本化的累计影响,调整对所得税费用的影响。

(3) 营业外收支。由于所有与经营活动无关的收支以及非经常发生的收支均应排除在 EVA 的核算范畴之外,所以在将营业外收支从当期 EVA 中剔除的同时,还需对其进行资本化处理,使其与公司未来收益或损失相匹配,由股东承担。具体调整方法为:将当期发生的营业外收支从税后净营业利润中剔除,即加上营业外支出,减去营业外收入,并将营业外支出减营业外收入的差额进行资本化处理,同时考虑以前年度营业外收支累计资本化的影响。

(4) 资产减值准备。根据我国企业会计准则的规定,公司要为将来可能发生的损失预先提取资产减值准备,减值准备余额抵减对应的资产项目,余额的变化计入当期费用冲减利润。其目的是出于稳健性原则,使公司的不良资产得以适时披露。这些减值准备并不是公司当期资产的实际减少,减值准备余额的变化也不是当期费用的现金支出。提取减值准备的做法一方面低估了公司实际投入经营的资本总额,另一方面低估了公司的利润,因此

不利于反映公司的真实现金盈利能力。具体调整方法是：将减值准备类账户的当期期末余额（含商誉减值准备）加回到资本总额中，同时将减值准备类账户余额当期变化中增加的金额加回到税后净营业利润中，减少的金额从税后净营业利润中扣除。

（5）商誉。我国现行会计准则将商誉从无形资产中分离出来单独确认为一项资产，在资产负债表非流动资产项目下以净额列示。现行会计准则下商誉在确认以后，持有期间不要求摊销，而至少以年度为单位（每年年末）进行减值测试，如果存在减值迹象，则要提取相应的商誉减值准备。具体调整方法为：商誉在企业合并过程中确认后，即视为企业的一项永久性资产，所以应将以前累计摊销的商誉加回到资本总额中。这是因为传统的EVA模型把商誉作为企业的一项永久性资产，不予摊销。商誉摊销作为期间费用会抵减当期的利润，影响经营者的短期业绩。但实际上经营者并没有出现经营失误，利润的降低只是由于会计处理的问题而造成的。由于旧会计准则下已经对商誉进行摊销，在调整时就将以往的累计摊销金额加入资本总额中。

（6）研发费用。我国现行会计准则对这类费用的处理方法是：研究阶段的支出和广告费用支出全部计入当期损益，开发阶段的支出符合条件的予以资本化，计入无形资产。计算EVA时则将研究发展费用资本化，即将当期发生的研究发展费用作为企业的一项长期投资加入资产中，同时根据复式记账法的原则，资本总额也增加相同数量。然后根据具体情况在几年之中进行摊销，摊销值列入当期费用抵减利润。摊销期一般为3~8年，根据公司的性质和投入的预期效果而定。这样，公司投入的研发费用不是在当期核销，而是分期摊销，从而不会对经营者的短期业绩产生负面影响，鼓励经营者进行研究发展和市场开拓。具体调整方法为：将计入当期损益的研发费用资本化，同时列入税后净营业利润。将符合现行会计准则资本化条件的研发费用加上计入当期损益的研发费用，在一个合适的期间里逐年摊销，摊销费用从税后净营业利润中扣除。

（7）递延所得税。新企业会计准则规定，所得税只能采用资产负债表债务法进行核算和处理。递延所得税负债，使公司的纳税义务向后推延，这对公司是明显有利的。而且只要公司持续发展并且不断更新其设备，递延所得税负债会一直保持一个余额，实际上是企业永久占用的资本。所以在新准则下计算EVA时，不调整递延所得税就会低估公司实际占用的资本总额，高估资本的盈利能力。具体调整方法是：如果本年递延所得税负债余额增加，就将增加额加回到本年的税后净营业利润中，同时，将递延所得税负债加回到资本总额中；反之，则从税后净营业利润和资本总额中减去。如果本年递延所得税资产余额增加，就将该增加值从本年的税后净营业利润中扣除，同时，应将递延所得税资产从资本总额中扣除；反之，则加回到税后净营业利润和资本总额中。

（8）补贴收入和所得税调整。新企业会计准则对补贴收入的核算进行了改进，当收到政府补助时，将其计入"递延收益"科目，当在相关资产使用寿命内分配递延收益，或用于补偿企业以后期间相关费用、损失，或用于补偿企业已发生的相关费用、损失时，将其计入"营业外收入"科目，不再通过"补贴收入"科目反映。在计算EVA所得税费用时，应以利润表上的所得税税额为基础进行调整。在新会计准则下，与税后净营业利润相对应要加上有关调整项目的所得税，还要减去营业外收支的所得税。

2. 资本总额的确定

资本总额是指企业经营所实际占用的资本额,既有债权人投入的,也有股东投入的,包括债务资本和股本资本。其中,债务资本是指债权人提供的短期和长期贷款,不包括应付账款、应付票据、其他应付款等不产生利息的无息流动负债。股本资本不仅包括普通股,还包括少数股东权益,还要加上摊销的商誉和各种准备金等。所以,从量上看,资本总额又不等于资产负债表列示的资产或者净资产的数额,因为这些资产项目并不完全反映企业当期正常生产经营所占用的资本。为了使计算出的 EVA 更加客观真实地反映企业的经营业绩,企业的所有资本应包括所有当期投入企业的正常业务经营、生产经营利润所用的应付息资本。因此,对于未来业务长期投入、不反映企业真实损失以及非正常营业收入支出的资本占用应加以调整。在新会计准则下,主要调整项目包括在建工程、减值准备、商誉摊销、递延所得税收益等。资本总额的计算公式为

资本总额 = 短期借款+长期借款+长期借款中短期内到期的部分+
普通股权益+少数股东权益-在建工程+各项减值准备金余额之和+
商誉摊销额+递延所得税负债余额-递延所得税资产余额+
(累计营业外支出-累计营业外收入-累计补贴收入)×
(1-所得税税率)+研究开发费用的资本化金额

债务资本总额=短期借款+长期借款+长期借款中短期内到期的部分

股权资本总额=资本总额-债务资本总额

需要说明的是:在建工程占用的资本与本期的经营业绩无关,具有暂时退出经营活动的特点。根据资本的运营性原则,这部分资本没有相关的收益相匹配,可不做考虑,在计算全部资本时,应该将其从资本总额中扣除。

其他调整项目的解释详见税后净利润的调整项目,不再赘述。

3. 资本成本率的确定

(1)债务资本成本率。EVA 模型中债务资本成本率一般是选用 3~5 年期中长期银行贷款基准利率。我国上市公司的负债主要是银行贷款,因此可以以银行贷款利率作为债务资本成本。我国上市公司的短期债务占总债务的 90%以上,银行贷款利率尚未放开,不同公司贷款利率基本相同,因此,可用中国人民银行公布的一年期流动资金贷款利率作为税前债务资本成本,并根据央行每年调息情况加权平均。

(2)股权资本成本率。可以采用资本资产定价模型(CAPM)计算股权资本成本率。其计算公式为

$$R = R_f + \beta \times (R_m - R_f)$$

式中:R 表示公司股票的预期收益率;R_f 表示无风险收益率,可以取一年期的国债利率;R_m 表示年度市场组合的收益率,具体为先将每一年沪深两市全部上市公司股票年回报率进行简单加权平均,然后将各年度进行加权平均,计算得到 R_m 的一个估计数。

(R_m-R_f) 表示市场风险报酬。美国最常用的风险溢价平均为 6%,计算方法是将 60 年左右时间短期标准普尔指数的年均收益率与长期国债的年均收益率相减。由于我国金融市场中可供选择的投资品种比较少,投资者对股票投资的风险溢价要求比美国低,学术界一般

将我国的市场风险溢价定为 4%。

β 表示的是一个较长时间段的系统风险指数，是企业的单体运营风险相对于整个市场风险的一个风险系数。在计算股权资本成本时，β 值可以直接通过有关数据库获得。

三、EVA 的优势和局限性

（一）EVA 的优势

1. 考虑了股东的权益资本成本

在传统的企业业绩评价体系中，在处理总资本成本方面，仅仅反映了债务资本成本，却完全忽略了权益资本成本的存在，从而使得投资者投入企业的股本变为"无偿使用"。而 EVA 则充分考虑了股东的权益资本成本，真实地体现了股东收益最大化。只有当企业所获得的收益大于企业全部资本的成本时，才说明经理人员增加了企业的价值，为股东创造了财富，企业实现了真正的盈利；而当企业所获得的收益小于企业全部资本的成本时，说明企业的价值发生了减值，股东的财富遭到侵蚀，企业实质上发生了亏损。

2. 剔除了会计失真的影响，弥补了传统业绩评价指标的不足

传统业绩评价指标都是建立在会计利润基础之上，会计利润作为一个业绩评价指标，依据现行会计准则产生，容易受会计政策选择影响，并且经营者很容易操纵会计利润来提高经营业绩。EVA 虽然也以会计利润作基础数据来源，但在计算时对会计利润会进行一系列必要的调整，以消除会计政策选择造成的扭曲性影响。相对于传统会计指标，它能更真实地反映企业的经营状况。

3. 注重企业的可持续发展

在运用传统的业绩评价指标进行评价时，企业经理人员为了获得任期内短期的财务成果，不愿意进行可能会降低当前盈利水平的资本投资，忽略了长期战略目标的追求。EVA 着眼于企业未来的发展，鼓励企业经理人员多投资能给企业带来长期价值创造的方面，如新产品的研究与开发，从而杜绝企业经营投资的短期行为的发生，实现企业的可持续发展。

（二）EVA 的局限性

1. 对会计信息的调整不符合成本效益原则

EVA 倡导者认为，为了消除会计信息的失真，必须对有关会计信息进行调整，调整的数量越多，计算结果就越精确。到目前为止，计算 EVA 时对税后净营业利润和资本总额可做的调整已达 160 多项。这样就大大增加了计算的复杂性和难度，不符合成本效益原则。

2. 不同公司之间缺少横向可比性

不同公司之间存在行业、生产流程、经营项目和会计处理等多种差异，不同公司之间研发费用的投入、资产减值准备的提取、营业外收支和补贴收入的多少、递延所得税和商誉的多少等都会存在差异，具体调整项目和调整方法可能差别很大。由于 EVA 的调整项目可能多达 160 多项，所以不同公司之间 EVA 的计算口径和结果可能差异很大，使得 EVA 在不同公司之间缺少横向可比性。

四、EVA 的应用

(一) EVA 在国外的应用

早在 20 世纪 80 年代中期，EVA 指标还没有公开提出时，作为公司治理和业绩评估的标准，以可口可乐等公司为代表的一批美国公司就开始尝试将 EVA 作为衡量业绩的指标引入公司的内部管理之中，将 EVA 最大化作为公司目标。以可口可乐公司为例，该公司从 1987 年开始正式引入 EVA 指标，实践中可口可乐公司通过两个渠道增加公司的 EVA：一是将公司的资本集中于盈利能力较高的软饮料部门，逐步摒弃诸如意大利面食、速饮茶、塑料餐具等回报低于资本成本的业务；二是通过适当增加负债规模以降低资本成本，成功地使平均资本成本由原来的 16%下降到 12%。结果，从 1987 年开始可口可乐公司的 EVA 连续 6 年以平均 27%的速度上升；股票价格也在同期上升了 300%，远远高于同期标准普尔指数 55%的涨幅。可口可乐公司的总裁 Coizucta 将公司取得的巨大成果归功于 EVA 指标的引入。

20 世纪 90 年代，在上述公司的成功经验示范效应下，许多大公司也相继引入 EVA 指标，其中包括美国邮政署、惠而浦（Whirlpool）、CXS 铁路公司等。在思腾思特公司的推动下，从 1993 年开始，美国《财富》杂志每年对 1000 家上市公司推出根据思腾思特公司计算的 EVA 值排序的"财富创造和毁灭排行榜"。1994 年，思腾思特公司（Stern Stewart & Co.）将 EVA 发展成为一种财务管理模式，并分别在美国、法国、英国、加拿大、墨西哥、澳大利亚等国注册了 EVA 商标，EVA 得到正式确立，并在多家公司广泛应用，逐渐成为一种全球通用的衡量标准。由于大型跨国公司的全球性经营活动具有相互影响力，加之以思腾思特公司为代表的管理咨询公司在全球进行大力推介，EVA 被《财富》杂志称为"当今最为炙手可热的财务理念"。美国管理之父彼得·德鲁克在《哈佛商业评论》上撰文指出："作为一种度量全要素生产率的关键指标，EVA 反映了管理价值的所有方面……"

(二) EVA 在中国的应用

2001 年 3 月，思腾思特公司在中国成立思腾思特（中国）分公司（Stern Stewart China），推行 EVA 管理系统。同年 8 月与《财经》杂志社合作，自 2001 年起推出了"中国上市公司财富创造和毁灭排行榜"。2003 年 9 月，思腾思特公司正式与中国本土的管理咨询公司远卓管理顾问合作，成立思腾思特—远卓管理顾问公司（Stern Stewart Bexcel）。我国国务院国资委要求中央企业负责人自第三任期（2010—2012 年）开始，把 EVA 纳入央企负责人经营业绩考核指标。2010 年 1 月 22 日，国务院国资委公布了经过修订的《中央企业负责人经营业绩考核暂行办法》。根据该办法，从 2010 年 1 月 1 日起，国资委对所有中央企业实施经济增加值考核，并且其权重超过利润总额指标。该办法的附件 1"经济增加值考核细则"规定了经济增加值的定义及计算公式、会计调整项目说明、资本成本率的确定和其他重大调整事项。

2013 年 2 月 1 日，国务院国有资产监督管理委员会第 30 号令公布了修订后的《中央企业负责人经营业绩考核暂行办法》，该办法的附件 1"经济增加值考核细则"规定了新的经济增加值的定义及计算公式、会计调整项目说明、资本成本率的确定和其他重大调整事项，从2013年1月1日开始实施。2016年12月15日，国务院国资委第33号令公布了《中央企业负责人经营业绩考核办法》。2019年3月1日，国务院国资委第40号令公布了修订后的《中央企业负责人经营业绩考核办法》，从2019年4月1日起开始实施，第33号令同时废止。需要说明的是：正在实施的第40号令以及已经废止的第33号令都没有规定EVA的计算公式，所以目前中央企业EVA的计算公式依据的依然是2013年暂行办法的附件1"经济增加值考核细则"。具体如下。

1. 经济增加值的定义及计算公式

经济增加值是指企业税后净营业利润减去资本成本后的余额。计算公式为

$$经济增加值=税后净营业利润-所有资本成本$$
$$=税后净营业利润-调整后资本×平均资本成本率$$
$$税后净营业利润=净利润+(利息支出+研究开发费用调整项)×(1-25\%)$$

企业通过变卖主业优质资产等取得的非经常性收益在税后净营业利润中全额扣除。

$$调整后资本=平均所有者权益+平均负债合计-平均无息流动负债-平均在建工程$$

2. 会计调整项目说明

（1）利息支出是指企业财务报表中"财务费用"项下的"利息支出"。

（2）研究开发费用调整项是指企业财务报表中"管理费用"项下的"研究与开发费"和当期确认为无形资产的研究开发支出。对于勘探投入费用较大的企业，经国资委认定后，将其成本费用情况表中的"勘探费用"视同研究开发费用调整项按照一定比例（原则上不超过50%）予以加回。

（3）无息流动负债是指企业财务报表中"应付票据""应付账款""预收款项""合同负债""应交税费""应付利息""应付职工薪酬""应付股利""其他应付款""其他流动负债（不含其他带息流动负债）"；对于"专项应付款"和"特种储备基金"，可视同无息流动负债扣除。

（4）在建工程是指企业财务报表中的符合主业规定的"在建工程"。

3. 资本成本率的确定

（1）中央企业资本成本率原则上定为5.5%。

（2）对军工等资产通用性较差的企业，资本成本率定为4.1%。

（3）资产负债率在75%以上的工业企业和80%以上的非工业企业，资本成本率上浮0.5个百分点。

4. 其他重大调整事项

发生下列情形之一，对企业经济增加值考核产生重大影响的，国资委酌情予以调整。

（1）重大政策变化。

（2）严重自然灾害等不可抗力因素。

（3）企业重组、上市及会计准则调整等不可比因素。

（4）国资委认可的企业结构调整等其他事项。

第四节 上市公司绩效评价实例

贵州茅台 EVA 的计算

根据国资委规定的计算 EVA 的办法,可以计算贵州茅台的 EVA 如下。

其计算公式为

EVA=税后净营业利润-所有资本成本
=税后净营业利润-调整后资本×平均资本成本率

税后净营业利润=净利润+(利息支出+研究开发费用调整项)×(1-25%)

调整后资本=平均所有者权益+平均负债合计-平均无息流动负债-平均在建工程

根据第八章第四节贵州茅台的会计报表及其附注,整理出贵州茅台 2020 年年末计算 EVA 的有关财务数据如表 10-3 所示。

表 10-3 贵州茅台 2020 年年末计算 EVA 时的有关财务数据　　　　千元

项　　目	金　　额
净利润	49 523 330
利息支出	0
研发费用合计	50 398
平均所有者权益	154 798 532
平均负债合计	43 420 560
平均无息流动负债[注]	30 738 177
平均在建工程	2 483 192
平均资本成本率	5.5%

注:在计算平均无息流动负债时,预收账款的平均数是年初预收账款和年末合同负债的平均数,因为年末执行新会计准则,贵州茅台在年末时把年初的预收账款都放入了合同负债项目来反映。另外,因为新会计准则使应付利息和应付股利都并入了其他应付款来反映,所以在计算平均无息流动负债时,只需要把其他应付款的平均数加进去即可,不需要把其他应付款中包括的应付股利和应付利息再次加入,以避免重复计算。

根据表 10-3 中的数据,可以计算出贵州茅台 2020 年的 EVA 如表 10-4 所示(所得税税率取 25%)。

表 10-4 贵州茅台 2020 年的 EVA 计算表　　　　千元

项　　目	2020 年
净利润	49 523 330
税后净营业利润	49 561 129
调整后资本	164 997 724
平均资本成本率	5.5%
EVA	40 486 254

可见,贵州茅台 2020 年的 EVA 为 40 486 254 千元,财务绩效较好。

本章小结

2006年9月12日，国资委发布的《中央企业综合绩效评价实施细则》规定，企业综合绩效评价指标由二十二个财务绩效定量评价指标和八个管理绩效定性评价指标组成。

平衡计分卡一般由四个维度组成，即财务维度、客户维度、内部业务流程维度以及学习与成长维度。

EVA是税后净营业利润（NOPAT）减去该企业所占用的全部资产资本成本后的余额。

2010年1月22日，国务院国资委公布了经过修订的《中央企业负责人经营业绩考核暂行办法》，从2010年1月1日起，国资委将对所有中央企业实施经济增加值考核，并且其权重超过利润总额指标。2016年12月15日，国务院国资委第33号令公布了《中央企业负责人经营业绩考核办法》。2019年3月1日，国务院国资委第40号令公布了修订后的《中央企业负责人经营业绩考核办法》，该办法第二十七条规定"国资委将年度净利润、经济增加值等指标目标值与考核计分、结果评级紧密结合"。

思考题

1. 简述国有资本金绩效评价体系的主要内容。
2. 简述平衡计分卡的主要概念及其在企业绩效评价中的应用。
3. 简述经济增加值的概念与计算方法。

练习题

（一）目的：练习经济增加值（EVA）的计算。
（二）资料：查找某上市公司最近年度的年报。
（三）要求：根据上述资料，运用国资委规定的方法计算该公司最近年度的EVA。

案例分析

财务资料见第八章案例分析中航天电子的相关资料。
要求：根据国资委的规定计算航天电子2020年度的EVA。

本章习题
答案参考

参 考 文 献

1. 袁天荣. 企业财务分析[M]. 3版. 北京：机械工业出版社，2018.
2. 姜国华. 财务报表分析与证券投资[M]. 北京：北京大学出版社，2008.
3. 魏素艳. 新编会计学[M]. 4版. 北京：清华大学出版社，2016.
4. 荆新，刘兴云. 财务分析学[M]. 3版. 北京：经济科学出版社，2010.
5. 胡玉明. 财务报表分析[M]. 3版. 大连：东北财经大学出版社，2016.
6. 徐光华，柳世平，刘义鹃. 财务报表解读与分析[M]. 北京：清华大学出版社，北京交通大学出版社，2008.
7. 夏冬林. 解读会计报表[M]. 北京：清华大学出版社，2009.
8. 张先治，陈友邦. 财务分析[M]. 8版. 大连：东北财经大学出版社，2017.
9. 张新民，钱爱民. 企业财务报表分析[M]. 4版. 北京：中国人民大学出版社，2018.
10. 王方明. 公司财务分析与诊断[M]. 杭州：浙江人民出版社，2009.
11. 樊行健. 财务报告分析[M]. 北京：中国财政经济出版社，2008.
12. 崔刚. 上市公司财务报告解读与案例分析[M]. 北京：人民邮电出版社，2009.
13. 企业会计准则第30号——财务报表列报. 财政部，2014.
14. 企业会计准则第37号——金融工具列报. 财政部，2017.
15. 荆新，王化成，刘俊彦. 财务管理学[M]. 8版. 北京：中国人民大学出版社，2018.
16. 上市公司年报资料，巨潮网、和讯网等.
17. BERNSTEIN L A, WILD J J. 财务报表分析[M]. 许秉岩，张海燕，译. 北京：北京大学出版社，2001.
18. STICKNEY C P, WEIL R L. Financial Accounting[M]. Harcoury Brace College Paublishers, 1995.

本书扩展阅读

扩展阅读一 "企业经营环境与经营战略分析"

扩展阅读二 "企业财务危机预警分析"

扩展阅读习题答案参考